"十二五"普通高等教育本科国家级规划教材

新编21世纪新闻传播学系列教材

• 广告学与媒介经营管理系列 •

广告伦理与法规

Advertising Ethics and Legislations

陈 绚 著

中国人民大学出版社
· 北京 ·

“新编21世纪新闻传播学系列教材”编委会

作者简介

陈绚 法学博士，中国人民大学新闻学院教授、博士生导师，中国人民大学新闻与社会发展研究中心研究员。主要研究方向为：传播伦理（新闻传播伦理、广告传播伦理、网络传播伦理）、传播法（新闻传播法、广告法、新闻出版法、网络传播法）等。已发表论文数百篇，并出版了多部著作、教材，主要有《跨文化广告传播中的道德选择与评价》、《新闻传播伦理与法规教程》、《新闻传播法案例教程》等。

内容简介

本书在《广告道德与法律规范教程（第二版）》的基础上修订而来。

本书主要包括广告伦理和广告法规两部分内容。广告伦理部分主要论述了广告伦理规范的对象及特征、广告行为的伦理选择与评价、广告伦理的失衡与错位现象、广告活动中关系问题的伦理辨析、广告伦理监督体系；广告法规部分主要包括广告法规管理体系概述、广告准则、广告活动规范、广告监督管理、法律责任与救济途径等。

本书的写作遵循两个原则：一是体现“德”与“法”的有机统一，并对一些广告行为人道德上的缺失和可谴责性做出相应的伦理评价和司法评价；二是注重理论与实践相结合，列举案例并进行剖析，以便于读者结合实际生动案例清晰地理解和掌握相关的伦理规范和法律条文内容。

总　序

中国人民大学出版社策划出版的“21世纪新闻传播学系列教材”，是一套在新闻传播学领域内，密切联系新闻传播工作的实际，广泛吸收新闻传播学的最新研究成果，高挹遐揽，取精用宏，供新世纪的高等院校新闻传播院系教学使用的系列教材。

20世纪初以来的100年，是世界新闻传播事业飞速发展的100年。这100年来，随着科学技术的不断发展，继报纸、期刊、通讯社之后，广播、电视、网络和多种新媒体相继问世，新闻传播的媒介日趋多元化，新闻传播的手段日趋现代化，“地球村”变得越来越小，新闻传播事业对世界政治、经济和文化的影响则变得越来越大。

这100年，也是中国新闻事业飞速发展的100年。其中最近的30年，即中国改革开放以来的30年，发展得尤为迅猛。

进入21世纪以后，中国新闻事业发展的势头更为迅猛。报纸、期刊、通讯社、广播电台、电视台的数量在宏观调控下，虽无大变化，但软硬件的实力都有了很大的提高。据2011年12月出版的《中国新闻年鉴》的最新统计数字，2010年全国共出版报纸1 939种，平均期印数2.14亿份。共出版期刊9 884种，平均期印数1.63亿份。全国共有广播电台227座，电视台247座，广播电视台2 130座，教育电视台44座。广播综合人口覆盖率为96.78%，电视综合人口覆盖率为97.62%。

另据2012年1月中国互联网络信息中心（CNNIC）发布的《第29次中国互联网络发展状况统计报告》显示，截至2011年12月底，中国网民规模已达到5.13亿，互联网普及率达到38.3%。其中，手机网民数量为3.56亿，博客和个人空间用户数量为3.19亿，微博用户数量为2.5亿，社交网站用户数量为2.44亿，网络视频用户数量为3.25亿。中国居民中具备上网条件和技能的人已经基本转化为网民，大专及以上学历人群中互联网使用率已达96.1%。中国网站总数为230万个，网页数量为866亿个。

这样大的发展规模，这样快的发展速度，在世界和中国新闻事业史上都是空前的。回顾既往，盱衡未来，新闻传播事业在21世纪还将会保持旺盛的发展势头。新闻传播，作为上层建筑和意识形态的一个重要组成部分，在全面准确地宣传党的基本理论、基本路线和基本方针以及各项决策，反映人民群众的伟大业绩和精神风貌，以及推动改革开放和社会主义现代化建设等方面，必将继续发挥重要的作用。

与新闻传播事业的发展相配合，这100年来，为中国的新闻战线培养和输送人才的中国新闻教育，也有了相应的发展。中国的新闻教育起始于上个世纪初，迄今有近90年的历史。新中国成立前的30年，虽然先后在个别院校中设立了新闻系或新闻专科，但规模都不大，设备也不够完善，在校学生人数，最多的时候不超过400人，30年间累计培养出来的毕业生还不到3 000人。新中国成立后，为了给新中国的新闻事业培养人才，新闻教育有了新的发展，但到20世纪60年代中期为止，全国的新闻教育机构也还只有14家。当时全国只有343家报社、78座广播电台和13家电视台，革命老区来的新闻工作骨干正当盛年，足以支撑大局，新闻系和新闻专业的学生统招统分，基本上能够满足中央和省市以上新闻单位梯队建设方面的需要。"文化大革命"爆发后，新闻事业进入低谷，新闻人才的培养也被迫中辍。拨乱反正之后，新闻事业有了飞速的发展，但新闻工作的人才却出现了断层，明显供不应求，因而极大地推动了新闻教育的发展。中国的新闻教育得以重振旗鼓并得到空前迅猛的发展，主要是改革开放以来的这30多年的事情。30多年来，中国新闻教育和中国新闻事业同步发展。截至2011年，全国设有新闻传播学类院、系、专业的高校已由改革开放之初的两三所增加到800所以上，各种类型和层次的专业教学点已不下1 000个。新闻专业的教学已从单一的大学本科教育，发展到博士生、硕士生、本科生、大专生、成人教育、函授教育等多层次的格局，不少院系还设置了新闻传播学方向的博士后流动站。改革开放之初，全国在校新闻系科学生总共只有500来人，现在仅在校本科生就有16万人左右，硕士和博士研究生3万人左右，办学层次、办学规模、办学水平都有了很大的提高。进入新世纪以后，随着新闻传播事业的加速发展和新闻战线人才需求的不断增加，中国的新闻教育还将会有更大幅度的发展。

一般说来，新闻教育质量的高低，起决定作用的主要是两个因素：一个是师资，一个是教材。两者之间，教材的作用更大。这是因为，师资的多少和良窳，往往受办学主客观条件的限制，而教材一旦完成，就可以直接嘉惠于学子，风行四海，无远弗届。进一步说，一部好的教材，不仅可以满足教学的需要，培养出一大批人才，而且还可以同时拥有一定的学术含量，推动新闻传播学研究的发展。1919年出版的徐宝璜的《新闻学》，1927年出版的戈公振的《中国报学史》，就是这方面的很好的例子。这两本书都是作者在高等学校从事新闻学理论和新闻史教学时作为教材编写出来的，出版之后，立即引起世人的关注和推崇，一再重版，历久不衰，至今仍然是公认的新闻学理论和新闻史方面的传世之作和经典之作。正因为这样，新闻教育的前辈们，历来十分重视教材的建设。新中国成立初期的十来年，坊间出版的新闻学方面的书籍，绝大部分都是教材。改革开放以后，新闻传播学研究空前繁荣，新闻学方面的书籍大量问世，但教材仍然在其中占了很大的比重。这些教材，覆盖了新闻传播学的方方面面，经过出版家和众多作者们的长期努力，门类和品种基本配套齐全，曾经为同时期的新闻教学做出过重要的贡献。但是，随着时间的推移和新闻工作实际的飞速发展，这些教材的体例日显陈旧，观点和内容也亟待调整和更新。一些属于学科前沿和科技含量较高的新开课程的教材尚付阙如，使现有的教材出现了不少缺口。在新世纪已经到来之际，集聚力量，重新编写出一套体系完整，门类齐全，能够为新世纪的新闻教育和新闻人才培养服务的新闻传播学的系列教材，已经成为人们的共识和新闻业界与新闻教育界的迫切需求。

呈现在读者面前的，就是应这样的需求产生的一套系列教材，它将涵盖新闻学、传播学两个二级学科的方方面面内容，满足新闻、广播、电视、广告、媒体经济、新媒体等多个专业的教学需要。负责这些教材编写工作的，是中国人民大学、复旦大学、北京大学、清华大学、中国传媒大学、中国青年政治学院等多所著名院校长期从事新闻传播学方面教学与研究工作的专家学者，其中有相当大的一部分编写者都是相关学科的国家级的学术带头人，堪称一时之选。收入本系列的教材中，既有国家级重点教材，也有部级重点教材，其他的也都是经过严格筛选的精品，所以，本套系列教材的质量是有保证的，其权威性也将会得到社会的认同。

21世纪是一个高度信息化的时代，是信息经济和知识经济占主导地位的时代。信息经济和知识经济有两大支柱，一是以高科技为代表的传播技术产业，二是从事新闻和信息产品生产的媒体产业。新闻传播学作为将这两大领域有机联结的桥梁，在今后的国家建设和社会发展中必将发挥越来越重要的作用。中国人民大学出版社经过精心策划，隆重推出这套系列教材，是具有高度的前瞻性和战略眼光的。在这里，我谨代表编委会和全体作者向中国人民大学出版社表示由衷的感谢。

这套系列教材开始策划于20世纪的最后一年，21世纪初起陆续问世，迄今已编写出版了50余种。在体例和内容的创新和开拓等方面，远远超过同时期出版的同类教材。其中有些教材，还根据整个新闻传播理论与实践的发展和新闻传播学教学与研究的发展，陆续作了必要的补充和修订，重新出版，实现了内容的与时俱进。

这批教材的问世，将会为新闻传播事业和新闻教育事业的发展和繁荣、为新世纪新闻传播人才的培养做出它应有的贡献。这是出版者和全体作者共同的一点希望。是为序。

方汉奇

2012年3月

于中国人民大学宜园

序

《中华人民共和国广告法》(简称《广告法》) 经1994年10月27日第八届全国人民代表大会常务委员会第十次会议通过，于1995年2月1日起正式施行。《广告法》共六章49条，对该法的适用范围、广告准则、广告活动、广告的审查、违反本法的法律责任等问题做了规定。《广告法》是我国规范广告活动的重要法律，以及围绕一些特殊商品、针对某些运作环节制定的相关广告管理办法和规则。《广告法》实施至今已有20年，它在一定程度上规范了广告活动，促进了广告业的健康发展，同时有效地保护了消费者的合法权益，维护了社会经济秩序。2015年4月24日，中华人民共和国第十二届全国代表大会常务委员会第十四次会议修订通过了新版《中华人民共和国广告法》，自2015年9月1日起施行。

在一些发达国家，广告信息是受管制最多的。在美国，“广告信息由政府管理。实际上，广告可能是受管制最多的一种现代言论与出版形态。每级政府——联邦、州与地方都通过了控制企业与公司能够就其产品与服务宣扬什么内容的法律”①。

广告立法保障商业信息的自由流动，维护社会公共利益

中国完善社会主义市场经济体制始于2002年，其特点是：中国加入世贸组织；国有资产管理体制进行改革，国家出台“非公36条”；劳动力、资本、土地进一步市场化；收入分配制度改革和完善社会保障体系次第进行。2013年8月，国务院正式批准设立中国（上海）自由贸易试验区。该试验区成立时，以上海外高桥保税区为核心，辅之以机场保税区和洋山港临港新城，成为中国经济新的试验田，实行政府职能转变、金融制度、贸易服务、外商投资和税收政策等多项改革措施，大力推动上海市转口、离岸业务的发展。按照市场经济的经济一体化、全球化理论，中国市场也将经历自由贸易区、关税同盟、共同市场和经货联盟四个阶段，也意味着不久的将来在一定范围内实现货物、服务、资本与人员的“四大自由”。也就是说，广告立法不仅仅服务于当下，还要为今后十年、二十年中国的广告信息产业适应中国经济的发展做好准备。

商业（广告）信息的自由流动是中国内部及外部市场发展的基础，是与货物自由流动这一社会基础需要相辅相成的。人类社会中“货物贸易是历史最长、交易范围最广、最为重要的贸易形式，货物的市场营销问题与消费者的健康和日常生活密切相关”②，最早的广

① ［美］唐·R·彭伯：《大众传媒法》，13版，北京，中国人民大学出版社，2005。
② 张淑静：《欧盟货物自由流动与消费者保护》，载《国际经济合作》，2007（10）。

告产生于人类“以货易货”时期的叫卖，货物自由流动的历史也是广告传播发展的历史。因此，商业广告法制框架下的自由原则是在市场经济环境和自由经济规律下企业竞争自由和信息传播自由的综合体现。商业广告信息自由传播也是人类进步文明最基本的诉求。“无论广告有时看起来可能是多么乏味与泛滥，它都传播了谁正在以何种价格、何种理由生产与销售何种产品的信息。只要我们维持一种自由企业主导的经济，我们的资源就将在相当程度上通过无数的私人经济决定来分配。保证上述决定在整体上是理智的、信息充分的，这是一个公共利益问题。为了这个目的，商业信息的自由流动是不可或缺的。”①商业广告不但是自由经济发展的结果，是市场经济发展的润滑剂和引擎，也是自由经济发展的一部分，即不但广告是市场经济的重要组成部分和自由经济的重要表现形式，而且“广告自由被市场经济、民主政治与西方历史传统文化内化，在历时过程中逐渐法制化，被构建为西方国家的发展逻辑、利益轨迹和意识形态”②。从社会组织建构视角来看，其蕴涵的社会价值观和共享社会成果的方式意义，本身就包含着市场精神和自由原则。商业广告在构建了当代社会消费需求的同时，也在构建着社会有序存在的基础。

广告立法的目的不是减少诉讼，而是平衡商业信息传播者与接收者的利益，保护消费者权利

“为了保障安全、健康、环境和消费者利益，消除成员国间的技术性壁垒，实现技术协调，保证货物在内部市场自由流动，欧盟建立并完善了欧洲标准化体系。欧洲标准化体系是欧盟内部市场货物自由流动的重要保障，也是必须趋同的一个重要方面。利用该体系，欧盟对与安全、健康、环境和消费者利益密切相关的行业或商品，通过综合采用旧方法指令和新方法指令进行欧盟层面的立法协调，消除大部分内部技术性贸易壁垒；同时，以相互承认原则保证不需要欧盟立法干预的商品在内部市场自由流通。”③从某种意义上说，广告法也是一种“标准体系”，在这个体系下，要求广告信息传播者传递的广告话语要准确、客观、清楚、明白；广告应当具有可识别性，并不得含有虚假内容，不得欺骗、误导和诱导消费者等。

这也是有些国家没有广告法，但有消费者权利保护法的原因。我国在 2009 年 2 月 28 日通过《中华人民共和国食品安全法》（简称《食品安全法》），2009 年 6 月 1 日正式施行。2014 年 6 月 23 日，《食品安全法》自 2009 年实施后首次大修改，《食品安全法（修订草案）》提交第十二届全国人大常委会第九次会议审议。颁布才五年的《食品安全法》面临大修，草案初稿达到 159 条，增加的条文数量几乎达到现行法律全长的一半。因为随着社会经济的发展和民众需求的增长，现行《食品安全法》已经不能完全适应我国当前食品安全监管的需要；另外，在管理问题上存在多头执法、重复监管、处罚力度不够、监管有漏洞空白等问题，修法是与时俱进的表现。

《中华人民共和国消费者权益保护法》（1993 年 10 月 31 日通过，2009 年 8 月 27 日第十一届全国人民代表大会常务委员会做了第一次修订，2013 年 10 月 25 日又做了第二次修

---

① Virginia State Board of Pharmacy v. Virginia Citizens Consumer Council, Inc., 425 U.S. 748 (1976)，转引自[美] 唐·R·彭伯：《大众传媒法》，13 版，北京，中国人民大学出版社，2005。

② 王凤翔：《西方广告自由法制原则的被解构——以美国为例》，载《新闻与传播研究》，2012 (1)。

③ 张淑静：《欧盟货物自由流动与消费者保护》，载《国际经济合作》，2007 (10)。

订）第二次修订后公布，自2014年3月15日起施行。这些法律的制定完善都是为保护消费者的合法权益，维护社会经济秩序，促进社会主义市场经济健康发展。

为了保护商业信息接收者即消费者信息选择的自主权，考虑到由于网络传播便利性特点，未经同意向他人网络空间发送广告的行为越演越烈，2015年新版《广告法》增加了第四十三条：任何单位或者个人未经当事人同意或者请求，不得向其住宅、交通工具等发送广告，也不得以电子信息方式向其发送广告。以电子信息方式发送广告的，应当明示发送者的真实身份和联系方式，并向接收者提供拒绝继续接收的方式。

另外，2015年新版《广告法》还进一步强化电信运营商对垃圾短信的筛选责任，明确电信运营商责任。第四十五条、第六十四条规定：对利用其场所或者信息传输平台进行的广告活动，公共场所的管理者或者电信运营商、互联网信息服务提供商，有权要求利用其场所或者信息传输平台发布广告的主体依法提供相关证明文件；对明知或者应知利用其场所或者信息传输平台发布违法广告的，应当予以制止。

新版《广告法》对利用移动通信网络、互联网发布广告的行为做了规定。从技术方面来看，网络服务提供者对他人发布的骚扰信息或虚假广告实际上提供了技术支持，因而在明知的情况下，应当承担相应的法律责任。这与现行《中华人民共和国侵权责任法》和《信息网络传播权保护条例》的规定是一致的。比如《信息网络传播权保护条例》第二十三条规定：网络服务提供者为服务对象提供搜索或者链接服务，在接到权利人的通知书后，根据本条例规定断开与侵权的作品、表演、录音录像制品的链接的，不承担赔偿责任；但是，明知或者应知所链接的作品、表演、录音录像制品侵权的，应当承担共同侵权责任。《中华人民共和国侵权责任法》第三十六条规定：网络用户、网络服务提供者利用网络侵害他人民事权益的，应当承担侵权责任。

与此相关的，根据第五章“法律责任”第五十五条至第六十五条等规定，新版《广告法》对发布虚假广告、含有禁止情形的广告、依法应经发布前审查而未经审查的广告等重点违法行为加大了罚款幅度：没收广告费用，并处广告费用三倍以上五倍以下罚款，广告费用无法计算或者明显偏低的，处二十万元以上一百万元以下罚款；两年内有三次以上违法行为或者有其他严重情节的，处广告费用五倍以上十倍以下罚款，广告费用无法计算或者明显偏低的，处一百万元以上二百万元以下罚款，可以吊销营业执照，并由广告审查机关撤销广告审查批准文件、一年内不受理其广告审查申请。除了加大对违法广告主、广告经营者和广告发布者的惩处力度，在执法部门间，还需要建立行政处罚、民事责任与刑事责任之间的有机协调，建立工商部门、工信部门、公安机关之间的联动监管合作机制。

广告修法不能仅为管理者提供依据，从目前的情况看，立法之后还需要“立法”

2015年的《广告法》立足我国广告业发展实际，针对广告领域出现的新情况、新问题，着重解决公众关注的虚假违法广告治理问题，加大对虚假违法广告的惩治力度；充实和细化重点商品、服务广告内容准则和广告活动规范，修订或新增食品、药品、医疗、教育培训、招商投资等类型广告的准则；完善广告经营者、广告发布者的经营行为规范；明确广告的法律义务和责任；同时强化工商机关及有关部门对广告市场监管的职责职权，明确以工商机关为主、各部门分工配合的管理体制；并对提升广告特别是公益广告在引导社会良好风尚中的积极作用做出了明确规定。

外商投资广告企业准入许可等广告行政审批项目正在改革调整中，规范广告经营主体行为的相关政策措施研究已经启动，互联网广告管理办法起草工作基本完成。下一步，工商总局还将抓紧修订广告经营许可证管理办法和广告经营资格检查办法，制定规范短信广告等新形式广告的管理办法。[①]

媒介技术发展了，广告传播方式也增加了。新版《广告法》对于“广告”的定义与原《广告法》中的描述相比，更加简洁明确。2015 年版《广告法》中的“广告”是指在中华人民共和国境内，商品经营者或者服务提供者通过一定媒介和形式直接或者间接地介绍自己所推销的商品或者服务的商业广告活动。

这样的广告定义能够将竞价排名这类新型商业广告纳入其中。网站为其客户提供的竞价排名服务，主要目的都是帮助客户进行商业推广。虽然这些竞价排名服务没有命名为“关键词广告”，但在实际上，参与竞价排名的网络关键词链接基本都指向特定的产品、服务或品牌，因而属于商业广告。但若此次修订中所列举的产品、服务能增加“品牌”则更为完善。

网络时代，广告和营销是结合在一起的，我们现在统称的网络营销，其实也包括广告(如电子邮件推广、交换链接、广告位互换、搜索引擎竞价排名、论坛发布信息、在 B2B 网站上发布信息或进行企业注册等)。最主要的问题是，原《广告法》制约的主体有三个，但在互联网传播中，已经在很大程度上模糊了广告主、广告经营者和广告发布者的界限。

在广告传播链条上，广告主、广告经营者、广告发布者是主要的活动主体。除此之外，某些个人、社会团体与组织、政府机构，常会在广告活动中充当重要的角色。原《广告法》除了将广告主、广告经营者、广告发布者列为责任主体外，也规定了社会团体和其他组织的连带责任，但并未将“政府机构”和“个人”列为责任主体。新版《广告法》将责任主体扩展至“自然人、法人或者其他组织”，是否可以据此认为“法人或者其他组织”中也包括政府机构呢?

我国许多社会团体和组织挂靠在政府机构下，因而这些社会团体和组织在一般消费者眼中也具有较强的公信力。在曾经出现的全国牙病防治指导组（牙防组）违规为“佳洁士”认证事件中，卫生部当时成立的牙防组为非法人组织，在广告中直接出现该机构标识，并以“通过认证”为名为牙膏品牌做宣传，导致消费者因信赖该组织而做出购买行为。实际上，牙防组作为普及牙齿保健知识的非法人组织，根本不具备为牙膏品牌认证的资质，其违规的认证行为直接导致了虚假广告的社会危害，因此牙防组就应该承担虚假广告责任。这里有个问题，即牙防组并非独立法人，其主管机关卫生部应该承担虚假广告责任。在这个问题上，原《广告法》和新版《广告法》都未明确将政府机构列入责任主体范围。

按照民法思想，责任乃是义务不履行的必然结果，即法律责任被视为义务主体违反法律义务时所产生的法律后果。既然《广告法》中没有规定政府机构在广告活动中的主体义务，也就无法追究其对广告中的虚假信息应负的法律责任了。

新版《广告法》首次引入“广告代言人”的法律概念，是专门针对一直饱受诟病的名

---

① 参见《新版〈广告法〉有望年内出台：将加大对虚假违法广告的惩治力度》，载《南方日报》，2014-04-18。

人明星代言广告的行为而设定的。新版《广告法》规定的连带责任意味着名人明星等公众人物的代言行为将受到法律约束，违法将负连带责任。第五十六条规定，关系消费者生命健康的商品或者服务的虚假广告，造成消费者损害的，其广告经营者、广告发布者、广告代言人应当与广告主承担连带责任。前款规定以外的商品或者服务的虚假广告，造成消费者损害的，其广告经营者、广告发布者、广告代言人，明知或者应知广告虚假仍设计、制作、代理、发布或者作推荐、证明的，应当与广告主承担连带责任。

《广告法》所称的“广告代言人”，是指广告主以外的，在广告中以自己的名义或者形象对商品、服务作推荐、证明的自然人、法人或者其他组织。他们在商业广告中扮演重要角色，通过自主的意见的表达，引发消费者的信赖，若进行虚假代言，则极易误导消费者。

广告法规因广告管理而兴，广告管理因广告活动而起，《广告法》的颁布也是为广告管理“立法”。更准确地说，目前我国《广告法》中关于许多重要的问题仍仅仅以一种原则性宣示的方式加以规定，在具体的保护措施上仍是一片空白，这是需要通过司法“解释”进一步完善的，不能仅仅交由行政机关裁量。否则，新版《广告法》仍会招致可操作性差的批评。例如，新版《广告法》对原《广告法》“广告准则”一章作了大幅修改，增加了很多具体规则。考虑到现实的需要和行业的差异，新版《广告法》在对以未成年人为诉求对象的广告，以及药品、医疗器械和医疗服务广告的广告准则做重点修改的基础上，授权国务院工商行政管理部门会同国务院有关部门制定广告准则，以应对规范广告发展的需要。在立法技术上，这样的立法授权，同时也符合国际惯例。

但广告立法不应是简单的“禁止”。如新版《广告法》第十条规定：广告不得损害未成年人和残疾人的身心健康。但进入执行后将会在该条款的解释上产生不同意见，因为这里涉及一个在广告领域具有全局性和基本性的问题，即有暴力或性诉求内容的广告会影响未成年人的心理健康，是否需要全面禁止？抑或要求所有未成年人有机会接触的广告不得含有此类内容？前者可能带来“超过必要限度的保护”，后者又涉及如何在制度上加以划分、区别对待的问题。

《广告法》中涉及内容管理的条文不少都与重大的公共政策选择相关。表面上看这些选择多为公共政策，但其本质上还是“立法事务”，需要立法机关代表整个社会共同体做出审慎而明智的决定，再由一系列明确而具体的制度加以保障。

由此，笔者认为，如果广告立法者不能就《广告法》做出很明确的释义，“不能在法规中就重大公共政策的内容做出实质性规定并伴随相应的制度保障，而仅仅使要解决的问题和立法的价值取向停留在法条的原则性宣示的程度上，则将产生一种使立法问题下沉到管理部门行政过程的效果，使得立法的公共政策选择转变为行政机关的裁量权限”①。换言之，虽然法规出台了，但法规在执行过程中会引发相关政策在各地执行中的不统一。这样不但损害法律的原则宣示中所要保护的实体价值——某个方面的社会公共利益，也会导致法律自身的权威性和公信力“落空”。人们会将“落空”归咎于法律本身的不合理——缺乏可操作性；但实际上，“应当为此担责的不是法律，而是未能在自身中实践和担当其应

① 杨利敏：《还“立法”以“立法”》，载《法制日报》，2009-06-30。

有的公共政策决定功能的立法过程”①。

现在新版《广告法》虽已摆在我们面前，但严格地分析，广告立法过程并未结束，我们仍需继续促使已经达成社会基本共识的广告价值得到保护，使重大的广告立法目标在实务中得到贯彻和实现。

倪　宁

（中国人民大学新闻学院教授，中国人民大学新闻与社会发展研究中心研究员）

---

① 杨利敏：《还“立法”以“立法”》，载《法制日报》，2009－06－30。

前　言

改革开放后，中国广告法治的历史如果从1991年国家工商局酝酿起草《广告法》起算，已20多年了。1994年版的《广告法》经过了1992年、1993年广泛征求法律专家、媒体从业者、各广告公司和工商管理系统等各方意见，先后经过15次之多的修改，才于1995年通过实施。该法的颁布为中国广告业的良性发展提供了依据，为广告主、广告发布者、广告经营者明确了广告制作、传播的规范。《广告法》的适用范围很广，涵盖内容更多。

随着网络时代的来临，包括广告在内的商业信息传播呈爆炸式增长，已有20年历史的《广告法》显得滞后了。2015年我们又有了新版《广告法》，新版《广告法》针对广告领域出现的新情况、新问题，立足我国广告业发展实际，着重解决广大人民群众关注的虚假违法广告治理问题，加大对虚假违法广告的惩治力度；充实和细化重点商品、服务广告内容准则和广告活动规范，修订或新增食品、药品、医疗、教育培训、招商投资等类型广告的准则；完善广告经营者、广告发布者经营行为规范；明确广告代言人的法律义务和责任；同时强化工商机关及有关部门对广告市场监管的职责职权，明确以工商机关为主、各部门分工配合的管理体制；并对促进广告业健康持续发展、提升广告特别是公益广告在引导社会良好风尚中的积极作用做出了明确规定。

尽管有法可依，但广告作为一种商业文化，其传播的价值取向和行为方式在社会变迁的当代始终呈现出多元、多向的复杂表象。面对多样化的广告传播活动与传播内容，优与劣、是与非，人们对其评价的肯定与否定、赞扬与批评常常与传播主体的善恶动机、巧拙手段、正反效果以及广告接受者的感知度、价值观、鉴赏力等交织在一起，这就使得人们在面对广告传播活动中出现的一些新情况、新问题、新关系、新现象时，会感到疑惑与迷茫。在现实中经常有人反映，对一些广告传播活动及广告表现形式是否合乎社会伦理道德规范或法律规范认识不清，如有些被社会中一部分人认为是违反伦理或法的广告在各类媒体上大肆传播，挑战着人们原有的善恶是非观念、合法与非法概念。而对一些广告传播中所产生的现实问题如何看待，广告传播中生成的一些矛盾关系如何理顺，对某些广告现象又如何做出正确的评价和认识等，都需要我们从广告伦理、广告法律的角度去仔细分析、认真思考、深入研究。

本书主要包括广告伦理和广告法规两部分内容。广告伦理部分主要论述了广告伦理规范的对象及特征、广告行为的伦理选择与评价、广告伦理的失衡与错位现象、广告活动中关系问题的伦理辨析、广告伦理监督体系；广告法规部分主要包括广告法规管理体系概述、广告准则、广告活动规范、广告监督管理、法律责任与救济途径等。

本书的写作遵循了两个原则，一是体现了“德”与“法”的有机统一，并对一些广告行为人道德上的缺失和可谴责性做出相应的伦理评价和司法评价；二是注重理论与实践相结合，对一些案例进行了列举剖析，以便于读者结合实际生动案例清晰地理解和掌握相关的道德规范和法律条文内容。

目前要从根本上提高广告传播的质量和取得良好的社会效益，学习知识、明辨是非、提高自身的认识水平和自觉意识是首要环节，而且也只有在正本清源的前提下建立新型的广告关系，繁荣社会主义广告事业，才能培养和造就有理想、有道德、知法守法的广告人才。

作　者

2015年1月

目　录

绪　论

广告是一种高度开放的大众传播行为和社会活动，在信息时代扮演着极为重要的角色，是社会经济活动中不可缺少的要素，是维持与促进现代社会生存与发展的一种大众性的信息传播手段。同时，广告也是为了实现传播者的目标而带有较强自我展现特征的说服性信息传播活动，它通过改变或强化人们的观念和行为，来达到其特定的传播效果。

2012 年，我国广告业营业额达到 4 698 亿元，较 2011 年增长了 50.32%，创造了我国自广告业恢复以来的最大增幅。同时，广告业营业总额在 GDP 中的占比也达到历年来的最高峰，首次突破了 0.9%。2012 年全国广告经营单位达 377 778 家，从业人员近 218 万人。2013 年，中国广告业营业总额达 5 019.75 亿元。从品类投放上来看，汽车、化妆品及卫生用品、房地产位列前三。从媒体渠道上来看，移动终端广告投放日渐成熟。从地区分布上来看，广告经营收入位居前三的依次为北京、江苏、上海。

中国广告市场的增长得益于宏观政策的拉动作用和经济的稳步发展。2012 年党的十七届六中全会审议通过了《中共中央关于深化文化体制改革、推动社会主义文化大发展大繁荣若干重大问题的决定》，为贯彻落实“加快发展文化产业、推动文化产业成为国民经济支柱性产业”的政策，2012 年 6 月国家工商行政管理总局先后发布了《关于推进广告战略实施的意见》和《广告产业发展“十二五”规划》，并出台了一系列具体措施和落实办法，这些举措有效地促进了广告产业的升级和快速发展。

国家“十二五”规划提出广告业要提高专业化、集约化、国际化水平，推动行业健康、全面、协调、可持续发展的目标和政策措施的实施。我国将迎来广告行业全面发展的黄金阶段。2008 年以来我国广告市场年均增长率保持在 14.6%，2012 年中国广告业经营额突破 3 000 亿元，广告市场规模跻身世界前列。在整个广告市场中电视媒体依然保持强势媒体姿态，广告投放仍以大份额占据绝对优势；报纸仍然是刊登广告的最佳媒体；互联网和移动广告发展迅速。随着广告业向中小城市的渗透，未来几年我国广告业发展空间巨大。2014 年中国广告市场规模仅次于美国，位列全球第二。广告业高速发展的同时也出现了产品差异化不明显、市场竞争不充分、新兴媒体广告侵占传统媒体广告空间等问题。因此，国家政策应该引导广告企业向市场化、产业化、集团化发展，广告企业也要把握市场方向、加强管理、协调关系、促进合作，从而营造一个良好的发展环境。

但辉煌数字的背后，我们也付出了沉重的代价，作为一种商业文化的传播，中国的广告业似乎也陷入了一种经济发展与道德失范二元对立的古老悖论之中。尽管自 1990 年以来中国广告业制定了一系列自律规则，特别是《中华人民共和国广告法》于 1995 年实施使广告违法行为在一定程度上得到了有效遏制，但各种形式的广告失范现象仍屡禁不止。有统计数字表明，就在《中华人民共和国广告法》实行的当年，国家工商总局在全国组织电视广告执法大检查，在对省台和省会市台播出的5 000例广告审查中，查处违法广告1 633条，占受检比例的32.6%。虽然近年来违法广告的比例有所下降，但在药品、食品、保健品广告类中还是比较严重的。例如，北京市食品药品监督管理局2014年5月对本市27个电视频道、10个电台频道和32种报纸类平面媒体发布的药品、医疗器械、保健食品广告进行了监测，结果发现323条严重违法违规的广告，涉及产品99个。新疆维吾尔自治区食品药品监督管理局2014年5月监测发现药品保健食品违法广告72条。2014年7月，国家食品药品监管总局稽查局召开会议，对全国18个发布严重违法医疗器械广告的企业进行行政告诫，有些2013年度刊播严重违法广告而2014年第一季度仍继续刊播。各省市均有不少违法广告案例。

广告是商品经济发展的必然产物，在商品经济的发展中，它既是“润滑剂”，又起着“引擎”的作用。但如果广告运用不当，或过多过滥，达到“乱”的地步，则不仅会破坏正常的经济秩序，损害消费者的利益，而且还会危及人们的身心健康，误导消费行为，引发不良的社会风气，并最终影响到广告市场自身的正常发展。因此，广告的经营、广告的表现与广告市场的开拓，一定要置于法律法规的约束之下，依法有序地健康发展，否则将会给社会和人民带来很大的负面影响。为了规范与促进广告业的健康发展，使其在经济发展中发挥更加积极的作用，必须重视和加强广告的法制建设。

二

分析广告失范、违法的原因，主要有以下几点。

一是社会环境方面。中国社会正处在变革的历史转型期，在社会机制运行的过程中，某些层面可能会呈现短暂失序状态，原有的与自然经济或产品经济相适应的道德秩序受到严重冲击，而新的与市场经济相适应的道德秩序尚未形成，此环境会给人们的社会意识造成某些失衡和扭曲，如民众心理暂时形成了某种“失真”的价值尺度。广告失范是社会失范的缩影，当某些社会层面滑入唯“效益”至上的轨道时，所有难以即刻兑换成现金的美好事物就可能遭到冷遇——在“注意力经济”时代，为了获得受众的青睐，一些广告主和广告活动策划者不惜自降格调，仅仅满足于无害的道德“底线”，失范行为的出现也就在所难免了。

一般来说，任何职业活动经过长期的发展，都会形成一些同业者普遍认可的规则，从业者在敬业精神感召下也会遵守。但一方面由于道德规范尚未完全形成或尚未深入人心，加之常态下的职业道德追求又没有其他制衡机制促进和监督，从而使行为中那些付出的哪怕是被认为“不择手段”的劳动，也会得到来自业内某种程度的赞许或认同；另一方面，当职业行为与公共利益发生冲突时，人的职业冲动有可能会在所谓职业意识的怂恿下，凌驾于人的社会意识之上，有时这种凌驾还会以集体而非个人的形式出现，从而使职业行为与社会公德处于一种紧张的关系之中。

二是广告人素质方面。众所周知，广告业的兴起是改革开放后的事。在这30多年中，来势迅猛的商品经济大潮使尚未做好充分准备的广告人匆忙上阵，难免会出现一些不适症状。例如，在广告教育中普遍存在着重“器”轻“道”的问题，注重广告的技法传授和专业技巧的培训，而广告伦理教育没有受到应有的重视。广告业界在人才录用标准方面也片面强调应聘者的职业背景和业务能力，重业绩指标轻德性表现，这在客观上为不良职业心态提供了生存土壤。在不少人看来，“广告无学”、“广告就是为产品吹嘘”，广告职业的社会声望并不高。这种并非公正的社会舆论对广告人自觉铸造职业荣誉感，无疑会构成某种心理伤害，导致非良性社会互动行为的产生。广告从业者的职业劳动带有鲜明的社会导向性，肩负着引导社会精神与物质消费的双重使命，如果他们对自己的行为缺乏自信心和荣誉感，也缺乏自律的动力，在观念上没有理性追求，在行动上没有约束，那么完善的制度和严密的规则也无法遏制不良行为。

道德的构建在我国有着深厚的思想文化基础，先秦诸子对信息传播者的品行就提出过“诚”、“信”、“实”、“公”的要求。近代著名新闻学者徐宝璜是最早直接论述广告伦理问题的学者，其《新闻学》一书对广告伦理提出了三方面的要求：一是广告必须与新闻分开；二是禁载不正当广告；三是要树立广告信用。戈公振也在其所著的《中国报学史》中指出，广告为文化进步之记录……有促进人生与指导人生之功能。

要消除困扰我国广告业的一系列问题，应在倡导广告从业者自律、提高广告人素质上下工夫，用中华民族几千年优秀文化积淀所形成的行为准则和社会主义精神文明来医治今天我们行为中的道德缺失，这也是我们在领会“以德治国”伟大方略的精神实质时所不该忽视的。广告从业者在日常的工作中会受到来自社会、行业的影响，这些影响有一个“内化”的过程。在对不同观念和情境进行比较、选择、批判和整合后，他们会得出自己的结论，并由此逐步树立自己独立的职业观、人生观和世界观，最后再外化为行为。广告从业者的这种“自我教育”过程应该得到尊重。社会、政府有关部门、行业协会及同业者应该给予他们充分的提醒、指导，帮助他们正确判断，理性选择：这样做究竟对不对、该不该。比起他律，自律的效力会更显著、更持久。

三是行业内部运行机制方面。毫无疑问，改革开放30余年，我国的制度建设取得了长足进步，广告事业也走上了法治轨道，形成了以宪法为基本大法、以《广告法》为核心、以各类管理规定和自律条例为框架的广告法规体系。但我们也应清醒地认识到目前广告界还存在着不少漏洞和不足。近些年广告市场上出现的一些怪现象无一不是披着合法的外衣践踏着制度的尊严。例如，一些广告以其有“创意”为借口，无视法律和社会公德；有些人利用执法人员和监督人员人力不足“钻空子”。另外，发生在广告行业内部的“集体无意识”现象也是很具破坏力的，如一些广告制播机构唯广告主意志行事，自动放弃应坚持的法规原则；广告主、广告代理公司和广告发布机构的自我审查监管机制不健全或形同虚设，这些在客观上都形成了管理上的“盲点”。很显然，解决这类问题单靠制度和人力是不够的，我们应在坚持法治、不断完善各种制度的同时，积极开发有效渠道和有效方法，以促进从业者在积极向善方面发挥其巨大潜能。

广告人的职业道德意识作为社会道德的重要组成部分，其内涵十分丰富，既包括广告人的职业理想、职业态度和职业责任，又包括广告人的职业技能、职业操行、职业良心和职业荣誉等，它是沟通广告职业行为与社会公德的桥梁和纽带，是我们必须大力弘扬的职业精神。

二

在社会生活中，无论是治理国家、发展经济还是传播广告信息，都需要法律规范的约束，也需要道德准则的调整。法律意识与道德观念的统一是社会主义市场经济条件下对广告活动行为规范的必然要求，二者有机统一并作用于广告活动的全部过程，是广告行为的最佳规范模式。

法律与道德有着极为密切的关系，从本质上来说，它们都是由社会经济关系所决定的上层建筑，是特殊的意识形态，二者相互影响、相互作用，共同维护统治阶级的经济制度和社会秩序。在社会主义条件下，一方面，社会法律充分体现了社会主义道德的精神；另一方面，社会道德也促进着社会主义法律的发展与完善。在社会生活中，无产阶级为维护本阶级的利益，广泛地发挥道德观念与道德规范的作用，而当道德作用力所不及时，就会采用法的强制力加以保证；当对某些行为法律不宜干预或未能达到需要干预的程度时，或者当法律尚不完备，以至于对某些轻微危害社会的行为无法可依时，就需要发挥道德的力量去约束、制止这些行为的发生。法律与道德虽然同属于人们行为规范的范畴，在社会生活中有着密切的联系，但它们毕竟不是同一社会现象，两者之间也有原则性的区别。这种区别主要表现在：法律调整人们的外部关系，道德则支配人们的内心活动和行为动机；法律不考虑潜在的行为动机如何，而要求对现行规范进行外部服从，而道德规范则要求人们根据高尚的意图去行动；法律是他治的（具有强制作用），而道德是自治的（产生于人的内心）。具体来说，法与道德的区别主要有：

第一，道德的社会作用不是依靠国家强制力来实现，而是通过社会舆论、传统习惯和内在信念来维持，即使是成文的道德规范，也不具有任何强制的意义。第二，道德只有一些基本原则和基本规范，这些道德原则与道德规范内化为行为者的义务、良心、荣誉等，并深入到人的观念和信仰之中，贯穿在人们具体行为的各个方面。第三，道德这一特殊的社会意识形态具有相对的独立性和普遍性，较之法律，道德所起的作用更长久，适应范围更宽广。而法律规范对社会关系的调整范围一般仅限于那些对统治阶级的统治有重大关联的社会关系，有的社会关系是不宜由法律手段加以规定和调整的。

人们的行为根据不同的行为模式和规范形态可以具体划分为习惯行为、道德行为和法律行为等；而基于共同的价值取向和利益需要，在同一行为中所蕴藉的道德意义和法律意义又常常有交叉、重叠之处。就广告活动中的许多具体行为和具体现象的发生来说，其行为关系的模式既可能有鲜明的道德特征，又可能有鲜明的法律特征；其行为的动机、手段及其社会后果，既可能承担道德责任，也要承担法律责任；许多具有负面影响的广告行为，既可以从道德的角度加以谴责，同时还可通过法律手段加以制裁，比如广告失实导致消费者的权利、利益遭受严重侵害，媒介违法进行虚假广告传播导致严重的社会后果等。广告行为中的伦理道德和与广告活动相关的法律规范之间有着密切的联系，它们相互补充、相互作用，在提高广告从业人员的道德水平、增强他们的法律意识以及通过道德的和法律的手段调整广告活动中的各种关系、规范广告从业人员的职业行为等方面，发挥着重要而积极的作用。

从广告的法律规范及其职业道德的内涵来看，一方面是法中有德，如对在广告中含有淫秽、迷信、恐怖、暴力、丑恶等内容的限制性法律规定，就体现了净化社会环境、讲求精神文明的道德观；广告内容不得损害国家、民族利益和尊严，不得损害社会公共利益、妨碍社会公共秩序和有悖社会公序良俗的法律规定，就贯彻了爱国主义、热爱社会的道德观；禁止发布妨碍社会安定和危害人身、财产安全的广告，广告不得损害未成年人和残疾人的身心健康的法律规定，则表现出人与人之间相互尊重、公平相处的道德观。另一方面是德中有法，如由广告发布、传播活动中守信用、诚实、遵守承诺等道德观念形成了一定的道德规范，法律条文又是将这些道德规范法制化的产物；广告主与广告经营者之间遵循相互协作、相互支持的公平道德观，是反不正当竞争法的基本内容；广告活动应坚持经济效益与社会效益并重的社会主义道德价值取向，在我国宪法中也有明确规定；全心全意为人民服务是共产主义道德的核心和最高准则，同时也是所有广告从业者的行为指南。法与道德内涵上的一致性使二者在广告活动中必然产生相互牵制、相互影响的积极作用。

在现实社会生活中，人们的道德水平与守法或是犯罪有着密切的关系。一个诚实而有道德理想的人，一般是不会或很少违反社会主义法律的。违法与犯罪的行为绝大多数都是和当事人的道德操守不健康有关，在工作上表现出严重的自私自利、损人利己、唯利是图、拜金主义倾向的人有可能会逐渐走上道德败坏的道路，最终陷入犯罪的泥淖。

由此我们深刻地认识到，在广告活动中，法律的外在强制作用和道德的内化诱导作用相辅相成，可以产生相互促进的良好效果。如果仅仅依靠法制而忽视道德的力量，即便有了完备的广告法，有了健全严密的法纪条例，由于广告从业者道德观念淡薄和道德素质低下，也难以真正、充分地做到依法、守法；而如果仅仅依靠道德的作用来要求、调控广告主体的行为，使之规范化和有序化，在现实社会条件下则只是理想而已，也难以实现。只有把完善广告法制与加强道德建设二者结合起来，才能确立稳定、有序的广告活动规范机制，从而有利于社会经济的发展以及广告业自身的发展。

三

广告活动对国家的社会经济生活有着巨大的影响。各国运用法律的方式对广告活动进行调控，这不仅是法治社会的需要，也是建立规范、有序的广告运作机制的必然要求。

对广告行为、活动进行法律调控，应从国家的社会、经济条件出发，根据广告活动的特点和规律，科学地制定调整广告行为活动的法律条文。一方面，要加强广告业法律、法规的宣传教育工作。通过普法宣传，增强广告主、广告公司和媒介的法律意识，强化他们的社会责任感，启发他们形成依法规范广告行为的自觉性，并对广告从业人员及广告活动主体的合法行为予以支持、鼓励，最大限度地调动他们发挥积极作用，发挥对社会经济的正面影响功能。另一方面，对非法的、消极的广告活动行为要进行及时有效的纠正，使干扰社会正常经济秩序的活动得到有效遏制，将负面因素减小到最低限度，从而建立起高效、有序的广告法制秩序。总之，法律对广告行为活动进行调控，就是要将那些对社会经济和文化发展具有一定意义的广告行为方式予以程序化，即将广告运作和个体行为纳入规范体系的程序之中，以期实现有效的管理。具体的调控方式主要有以下三个方面。

第一，建立和完善广告法律、法规。通过法律、行政法规等规范性文件及相关条文对广告行为活动进行直接控制。这种直接控制以强制手段为后盾，要求广告传播行为的主体严格遵守法律规范，把法律规范中的理想秩序转化为现实的法律秩序，从而使法律所确认的体现在广告活动中的统治阶级利益得以实现。在我国，主要是指以《中华人民共和国广告法》为主体，以一系列涉及广告内容的其他法律规范为辅的法律体系。狭义的广告法，是指国家立法机关依照一定的法律程序所拟定的专门调整广告活动的法律，即广告法典。广义的广告法，是指调整广告活动中所产生的各种社会关系的各类法律规范的总称，即包括广告法典、有关广告的法律、行政法规和规定等。加大对广告违法行为的处罚力度，不但要对违反广告法律、法规，有法不依的广告主进行毫不留情的严厉处罚，而且对于那些执法不严的广告审查和监督责任人，也应进行严肃的行政、经济直至法律处置。

第二，通过广告活动主体，将各种规范性文件和相关的法律条文具体化为一系列规章制度，与广告法律法规的实施相配合，对广告活动行为进行间接控制。这种间接控制的特点：一是行为目标清晰明确，易于为各地区、各单位、各部门的工作人员所理解和接受；内部管理具有一定程度的民主性，易在各单位从业者中形成一种良好的平衡状态；各种规范的实施手段具有可操作性，易于贯彻执行；要配备健全必要的监督和检查组织，使其强制力能持久。二是这种“准法律”形式的规范依据本地区、本单位乃至本部门的具体情况和实际需要制定，与法律相比具有针对性强、灵活多变的特点，可以依情况变化而随时修订有关条文。

广告行业组织、广告经营者、广告发布者、广告主自行制定的约束各单位或各企业从事广告活动的协约和规则，作为广告从业者的准则纲领，需要共同制定、共同遵守。它包括广告的专业机构、广告媒体和工商企业的广告部门制定的广告自律条文和规定，或同行业团体机构共同制定的广告公约，作为行业或企业执行国家有关广告法规的具体行动准则，如中国广告联合总公司《自律宣言》，中国广告协会于1994年通过的《中国广告协会自律规则》、1999年通过的《广告行业公平竞争自律守则》等。在一个社会的广告传播网络中设立层层规章制度，是对广告活动机构实施有效管理与控制的基本方式，它既体现了国家对广告业管理的政策性意志，又补充了法律规定的不足。当然如果这些由广告单位自行制定的规章制度能有行政手段和经济措施作为执行的保障，将更为有效。

第三，通过宣传、教育、警示、激励、正反面典型示范等心理的影响，达到调控广告行为活动的目的。这种调控方式也可称之为法律的心理控制功能。有时法律对广告从业者的心理控制不是直接或间接规定行为的可行与否，而是利用潜移默化等手段，作用于广告从业者的头脑，影响他们的意识。这种心理控制的结果就是法律意识的养成，其最终目的是通过对广告活动主体法律意识的引导，消除他们在广告活动中的任意性，使其在广告行为活动的实施过程中不断受到自身已内化的法律规范的诱导和制约，从而积极地影响以思维定式为主导的广告从业人员的认识和心理活动，以促使广告行为活动更符合法律规范的要求。另外，还应重视净化广告业务市场风气，规范工商、司法、媒体等行业的行风，严肃查处广告业务管理中以权谋私、行贿受贿等腐败案件，切实纠正当前广告业务市场中客观存在的不正之风，从而形成依法广告的良性环境和“大气候”。

在认真贯彻落实科学发展观、建设中国特色社会主义市场经济的过程中，我们既要坚持不懈地加强社会主义法制建设，积极推进广告监督管理工作制度化、规范化、程序化，依法治国；同时也要历史地辩证地分析和看待在中国改革开放、发展社会主义市场经济的历史进程中所形成的经济行为与道德观念的时代特征及相互关系，以德治国。“依法治国”

和“以德治国”是我国治国方略中相辅相成的两个方面。在强调“以德治国”、“依法治国”的今天，在经济快速发展的今天，如果中国广告业能在法律规范下健康发展，必将为促进中国市场经济加速发展发挥更加积极的作用。所以，呼唤与重塑广告人的职业道德意识，积极开展对广告伦理、法律规范的研究，变得愈加重要和紧迫。在加快制度创新和体制创新的同时，我们还要开展有中国特色的广告学术研究，既根植于华夏文明深厚的文化积淀，又自觉吸纳域外文明优秀的文化成果的科学态度，坚持社会主义的立场、观点、方法，为建立和完善我国广告伦理、法律规范体系而努力。

第一章

广告伦理与法规范的对象及内容原则

伦理，或曰道德，是人类社会特有的现象，是以善恶评价为中心的行为规范总和。伦理同其他行为规范一样，是用来调整人们相互之间行为的一种准则，与法律相互补充、相互渗透，比如欺骗属不道德的行为，轻则受到社会舆论的谴责，重则受到法律的制裁。

广告伦理是指由特定社会经济关系决定的，调整在广告活动中所产生的人们之间关系的行为准则和规范的总和。广告伦理是社会伦理的一种具体表现形式，人们可以把广告伦理作为行为准则对广告活动进行评价和调节。解决广告活动中存在的问题不仅要依靠法律的力量，而且在很大程度上也要依靠职业伦理与社会舆论的力量。

第一节　广告伦理与法规范的对象及内容

广告伦理、法律规范的对象是广告活动主体及其从事的广告活动。所谓广告活动主体主要是指广告主、广告经营者和广告发布者，他们从事的广告活动是指“广告信息传播的全部过程，包括广告内容、表现方式、运作行为……”①。

一、广告活动主体

一般来说，从事广告活动的人（包括自然人和法人）被称为广告活动主体，它由四个部分组成。

（一）广告主

根据《中华人民共和国广告法》总则，广告主是指为推销商品或者服务，自行或者委托他人设计、制作、发布广告的自然人、法人或者其他组织。

自然人是指个人，也包括个体工商户或依法从事经营活动的个人。法人是指具有民事权利能力和民事行为能力、依法独立享有民事权利和承担义务的组织，有企业法人、经营性活动的事业单位法人和社会团体法人等类别。其他组织是指不具备法人条件的合伙企业、非法人的组织，包括依法登记领取营业执照的私营独资企业、合伙组织、合伙型联营

---

① 倪宁：《广告学教程》，6页，北京，中国人民大学出版社，2001。

企业及分支机构，如乡镇企业、银行保险金融系统的分支机构等。

广告主是广告活动得以进行的原因和初始动力，如果没有广告主，就不可能有其后一系列广告行为。因此，广告主是广告活动的市场源头，负责支付设计费、制作费、发布广告所需的一切费用，由此形成广告市场的需求。

（二）广告经营者

广告经营者是指受委托提供广告设计、制作、代理服务的自然人、法人或其他组织。包括各种类型的广告公司、广告代理公司、广告代理商、广告社，一般是指为广告主和广告媒体提供服务的综合的或专营的广告公司。

广告经营者的存在，使满足广告主的广告需求具备了客观条件，也由此形成了广告经营市场，即形成了为满足广告主的广告需求而接受广告主选择的广告服务活动供给市场。广告公司的出现使广告行为活动变成了一个独立的商业性产业，它通过有偿方式为广告主提供服务。广告经营者主要包括以下含义：

（1）广告经营者是接受委托提供广告服务的中介者。广告经营者既可以接受广告主的委托，为其提供广告设计、制作、为其代理媒介刊播业务，也可以接受广告发布者的委托，为其代理寻求广告刊播业务的服务。这种由中介者向广告主和广告发布者提供双向服务的运作方式，是世界各国广告业通行的经营机制，简称为广告代理制。

（2）广告设计、制作、代理是广告经营者的基本经营范围。广告设计是指根据广告目标而进行的创意、构思、编排广告画面、音乐、语言文字等的经营性创作活动。广告制作是指根据广告设计要求，制作可供刊播、设置、张贴、散布的广告作品等经营性活动。广告代理是指广告代理人在广告被代理人授权的范围内从事的广告市场调查、广告信息咨询、企业形象策划、广告战略策划、广告媒介安排等经营活动。

（3）广告经营者可以是自然人、法人或其他组织。这里的自然人主要指依法可以从事经营活动的个人，或广告个体工商户等。法人包括企业法人、实行企业化经营的事业单位法人、从事盈利性活动的社会团体法人。其他组织是指不具备法人资格，但依法可以从事盈利性活动的组织。

（三）广告发布者

广告发布者是指为广告主或者广告主委托的广告经营者发布广告的自然人、法人或者其他组织。亦即广告发布者是为广告主发布广告收取费用的各种类型的广告媒介组织。在此需注意以下两点：

（1）广告主可以自行发布广告，如广告发布者可以直接为广告主。但这是一种较为落后的广告发布方式，这种方式的主要缺陷为：一是不利于广告业的专业化分工，难以提高广告业的整体服务水平；二是不利于广告主运用广告策略，提高经济效益，降低广告成本；三是不利于提高广告发布质量，同时也容易出现垄断。因此，在广告业发达的国家，已逐渐为广告代理制所代替。

在我国，规范的广告活动是：广告经营者受广告主的委托设计、制作广告，再交由广告发布者发布。也就是说广告发布活动是一种广告经营活动，所有的广告活动都应经由广告经营者的设计、制作、代理后，再通过广告发布者向社会发布。广告经营者和广告发布者一起形成了广告服务供给市场。

（2）广告发布者可以是自然人、法人和其他组织。在广告活动中，一些综合性广告公司除了为客户提供设计、制作、代理广告服务外，也可以利用自有媒体（路牌、灯箱、电子显示屏、印刷品等）从事广告发布业务。在从事广告发布业务的过程中，要依法承担与广告发布者相同的法律义务和责任。

（四）广告代言人

广告代言人，又称广告荐证人、广告推荐人等，是指广告主以外的，在广告中以自己的名义或者形象对商品、服务作推荐、证明的自然人、法人或者其他组织。这是2015年版《广告法》列入条文的概念。

广告代言人一般出现在“代言广告”中，是在我国台湾地区早已广泛使用的一个法律用语，我国大陆地区立法理论与司法实践中一般将其称为“代言广告”、“推荐广告”、“证明广告”或“证言广告”等。美国是世界上广告业最为发达的国家之一，在其规范该类广告的、由联邦贸易委员会制定的《广告荐证指南》中的表述是“endorsements and testimonials in advertising”，“endorsement”即该情形有“担保、保证”之意，而“testimonial”一词也含有“证明书、推荐书”之意。[①] 该类广告表现的本质特征在于“推荐、证明”，因此，台湾地区将其译为“荐证广告”较为准确。

从代言人的身份看，他可以是名人、普通消费者、专家或专业机构等。其在代言广告出现的目的是以“现身说法”的方式，加强消费者对广告产品或服务的信任，以达到让消费者接受或认同代言人的意见的效果。

二、对广告活动主体的伦理规范

在广告活动中，广告主体应自觉遵守和维护广告市场的公平竞争、公平交易秩序，促进广告业职业道德建设，树立广告业良好风尚，积极开展行业自律。在国家各级工商行政管理机关指导下，广告主体应自觉遵守道德规范，如果有严重违反道德规范，且情节严重、构成违法的，工商行政机关要依照广告管理法律、法规和国家有关规定予以行政处罚；情节轻微的，工商行政管理机关应对其进行批评、教育、监督改正。

（一）广告主应遵循的伦理规范

广告主应当自觉维护消费者的合法权益，本着诚实信用的原则，真实客观地介绍自己的产品和服务。广告主发布商业广告，应当自觉遵守和维护社会公共秩序和社会良好风尚，不应以哗众取宠、故弄玄虚、低级趣味等方式，片面追求广告的感官刺激和轰动效应，以免对社会造成不良影响。广告主应当自觉抵制和纠正下列不正当的广告宣传：

（1）依据科学上没有定论的结论来否定他人的产品和服务，借以突出自己的产品和服务。

（2）片面宣传或夸大同类产品或服务的某种缺陷，以对比、联想等方式影射他人。

（3）在未经有关部门认定假冒商标的情况下，在各种声明、启事中涉及他人的商标。

（4）擅自使用他人知名商品和服务标志作为陪衬宣传自己的产品和服务，不正当地利用和享用他人的商品声誉和商业信誉。

---

① 参见夏登峻：《英汉法律词典》，3版，967页，北京，法律出版社，2008。

（5）使用不规范的行业用语或消费者无法熟知的专业术语表示商品的质量、制作成分、性能、用途、产地以及采用的技术、设备等。

（6）使用含糊不清、易使消费者产生歧义的承诺。

（7）使用不合法、不科学、不公正的评比结果和奖项。

（8）采用隐去主要事实、断章取义、偷换概念的手法使用有关数据、统计资料、调查结果、文摘和引用语，误导消费者。

广告主应当自觉遵守国家广告管理法律法规和其他有关规定，与其他广告主进行公平、正当的竞争，不得以不正当的方式和途径干扰、损害他人合法的广告活动。广告主还应当按照国家有关规定，积极参加各类公益事业，响应政府主管部门的号召，参与公益广告活动，树立良好的企业形象。

广告主应当在国家法律、法规的规范内，按照市场经济规律，根据服务质量，选择广告经营者的服务，自觉抵制各种损害企业利益的人情、关系广告业务。广告主实行广告服务招标，应当尊重投标者的劳动成果，自觉履行招标承诺。在采用比稿的形式选择广告公司时，应对广告公司提供的策划、创意方案等支付费用；采用比稿者的任何文件，事先须征得文件所有者的同意，不得无偿占有广告经营者的劳动成果；自觉抵制和纠正以虚假招标形式引诱投标者投标，以及窃用投标者的广告策划和创意的不公平交易行为。

广告主应认真履行广告业务合同，尊重广告公司及其他广告服务机构的劳动，按合同规定的时间和数额支付广告费，不得拖欠；不得以任何方式向广告经营者、广告发布者及广告服务机构索取个人回扣。

（二）广告经营者应遵循的伦理规范

广告经营者应当注重广告在社会主义精神文明建设中的作用，坚持商业广告创意设计中的社会主义思想文化导向，积极参与公益广告活动，倡导正确的道德观念和社会风尚。在广告创意、设计、制作中应当依照有关广告管理法律、法规的要求，运用恰当的艺术表现形式表达广告内容，避免怪诞、离奇等不符合社会主义精神文明要求的广告创意。在广告创意中使用妇女和儿童形象应当正确恰当，有利于树立健康文明的女性形象，有利于维护未成年人的身心健康和培养儿童良好的思想品德。

广告经营者在广告创作中应当坚持创新与借鉴相结合的原则，继承中华民族优秀传统文化，汲取其他国家和地区的广告创作经验，自觉抵制和反对抄袭他人作品的行为。广告经营者在为同类产品广告主同时或先后提供广告代理服务时，应当保守各广告主的商业秘密，不得为自身业务发展的需要泄露广告主的商业秘密。

广告经营者应当注重提高经营管理水平和服务质量，依靠不断提高服务质量和商业信誉与广告主建立稳定的业务关系。坚持公平竞争，以服务质量取胜。必须坚持政府规定的广告代理费标准，不得以给个人回扣等不正当手段争夺客户，自觉抵制和纠正下列不正当竞争行为：

（1）利用物质引诱或胁迫等不正当手段获取其他广告经营者的商业秘密。

（2）采用给予广告主经办人好处或竞相压价等手段争夺广告客户。

（3）采用暗中给予媒介经办人财物等不正当手段争取有利或紧俏的时间和版面。

（4）不准垄断媒体购买，不得以高出媒体的公开报价转卖广告刊播时间和版面。

（5）应公开媒体刊播实际收费和次数，不得有减少发布次数欺骗客户的行为。

（6）不得以不正当手段从其他广告公司延揽高级管理人才，正常调换公司的人员一年之内不准与原公司的客户建立合作关系。

（三）广告发布者应遵循的伦理规范

广告发布者应当依照各类广告的发布标准和社会主义精神文明建设的要求，认真履行广告审查义务；应当严格遵守国家关于禁止有偿新闻的有关规定，坚持正确的经营观念，杜绝新闻形式的广告。

广告发布者发布商业广告应当考虑民族传统、群众消费习惯以及广告受众的区别等社会因素，合理安排发布时段、版面；应当自觉执行国家关于公益广告宣传的有关规定，发挥公益广告宣传社会主义精神文明的积极作用，促进社会主义精神文明建设，树立良好的社会道德风尚。

广告发布者应当严格执行国家有关广告服务价格的管理规定，根据媒介的发行量、收视率等科学依据制订合理的收费方法和收费标准。广告价格及优惠办法必须遵循“统一、公开、公平”的原则，必须真实地公布发行量、覆盖面、收视、收听和阅读率等资料；广告价格应根据收视率、收听率、阅读率、影响面、服务质量等因素制定，并按照市场供求关系进行调整。广告发布者应严格履行合同，不漏播、漏发广告，如发生漏播、漏发现象，应向广告主、广告经营者赔偿。应采用招标等特殊方式确定广告价格、招标方案和办法，不得利用不正当手段哄抬广告服务价格。在经营活动中应当自觉抵制和纠正下列行为：

（1）以不正当理由拒绝广告经营者正常客户代理业务，并强制该广告经营者必须通过与其有特殊利益关系的代理公司进行代理。

（2）违背广告主、广告经营者的意愿搭售时间、版面或附加其他不合理的交易条件。

（3）对不同客户实行不同的收费标准，强制要求客户预付广告费，不按规定的标准返还代理费。

广播电视广告播出应当合理编排。其中，广播电视广告播出不得影响广播电视节目的完整性。除在节目自然段的间歇外，不得随意插播广告。国家新闻出版广电总局第66号令《〈广播电视广告播出管理办法〉的补充规定》自2012年1月1日起施行，规定在播出电视剧时，不得在每集（以45分钟计）中间以任何形式插播广告。

在公众收视率较高的时段，即在6:30至7:30、11:30至12:30以及18:30至20:00的公众用餐时间，不得播出治疗皮肤病、痔疮、脚气、妇科、生殖泌尿系统等疾病的药品、医疗器械、医疗和妇女卫生用品广告。具体参见《广播电视广告播出管理办法》，国家广播电影电视总局令第61号，2010年1月1日起施行。

（四）广告代言人应遵循的伦理规范

从广告代言人的身份看，代言人可以是名人、普通消费者、专家、专业机构等。从代言广告的目的看，代言广告是以第三者的代言，加强消费者对广告产品或服务的信任；其实际的效果是消费者可能接受代言人的意见，并加深对广告产品或服务的认同感。

（1）广告代言人在广告中对商品、服务进行推荐或者证明，应当依据事实。广告代言的本质系人格权的商业利用，拥有这个权利者应自律地用好这个权利。如某名人或某人说自己用了某种产品、服务或说某种产品、服务很好，实质上他们是在用自己的人格担保。因为广告受众预设接收的信息是他们"真的"、"确确实实地"使用过广告中的产品和服务，广告代言的本质系人格权的商业利用。

(2) 代言人在广告中的广告词语均明显属于其个人的真实意见，属于个人意见而不是广告主的意见。因为代言人是独立于广告主的第三方，传达的不是广告主的意思；至少一个理性的消费者会认为代言人的推荐、证明及其切身的体验是不以广告主的意志为转移的，是代言人本人意见的表达。

(3) 在消费者看来，代言人在表达推荐信息时并不是在表演、在对着镜头念台词，而是其切身体验的真实流露，表达的是真实所感。消费者相对于广告主、广告代言人来说处于劣势地位，其获得的信息极其不对称。

(五) 广告活动参与机构应遵循的伦理规范

从事各类广告出证活动的社会团体和商业调查、技术检测、标志认证等市场中介机构必须具备合法资格，其广告出证行为必须遵循诚实信用原则，出证内容必须真实、合法，不得助长不正当竞争和不公平交易行为。

各类市场中介机构以广告形式公布其推荐、介绍、调查、检测、认证结果的，应将其从事该项活动的依据，采用的方法、方式等向社会公布，自觉接受社会监督；各类市场中介机构应当保证广告出证行为的客观、公正性，自觉抵制和纠正以牟利为主要目的的广告出证活动，杜绝以收费多少排名、排序，并用于广告误导消费者的现象。

随着网络传播的普及，网络广告活动的参与机构应运而生，一般人们将之称为"广告联盟"。广告联盟作为一个网络广告制作和与各广告主、网站主沟通的平台，一方面联络广告主，向广告主介绍不同网站广告的实际效果，如点击率、网民构成等信息，并积极向广告主推荐网络广告；另一方面，广告联盟联系网站，向网站支付合理的广告费用，节约广告营销开支，提高企业知名度，扩大企业产品的影响，提高营销质量。网站则通过广告联盟平台选择合适的广告主并通过播放广告主广告提高收益，同时节约大量的网络广告销售费用，轻松地把网站访问量变成收益。所以，广告联盟可以说是网络时代重要的广告参与机构。但在现实中，有些广告联盟不仅影响了网络广告市场的健康发展，自身也触犯了法律。如 2009 年 9 月 11 日，山东省济南市区工商分局受市工商局委托，联合公安机关对 518 广告联盟公司依法检查。在检查中，执法人员了解到，被检查的 518 违法网络广告联盟为色情网站"做媒"，提供广告发布业务，从而成为网络色情活动利益链中的一环。在被调查的广告联盟企业中，发现了诸如"激情聊天室"、"成人影院"等含色情内容的广告。网络广告联盟常常把违法广告"链接"给正规网站，事发后导致正规网站受连累；或是把合法广告"链接"上色情网站，使得广告主名声受损。而违法广告找上了色情网站，更是给网络广告市场环境造成了严重损害。在济南市区工商分局在检查 518 广告联盟公司时，还发现该公司存在着擅自变更公司住所、虚假宣传等行为，遂对其依法立案查处。①

根据国家工商管理部门发布的《关于严禁刊播有关性生活产品广告的规定》(工商广字〔1989〕第 284 号，1989 年 10 月 13 日发布)，有关性生活产品的广告，如"夫妻运动快乐器"、"真空性生活补助器"等，在广告中被作为治疗性功能障碍、辅助性生活的医疗

① 参见国家工商总局门户网站，2009-11-17。

器械的产品向社会宣传，有悖于我国的社会习俗和道德观念。因此，无论这类产品是否允许生产，广告宣传都应当严格禁止。

三、法律所称广告的含义

广告伦理与法规范的客观对象还包括与广告相关的行为及活动。一般认为，所谓广告就是“广告主为了推销其商品、劳务或观念，在付费的基础上，通过传播媒介向特定的对象进行的信息传播活动”[①]。凡与广告相关的行为和活动，都被称为广告行为和广告活动，一般来说包括进行广告调查、制订广告计划、创作广告作品、传递广告信息、测评广告效果等。但应该认识到，法律上认定的“广告”与一般情况下对广告的认识略有不同，从法律意义上来看，同时具备以下四个要素的信息传播或宣传活动，才可以被认定为广告，缺少其中任何一个要素，都不能被称为广告。也就是说，具备以下四要素的行为或活动才能被称之为广告行为或广告活动，它受到广告伦理和广告法规的约束。

（一）明确的广告主

广告主决定了广告的存在与否，没有广告主的广告需求，就不可能有广告活动。一切广告活动都是建立在广告主的广告需求和付费的基础上。政府机关、社会团体、企业、个人都可以成为广告信息的发布者，成为广告主。在商业广告中，广告主通常是企业。在一则广告中，广告主必须是明确的，明确广告主的意义在于：

（1）广告主是广告活动的出资者，但付出费用必须得到回报，只有明确了广告主是谁，才有可能使广告所产生的效益服务于广告主。所以，在广告中，广告主的标识要鲜明、突出、简捷，易于广告接收者识别、记忆。

（2）能够明确广告责任。广告主仅仅出资做广告是不够的，还要具备一定条件，即拥有一定数量和质量的产品或服务，对消费者的承诺必须真实，能够兑现。明确了广告主，一方面能防止欺骗性广告出现，另一方面，一旦有虚假的、误导性的广告信息，也能区分责任，便于追究责任和纠正错误。

（二）广告费

广告活动的整个过程，包括策划、制作、媒体传播、效果调查等各个环节，都需要付出一定的费用，广告的使用必须通过有偿的形式实现。从事广告经营活动的广告经营者和广告发布者属于提供劳务的生产性企业，是用自己的劳动换取报酬，因为他们完成广告的设计制作行为、代理行为、发布行为等是付出了一定的活劳动和物化劳动的，而这种劳动是能给广告主带来收益的，因此，这部分活劳动和物化劳动的补偿需由广告主承担。广告经营者和广告发布者与广告主之间是通过广告收费发生经济往来关系的，付费是广告具有经济性质的主要标志，也表明广告活动是一种经济活动，不同于公关活动、新闻报道等信息传播活动。但既然付出费用，广告主也就购买了对广告信息传播的控制权，在法律和道德允许的情况下，有权决定广告传播的内容、表现方式、信息发布的时间和空间等。

（三）特定的信息内容

广告的最终目的，是使目标消费者接收广告发出的信息，从而影响购买行为，促进销

---

① 倪宁：《广告学教程》，4页。

售，所以广告必须要有被传播的信息内容。而广告主的多样性决定了广告传播的信息内容的广泛性。广告的信息内容包括商品、劳务、服务及其他信息，经广告人的设计制作，用文字、语言或者画面进行表现。随着经济发展和市场营销活动的变化，广告的信息内容也在向深广开拓。现代商业广告传播的信息，不仅包括商品、劳务方面的信息，而且开始涉及形象、观念方面的内容。

（四）广告媒介或形式

广告作为一种信息，需要依托于相应的载体，即借助于一定的媒介或形式才能实现。广告媒介是将信息输送给广大公众的工具，是广告主和广告接收者之间起桥梁作用的物质，一切能刊载广告作品的物质都是广告媒介。所以，广告是一种非人际传播，即必须通过一定的媒体才能传达和接收有关的信息。广告主要通过报纸、杂志、广播、电视等大众传播媒体传播广告，当然，还有许多被称为小众媒体的媒介，如路牌、招贴、直接邮寄等方式。传播广告的媒体很多，随着科技进步，新的媒体还在出现。不同的媒体具有不同的传播特点和优势，广告主可以选择利用相应的媒体，向目标消费者发布有关信息，争取较好的传播效益。

综上所述，只有具备以上四个要素，才可以被认定为广告，四个要件缺一不可。有些内容通过媒体传播，达到了很好的宣传效果，甚至达到了广告所不能达到的良好效果，但并不能被认定为广告。如有媒体的新闻报道中有这样的内容："2002 年 2 月 21 日，美国总统布什来华访问，从《新闻联播》中人们看到，在国宾会谈厅和欢迎宴会上，中国人民招待美国总统的饮料还是'椰树'牌天然椰汁！1991 年 3 月，钓鱼台国宾馆和人民大会堂选定'椰树'牌天然椰汁和'椰树'牌天然矿泉水为'国宴饮料'，至今已接待了 100 多个国家的元首政要，受到普遍赞誉，十年盛誉不衰。1996 年，'椰树'牌天然椰汁首家获得美国食品药物管理局（FDA）的认证，一批批椰汁漂洋过海远销美国、加拿大、澳大利亚、日本、南非及港澳台等 35 个国家和地区，成为我国植物蛋白饮料出口创汇第一品牌。"① 这些内容虽然对产品会产生非常好的宣传效果，但不是广告，因为它不具备上述所称的四个要件，它不是付费的，是作为记者采写的一则新闻报道在美国总统布什来华访问期间发布的。反之，如果具备了广告四要素的其他形式的宣传应认定为广告宣传。如某电视台发布某某口服液药品广告，其中有内容违反《中华人民共和国广告法》的有关规定：以访谈的形式，规避药品广告发布前必须经行政主管部门审查；以义诊为名，利用市内各大医院的名医和患者对其药品的疗效作证明；内容虚假，肆意夸大药品的疗效，把某某口服液吹嘘成包治百病的仙丹；不科学地宣传治愈率和有效率。工商行政管理机关通过核查，发现除该电视台发布这个药品广告外，还有该市两个有线电视台将此内容作为访谈系列节目刊播，节目分 13 节，总长度达到 40 分钟。工商行政管理机关掌握"访谈系列广告"的录像带和广告合同后，随即按程序立案查处。在查处过程中，一些当事人向有关执法部门发难：发布的是专题，不是广告，不能立案。更有一些不懂法的人指责工商局管理越界。工商局工作人员对此的解释是：确认这个专题是广告，有法律依据，即 1994 年《中华人民共和国广告法》第二条第二款对广告下的定义。第一，该品牌口服液广告是由广告主某营销公司发布的；第二，访谈系列节目通过了电视台电波媒介信号传播；第三，

① 《"国宴饮料"椰树椰汁接待布什总统》，见搜狐网，2002－02－22。

该牌口服液采用“专题报道”这种间接广告形式进行直接介绍；第四，认定其是广告，而不是“专题报道”片最重要的一个方面就是该营销公司共向为其发布广告的各电视台交付了80多万元的广告费，因此工商管理部门认定这则访谈是法律中所称的广告，应受到《中华人民共和国广告法》约束和接受工商管理部门的监督管理。

四、广告类型及作品伦理规范

广告的内容十分广泛。按照不同的标准，广告可以被分成若干种类型，如按传播媒介的不同，广告可分为：大众传播广告媒介广告（报纸、杂志、电视和广播），户外广告媒介广告（暴露在开放的户外空间中的媒介，如霓虹灯、户外灯箱），直效广告媒介广告（用作直效行销的广告媒介，如直接邮寄信函、传单），交通广告媒介广告（利用交通工具和交通设施开发的广告媒介，如车站灯箱、车票、公共汽车车体），赠品广告媒介广告（包括广告信息的赠品，如啤酒杯、烟灰缸、挂历），黄页广告媒介广告（包括服务指南性工具书），通信广告媒介广告（各种通信工具如电话、传真等），网络广告媒介广告等。另外，根据性质的不同，广告还可以被划分成这样两类：非商业广告、商业广告。商业广告是以营利为目的所开展的广告活动，亦称经济广告；非商业广告是不以经济利益为直接目的，而是为实现某种宣传目标所发布的广告，不存在营利问题，亦称非经济广告。

对广告进行分类，有利于进一步认识和把握广告的特征，加深对广告内容的了解，为规范广告行为活动提供基础，也便于管理部门对照法律正确有效执法。

（一）非商业广告

非商业广告主要包括三类。

1. 政治广告

政治广告指为政治性服务、政治性运动或政府管理而发布的广告。如通过广告形式公布、宣传政府的政策、法令，传播各级政府部门的各类公告，运用广告进行竞选等。政治广告在广告业比较发达的国家较多，随着我国社会的发展，人们对广告活动认识的不断加深，政治广告在我国也逐渐开展起来。如某电视台播放征兵广告，画面表现为：军乐声中解放军战士一会儿刻苦训练，一会儿实地演习，一会儿接受检阅，最后，一句“祖国需要你，参军最光荣”跃上屏幕。

2. 公益广告

公益广告又称公共广告，指促进社会主义核心价值体系建设，传播先进文化，树立正风正气，倡导良好道德风尚，维护国家和社会公共利益的非营利性广告。旨在培育和践行社会主义核心价值观、规范道德行为、弘扬优良传统、保护生态环境、节约能源资源、宣传遵守法律法规、维护人民健康安全等方面内容发布的广告，均属公益广告。

发布政务信息、服务信息等各类公共信息以及专题性宣传片等一般不属于公益广告。

公益广告向社会大众宣传一种正确的生活方式或生活态度，增进公众对社会问题的了解和关注，促进社会风气的健康发展。

3. 个人广告

社会中的每个人既是广告信息的接收者，又可成为广告信息的传播者。为满足个体单元的各种利益和目的，个体单元运用媒体发布的广告被称为个人广告，如个人形象广告、个人启事、声明、征婚、寻人、婚丧大事等。

（二）商业广告

根据1994年《中华人民共和国广告法》第二条第二款的规定，商业广告是指商品经营者或者服务提供者承担费用，通过一定媒介或形式直接或者间接地介绍自己所推销的商品或者所提供的服务的广告。商业广告的目的是推销商品或者提供服务，为了达到这一目的，广告主在广告内容的意思表达上通常采用三种形式。

1. 直接宣传产品或服务

目的是使广告商品能够给消费者留下深刻的印象，进而吸引消费者购买该商品。受到市场竞争和产品生命周期的影响，这一类广告在表现形式上通常又可分为以下三种：（1）报道式广告：通过向消费者介绍商品的性质、用途、价格等，诱导消费者对该商品产生初步的印象和需求。在开发一个新市场或一个新产品投放市场时，较多采用这类广告，属于开拓性广告。（2）说服式广告：强调商品的特殊性、与同类商品的差别，通过说服，加深消费者对某一品牌商品的印象，刺激选择性需求，属于竞争性广告。（3）提醒式广告：消费者已经有了使用某种服务和购买某种商品的习惯，广告的目的是提醒消费者不要忘记这一商品或服务，从而刺激重复购买，提高指名购买率和利用率。在商品广告中，直接推销商品是大多数广告的目的，其内容主要包括介绍商品的外观、性能以及质量上的可靠性，有时还注明商品的售价。推销商品的广告，其作用主要在于让消费者和用户了解商品的各种情况，以及同商品销售有关的价格、购买方法和地点等信息，希望以此直接带动消费者购买。

2. 树立企业形象，宣传企业信誉

树立企业形象、宣传企业信誉类广告包括宣传与自己相关的社会公益活动，这类广告是20世纪60年代以后出现的，也可称为企业广告。广告以塑造企业和商品的形象为主要内容，20世纪70年代以后则着重宣传企业的社会存在价值以及商品的公共性，以提高企业的声誉，增强消费者对企业的信任感，寻求社会和公众的理解和支持，以促进商品销售为间接目的。如宣传企业的优点、长处，以吸引顾客光临；通过广告宣传，为企业树立良好的外部和内部形象，沟通企业与社会的关系；从企业的经济和社会责任方面，着重宣传企业对社会所做出的贡献，如企业对社会公益活动的支持，赞助教育、福利和慈善事业等。

这类广告的内容一般包括与企业相关的各方面内容，如公司的历史与现状，企业的生产情况、规模、销售量、职工福利，企业的经营财务与经营政策，企业的新产品开发，企业的社会经济责任，对顾客的服务等。近年来其与企业的CI（corporate identity，企业识别系统）战略结合起来，在诉求内容上又有了新的变化。也有专家认为，以树立形象为目的的广告，其核心是公共关系广告，其他类型的广告是其分支。

3. 传播广告信息，培养某种观念

这类广告通过传播广告信息，帮助消费者建立或改变对一个企业、一种产品的认识或印象，建立或改变一种消费观念，如作为企业面向社会进行全方位信息交流的一种方式，加强对消费者的教育培训等。这类广告在不断增多。

（三）广告作品的伦理规范

广告作品是指直接提供给广告媒介发布、直接为广告客体所接触并对他们发生作用的广告物质表现形态。它或是长期的广告活动的组成部分。或是短期的广告活动的组成部分。广告计划决定其发布程序，广告策略则决定其内容和表现方法。广告要传达的各种信息是通过广告作品的传播实现的，广告创作人员的艺术创意及主题思想均在其中，作为创作者价值观的体现，因此也包含着伦理因素。

1. 创作广告作品应遵循的一般伦理规范

广告作品应当体现社会主义思想道德风貌，积极倡导和反映爱祖国、爱人民、爱劳动、爱科学、爱社会主义的良好风尚。广告创作为正确引导大众消费，应当体现下列原则：

（1）有利于引导消费者健康消费，反对直接或间接宣扬享乐主义、奢靡颓废的生活方式。

（2）有利于弘扬中华民族精神和民族文化，有利于国家统一和民族的团结和睦，有利于增强民族自信心和自豪感。

（3）有利于普及推广科学知识，破除和反对封建迷信和伪科学；反对使用封建帝王、贵族的名称、形象以衬托产品的高贵特征。

（4）有利于促进国家各项建设事业的健康发展，促进人们的健康生活消费，反对诱导人们在消费中可能采取不良行为。

广告应维护国家尊严和利益，不得出现下列内容：

（1）危害国家统一、主权和领土完整。

（2）丑化、影射、诽谤、侮辱我国国家领导人和著名人物。

（3）使用禁止演唱的歌曲作为背景音乐。

（4）煽动民族分裂、破坏民族团结、伤害民族感情。

广告应当体现科学、真诚、善良，不得夸大、欺骗、宣传伪科学，不得出现带有封建迷信、鬼神、算命、相面、看风水及恐怖、暴力、丑恶的内容。广告应有利于维护社会公共秩序和树立新的社会风尚，在广告中不得出现破坏公共设施、公共环境秩序的行为，以及吸烟、酗酒、虐待老人和儿童、纵容犯罪、以强凌弱等不文明举止以及违法的行为。

2. 针对特殊群体创作广告作品应遵循的伦理规范

（1）广告作品应注意避免对女性消费者的负面影响。

广告应当体现尊重妇女，男女平等。凡涉及妇女形象的，应当展示社会主义国家女性公民的独立地位和庄重形象，不得出现下列内容：

1）歧视、侮辱妇女，宣扬男尊女卑，伤害、排斥女性。

2）性行为、性挑逗的描述和过分地展现性特征。

3）具体描写、形容与性行为有关的用品、药品、滋补品的特征、功能。

随着社会的发展，广告的对象和消费群体已经发生了很大的变化。根据中国互联网络信息中心的调研数据，与普通网民中男性较多的特点有所不同，网络购物用户中女性用户占据半边天，目前比例占到50.8%。从几个知名度较高的网络购物网站的数据来看，除TOM易趣网之外，虽然几个网站均以女性消费者居多，但数据相差并不大（见表1—1）。

表 1—1　　不同购物网站用户性别结构比较

	男性比例（%）	女性比例（%）
淘宝网	48.8	51.2
拍拍网	47.7	52.3
当当网	42.1	57.9
TOM 易趣网	60.4	39.6
卓越亚马逊网	45.6	54.4

资料来源：《2009—2010 年中国女性消费分析报告》，见百度文库。

从女性日常消费品的构成来看，食品饮料、服装鞋帽和生活日用品是青年女性消费的三个主要方面，长期以来基本上定位为女性产品的化妆品也在女性的消费支出中占有重要地位，而女性用于自身再教育方面的支出仅次于化妆品的支出，在女性经常消费的项目中位列第五，高于休闲娱乐等其他消费支出。①

除自己外，女性还在为谁消费呢？88%的青年女性主要为孩子、丈夫/男友和父母亲等至爱亲人购物。三城市女性主要为孩子购物的比例都是最大的（48.1%；48.7%；35.9%）；广州青年女性为父母购物的比例较大（25.4%），北京和上海青年女性则为丈夫/男友购物的比例相对高于为父母购物的比例（见图 1—1）。

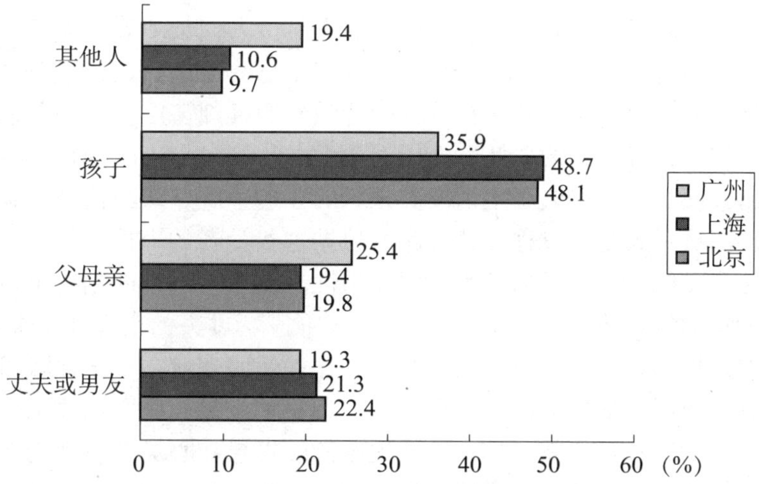

图 1—1　女性在为谁购物

资料来源：《京沪穗女青年月均消费 600 元》，载《国际金融报》，2001-03-08。

据 2008 年中国三城市的调查和进一步深入分析发现，青年女性给孩子购买最多的是食品饮料（78.5%）和服装鞋帽（72.9%）。给丈夫/男友购买最多的是服装鞋帽（83.9%），给丈夫/男友购买最多的是食品饮料（38.8%）和生活日用品（31.2%）的比例相对较低。通常给父母购买最多的是食品饮料（55.7%）、生活日用品（45.5%）和服装鞋帽（41.1%），比例相差不大；同时也有一部分青年女性通常为父母购买首饰、保健品和化妆品以表孝心。②

① 参见《女人的钱袋为谁打开》，载《精品购物指南》，2001-03-02。

② 参见《2009—2010 中国女性消费分析报告》，见百度文库。

据最新统计，2013 年最受女性欢迎网购类别为：服装、鞋、化妆品、护肤品、饰品等商品，而多受男性青睐的数码产品、家电、房车等大件消费品，女性消费者的比例也在进一步上升。

女性具有巨大消费力量。2012 年，电商各大网站价格战不断，从年初打到年尾，消费者也铆足力气加入其中。根据国内女性营销机构尚道女性营销统计数据显示，中国社会购买力 70%以上掌握在女性手中。据预测，2015 年，中国女性的消费购买力将为 5 250 亿美元。

同时，统计数据还显示，世界 80%的生意是女人的生意，80%的女人消费是本地消费，80%的女人消费容易受到意见领袖的影响。每年全球消费总额 18.4 万亿中的 12 万亿是由女性主导消费的。

女性疯狂的购物更滋生了“剁手党”① 这一群体。剁手党专指沉溺于网络购物的人群，以女性居多。这些人每日游荡于各大购物网站，兴致勃勃地搜索、比价、秒拍、购物。周而复始，乐此不疲。这也自然引发了人们对“广告引发消费行为”的批评和关注。

早在 1979 年，学者玛丽·道格拉丝（Mary Douglas）和拜伦·伊斯伍德（Baron Isherwood）就感叹，“没有一个人知道人们为什么要东西，这个发现简直让人目瞪口呆”②。为什么人们要买他们并不必需的东西？为什么人们有时候逛街就是去看商品，也不见得一定看什么买什么。很多时候，人们就是享受逛街本身。人们去“看”东西去了。那么，人们是否把买来的东西看成自己的一部分？或仅仅就是享受买东西这个过程本身？回答当然是不同的，但早期的女权主义学者对消费社会持强烈的批判态度。他们普遍认为消费文化对人，特别是对妇女，有很大的“坏”作用。消费文化使人越来越受欲望的驱使，成为购买狂，入不敷出，使这些人丧失了生活的真正目的。这种观点认为消费过程是由获猎者和牺牲品构成的，消费者是这个过程的牺牲品。根据这些学者的理论，妇女在消费中，思想实际上是被男性“支配”的，目的是为了取悦男性。在这个批判的基础上，当代女权主义理论对妇女与消费的探讨进入一个丰富的多层次阶段，过去的简单批判被个案研究所替代。个案研究的结果丰富了我们对妇女与消费文化关系的理解。一个比较可见的方向是强调消费的“解放”作用，消费的民主化作用。比如，化妆品，一方面作为消费品，可以说是强化了传统妇女的形象，那就是妇女身体比她们的思想和心灵要重要得多。很多妇女接受化妆是因为化妆是妇女形象的必需这种观点——没化妆都不能出门。从这个角度看，妇女是化妆品公司、厂家和传统观点的牺牲品。可是另一方面，化妆也可以说是让妇女运用自己的身体、表现自己的愿望、表达自己的一个方式。化妆使女性显得更妩媚动人，更吸引人，使她们成为性感的存在。这种性感挑战了传统认为女性应该谦逊、不出人头地、不招摇的观点，实际上给予女性更多的自由和权利。从这个例子可以看出，女权主义在对消费的研究中，立场变化很大。这些变化可以从女权主义对消费的研究的以下方面加以说明。

---

① “剁手党”一词来源于《射雕英雄传》中的北丐大侠洪七公，他视美食如命，有一次因为贪吃误事，铸成大错，自己痛定思痛，一发狠剁掉自己左手小指发誓要悔改。结果誓也发了，手指也剁了，对美食的追求仍然是一如既往，孜孜不倦。

② Mary Douglas & Baron Isherwood，*The World of Goods*，New York，Basic Books，1979. 转引自沈睿：《消费文化与女性消费》，见爱思想网，2008－09－12。

第一，妇女、家庭、购物之间的关系。女权主义理论早就指出，传统的家庭与工作、消费与生产、女性与男性这种概念把女性局限在家庭之中。消费文化强化了这种概念。比如，很多洗衣机的广告强调洗衣机减轻母亲、妻子的负担，潜台词是洗衣服是妇女的工作。很多方便食品的广告宣传方便食品让妈妈更快更好地准备饭，潜台词也是这是妇女的事情。这些消费品的宣传都在强化传统概念，实际上对妇女是一种贬低。同时这种消费文化也强化男性与家务无关的态度，不鼓励男性从事这些家务劳动，进一步提倡男女的不同地位，不允许两性跨越界限，好像只有女性才是家务的负责人。

但是也有很多学者不同意这种观点。他们认为，在家庭领域，消费文化和性别的关系远比电视广告中说的要复杂。学者安德鲁·亨恩兹（Andrew Heinze）通过对20世纪初移民美国的犹太妇女与消费研究论证说，这些貌似传统的妇女在美国享受了新的自由，她们在有局限的家庭生活中，通过在市场买东西，通过把她们的家变得更舒服、更适宜居住，帮助全家人适应移民生活，也表达了她们自己的新的自由。另外一位学者爱瑞卡·拉帕泼特（Erika Rappaport）专门研究商场与家庭妇女的关系。她指出，对很多妇女来说，“不管是不是想象中的必需、奢侈的享受、家庭妇女的责任、社会活动还是女权主义的要求，购物永远是一种享受”。而且，百货商场还给那些在家带孩子做家务的妇女一个到外边透透空气的机会。[①] 这些都有助于妇女的身心健康。她们把妇女逛商场描述成“妇女的乐趣”，认为那些批判这些乐趣的人并不懂得妇女的真正需要。

第二，购物和身份关系。妇女为什么总要买衣服？通过买一个具体的商品，妇女到底把什么买回来了？这是一个非常有意思的问题。学者亚尼斯·加比瑞尔（Yiannis Gabriel）和提姆·兰（Tim Lan）认为，“消费者经常表现出一种对身份的饥渴，并用商品来解渴”[②]。根据这种观点，一个买名牌化妆品的妇女真正想买到的不是化妆品，而是化妆品所代表的美丽、青春等。消费者通过借助商品的形象来寻找和确定自己的身份。比如，早期好莱坞的电影引诱某类观众，特别是白人工人阶级和中产阶级的人与电影中的正面人物达成认同，而反面人物大都是其他国家的有色人种。当白人中产阶级消费这些电影的时候，他们的感觉更良好了，对有色人种的歧视却进一步加深。再比如，安德鲁·亨恩兹认为犹太妇女通过购物建立了自己美国人的身份。“当新来的人把自己的心理从旧世界转向新世界的时候，消费美国货，成为表达身份改变的看得见的方式。”其实这种现象极为普遍。在20世纪80年代以来移民美国的中国人中，比房子比汽车的现象比比皆是。很多中国人家庭购买巨大的房子，房间中空空荡荡，但是他们好像觉得表面上看来，有大房子就是有美国身份。但是这种解释并不能说明这样的现实：一个工人妇女就算购买了一件昂贵的衣服，或一个手提包，也不能一劳永逸地改变她的身份。一个中国人购买了大房子，他就是美国文化的主流了吗？我们真的是我们所买的东西吗？身份是怎样在消费过程中表达出来的呢？

事实上，我们都有多重身份。我们在工作场合、家庭或玩耍时都有不同的身份，就好像我们有不同的衣服一样。一位职业妇女在上班时穿工作套装，在健身房穿运动服，在家

---

① See Rappaport, Erika, *Shopping for Pleasure*: *Women in the Making of London's West End*, Princeton, Princeton University Press, 2001. 转引自沈睿：《消费文化与女性消费》，见爱思想网，2008-09-12。

② Yiannis Gabriel, Tim Lang, *The Unmanageable Consumer*: *Contemporary Consumption and Its Fragmentation*, Thousand Oaks, Sage, 1995. 转引自沈睿：《消费文化与女性消费》，见爱思想网，2008-09-12。

穿肥大的家居服，在商店里穿放松的牛仔裤。我们的身份是流动的，如同我们的欲望一样。很多研究者通过各种研究说明，在现代社会中、在城市里，工作是工作，产品大量生产，社会和生活外表、生活方式等都使我们的身份多样化起来，我们根本没有固定的身份。在这种情况下，消费品所代表的身份，既可能与我们的某个身份重合，也可能与我们的某个身份发生冲突或者是创造一个新的身份。

第三，消费的意义是怎样构成的？是消费本身，还是消费者创造的意义？比如，一个妇女不太高兴，她买了一件衣服后就高兴起来了。这种意义是怎样创造和构成的？如前面探讨的那样，批判消费文化的人一直都在试图揭开消费文化的面纱，让人们看到消费文化的真正面目。他们认为消费文化一直在用种种手段欺骗、诱惑消费者，把公众变成商品的牺牲品。以这种观点看，资本家、生产者、商人、广告人联合操纵商品对消费者的冲击，使消费者成为商品的俘虏。消费者是商品的奴隶。但是，这种理论并不能阻挡人们涌向商场的大门。到底是什么吸引消费者走进商场的大门呢？仅仅是他人的阴谋似乎不能解释人们被商场吸引的现实。难道人们就都那么傻？到底是谁在控制这一切？我们自己？商店？或是存在于我们和他们之间的某些原因？

女性学者詹尼芙·斯坎伦（Jennifer Scanlon）通过对早期服装广告业中的妇女研究，向认为男性控制消费、女性是消费的牺牲品这种早期观点进行挑战。她没有直接回答以上问题，但是她通过对20世纪初期一批有大学学位的妇女成为美国早期的广告工作者的研究，证明广告业并不完全在剥夺妇女，反而给妇女很多机会和发挥能力的场所。广告业，与传统的妇女的工作——护士、老师或社会工作者不同，是一个商业世界。这个商业世界给妇女提供了优厚的工资和社会尊重。同时，广告业与妇女的创造性不谋而合，给她们巨大的成功机会，使她们有能力保持自己的独立性和创造自己的主体性。斯坎伦也论述了从事广告业的妇女的两难处境：她们的广告大都是劝家庭妇女去买东西，在广告里，这些人都把自己和家庭妇女认同，可是在实际生活中，这些人几乎都没有家庭，或不局限在家庭之中。那么，这些创造信息的人和消费这些信息及产品的人之间的差别表达了怎样的意义？女性广告工作者仅仅是在剥削她们“服务”的妇女，或者，她们的经验更为复杂？斯坎伦并没有匆忙做结论。她在文章中还对将女性的性感作为广告的方式提出了新的解说。她的研究证明，是女性自己利用自己的性感来做广告的。女性把自己创造成一个性感的存在，给予自己的存在以力量。实际上，广告中的性感是女性解放自己的一种方式。另一位学者苏珊·道格拉斯（Susan J. Douglas）通过对化妆品广告的研究提出“自恋是一种解放”的观点，得出了与斯坎伦大致相近的结论。

就目前中国的情况看，在中国女性这个庞大的消费群体当中，由于多方面原因，她们在心理特点上会存在较明显的差异，不同的心理特点决定了她们不同的消费行为。作为广告作品设计者或广告主都应积极关注这些相关问题，尽量做到平衡和减少自己的道德损失。

（2）广告作品应注意避免对儿童的负面影响。

广告应有利于儿童身心健康。儿童使用的产品或者儿童参加演出的广告，必须注意儿童优秀思想品德的树立和培养；广告中出现的儿童和家长形象，应表现出良好的思想道德修养，不得出现下列内容：

1）利用儿童给家长施加压力。

2）儿童对长辈和他人不尊重、不友善或有不文明举止。

3）以是否拥有某种商品而使儿童产生优越感或自卑感。

4）利用超出儿童判断力的描述，使儿童误解或变相欺骗儿童或其他消费者。

5）表现不应由儿童单独从事的某种活动。

6）画面出现青少年及儿童吸烟、饮酒形象。

2011年4月，美国政府推出一套营销儿童食物的自律准则；同时负责监督各种商业和广告行为的联邦交易委员会出面指称，儿童肥胖是当今美国年轻一代最严重的健康危机。但美国儿科学会认为，快餐业不可能自律，必须靠国会和联邦交易委员会拿出强硬手段。

根据统计，美国一年花在快餐上的开支超过1 100亿美元，平均每天都有将近三分之一的美国年轻人吃快餐，速食业2009年的广告支出高达42亿美元。研究显示，常看快餐广告的儿童比其他儿童所吃的快餐多45%。根据美国疾病管制局的统计，儿童肥胖比例已经超过六分之一，是一个世纪以前的三倍。专家认为，造成此现象不止一个原因，但“看电视的时间”扮演的角色越来越重要。[①]

英国利物浦大学的研究人员埃玛·博伊兰及其同事在美国《儿科》月刊上报告指出，他们让一些6～13岁的孩子参加测试，给他们看西式快餐和玩具的广告，尔后再探究这些孩子对快餐食品和玩具的渴望程度。研究结果显示，与玩具广告的影响相比，孩子们看完快餐广告后，对甜食和高脂肪食品的渴望相对更强烈。如果某个孩子每周看电视的时间超过21小时，那么这种激发渴望的效果会更加明显。

博伊兰指出，电视食品广告会使常看电视的人对某些食品的偏好增强，受此影响，孩子们会缠着父母掏钱购买更多的薯条、巧克力等食品。美国加利福尼亚州伯克利媒体研究机构的负责人洛丽·多尔夫曼也认为，孩子看电视的时间越长，越容易受广告影响。此外，电脑、手机以及其他电信产品所显示的类似广告，会使孩子们接触更多的快餐信息。

研究人员认为，过多进食西式快餐会增加孩子的肥胖风险和偏食倾向，对健康不利。面对快餐广告的“轰炸”，家长们也并非绝对束手无策。美国儿科学会还呼吁美政府部门禁止在电视上播放专门针对孩子制作的快餐广告。而旧金山政府已规定，某些快餐厅只能在其提供的儿童快餐达到一定的营养标准时，才能随餐出售玩具。[②]

电视广告适应了儿童模仿能力强这一特点，成为儿童口中最常出现的语句。现如今电视伴随儿童的时间越来越长，甚至成为成长中最重要的部分之一。另外，随着社会的发展，电视广告的形式也变得愈加丰富，更为强烈地吸引着人们的眼球，因而电视广告对儿童的影响也变得越来越大。其中，电视广告对儿童的负面影响是人们最为关注的，它直接影响到儿童的健康成长。[③]

儿童心理的发展有其自身的规律进程，具有自然的属性，而电视的出现打破了这种自然发展规律，形成了一种“入侵”现象。特别是成人广告使儿童提早接触了成人的相关产品，从而造成了儿童的过度成人化现象，对儿童的心理健康造成的影响尤为突出。

例如，道德发展是儿童身心发展的一项重要内容，它包含道德认知、道德情感和道德

---

① 参见《儿童肥胖问题日益严重 美学会呼吁禁播快餐广告》，见中国新闻网，2011-06-29。

② 参见《电视广告会对孩子的影响》，载《贵阳日报》，2011-07-10。

③ 参见刘畅：《浅谈电视广告对儿童的负面影响》，见中国播音主持网，2008-09-10。

行为三种基本成分的发展。儿童生活在现实社会中，影响其道德认知发展的除了家庭、学校、同伴外，社会因素也是一个不容忽视的方面。

但儿童电视广告对儿童道德发展的影响并不一定总是与社会教育目标相一致，比如，广告鼓励孩子的消费与即时满足，而社会教育目标是勤俭节制。儿童电视广告所宣传的内容是高雅的还是低俗的，是更注重经济效益还是社会道德，是正面积极形象还是反面消极形象，这些都会直接或间接地冲击儿童的感官知觉，在不知不觉中左右儿童的道德认知判断能力，影响儿童的道德情感，从而潜移默化地控制其道德行为，对儿童的道德行为具有指向作用。儿童阶段是形成是非、善恶、公私、奖惩、分享、利他、集体、公正等道德观念的重要阶段，也是道德因果关系判断能力发展的重要阶段。但是由于儿童阶段道德认知发展的特点是被动接受多于主动选择，所以电视广告多样化的制作形式及多元化的宣传内容很容易影响儿童道德观念的发展，并渗透到儿童道德认知的形成过程中。

广告中所宣传的错误观念也会因为儿童认知能力的局限而对其产生消极的影响，误导其认知判断能力。比如一些儿童电视广告通过富有魅力的表现手段向儿童传达着一个观念：要想快乐和满足，唯一的途径就是去购买和消费广告所宣传的商品。儿童电视广告中过度物欲的宣传与赞赏难免使儿童对物质消费过分追逐与顶礼膜拜；在物质上过分地喜新厌旧，追逐新产品，过一段时期就要求换新产品来求得新的满足与快乐；形成了以是否满足其物质需求来衡量父母或其他成员的好坏等道德认知。儿童是社会一分子，当然亦是消费者之一，他们的消费知识很多都来自大众媒介及商店推销活动，玩具商亦非常懂得利用系列卡通片来推广玩具产品，引发了变形金刚、芭比娃娃、圣斗士、米老鼠等热潮，足见传媒巨大的影响力。

当然一些电视广告中也有一些不利于儿童身心健康成长的因素，常常给儿童带来恶性示范的影响，扭曲了儿童的道德行为。比如儿童电视广告中表现的请客送礼、拉关系、走后门等成人世界庸俗的人际交往方式，“送礼只送脑白金”，反反复复强调送礼要送脑白金，可能会让儿童以为只有通过物质的交往才能获取利益和友谊。广告中使用产品来解决问题，令人产生错觉，以为所有健康、容貌、社交等问题均能通过物质消费途径解决。

再如“性别意识”，是一种从性别的角度去观察和认识社会政治、文化、经济和环境，并对其进行性别分析和性别规划，以实现社会性别公平的观念和方法。儿童性别意识的培养是儿童个体社会化的重要内容之一，儿童的性别观念最具可塑性，每个儿童在其成长过程中逐渐获得他（她）的社会所认为的适合于男子或女子的价值、动机、性格特征、情绪反应和行为态度，这个过程被称为区分性别角色的过程或性别化的过程。

从广告诞生的那一天起，女性形象在广告中就占有重要地位，尤其是在商业化的电视广告中往往强调的是女性的观赏价值。从女人专用的化妆品、钻石、香水，到男女通用的洗发水、牙膏，家庭用的洗衣粉、食用油等，甚至男士专用的剃须刀和主要供男人使用的汽车、摩托车，大大小小的广告里充斥着女性明媚的笑容和姣好的容颜，回荡着女性甜美的嗓音、欢快的笑声。

电视广告传播通过某种社会生活情境的展示，赋予广告人物以特定的角色特征，影响现实生活中的人们对某种社会角色的认同，从而导致人们对这种角色的模仿实践，隐匿地传递了男人和女人应该具有怎样的相貌、行为和作为的信息，这些形象投射到现实生活中，就成为普通受众的性别角色期待，这些预期性别角色期待无形之中影响着观看电视广告且尚不具备判断能力的儿童。尽管目前很多学者和广告界人士关注电视广告，但在广告内容对儿童的性别意识的研究方面还不是很普遍。

电视广告留给儿童的印象是，女性在家多忙于家务，如做菜、洗衣、照顾小孩，出现女性的广告产品类型多为生活日用品、化妆品、居家设备等；而男性在家里的活动多为娱乐、享受，如看报、用餐，出现男性的广告产品类型多为保健产品、休闲食品、药品等。孩子们还提到在电视广告中男性都是经理或者事业很成功的人，而女生一般就是很漂亮的、做秘书的或者家庭主妇型的，所以他们都认为女生理所当然应该是长得好看的、温柔的、能够吸引男性注意的，而男性则应该保护女性，应该勇敢坚强。在打扮方面，我们发现女孩子大多是长头发，很少有短头发的，我们就此提了一个问题给女孩子，问她们有没有想剪短头发的，她们都说不想，说电视广告里女生的长头发都很漂亮，她们很羡慕。由此可见，电视广告中的服饰衣着都对儿童产生了影响。为了调查儿童对电视广告的关注程度和电视广告对儿童是否确实有性别意识方面的影响，有人根据其年龄分别采取问卷形式、访谈形式以及游戏模拟方式对儿童进行了调查，结果显示，对于性别角色的认同度和理解度都说明了他们的性别意识还是无意识中受到了电视广告中所叙述的性别观念的影响。

商业广告以追逐利润为终极目标，在广告词的设计方面也以吸引儿童为首要因素，所以我们经常会在视频广告上听到这样的广告词"妈妈，我要喝"、"今天你喝了么"……这样的广告词给儿童灌输了消费和攀比心理。许多广告以这样的方式告诉儿童，想要获得快乐就要去购买广告中所介绍的产品，使儿童形成消费主义至上的价值观念。

另外，商业广告中女性似乎成了所有广告的宠儿，减肥、酒类、家居广告都在以女性招徕对象。而广告中的女性多以性感、温柔等传统形象出现，这些也会使儿童对女性产生错误的认知，认为女性就应该是广告中所体现的形象。在金龙鱼的广告中，丈夫和儿子因为妈妈做了好菜而把金牌颁给了妈妈，这样的广告会对儿童造成一种心理暗示：女性的主要形象就是母亲。

商业广告还可能对儿童的语言产生误导。在儿童社会化进程过程中，环境和教育起着重要的作用。儿童时期正处于身心迅速发展的时期，思维方式简单，缺乏判断力，特别容易受到影响和暗示。而商业广告正是抓住了儿童这一时期的特点，采用朗朗上口的广告语来吸引儿童的注意。孩童时期是学习语言的重要阶段，而现在的许多广告都在不断地篡改成语，使用并不规范，这些对于儿童在语言学习方面有很大程度的误导，如某消炎药的广告词"快治人口"、热水器广告词"随心所浴"等。不仅如此，许多商业广告为追求效果，还使用一些模糊、夸大甚至是低俗的词汇，这些都会对儿童造成不良的影响。

瑞典在 1991 年就颁布法律，全面禁止针对 12 岁以下儿童的电视广告。"儿童有权利免受广告的侵害。向儿童做广告是不道德的，因为儿童缺乏经验和判断力，根本无法弄明白电视广告和他们喜爱的动画片之间的区别。"作为第一个禁播儿童广告的国家，瑞典的这项政策得到大多数瑞典人的支持。

3. 创作广告作品应遵循的特殊伦理规范

广告内容要体现尊重和弘扬祖国优秀传统文化，用语应当清晰、准确，用字应当规范、标准，并大力推广普通话。根据国家规定，广播电台、电视台可以使用方言播音的节目，其广告中可以使用方言；广播电台、电视台使用少数民族语言播音的节目，其广告应当使用少数民族语言文字。在民族自治地方，广告用语用字参照《民族自治地方语言文字单行条例》执行。商业广告中不得出现下列内容：

（1）广告道白用地方语言代替普通话（地区性媒介除外）。

（2）贬低、丑化、否定祖国优秀传统文化。

（3）不恰当地编造谐音成语或使用文理不通的语句，引起误导。

（4）使用已被简化了的繁体字和不符合规定的各种简体字、异体字。

（5）单独使用汉语拼音而无汉字并用。

广告中如需使用汉语拼音，应当正确、规范，并与规范汉字同时使用（注册商标定型字、文物古迹中原有的文字以及经国家有关部门认可的企业字号用字除外）；广告中数字、标点符号的用法和计量单位等，应当符合国家标准和有关规定（经国家有关部门认可的国际通用标志、专业技术标准等除外）；广告中不得单独使用外国语言文字（经国家有关部门批准，以外国语言文字为主的媒介中的广告所使用的外国语言文字除外）；广告中在因特殊需要配合使用外国语言文字时，应当采用以普通话和规范汉字为主、外国语言文字为辅的形式，不得在同一广告语句中夹杂使用外国语言文字；广告中的外国语言文字所表达的意思与中文意思不一致的，以中文意思为准。有下列情况之一的不符合规范标准的广告用字应被允许使用：

（1）新中国成立前书写并沿用至今的老字号牌匾用字。

（2）文物古迹中原有的文字。

（3）已注册商标的定型字。

广告使用的语言文字应当符合社会主义精神文明建设的要求，不得含有不良文化内容。广告要客观公正地宣传国内外商品，不得诱导消费者对外国商品盲目崇拜、对民族工业产品盲目贬低。广告中成语的使用必须符合国家有关规定，不得引起误导，对社会造成不良影响。广告中因创意等需要使用的手书体字、美术字、变体中、古文字，应当易于辨认，不得引起误导。广告用语用字不得出现下列情形：

（1）使用错别字。

（2）违反国家法律、法规规定使用繁体字。

（3）使用国家已废止的异体字和简化字。

（4）使用国家已废止的印刷字形。

（5）其他不规范使用的语言文字。

第二节　广告伦理的基本原则

道德规范亦称道德律或道德法。“规范”一词有标准、准则之义，所谓道德规范就是道德标准或道德准则，它是比较具体的道德原则，或者说，它是在一定条件、一定范围内人们立身处世、待人接物的原则和评价人们行为是非善恶的标准。人类的社会生活有着各种不同的方面，因而也就有着各种不同形式的规范，如政治规范、经济规范、法律规范、道德规范、技术规范、语言规范等，这些规范有的是人们在社会生活中约定俗成的，有的则是人们通过一定的程序有意识地制定推行的，前者较为典型的如语言规范，后者较为典型的如法律规范。无论是哪一种规范形式，它们都既有一定的客观社会基础，反映了一定社会的某种普遍要求，又是人们的主观意志对客观存在的利益关系的反映，是客观社会要求同人们的主观意识形态相结合的产物。道德规范是社会规范的一种形式，是人们道德行为和道德关系的普遍规律的反映，是一定社会或一定阶级从某种整体利益出发概括和形成的人们在某种社会关系中应当普遍遵守的行为善恶的准则，同时它又是道德体系的基本成分和主要内容，因而在整个道德体系中占有极为重要、极为突出的地位。与道德原则相比较，道德规范对于人们的道德行为所体现出的调节、约束、指导作用更为具体，更为实际，更具有可操作性，它是人们分别对待某一类社会利益关系的行为准则，是道德原则的具体表现形式和基本内容的现实补充。

在人类历史上，无论哪一种道德类型的规范体系都贯穿着一个最根本的道德原则，道德原则以最普遍的形式表达出一定社会关系和阶级利益的根本要求，从总体上直接反映个人和社会整体的利益关系，因而是人们道德行为所要遵循的基本纲领。

以上是就一般道德而言，对于社会主义广告伦理来说，其基本原则就是在社会主义条件下自觉从事广告活动的根本行为准则，它是社会主义广告伦理规范体系的核心内容，既决定着广告活动主体一切道德行为的方向，又赋予广告活动主体一切道德行为以动力，同时还是向广告从业者提出具体道德要求的基础和前提。作为最基本的道德标准，它在调节、指导和评价广告从业者行为方面占据着主导地位，起着支配作用。

一、一般广告伦理原则

广告伦理是对广告行为、活动的要求、评价标准和价值导向，主要是以行为原则和行为规范的形式表现出来，由此形成的广告伦理规范体系，直接表达了广告主体在广告活动中所应承担的义务与责任，集中体现了在广告活动中对业务行为的特殊要求。所以，基本原则与规范在广告伦理体系中居于主导地位，既具有广泛的指导性和约束力，又是与其他不同的职业道德类型相区别的重要标志。广告工作者的职业道德，正是通过一系列的原则规范形态，直接评价和调整广告工作者个人与他人、与社会之间的各种关系，所以广告伦理规范是广告伦理得以贯彻和实现的重要环节。

一般广告伦理原则是广告活动主体的广告行为准则及其从事广告活动时依据的标准。只有在广告活动中遵循基本的原则，才能使广告业有序、健康地发展，才能保护消费者的合法权益、维护社会经济秩序，才能发挥广告在社会主义市场经济中应起到的积极作用。

（一）守法原则

要在广告传播领域中创造一个公平、诚实、守信的竞争环境，一方面有赖于我国市场经济体系的健全和完善以及广告业整体水平的提高，另一方面还必须运用法纪的力量，把广告界的竞争切实纳入到社会主义法制轨道上，通过法律的手段对竞争关系加以调整，从而保证竞争行为的秩序化、法制化和规则化。同时，还应对广告活动及主体进行道德约束和舆论监督，使竞争规则真正成为各广告竞争主体的自觉行为。因此，广告竞争无论处在何种规模、何种层次以及利用何种形式、采用何种手段，都必须定位在国家的法律法令允许的范围之内，一旦违反，就应受到相应的制裁。1994 年《中华人民共和国广告法》第三条规定：广告应当真实、合法，符合社会主义精神文明建设的要求。这是法律对广告的基本要求，也是对广告活动主体进行广告活动应承担的义务、责任的规定，更是广告的基本道德原则。1993年12月，我国颁布实施了第一部反不正当竞争法，这对于阻止竞争中违法行为的产生——包括阻止广告竞争中的违法行为——提供了可靠的法律依据，对于确立广告竞争的行为规范和道德准则也都具有原则性的指导意义。

1. 真实性

广告的真实性是指广告应当如实地介绍商品或者服务，不能进行任何形式的虚构和夸大，不得欺骗和误导消费者。广告应当真实，这并非哪个社会制度的广告特点，它是商品经济对广告的客观要求。无论什么时代、什么社会，不真实的广告绝不可能赢得公众的信任，因而也必然失去其存在的价值。不真实或失真的广告很大一部分可以通过主观努力和科学管理来避免，因此，在策划和创作广告作品时，要予以高度重视。我国对广告真实性的要求主要体现在以下几个方面。

（1）广告宣传的内容要真实。广告宣传的商品和服务应当与实际销售的商品或提供的服务相一致，也就是必须实事求是，不随意夸大商品的优点或特点，商品在某些条件下可能会对消费者生理或心理造成不良影响甚至损害的情况必须在广告中注明。

（2）广告表现不能给人造成错觉或误解，要坚持艺术性和真实性的统一。广告是将各种高度精练的信息通过艺术手法表现出来，广告的表现形式可以是多种多样的，要正确处理好真实性和艺术性的关系，艺术形式的选择不得违背真实性原则。有学者认为没有艺术性的广告是没有生命力的广告，这只是从某个角度的理解，我们应认识到，广告作品并不是艺术品，不能一味地追求艺术效果，尤其是在广告中使用过分夸张的手法，对信息接收者产生误导，是与真实性原则相违背的。

（3）广告中广告主的许诺必须有根据，是能够实现的，而不是虚假的和无法实现的。如某公司多次在报纸上刊登广告称济南市某食品开发部开发出的高级营养液可以“防治脱发、白发，调治男女更年期综合征”，宣称“服用该高级营养液后，冠心病、高血压、糖尿病有明显改善，风湿关节炎好转，黑发增加，对老年痴呆、白内障有明显效果”。后该公司又在其他媒体上发布广告称“某口服液对癌症、心脑血管病及消化系统疾患都有极佳的治疗作用”，但实际上这里所说的口服液都是同一种产品，而且该口服液只是一种食品，该广告就无真实性可言。

（4）有关商品知识的宣传是正确的，否则也会误导消费者。如有不少广告都宣传人们需要补钙，于是导致相当多的人都认为自己缺钙，一种被称作“缺钙恐惧症”的不良心理正在学生中蔓延。据专家介绍，事实上，80%的孩子都不是因为缺钙而长不高。由于补钙的广告极其泛滥，学生要补钙，中年人要补钙，老年人也要补钙，给人们造成了好像全民缺钙的错觉。中小学生耳濡目染了这些需补钙的广告，一有什么不妥就觉得是缺钙，并对缺钙形成了一种恐惧心理——事实上，青少年正处于长身体的时候，只要保证每天摄入的营养均衡，是无须另外补钙的。据医生介绍，人体对钙的吸收有一定的限度，正常的饮食已经能够满足人体对钙的需求，而且当血液的钙离子浓度超过一定程度后，多余的部分会被自动排掉。所以，一味补钙虽说对人体没有什么危害，但也没有达到吸收的效果，实质上是一种浪费。如果仅是因为怀疑自己缺钙而背上沉重的心理负担，那就更是得不偿失了！[①]

① 参见林靖峻、魏清莲：《补钙广告泛滥使不少学生患上“缺钙恐惧症”》，载《新快报》，2001-11-01。

(5) 广告不能利用给消费者设圈套的办法来达到销售目的，例如，用恐吓手段或利用消费者缺少商品知识等来愚弄消费者；对产品的性能、质量等描述或比喻无法在实际生活中予以证实；不完整地传递商品的性能或成分，片面地进行告知；在广告中利用视觉效果美化商品，使广告中表现的商品优于现实中的商品等。

广告的真实性直接关系到消费者的切身利益，直接关系到社会对广告的信赖程度，因此，真实性是广告的生命，也是广告存在的基础。广告的目的是向社会传播信息，尤其是商业广告，对消费者具有很大的导向性，现实生活中许多商品和服务的情况，消费者都是从广告中得知的，如果广告中含有虚假的内容，那么就会欺骗和误导消费者，使消费者上当受骗。

2. 合法性

广告应当合法，即指广告活动主体在广告活动中应遵守法律、行政法规、规章的要求。守法原则不仅要求广告的内容和广告发布形式要合法，而且要求广告主的广告宣传活动和广告经营者、发布者的广告设计、制作、代理、发布等广告经营活动必须合法。任何违反法律、行政法规和规章的广告行为，都应承担相应的法律责任。广告活动应遵守的法律、行政法规不仅包括广告管理法律规范，而且还包括其他相应的法律规范，如宪法、民法、刑法、消费者权益保护法、反不正当竞争法、合同法等。只有保证广告的合法性，才能保证广告业健康发展，才能保护消费者的合法权益，也才能维护社会经济秩序。

广告是一种市场行为，在迅速发展的过程中，不可避免地会出现一些消极现象和不健康因素，只有保证其合法性，才可能抑制各种消极现象和不利因素，排除障碍，推动广告业沿着健康的轨道前进。广告是信息传播的重要手段，也是社会经济生活的一个重要组成部分，它与消费者的购买、使用行为以及对生产、生活都有重要影响，广告合法与否对消费者的利益有着直接影响。广告作为一种竞争手段，其形式与内容是否合法，对社会经济活动正常运行、社会稳定和市场繁荣也有着直接影响；如果广告活动处于混乱无序状态，那就必然扰乱市场秩序，危害社会经济生活。

3. 思想性

随着市场经济的发展，广告逐步成为开拓市场、沟通产销的重要手段，广告活动的范围逐步扩大，形式也不断增多。广告作为一种商业文化已成为社会文化的一部分。社会中的广告活动不仅影响人们的消费行为，同时对消费者的道德观念、价值取向也有着直接或间接的影响，对现实生活产生潜移默化的作用。随着广告对人们影响的日益加强，广告的社会教育、舆论导向和文化传播等社会作用愈加突出。广告借助于文学、美术、音乐等艺术形式，以电视、广播、报刊等为媒介，向社会传播信息；广告的主题、寓意、语言、图像、音乐等一经向社会传播，对社会文化、社会风气就有着巨大的影响——广告不仅有经济效益的问题，而且还有社会效益的问题。因此，广告活动主体在广告活动中要符合社会主义精神文明建设的要求，要将思想性放在重要位置。

(1) 广告的宣传与倡导应与经济发展相适应，为整个经济发展战略服务，要有利于引导消费者健康消费、积极生活，倡导符合我国人民共同理想的价值观和生活方式。例如，不能直接或间接地宣扬享乐主义和奢靡颓废的生活方式。企业可通过广告增加新顾客、拉回老顾客等，但广告不应为社会的物欲横流起推波助澜的作用，造成许多不必要的浪费。例如，广告使人们的需求逐步脱离“生活必需”，转向“过分追求”。必需的 (need) 是必须拥有的东西，如粮食、水、衣服等生活必需品；想要的（want）是想要拥有的东西，有的人不一定具备购买力，但有想要拥有的欲望。不少广告针对想要的，煽动人们的购买欲望，使他们过分地去追求。有些广告故意混淆现实与理想的距离，单纯追求贵族化，广告中所描绘的"美好生活"是理想的典范，是高贵、华美的，是远离平民生活的。例如，买一套住房就会步入"豪门"，成为"尊贵之王"；穿上某西装就有"贵族气派"；喝了某酒就有"帝王风范"；去了某酒店就"超级享受，无愧人生"；等等。

（2）应维护民族尊严，有利于弘扬中华民族精神和民族文化，增强民族自信心和民族自豪感。如在广告中要客观公正地宣传国内外产品，不能诱导消费者对外国产品盲目崇拜，对民族工业产品盲目贬低；要正确使用祖国的语言文字，大力推广普通话，不能贬低、丑化、否定祖国优秀的传统文化。

（3）有利于普及和推广科学知识，破除封建迷信，反对伪科学。广告应当体现科学精神，不能宣传或带有封建迷信、鬼神、算命、相面、看风水等内容。

（4）有利于促进国家教育、文化、体育等社会事业的健康发展。广告主不得通过赞助、资助各种文化活动，如演出、影视剧集的拍摄、文艺刊物的出版、文化交流等，操纵媒介宣传，进行不公平竞争。

（5）有利于全国各族人民的团结与和睦，不能出现或含有煽动民族分裂、破坏民族团结、伤害民族感情的内容。广告有义务维护国家尊严和利益，不得出现或含有危害国家统一和主权、领土完整的内容。

（二）公平原则

公平原则是我国所有的民事活动都要遵循的原则，也是广告活动必须遵循的原则之一。市场经济的发展离不开商品生产和商品交换环境的成熟，而公平原则是商品交换中的基本规则。广告的发展离不开商品经济和市场经济，经济越发达，广告活动的量越大、质越高。同时，广告活动本身也体现着商品交换，广告经营者和广告发布者为广告主提供凝结着知识、技能的广告作品，广告主享有广告效果，并对此支付费用给予补偿，这本身就是广义的商品交换过程。广告活动既然与商品交换密不可分，而且体现着商品交换过程，毋庸置疑，广告活动就必须遵循商品交换的原则——公平原则。

公平原则在广告活动中具体体现在以下三个方面。

（1）广告活动必须体现平等自愿的原则。参与广告活动的当事人（广告主、广告经营者、广告发布者）的地位是平等的，它们各自享有权利的同时也承担义务；广告活动是当事人的自愿行为，任何强迫、干涉都是不允许的。例如，用行政命令向企业摊派广告，或新闻单位用各种方式向企业乱拉赞助等均违反了平等自愿原则。

（2）广告活动必须坚持等价有偿的原则。广告经营者和广告发布者在制作广告的质量及总体水平、广告的发行量等方面应与广告主支付的广告费相符合；同时，广告主要对广告经营者和广告发布者提供的广告服务支付相应的广告费，以使广告计划能顺利进行。

（3）广告活动必须符合公平竞争的原则。首先，广告应为创造一个公平竞争的环境做出努力。广告在促进生产、活跃流通方面有其特有的优势，如果广告是真实的、客观的、及时的和准确的，那么必然会促进社会生产的发展，有利于社会经济秩序的稳定；在广告中提倡优胜劣汰，也有助于公平竞争。其次，禁止将广告作为开展不正当竞争的手段。不正当竞争是指在市场经济活动中采取虚假、欺诈和损人利己等手段牟取利益，损害国家、生产经营者和消费者的利益，扰乱社会主义竞争秩序的行为。

广告是商品流通的先导，又是市场竞争的武器，极易被一些出于不良动机的不法单位或个人利用。在这里，需要讨论一下比较广告的问题。所谓比较广告，是指含有对比性内容的广告，即通过选取某一个、某一类产品或者服务进行对比，用以说明产品、服务的优点或者特征的广告。人们对比较广告有着不同的意见，有人认为比较广告是一种富有竞争性的广告，使任何企业都必须更科学地去分析自己所处的市场，更明确地表明自己的优势和长处；也使消费者能获得更多的商品信息，有更充分的比较挑选的余地，获益更大。但也有人认为比较广告会带来很多问题，其中最大的问题就是如何保证广告公平、公正，不产生误导。所以，为了发挥比较广告的优势、防止比较广告带来的负面影响，我们认为，比较广告除应符合一般广告的基本准则，应当公平、真实、不妨碍竞争外，还应当符合一些特殊的要求，这就是：第一，比较广告所涉及的商品应当是相同的商品或可类比的商品，即属于同一竞争领域内的商品，比较之处应当具有可比性；第二，对比的内容应以具体事实为基础，并且这些事实是可以证明的。

（三）诚实守信原则

诚实，在广告传播中就是不滥用消费者的信任，或者不利用消费者缺乏经验、知识的弱点，蓄意用含糊其辞、省略、夸大的方法误导消费者。广告主体要以实实在在的行为取信于人，使人产生信赖。守信，即遵守诺言，实践约定，以取得别人的信任。诚实守信是中华民族的道德规范之一，也是做人的一种价值取向，对企业生产者来说就是要体现企业以信誉为根本的精神内涵和经营形象，用诚心诚意的广告招徕顾客，即所谓“诚招天下客，誉从信中来”。中国为商者历来讲究“诚信为本”、“货真价实”、“童叟无欺”，这是生财之道，更是为人之道，是中国传统文化长期润泽出的职业道德，也是中华民族的美德。

广告的诚实守信原则就是指广告主、广告经营者和广告发布者在广告活动中应当讲诚实、守信用，用善意的方式履行自己的义务。诚实守信原则既是《中华人民共和国民法通则》中规定的一个基本原则，也是我国社会主义精神文明建设的基本要求，在党的十二届六中全会通过的《中共中央关于社会主义精神文明建设指导方针的决议》中，将发扬诚实守信的精神作为全民范围的道德建设的内容之一。当前，社会上不仅虚假广告泛滥，而且假冒伪劣产品、违约、彼此承诺不兑现等破坏诚信的行为都已成为公害，我国经济领域正经历一次严重的信用危机。在这样的形势下，诚信为本的道德观就更凸显出其特殊作用。只有坚持真实、守信用，才能保证经济良性运转。广告是这一运行体系中的信息桥梁，如果信息错了，桥梁垮了，广而告之出的虚夸、欺骗信息就会像瘟疫一般在社会上蔓延，搞得人们疑神疑鬼，不肯轻易相信一件事、一个人，那么受损的将不仅是经济活动，还有人们的文化思想和整个社会风尚。

虚假广告现象从表面上看是少数人无视公共道德，以蒙骗的方式渔利，但从另一方面看，它也反映出我们的经济环境中存在着严重的信用缺失问题，反映的是信用的恶化。市场经济的核心是信用经济，市场经济越发展越需要诚实守信。

（四）社会公共利益原则

广告活动不仅是商品促销活动，也是一种特殊的文化活动，对社会文化生活具有极大的渗透力和影响力。广告往往引导着社会时尚的发展，改变着消费者的生活习惯，因此，广告活动一定要考虑社会效益，要遵循维护社会公共利益的原则，任何对社会公共利益有害的广告活动都应当加以禁止。如宣传封建迷信，损害国家、民族利益，有种族、宗教歧视性的，违反社会公共道德的广告宣传都是违背社会公共利益原则的广告，要加以禁止。

社会主义广告活动的宗旨是全心全意地为人民服务，这也是广告这一经济信息传播活动存在的土壤。如果在广告活动中忽视或者放弃了这个宗旨，那么也就是从根本上背离了社会主义市场经济的指导方针和发展方向。当然，在对什么是"全心全意地为人民服务"的理解上也是存在差异的。如俄罗斯联邦委员会（议会上院）2014 年 7 月 9 日通过一项法案，从 2015 年开始，禁止俄罗斯国内收费电视频道播放广告。这项法案由俄罗斯议员伊戈尔·佐托夫提出。他认为，收费电视频道已向用户收取了观看费用，与竞争对手相比处于更有利的地位。为公平起见，收费频道不应再播出广告并收取费用。目前，俄罗斯有大约 150 个收费电视频道。在委员会成员表决时，俄罗斯联邦委员会主席马特维延科说，禁止收费频道播放广告很有必要，收费频道播放广告损害了观众利益，观众在获得电视产品的同时不得不接受以广告形式强加的服务。这项法案还要求对俄罗斯联邦法律《广告法》的相关条款进行修订。法案此前已经俄罗斯国家杜马（议会下院）审议通过。不过，俄罗斯国内对这一法案也有不同声音。有专家认为，此举将对观众利益造成损害。消费者权益保护协会律师安德烈·谢苗诺夫说，收费频道收入的主要来源是向观众收取的订阅费用和广告收入，如果禁播广告，收费频道将不得不提高订阅费用，或者因为入不敷出而被迫停播，这实际上损害了消费者权益。①

因为从另外一个角度来说，广告的主要目的是要将有关信息与广大公众沟通，以吸引更多的消费者。例如，广告提供商品信息，把有关商品的性能、用途、使用方法、价格以及销售的地点、时间、方式等信息发送出去，使广大消费者能获取、得到有关知识，帮助人们选择消费。同时，广告还刺激和引导消费，影响消费者观念的变化，广告创造流行、创造时尚、创造市场，对消费者的心理、购买行为都产生了巨大的作用。在这个过程中，从表面上看，企业支出一定量的广告费会增加成本，但实际上由于广告促进了大量销售，企业反而降低了生产、销售和营销管理的成本，节省了开支，降低了产品价格。由此可见，满足公众（消费者）的需要是广告的直接形式，是企业生存、发展的前提。那些在广告中弄虚作假，或以欺骗蒙蔽等手段、不惜以损害受众权益为代价来换取竞争优势地位的行为，不仅违背了社会主义广告活动的宗旨，而且违背了广告职业道德的基本原则。因此，在广告竞争中必须以维护受众权益为前提。

二、社会主义市场经济中的广告伦理原则

广告业是社会主义市场经济条件下行业活动的一个重要组成部分，广告从业人员要坚持四项基本原则，坚持改革开放，坚持为社会主义服务、为人民服务的基本方针，以经济建设为中心，自觉抵制资产阶级腐朽思想的影响，反对违背社会主义道德的行业不正之风，加强职业道德修养。根据我国社会主义职业道德体系的特点，中国广告协会于 1994 年 12 月 7 日第四次会员代表大会通过《中国广告协会自律规则》，国家工商行政管理局于

① 参见《俄收费电视频道明年禁播广告》，见新华网，2014－07－10。

1997年12月16日颁布了《广告活动道德规范》，另外，中国广告协会第四届理事会第三次会议通过《广告宣传精神文明自律规则》，中国广告协会第四届理事会第四次会议通过《广告行业公平竞争自律守则》，对照上述自律条文，结合广告业的具体情况，我们认为我国广告伦理规范主要包括以下几方面。

（一）为人民大众服务

广告应发挥传达信息、服务社会、服务人民的桥梁作用。现代社会中的广告是面向全社会的，广告通过分类广告形式，如提供招生、启事、挂失、寻人、换房、租房、征婚、求职等与人们生活息息相关的各种信息服务于大众。广告在提供消费信息的同时也提供了生活知识、消费知识，在增加商品选择机会的同时也增加了生活选择机会，广告使消费者尽快接受新的生活方式，使生活合理化。当然，广告在产生经济效益的同时也教育了消费者，提升了消费者的生活品质，推进了社会文明。社会主义广告要维护消费者的利益，坚持真实性和艺术性的统一，坚持科学性与艺术性的统一，坚持对社会负责和对人民负责的原则，任何损害消费者经济利益、身体健康和心理健康的广告都要坚决清除。广告不得影响人们的正常生活、学习、休息和娱乐；不得造成环境污染和噪声污染，电波媒介、光体媒介以及印刷媒介在传播广告信息的过程中，在时间和空间方面要特别注意；广告活动应自觉接受人民群众和消费者的监督。

（二）为经济建设服务

要努力发挥广告在促进生产、扩大流通、指导消费、活跃经济、方便人民生活方面的作用。要不断增强广告意识，自觉地把广告作为经济贸易、商品流通环节的重要组成部分并进行有效投资，不断提高商业广告的有效性，不断地为我国商品开拓国内市场和国际市场做出贡献。从目前广告业发展的情况看，广告已不仅仅在商品流通和市场营销方面发挥作用，广告业还是协助开发新产品、策划和实施各项大型活动的积极参与者，因此广告从业人员应在坚持贯彻我国经济工作方针的基础上，不断开拓广告的服务领域，为完善社会主义市场经济做出更大的贡献。

（三）经济效益和社会效益并重

人们谈到广告，主要也是围绕广告能促进销售、对企业经营有利这一功能，但我们还应看到，大量广告信息的传播为消费者提供了选择的方便，广告中有关企业和商品等方面的知识也能够补充家庭教育和学校教育的不足。广告传播的有关信息能够潜移默化地把新的商品知识、消费知识以及科技知识等渗透到消费者的脑海中，甚至包括对消费者的精神文明教育及社会良好风气、高尚情操的培养，从而产生社会效益。但在实际生活中，广告活动的经济效益与社会效益之间的矛盾关系往往表现得很尖锐、很突出，如何理顺并处理好这一对矛盾关系牵涉到人们对问题的认识。我们认为，所有广告活动中的行为与行为方式都应服从于经济效益和社会效益并重的准则。广告的目的是赢利，但不能只顾经济效益而忽视社会效益，不能为了眼前的利益和本单位的利益，而忽视长远利益和整个社会的利益，更不能唯利是图。国家鼓励、支持开展公益广告活动。

根据2014年颁布的《公益广告促进和管理暂行办法（征求意见稿）》，我国各类广告发布媒介均有义务刊播公益广告。公益广告活动在中央和各级精神文明建设指导委员会指导协调下实施。工商部门履行广告监管和指导广告业发展职能，负责公益广告工作的规划和有关管理工作。新闻出版广电部门负责新闻出版和广播电视媒体公益广告制作、刊播活动的指导和管理。工业和信息化、互联网管理部门负责基础电信企业和互联网企业公益广告制作、刊播活动的指导和管理。交通运输管理部门负责公共交通运载工具公益广告刊播活动的指导和管理。住房城乡建设部门负责城市户外广告设施、建设工地围挡、风景区公益广告刊播活动的指导和管理。精神文明建设指导委员会其他成员单位应当积极做好公益广告有关工作，涉及本部门职责的，应予支持。

（四）遵守法律和纪律

广告从业人员应该在宪法和法律的范围内活动，自觉遵守宪法和各项法律。广告创作要坚持创新、尊重版权，不得抄袭他人的创意，广告传播不得侵犯公民的肖像权。广告主应坚持广告代理制，不委托未取得广告经营权的单位代理广告活动。在广告业务活动中，广告主、广告经营者和广告媒介之间均应签订书面广告合同。广告合同一经签订，合同双方应严格执行合同条款，按期、按质、按量发稿，并做到按时付款，坚持重合同守信用。广告经营者应严格按照批准的经营范围从事经营，未经批准的单位或未经批准的经营范围，保证不从事经营活动。

（五）坚持广告真实性，抵制虚假广告

真实的广告才具有生命力，违反了广告的真实性原则就背离了广告的职业道德。

广告内容要实事求是，不得随意夸大商品的优点，在广告表现上不给信息接收者造成错觉和误解。广告中对商品知识的宣传应是正确的，对消费者的许诺应兑现，如有广告出现不真实的情况，应主动承担责任，纠正错误并采取必要的补救措施。广告经营单位要建立严格的广告承接、验证、内容审查、合同、财务等各项管理制度，特别是应当认真查验证明、审查广告内容，以保证广告内容的真实性，提高工作效率。

（六）坚持公平、诚信原则

我国的广告业是社会主义市场经济建设中的一个重要组成部分，各广告公司、媒体在竞争中都处于平等的地位。基于此，竞争活动必须遵循等价交换、平等交易等市场经济的内在要求，反对歧视性的不公平竞争，包括规模歧视（大公司歧视小公司）、等级歧视（全国、中央级媒体歧视地方媒体）和实力歧视（财力雄厚的公司、媒体歧视财力弱小的公司、媒体）。只有在参与竞争的各方都处于平等地位时，竞争中的相互协作才具有客观的条件与可能。通过这种平等的竞争和在竞争中的通力协作，可以充分发挥各自的特色与优势，实现广告服务的最优化，使竞争始终沿着健康、有序的轨道进行。

广告从业人员对待客户要一视同仁，公平礼让，诚实而讲信用。广告公司应按媒介的特点和技术要求代理广告，保证广告质量。实施广告，应进行市场调查、消费者研究及相关法规许可范围的研究，以保证广告的科学性和合法性，避免盲目性；在设计和制作广告时，不诽谤和贬低他人或竞争者的产品、服务。广告经营者与广告主及广告发布者之间应当友好合作，密切配合，为提高广告服务质量共同努力。对于已向广告主承诺的广告代理活动应认真对待，尽全力做好。一般来说，由于开展广告活动的需要，广告公司的某些人员，如客户总监或做营销工作的人员与广告主关系非常密切，会了解许多公司、企业的秘密，在这种情况下，广告从业人员一定要保守秘密，绝不能泄露客户的机密。

对于经广告公司认真策划、设计制作的广告，各媒介单位应予以支持，不得无故拒绝

发布。

（七）保持廉洁的作风

广告从业人员应自觉遵守财经纪律和财务制度，不收受贿赂，不接受任何企图影响广告内容或将广告活动引向歧途的馈赠，自觉抵制“人情广告”、“关系广告”，严格执行广告计划和广告预算，杜绝广告经费的流失，确保广告的促销效果和广告经费的有效使用。

广告经营单位要端正经营作风，廉洁奉公，自觉维护国家和集体的利益，抵制不正之风，不在广告业务活动中接受弄虚作假的非分要求；不以广告做交易，索要钱物，非法获取私利；不以给个人回扣、酬劳费或压低价格等不正当手段承揽业务。

（八）维护国家尊严和职业形象

在涉外广告活动与国际广告中，应注意增进各国人民之间的了解与合作，尊重各国人民的民族文化传统，反对种族歧视，促进社会进步。坚持广告的真实性、科学性和计划性，建立广告主、广告公司、广告媒介之间的良好伙伴关系，自觉遵守广告工作者的职业道德，努力提高中国商品广告的整体水平。要维护民族尊严，任何崇洋媚外的广告表现、任何有损于民族形象的表现都要受到舆论的谴责。在对外交往中，对国际广告同行要以礼相待，自尊自重，不卑不亢，维护中国广告工作者的职业形象，维护国家尊严。

上述八个方面是引导和约束中国广告从业人员加强职业道德修养的依据。在全国实行改革开放、建立和完善社会主义市场经济的形势下，加强广告职业道德建设显得更为迫切和重要。当前广告职业道德修养已经成为各种广告单位加强队伍建设的主要内容，这无疑将使我国广告工作的职业伦理提高到新的水平。

第三节　广告伦理的本质特征及社会作用

根据马克思历史唯物主义观点，道德的本质在于它是由经济基础决定的上层建筑和特殊意识形态，是通过社会舆论、内心信念和传统习俗来维系，以善恶评价作为价值导向的原则规范、心理意识和行为活动的总和。

广告伦理规范是一种职业规范，广告职业道德作为道德现象的一种，它必然既同一般道德有着共同的本质，同时又有自身特殊的本质。广告伦理自从成为相对独立的一种职业行为规范以来，随着社会经济形态的变革、广告业突飞猛进的发展，它与社会经济、文化等领域形成了越来越密切的联系，在规范人们的广告职业行为方面始终具有极大的权威性并发挥出法规无法替代的重要作用。

一、广告伦理的本质特征

广告伦理作为职业道德，在现实社会中的表现形式往往是多样的，有较大的适用性。它既可以是一般的道德原则和道德规范在广告活动中的发挥，如做人诚实，办事讲信用，这是一般的道德标准和道德规范，是社会公德，体现在广告活动中就是在广告制作和发布的过程中要据实策划，不以虚假的内容欺骗受众；它也可以是广告行业特有的道德规范，如要维护广告主的利益，对广告主负责等。但我们说广告伦理的本质，是指其区别于包括一般社会公德和别种行业职业道德在内的其他社会现象的内在规定性，是共同性与特殊性的辩证统一。这主要可从以下几个方面加以理解。

（1）广告伦理同普遍道德现象一样，是一种由社会存在决定的社会意识形态，是由经济基础决定的上层建筑，因而它的内容和形式最终都取决于社会存在，取决于社会的物质生活条件。具体地说，社会经济关系对广告伦理的决定作用表现在经济关系的性质决定着道德体系的性质，因此，基于不同经济关系之上的广告传播活动，也就必然地会根据不同的利益关系形成不同的广告职业道德的规范原则。

（2）广告伦理同普遍意义上的道德体系一样，往往会随着社会经济关系的变化而体现出不同的道德价值取向和道德价值追求。在广告活动的职业范围内，由于经济活动而产生共同的利益，由于工作规律而产生相同的技术手段，由此而形成对广告从业人员来说较为一致的职业态度、职业情感和职业技能，以及在维持职业内的特定秩序、延续良好的职业习惯、履行职业的社会义务等方面，都可能成为对从事广告这种职业的人共同的道德要求。

（3）广告伦理是对广告活动的一种特殊的调节规范体系。广告伦理作为职业道德的一种，是由社会经济关系决定的社会意识形态。首先，广告伦理不同于广告法规，它不是经国家、阶级或政治集团以法律的形式表现出来的对广告活动的某种意志，更不会依靠国家机器通过强制手段迫使人们遵从与执行。它是处于同一社会或同一生活环境的人们在长期的广告实践活动中逐渐积累形成的、具有深刻的广告职业内涵的要求、秩序和理想，它内化于广告活动主体的品格、习性和意向之中，又通过他们的言行活动表现出来。其次，广告伦理也不同于组织的纪律。所谓组织纪律，是指阶级、政党或团体（甚至包括个人）基于自身的某种利益对所属机构的业务活动所制定的一种外在化的他律形式，这种他律形式往往是以制度化的条例条文体现出来的，具有较强的约束效能。最后，广告伦理是一种内化的规范，虽然其内容与广告法有相交重叠之处，但从实质上看，广告伦理只有在广告工作者真心诚意地接受，并转化为个人的情感、意志和信念时，才有可能发挥作用。一般来说，内化的规范也被称为良心，良心是人们的思想、言行的标准和尺度，良心形成特定的动机、意图和目的，从而促使人们自觉地去遵守道德规范。在广告活动中，对法规的遵守，是不管工作人员是否有守法的动机，只要在行动上没有违反就不加干预，但道德规范则必须有内在的善良愿望才能切实遵守。有些行为卑劣的广告者，虽然在行为上没有触犯法律，但在道德意义上却是一个不具有真诚意志和缺乏完善道德情操的广告工作者。

综上所述，广告伦理的本质特征在于：它是植根于人们的社会经济关系并直接决定广告活动的性质，且在广告实践中不断发展变化的，依靠广告工作者的内心信念、社会舆论和传统习俗进行善恶评价的，调节广告活动关系和规范人们广告行为的一种社会道德现象。它反映了人类对广告事业发展进步的需要，也体现出人类对广告活动在社会生活中发挥更大作用、产生更积极影响的希望。

二、广告伦理的社会作用

广告伦理虽然反映的只是广告活动领域内的道德关系，但由于广告活动的范围遍及社会生活各个角落，广告传播又是当代人类社会生活不可或缺的有机组成部分，因此，广告伦理的社会作用并不仅仅局限在广告这样一个职业领域之内，它不可避免地会扩展到整个社会，从而对整个社会生活的道德面貌产生积极的影响。具体说来，广告伦理的社会作用主要表现为以下几点。

（一）广告伦理在广告活动中起调节作用

广告伦理是调节广告从业者职业行为准则的总和，因此，调节就是它的基本职能，这种职能具有通过评价、教育、示范、激励、沟通等方式和途径来指导和纠正人们在广告活动中的职业行为、调节各方之间社会关系的作用。在广告信息传播的过程中始终存在着各种错综复杂的关系和矛盾，这突出地表现在广告传播者与广告信息接收者、广告主与消费者、广告从业人员之间、广告从业者个人与集体、国家之间等方面的相互关系上。矛盾关系或问题出现在广告活动中，除了按照国家颁布的有关法规约束处置外，其中大量的矛盾关系还必须依靠社会道德，尤其是广告职业道德来加以调节和解决。与广告法规是通过“必须怎样”的带有强制性质的调节手段不同，广告伦理是以广告行为活动“应当怎样”为尺度，通过衡量和评价广告行为活动的现状，力图使“现状”符合“应当”。从调节方式上看，广告伦理的调节作用是通过诉诸舆论褒贬、沟通疏导、教育感化等方式得以实现的，尤为注重唤起广告从业人员的知耻心、敬业精神、积极主动性和社会责任感，从而促使他们的职业行为从“现有”到“应有”转化。

例如近年来人们比较关注的明星代言广告问题，明星作为广告活动中的主体之一，由于代言获得了巨额报酬，但他们在广告中所称“吃了某某某，效果确实好”，事实上有些并不存在。如果由于他们的代言涉嫌误导消费者，损害了消费者的利益，那么严重的可以通过法律追究其责任。但这些代言人还是需要通过媒介舆论的形式传达给这些不负责任的代言人，或使这些明星自我反省，或使他们下次不再因为获取利益而再度进行不真实代言，或使他们公开道歉等。这其中伦理道德起着决定性的调节作用。

如 2009 年上半年，央视《经济半小时》曝光了几家涉嫌欺诈的“致富”网站，其中包括范伟、张铁林、王刚代言的网站。范伟在事情出来后的第二天通过博客向观众、消费者致歉。4 月 27 日谈起此事，范伟有些无奈，他不明白为什么出了事都是代言人的问题，那些审批部门、监管部门就没有责任吗？“当初接这个广告就是因为我感觉致富网的主旨很好，利国利民的事是应该做的。但万万想不到网站里的信息有虚假，这个防不胜防。我做事一向谨慎，食品、医药广告很险恶，我轻易不敢碰，但合法网站相对会干净。在代言合同上我们都签署了一旦出现法律纠纷与代言人无关的款项，这件事在法理上我没有过错。但考虑到有消费者说是因为看了我的广告才上网，最后导致受损失，那我就有必要站出来道歉。”范伟说面对热爱自己的观众，即便很委屈也要说声“对不起”。最后，范伟无奈地表示，他已打算不再接拍广告。①

（二）广告伦理对社会道德有重大的影响作用

人类的职业关系作为人的社会关系的一个重要方面，对人的道德意识和道德行为、对整个社会的道德习俗和道德传统，都产生着重大的影响。

广告活动的很大一部分是广告从业者利用媒介进行的广告信息的传播活动，传播的内容是由人来决定的，所以广告主和广告从业人员在广告信息的传播活动中始终处于主体、主动地位，他们根据自己广告的目的和利益需要以及价值取向决定向消费者传达什么或不

---

① 参见《范伟代言“骗子网站”续：道歉后不再接拍广告》，载《京华时报》，2009－04－28。

传达什么。广告信息要与实际相符，不能虚假，但广告信息本身是经过加工的、艺术化的东西，广告主及其从业人员在广告信息传播活动中的主观能动性是不能回避、不可否认的。

广告伦理规范是用来调整广告活动中所产生的相互关系行为的标准和规则的总和，广告职业道德是基于广告活动特点而形成的行为规范。

（1）由于职业或行业的分工，从事不同职业的人对社会所承担的职责不同，形成的职业理想不同，也直接影响着人们对生活目标的确立和对生活道路的选择，并会在不同程度上影响人们的人生观。以广告为业的广告人有自己特殊的职业理想，对广告活动的社会作用有特殊深刻的认识，以这种思想作指导进行广告策划实践，对整个社会的道德水平必将产生一定的影响。

（2）不同职业或行业有着不同的地位和基本利益、有着不同的权利和义务，这直接影响着人们的道德观念和评价社会行为的道德标准，并因此形成特殊的道德习惯和道德传统。广告活动具有影响消费者生活的作用，在广告表现中提倡什么，宣传什么，有着很大的导向性，对社会文化和生活形态都起着不可低估的作用。因此，广告人的道德观念和评价社会行为的道德标准至关重要，这自然成了广告人的职业道德的重要内容。

（3）各种职业活动的条件及从业者职业生活方式的特殊性也直接影响着人们的兴趣、爱好、情操，形成人们的特殊品格和作风，甚至决定着人们行为发展的特殊方向，这一点在广告工作中也表现得比较明显。如广告从业者在广告表现中的创新性思维活动，以及在广告策划中前瞻性规划能力的表现，往往是广告人对生活感悟的敏锐程度，对生活形态、消费者心理良好地把握的体现，诉诸广告作品时就是某种风格和品位。这对广告接收者来说也是有影响的，受众接收某类广告时间长了，内容多了，往往会模仿效法，因此广告风格中显示出的生活态度等对受众就起着潜移默化的启发引导作用。

如2008年年初，联合利华旗下的“旁氏七日无瑕透白”系列产品广告在很多电视频道开始播放，该广告由一系列连续的剧情组成，分集播放。其中有组广告的故事情节是因为女朋友不漂亮了于是男主人公就另外找了一个女人结婚，之后发现前女友变漂亮了又回头，这种建立在外表上的感情竟然还被广告者冠名为“真爱篇”。很多网友称这组广告的创意有违伦理道德，宣扬爱情建立在金钱和美貌的基础之上；还有一些网友称，广告里的女性因钻石不大就分手，或者为了取悦男人靠美白捡回二手男友，有辱女性尊严——明明知道前男友要结婚了还插一脚，变漂亮了就要去抢回前男友，连起码的道德观念都没有，剧情侮辱了广大观众的智商和价值观。2008年1月21日新民网致电联合利华，将网友的一些质疑向联合利华反映，工作人员表示联系相关部门后尽快答复，但截至新民网发稿前，联合利华并未对此做出回应。[①] 商家虽然没有作答，但这样的广告已不再播放。从这个广告事件中可以看出，广告传播对社会的影响是巨大的，因此广告伦理对社会道德的影响也是不可低估的。

广告伦理不但对整个社会的道德、对人们的社会生活有着很大的影响，对其他职业活动也有着很大的影响。但同时，人们在实际生活中从事的种种职业活动，又是各种职业道德产生和发展的实践基础，人们在各种职业生活的实践中不断地认识着自然的规律和人对

---

① 参见姜燕：《旁氏美白产品广告被指有违伦理道德　遭网友炮轰》，载《新民晚报》，2008-01-22。

自然的关系，同时也通过各种职业实践认识着人与人之间的关系以及人与社会的关系，逐步形成自己与职业实践密切联系的道德心理、道德观念、道德标准和道德思想。

从这个意义上说，广告活动的职业行为关系到千家万户，与整个社会生活息息相关，它们在社会意识形态方面产生着不可低估的重要作用。正因为这样，广告工作者在他们的职业活动中，其道德状况对整个社会良好风气的形成和道德水准的提高具有特别重要的意义，其影响或积极或消极，其作用或促进或促退。无法想象，一个道德败坏、利欲熏心、头脑充满铜臭的广告工作者能够创作出优秀的广告作品，能够对社会经济生活有益。

（三）广告伦理对广告从业者的职业行为起指向作用

具有精深的职业技能和一定的社会责任感以及对社会经济生活的感悟力，是成为广告队伍中的优秀分子和成功者的基本素质和必备条件。但是，仅仅做到这一点并不等于已经形成了完全适应于广告工作特殊要求的职业思想品德，这一条件的具备，最终只有通过广告伦理的指导才能完成。随着社会和广告业的发展进步，现代广告活动已逐步形成自身的特定内容和规律。大体来说，完整的广告活动包括如下部分。

1. 进行广告调查

调查是开展广告活动的起点和基础，也是争取理想的广告效果的必要环节。进行广告调查，就是搜集、整理、分析有关资料，正确了解和把握市场环境、商品、目标消费者以及竞争对手等状况，做到心中有数，为广告决策提供参考。在调查中坚持真实性就是一个基本的道德原则。

2. 制订广告计划

制订出详细而周密的广告计划，是广告活动的核心任务。广告目标要通过精心的策划来实现，即在广告调查的基础上，对目标市场进行分析研究，结合广告客户的具体情况，构想广告活动的实施方案，提出广告战略和战术，并撰写出广告计划书。广告计划周全与否关系到广告活动的水平和质量，决定着广告活动是否成功。实事求是地制订广告计划亦是广告从业者所应遵循的道德原则。

3. 创作广告作品

这涉及广告表现方面的问题。如何把广告的信息内容通过一定的形式表现出来，需要进行构思和创作、设计和制作。广告作品是广告创作成果的最终体现。创作广告作品不同于其他创作活动，根据广告总体策划的目标和要求，既要具备强烈的艺术魅力，又要能产生理想的营销效果。在整体广告活动中，这也是非常重要的组成部分。

好的广告创意能使受众感到意境深远，给人以美的享受；庸俗、低级的广告则冲击着社会道德的底线。如几年前，南京市某家饰广场曾在巨幅广告上打着几个大字“饱暖思什么”，后面则用稍小点的字打上了“猜猜看……”，而下文则用更小的字体点出答案，是“美化家居”。但人们一看，肯定会联想到“饱暖思淫欲”，显然广告商是想利用此语句来引起路人的关注，而实质上这个广告具有挑逗性和色情误导性。这是广告人所认为的好的“创意”吗？在广告中宣扬“送礼文化”的“脑白金”、高喊“干干干”的“海王金樽”，或更有直接用“泡妞”、“二奶”等用词露骨的广告，都是置社会道德观念于不顾，终会成为公众讨伐的对象。

4. 传递广告信息

广告活动的最终目的是使广告客户希望传递的信息内容最大限度地被广告目标受众所

接受。这就需要运用媒体传播，选择一定的媒体并进行组合运用，在适当的时机，以一定的方式把创作的广告作品传播发布出去，有效地使目标受众接触。媒体的选择和运用要综合考虑各方面的因素，进行总体策划以确保广告信息的传播效果，否则将无法达到传递信息的目的。2005年临近春节，多家电视台都播放了这样一则食品广告："过年了不吃旺旺新的一年不会旺哦!"这虽然没有违反法律的禁止性规定，但是从广告主、广告发布者来说，效果是负面的。有受众认为这是在恶意诅咒消费者。旺旺集团在收到顾客不满意信息后，也撤掉了这则广告，认识到应该考虑到观众的语言习惯，不宜用这种广告语。企业的这种做法是明智的，因为如果有观众反感强烈，并投诉到电视台、消费者协会或工商局等有关部门，它也很难被继续播出。①

既然广告是为了与消费者沟通，就必须理解并重视消费者的感受，而消费者的感受不仅仅在于对产品的认识，也在于对品牌人文与社会价值的认同。2004年9月，长沙一家啤酒品牌推出"屈原广告"，其大致内容是，屈原悲愤地站在江边，一边口里念着"路漫漫其修远兮，吾将上下而求索"，一边摆出要投江的架势。就在这时候，坐在屈原身后的一位打扮洒脱的现代年轻人奉劝屈原说："人都死了，你还能求索啥?"结果屈原一扫愁容，与这位现代年轻人席地而坐，开怀畅饮该品牌啤酒。当然，无厘头也是广告幽默的一种表现形式，但这则广告却幽默错了对象。屈原这位伟大的爱国主义诗人，其爱祖国、爱人民、坚持真理、宁死不屈的人格魅力早已沉淀为我国民族精神的一部分，更是中华民族传统美德的一种寄托与化身。这则广告有的只是哗众取宠的肤浅，拿屈原开涮，也就是拿民族美德开涮，更是在亵渎消费者的情感。广告尚且如此，其产品又如何能在消费者心目中树立美誉度、传递信息呢?②

5. 测评广告效果

这是广告活动的最后一个环节。广告经一定的媒体传播出去后，到底能被多少人接触到?产生了什么影响?对企业营销有多大促进作用等，都需要测试和评估，也只有这样才能对广告传播所产生的效益做到胸中有数。同时，这也是对前期广告活动的广告创意、设计制作等做一个检验。通过广告效果的测定，也为调整和改进下一步广告活动提供依据，其作用不可低估。

在上述这些行为和活动中，要有严谨求实的工作作风、严肃认真的科学态度，将职业道德与职业要求和职业实践相结合，以形成具有较强的稳定性和连续性的职业传统、比较稳定的职业心理和职业习惯。如作为广告人，在进行广告调查时，要坚持科学求实的精神；在制订广告计划时，要为客户着想，以最少的投入获得最大的产出，以最少的广告费用为广告主赚取最多的利润等；在创作广告时，要为受众或消费者着想，要以诚实的说辞打动消费者的心，而不是以虚假的内容欺骗消费者；在传播广告信息时，既要注重经济效益，也要注重社会效益；在测评广告效果时，要持有客观的态度等。

长期良好的行为积累形成的职业道德又具有一种形象化的精神力量，具体而生动地向每一个广告从业者昭示着职业品德的发展方向，对广大广告从业者职业道德的养成以及良好形象的塑造，发挥着积极的、不可忽视的指向性功能。才华出众的优秀广告人及职业形

① 参见王晓晶、尹兆熊：《"旺旺"电视广告引发质疑 同行点评：纯属败笔》，见中国新闻网，2005-02-21。

② 参见李光斗：《如何处理广告中的民族情感》，载《广告大观》，2005(1)。

象良好的广告公司在广告工作中所表现出来的高尚的职业道德思想和行为，对广大广告工作者也将会产生积极的影响。

（四）广告伦理对广告工作者具有自我调节作用

所谓自我调节，是指广告伦理不仅能够对社会和他人产生作用，而且能够反过来影响广告工作者自己，并能以此提高广告工作者进行自我心理调适的能力和水平。在职业活动范围内，几乎每一个广告工作者都常常会遇到个人与他人、个人与集体、局部利益与全局利益、眼前利益与长远利益等来自各方面的矛盾冲突的困扰，也经常会面临工作上的难与易、环境上的顺与逆、待遇上的高与低等现实问题。每当此时，一些人就往往容易产生心理错位，造成心态上的种种不平衡，甚至会陷入思想上的苦闷、彷徨和空虚，难以排遣内心的矛盾，感受不到广告工作的甘甜和乐趣。如当广告主的要求与社会道德、社会利益相矛盾时，是迎合广告主的过分要求还是从消费者利益考虑说服广告主放弃其不正当的要求；当与竞争公司有业务上的冲突或矛盾时，是不顾一切地为小集体、公司争夺利益还是客观地分清是非曲直，该让则让；当自己的业务行为受到有关部门或消费者的批评时，是虚心地审视自身还是强词夺理、怀恨在心等。

在上述种种情况下，有时强制性的措施不能也不可能起到有效的作用，只有通过职业道德的教育和反省，才能帮助当事人冷静地、客观地分析眼前的各种利益关系，正确地认识和处理各种现实矛盾和问题，确立崇高的道德责任感，纠正与职业道德相悖的各种思想和行为。这个过程也就是广告工作者进行自我心理调节的过程，它对于保证广告工作者心理活动的健康运转，愉快地生活、工作和学习十分重要。许多优秀的广告工作者之所以能够在各种复杂的条件下始终保持振奋的精神状态、旺盛的工作热情和愉快平静的心境，创作出引人入胜、深受欢迎的广告作品，其主要原因就在于他们的职业道德修养达到了较高水平，能够随时有效地进行自我心理调节。所以，强调广告伦理对于广告工作者的自我调节功能，并不是因此就否定和抹杀客观存在的各种矛盾，而只是要求每一个广告工作者树立起良好的职业道德意识，只有在这样一个前提下，才能正确地认识和解决这些矛盾关系。

【思考题】

1. 广告伦理与法规范的对象有哪些？
2. 广告主应遵循的伦理规范有哪些？
3. 广告经营者应遵循的伦理规范有哪些？
4. 广告发布者应遵循的伦理规范有哪些？
5. 法律上所称广告的构成要素是什么？
6. 广告伦理的社会作用如何？
7. 广告的一般伦理原则的内容是什么？
8. 社会主义广告伦理规范包括哪些方面？

第二章

广告行为的伦理选择与评价

广告之于社会的功能，必须通过广告从业者的一系列具体行为来实现。广告从业者是人类社会的一分子，也是“社会关系的总和”的一部分，因此，他的一切社会性活动，包括他的职业行为——广告行为，就必然是在一定的生产关系当中和一定的社会文化背景下进行。而外在规范和内在信念又决定了行为主体（广告活动主体）的广告价值追求和策划行为所引发的社会意义。过去，我们在论及广告活动的行为方式时，大多停留在外在规范的层面上，忽略了对广告行为主体内心信念的描述与探寻，这不能不说是一个理论缺憾。实际上，广告行为发生的整个过程始终都可能受到行为主体的道德人格的支配与统辖及其道德意识的制约与影响，只不过其作用的大小有所区别罢了。从这个意义出发，依据广告活动的特点，从社会伦理和职业道德的视角观察广告传播行为的“实有”状况，深入分析正确或错误的广告行为的发生机制，从而确立适应社会主义市场经济需要的“应有”的广告价值标准和广告行为方式以及广告观念就显得非常重要了。

第一节　广告行为的伦理含义

在现实生活中，每个人都以这样或那样的行为影响着别人，同时也受着他人行为的影响，人的生命活动就体现在这样一系列连续的行为之中。人类的行为是人类意识的外在表现形式，是人类特有的能动的自觉活动。尽管人类的行为方式多种多样，但从伦理道德的角度来分析，只要行为进入社会领域，与他人和社会发生了联系，这些行为就必然要受到社会的一定行为准则和行为规范的制约，其中，有的具有道德意义，可以对其进行善恶的评价，我们称之为道德行为；有的不具有道德意义，不能对其进行善恶的评价，我们称之为非道德行为。具体来说，所谓道德行为，就是在一定的道德意识支配下所表现出来的有利或有害于他人和社会的行为，亦即主要是出于一定的道德动机产生一定的道德效果的行为。如以我国受批评最多的医药广告为例，我国每年有250万人因虚假医药广告误导而吃错药，但从我国相关的法规来看，药品广告的管理流程理论上是相当严格的，依据《中华人民共和国广告法》和《中华人民共和国药品管理法》，一条药品广告必须通过省级药监部门的审批，媒体在刊播前须加以审核、把关，已刊播的广告则由工商部门负责监控，发现违法广告要依法予以处罚。但为什么还有如此多的道德败坏者做违德违法之事呢？某报记者在采访中曾经了解到这样的内幕：一家地方都市类报纸在刊登违法药品广告被工商部门查处后，为了应付处罚，与刊登广告的企业很快“炮制”了一个广告额为 1.5 万元的假合同，而实际上这个广告带给这家报纸的实际收益是近 80 万元。违法违规广告的获利空间极大，风险成本太小，是导致违法药品广告屡禁不止的重要原因。[①] 那些违德违法者在进行行为选择时，选择了牺牲社会道德、职业道德、百姓利益，这些违法药品广告于是就这样“出炉”了：广告审批阶段，药商会提前准备多个广告方案，随时准备偷梁换柱，送审时，不法药商提交规范版本，以套取广告批文。按规定，在媒体上刊登或播出广告，每一个版本都必须经过审核并拿到相应的广审号。为了使虚假广告顺利刊登，不法药商送一个版本去审核，然后套用这一个广审号，刊登或者播出另外几个版本的虚假广告。在广告制作阶段，不法药商多是通过“制造”或收买“专家”、雇用“患者”，采用召开专家咨询会、义诊、讲座、“现身说法”等多种形式，利用“专家”、“治愈者”的证言佐证药品的奇特功效。同时，再通过巨额广告费收买不负责任的媒体刊登广告，欺骗消费者。广告刊发之后，药商通常是与刊登广告的媒体“合作”，通过伪造低价假合同，对付工商处罚。工商部门按照做过手脚的合同没收广告收入，一般情况下，罚款还不足广告费真实收入的十分之一。国家食品药品监督管理局监测显示：2004 年前 9 个月药品电视广告违法率达 62%，在对全国 45 家频道、电视台播放的三万多次广告进行监测后发现，其中有两万多条存在问题；而在监测 2003 年 6 月至 8 月全国 98 份报纸刊登的 7 315 次药品广告后发现，其违法率竟高达 95%。[②]

广告活动是一项具有广泛社会性的行为，广告人在制订广告计划、策划广告的过程中所体现出的道德意义是极为鲜明的。比如，在广告活动中，广告策划人员明知该企业的产品有问题，不利于消费者的身心健康，但为了谋取利益，广告公司和广告主沆瀣一气，隐瞒事实，欺骗消费者；或是拒绝与该企业公司合作，并向有关部门揭露其不道德行为。又如，是单纯地追求所谓的广告效果和企业的利润而全然不顾广告后的社会效果，滥用广告的权利，甚至不惜侵犯他人的肖像权，还是本着为广告客户服务和对社会负责的精神，在广告调查的基础上，精心、科学地进行广告策划。这些行为，由于它们都不同程度地表现出有利或有害于他人及社会的性质，能够对其进行道德善恶的评价，因此既是职业行为——广告行为，又是道德行为。这种渗透着道德意义并可从善恶的角度来加以分析和评价的广告行为，是道德行为在广告领域的一种特殊的表现形式，不仅对社会具有较强的影响力，而且其导向功能也是十分强的。

一般来讲，从道德的角度认识与确定广告行为的善与恶，显然是与其他的诸如政治、经济、军事等角度有所不同，它是直接依据一定的社会道德原则和道德规范来进行判断和评价的。具体来说，凡是符合一定的社会道德原则和道德规范的广告行为，即在广告人策划、创作广告的过程中，其行为（包括行为的物化形态，即行为的最终结果——广告作品）有利于他人或社会，能给广告客户带来良好的效果、给广告接收者以积极的影响，这样的广告行为即为善的行为，或道德的行为；而凡是不符合一定的社会道德原则和道德规范的广告行为，即广告人的行为有害于他人或社会，比如有的广告公司为了争取到企业或公司的广告业务，不惜重金地向企业或公司的有关负责人送礼，或施以高额“回扣”的承

---

①② 参见《我国每年有 250 万人因虚假医药广告误导吃错药》，载《北京娱乐信报》，2005-03-10。

诺，这样的行为不仅有害于他人和社会，造成不良的社会影响，而且严重地违反了广告工作者的职业道德，显然就是不道德的行为。

在这里还需要明确的是，不道德行为并不等于非道德行为，这两个概念虽然只有一字之差，但其内涵却有着根本的不同。所谓非道德行为，是指不是由一定的道德意识引起，通常也不涉及是否有益或有害于他人和社会的后果，不可能也不应当进行善恶评价的行为。在广告活动中，一些属于纯技术操作层面的行为，诸如调查分析、制作技巧、排版印刷、音像录制、经济核算等，由于这些行为通常并不与他人发生利益冲突的联系，因此均可看做非道德行为。广告行为，当它仅仅作为一种职业行为的时候，就如工人做工、农民种地、医生看病、教师教学，其本身是无所谓道德意义的。只有当这种职业行为涉及是否有利或有害于他人及社会，这时才体现出它的道德意义来。譬如，广告创作人员进行文案创作，创作本身是出于工作业务需要，个中并无伦理含义，但如果他在文案撰写中极力夸大产品的功效，与广告产品的真实状况相距太远，就涉及制作虚假广告并可能造成不良后果，这时其广告行为便具有鲜明的道德意义。正因为广告行为的伦理含义是以是否有益或有害于他人及社会并可以对其进行善恶评价为本质特征，那么从伦理学的角度来看，其道德意义的发生及作用机制必须具备这样两个条件：

一是行为人是在一定的道德意识支配下主动做出的行为，也就是说，无论其行为道德与否，皆必须以广告行为人对这种行为是否符合道德标准和要求、是否有利或有害于他人及社会的认识为前提，如果某一行为是在行为人不自知的情况下表现出与他人和社会的道德价值联系，那么这一特定的行为就不在道德范畴之列，因而无论这种行为的结果如何，作为行为发出者至少不应承担道德上的责任。比如某收视率极高的媒介的广告部门人员，在完全不知道的情况下，被在提包里塞“红包”，只因对方想将自己的广告“调整”进“黄金时段”，那么这样一个收受“好处”的不道德的行为对于他来说是没有道德责任的。但是当他过后发现了“红包”却又没有主动上交或退还，明知违反了职业道德但经不住诱惑，这时的行为就具有明显的道德意义。二是行为人必须是根据自己的意志自愿抉择而做出的行为，而非出于非自愿或被外力强迫。比如有的行为是在行政命令、环境所逼、强力迫使等强迫下，或在失去自主力的情况下做出的，或者是在没有内在道德动机时偶然的、非主观的、属工作失误性质的行为，这些行为就大都不具有道德意义。当然，如果明知这种行为可能产生有害他人和社会的不良后果，但因畏于强力、明哲保身而去做了，就有悖于实事求是和坚持真理的道德原则，因而也要负一定的道德责任。作为人类社会性活动的广告行为，其中的很大一部分常常具有多元的意义，即可能既有社会道德的价值因素，同时又有政治的、经济的乃至于纯娱乐的价值因素。同一行为中体现出多元的价值内涵和价值取向，这在广告行为中是较为普遍的，有不少形象广告、公益广告甚至商品广告都包含着这种多元性。如北京申奥虽然不是商业活动，但它的确是一个非常成功的案例。申奥活动制定了“人文奥运、科技奥运和绿色奥运”的主题，确立了“新北京，新奥运”的口号，选定了“五环太极”标识，拍摄了申奥宣传广告，同时与多家世界知名公关公司合作，积极开展国际公关活动。这次广告宣传活动之所以在全国范围内引起巨大的效应，还在于它对中国现实生活所产生的社会影响积极、广泛而深刻，其正面的价值意义不仅仅是政治的、经济的，还有思想意识的、文学艺术的、社会伦理的等。再如农夫山泉推出“再小的力量也是一种支持，从现在起每喝一瓶农夫山泉，您就为申奥捐出了一分钱”的公益形态的商业广告，搭奥运车，扬品牌名，这样的广告行为体现了社会价值、经济价值等多方面的意义。

第二节　广告行为的伦理选择

选择是人类所特有的一种能力和活动，人的生存形态就体现在一个连续不断的选择过程之中。正如一位西方哲人所说：你唯一所不能选择的就是不选择。选择作为一种能动的作用方式，在广告行为中体现得最为突出、最为充分，因此也可以把广告看做一门选择的艺术。广告的全部作用与功能正是在选择中得以形成并实现的：作为广告主，要经过调查、分析、比较，选择较理想的广告代理公司；作为一个广告策划者，当他面对偌大的市场、实力各异的竞争对手、形态各异的消费者开始进行自己的广告活动时，首先就必须要进行广告调查，根据自己要做的广告的特点有选择性地进行资料的搜集和整理，并选择不同的创意、不同的表现方式、不同的文案、不同的媒介等。正是在这一系列的选择过程中，广告人的主观能动性得到了最大限度的发挥——体现在广告当中的许多具有主观认识意义的因素及特质，诸如社会价值观、思想倾向性以及个人好恶等，也正是通过这样一系列的选择来实现的。

一、广告行为伦理选择的性质

选择的形式多种多样，从行为主体的角度看，有个人的选择和群体的选择；从行为过程的角度看，有动机选择、目的选择、手段选择、效果选择；从行为性质的角度看，有主动选择和被动选择。这些不同的选择形式相互交叉、相互影响，从而构成不同社会生活领域、产生不同社会效果的选择：历史选择、政治选择、经济选择、法律选择、伦理选择等。对于广告行为来说，尽管因产品的不同、市场的不同、目标对象的不同、媒介的不同，其选择的关注点和侧重面有很大的差异，但涉及道德的选择始终在人们的选择中占有极其重要的位置并发挥着很大的作用。一般来说，人们都过于偏重广告行为的经济选择，广告行为的成功与否几乎完全是以营销、利润标准这一把尺子来衡量的，于是，对于生产产品的企业来说，产品的销售意味着一切，而伦理选择则是无须考虑或完全被排斥的，这种不正常的状况，或者说在这种一切向“钱”看的观念驱使下进行的广告活动，是我国社会主义广告发展历史上留下的瑕疵和遗憾。

如为了推销一种治疗烫伤的药，有公司竟让员工以自残的方式做广告。有记者曾在某地目睹了这样残忍的场面：当地导游小姐把一车游客领到了一处药店“宝树堂”，称“宝树堂”生产的一种专治烫伤的药“宝肤灵”具有神奇的疗效，可在几分钟内使皮肤迅速复原且不留疤痕。就在这个女孩口若悬河做广告的时候，她身边的电炉已将一根粗粗的铁链烧得通红。另两个女孩走上前来将铁链展开。做广告的女孩用右手握住了通红的铁链，伴着心悸的“滋滋”声，女孩的手来回摸了几下铁链，一股焦味随即散开。两个帮手迅速将刚才做广告的药涂抹在她的伤处。此时女孩忍痛继续做广告：“这种药在东南亚、欧美非常畅销，要上百美元一瓶。我们公司为了打开国内市场，让普通的工薪阶层也买得起，在广告期间一律实行优惠……”大约 10 分钟后，女孩将手上的药抹去，将手掌一一伸到观众面前，手掌上似乎真的没有留下疤痕。不少游客开始掏钱包，一瓶 30 克装的“宝肤灵”售价 60 元。售药小姐随即又向游客推荐另外几种滋补药，药价不菲。①

广告行为的伦理选择在广告传播与接收的过程中具有特殊重要的意义，这是因为作为行为主体的广告人，在对其职业行为的具体实施做出选择时，必然会受到一定的道德意识的支配与制约，并通过确定行为动机、采取行动，最终达到一定的效果，从而使其职业行为体现出有益于社会或有害于社会的行为结果。而且，广告事业所特有的导向与教化的社会功能使得广告行为的伦理选择，对于广大受众和现实社会具有十分重要的意义。价值倾向、表现方式、行为动机、实际结果等方面的特定含义决定了广告行为的伦理选择与政治选择、经济选择、法律选择以及宗教选择存在着区别。因此，对广告行为的评价只能从社会道德的角度进行，行为后果也只承担道德的责任。但是，伦理选择在同一广告行为中并不是唯一的或者排他的选择，在实践中，往往最为常见的是多种行为选择错综复杂地交织在一起，其中既有伦理选择的因素，又有政治选择或其他选择的因素，对这种情况不能一概而论，应加以具体分析，以求得准确的判断和评价。

如上海利都房地产开发公司是一家台商独资企业，其销售的楼盘——晶采名人大厦——位于上海法华镇路 310 号。该公司不仅在售房广告的显要位置刊出“最闪亮的五星级住宅！上海市中心法租界区……”、“依然保持法租界的昔日浪漫风情……”等宣传语，还在设计、印刷广告时以红底白字的形式突出处理“法租界区”一词。商家做广告求新、求异本来也无可厚非，但是这些带有殖民色彩的字眼就会让人联想到当年殖民地时中国人的屈辱。尽管“利都”公司自称，广告中使用了“法租界”只是一种“设计风格”，并不带有任何政治色彩，但上海工商部门有关人士表示，商家的广告用语不得有悖社会公德，不得损害民族尊严。②

上述例子中政治上的失误是极其明显的，这两条广告从业务的角度来说，创意也无不可，但是从社会主义的道德价值观出发，就可以认定这两条广告丧失了正确、鲜明的立场，由此不能说创作者没有违背作为社会主义中国的合格的广告工作者所应具有的素质与职业道德。这里的道德意义也是十分鲜明的。

广告行为的伦理选择同其他选择一样，都是一种社会性的选择。譬如，从产品的定价开始，可以选择高价位，也可以选择低价位；作为广告表现画面的背景及人物，可以选择豪华别墅、富豪生活，也可以选择普通住宅、平民百姓；在构思与创作过程中，可以选择感性诉求，也可以选择理性诉求等。总之，作为行为主体，正是在诸多可能性中进行多方面的比较、权衡，从而做出最符合自己的道德意志、最能体现广告产品价值、最能达成广告主理想目标的选择，这就要求广告行为的伦理选择必须要有一定的社会前提和条件，即可供选择的多种可能性，否则便无选择可言。

从广告行为客体来看，整个人类社会及其现实生活都可能成为广告行为的对象。社会越进步，生活越复杂，供选择的可能性就越多。在人类社会的初期，低水平的生产力和单纯的生产关系决定了狭隘的人际关系，人们只能在有限的可能性中开展自己的活动，采用原始的信息手段，只能是借助于身体的器官，或者一些极为简单的媒介，因而无论是距离

---

① 参见周敏：《风景绝佳处活人烫伤广告竟成“定点景”》，载《长江日报》，2000-05-16。

② 参见《将屈辱史作“卖点” 上海房产开发商受到强烈指责》，见新华网，2001-05-28。

还是速度，都是非常有限的。这种完全是“迫于生计”所产生的广告活动，在物物交换时期，产生了实物广告，后来又产生了口头广告、音响广告，但这初始时期也仅仅与生物意义上的生命存在和生命延续相联系，因此广告行为选择的可能性很少，因而也就谈不上广告行为的伦理选择。因为道德本身也是历史的产物，其产生不仅必须以社会关系为前提，而且还必须以复杂到一定程度的社会关系为依据，只有当原始社会的物质生产和生活条件发展到一定阶段、适应一定社会关系的需要时，才会逐渐形成氏族社会成员所应共同遵循的行为准则，从而产生了人类社会特有的道德现象。由此可见，伦理选择并非与广告行为与生俱来，而是由人类社会的物质关系和信息活动的规模所决定的，是随着人类活动的分化、社会交往的频繁，人与人之间确立了多种多样的关系，形成多种多样的要求，才为人们广告行为的选择提供了越来越广阔的场所和越来越多的可能，也正是在这样的社会前提下，才有了广告行为的伦理选择问题。广告行为的伦理选择，同其他具有广泛社会性的行为选择一样，其可能性与前提，不仅取决于现实社会的物质生产方式，而且受制于基于生产关系之上的上层建筑及其意识形态的现实状况。越是专制、集权的社会，选择的范围与可能性就越小；而只有打破这种专制，在社会生活中确立广泛的健康的机制，才能解放被束缚、被限制的伦理选择的可能性，从而使广告行为的伦理选择具有客观的前提条件。就人类的一般广告活动而言，独断的社会制度和僵化的经济模式会起最为主要的阻滞作用。如我国“文化大革命”时期，广告业遭到大劫难，由于实行高度集中统一的经济体制，企业完全失去了经营自主权，这样广告也就逐渐失去了存在的意义，到20世纪70年代初，广告活动就几乎完全停止了。

二、广告伦理选择与社会价值观

广告行为的选择必须是在多种可能性之间进行，这是没有疑义的，但更为重要的一点是，当这种选择具有道德意义时，亦即进行广告行为的伦理选择时，一般是在价值冲突中进行。正是价值冲突扩大了伦理选择的意义和作用，同时也增加了伦理选择的难度。广告人在行为中常常处于两难的境地，需要做出非此即彼的抉择。这是因为作为个体的广告人总是占据着一定的社会地位，并承担相应的义务，这就是当价值冲突表现在个人身上时，社会角色所承担的道德义务之间的冲突。因为一个人的社会角色不可能是唯一的，他的社会职业是广告人，他的政治身份可能是党员，他在家庭中可能是丈夫或父亲，他可能还是一名业余歌手或集邮爱好者，这些就决定了他在社会生活中同时具有多种身份，因而扮演着多种社会角色。譬如他在进行广告创作时与他在家庭生活中，对于广告客户和他的妻子儿女来说，他的社会角色是截然不同的，因而所履行的道德义务也不同。作为党员他必须服从党性原则，作为业余歌手他必须格调健康。正是由于社会生活的复杂性，一个人往往身兼几种社会角色，不同的角色往往赋予其不同的义务和不同的角色规范，从而就可能在履行不同的道德义务之间造成冲突。在这种情况下，作为行为主体同时受两个相互矛盾的道德要求或道德方向的制约，当按照某一道德要求选择某一行为方案时，可能就违背了另一条或另几条道德要求，而他又必须在这些相互矛盾的道德要求中选择一种，以实现自己的道德目的。作为广告人，在工作上要完成广告公司的创作任务，对家庭还要承担赡养父母、教育子女等经济义务和情感义务，在特定的时间内，要同时履行这些义务就可能会有困难，所谓价值冲突便由此发生。实际上，广告公司也同样面临着这样的价值冲突问题，一方面广告公司自身有其工作规律和行为准则，另一方面当它接受了广告客户的业务后，又不得不站在广告主的角度思考问题和进行广告活动。当广告公司与广告主的意见不统一时，价值冲突就会激烈地表现出来——固有的目标和方式体系显然已经难以通行，摆在面前的是形形色色的行为目标和行为方式，由于它们对广告人或广告公司来说是未曾经历过的，因此很容易使广告行为无所适从，从而产生困惑和迷茫：如广告活动无法达成广告目标，广告的表现创意与广告主题相悖，广告活动的社会效益与经济效益无法统一等。

价值冲突的形式，除了上述这种同一道德体系中不同道德要求的非对抗性的冲突以外，还有一种是属于不同道德体系的两种道德要求的对抗性的价值冲突。这种价值冲突体现在广告活动行为中往往具有浓厚的政治色彩或文化背景，难以用一般的广告行为模式加以解释。

如某网站上曾刊登一则消息：某影星在一本中国出版的时装杂志《时装》中，有一张穿一件“NYC”品牌、以日本军旗为图案设计的短裙装照片。消息刊登后，该影星立刻受到读者的猛烈批评，被认为严重伤害了中国人民的感情。2001 年 12 月 10 日又有网站登载：该影星在拍摄某杂志封面照片时也穿着以美国国旗为图案的服装。这张照片在网络上曝光后，又遭广大读者激烈批评。

在这个事件中，大家更多的是围绕着该影星作为一名演艺人员应有起码的历史知识和文化修养，应该对自己、对社会负责任等。当然这些批评都是正确的，但在这里我们可以再想想，该影星是在为谁做广告？广告主是哪个公司？第一则广告出笼，广告策划人员、杂志媒体就没有责任？第二则广告中国老百姓不能接受，原因何在？是文化差异还是另有原因？

尽管《时装》杂志社总编对“NYC”这个品牌缄口不言，新闻记者也没有深究，但在这里我们不妨看看这是一个什么样的品牌。“NYC”是“New York City”的缩写，是跨国服装公司 FGI（Fashion Group International）所生产的服装品牌之一，该公司主要生产女式职业装和休闲装，目前该公司在哥伦比亚、墨西哥、英国、澳大利亚、加拿大、法国、韩国及日本都有加工厂和分公司。这样的跨国公司是如何从事广告活动的呢？当有记者问《时装》杂志是如何为 NYC 进行宣传的，该杂志总编说：“照片从纽约发回来之后一般不需要编排。”如果一个跨国公司如此进行广告活动，那么在广告国受到谴责就不足为奇了。

一般来说，跨国公司或国际性广告公司在进行跨文化广告活动中会采取“创意标准化，表现当地化”（think standardization act local）的做法，主要有以下几种。[①]

（1）翻译式广告。这类广告是根据在某国使用过的广告，将广告国的语言进行翻译，图像、音乐等部分基本保持不变。这样做不仅保持了广告的原汁原味，而且通过精心的翻译，使之适合当地的语言特点和美感，更易于接受。以可口可乐公司为例，它针对“80后”推出了一个以“Can't beat the felling”为主题的广告，这一宣传语在我国被翻译成

① 参见陈绚：《跨文化广告传播中的社会责任和道德——从赵薇“旗装”事件说开去》，载《国际新闻界》，2002（2）。

"挡不住的感觉"，日本的译文大致为"我感觉到Coke"，意大利的译文为"独特的感觉"，智利的译文为"生活的感觉"……电视画面同样都是一群青春活泼的男女在跳舞的情景。但是，由于各国语言表达的差异，有时仅仅靠文字的翻译难以把广告的信息准确地表达出来。典型的是法国香水的广告，广告商将法文原作原封不动地搬到了国外，以突出正宗法国香水的产品形象。

(2) 模板式(样品式)广告。这类广告是公司总部根据消费国市场调查发现的共性，设计出一种广告的模式，最终由广告公司根据各地的情况具体制作。如2009年足球世界杯亚洲区十强赛期间，在中国各地电视台上播出的阿迪达斯公司的广告中，画面是两支由世界各国明星组成的足球队在进行激烈比赛，最后射门的任务是由中国的足球明星完成的。但其实，在不同的国家播出的这则广告，都是由该国的足球明星完成最后的射门动作，而其余的广告画面基本上是一致的。这种广告的成功之处在于，它牢牢地抓住了当地顾客的消费心理，通过对某种他们所向往事物的表述，引起人们的共鸣，拉近与消费者的距离，博得消费者的好感。

(3) 指导式广告。这类广告是由总部对广告的策略、运行、预算及目标提出指导性意见，然后由地区经理或广告公司遵照执行。在执行过程中，这些地区经理和广告公司有很大自由度，他们可以根据总部的要求自主地设计符合当地要求的广告，比样品式广告有更大的灵活性。例如，柯达(Kodak)总公司为它在世界各地的子公司提供一个中心的广告策略，由子公司在当地确定媒体，而总公司会一直关注、监视着广告的策划与质量；只是涉及一些特殊的活动，如奥林匹克运动会等大型活动时，总部才会派人亲自出马。再如壳牌石油公司曾要求，其广告宣传应围绕"壳牌帮助你"、"壳牌是驾驶员、摩托车手的好帮手"的主题，各地可以依据当地的情形，用不同的方式进行广告创意策划、表现。指导式广告为子公司提供了更大余地的自由度，只要不与总公司制定的广告主题相违背，各子公司可以充分发挥自己的创造性和主观能动性，制定出更能适合当地需求的广告，最大限度地发挥广告宣传的作用。

上述"创意标准化，表现当地化"的广告制作模式是经过无数的成功与失败总结出的方法。跨文化广告的目的是要取得广告效果，获得经济效益，通过广告促进产品销售，但广告同时还会产生心理效应和社会效应，而心理效应和社会效应又会影响经济效益。对于一则广告的品评，不同的社会意识形态，调整、制约的标准是不一样的，这里既要通过一些已经确定的或约定俗成的基本法则来测定和评价，又要结合其他的社会因素来综合考评，如对于跨国或跨文化广告活动，应注意以下几点。①

首先，应符合广告国社会伦理规范。在跨文化广告中，广告主或广告策划制作者首先应受到广告国相应的伦理道德规范的约束，广告传递的内容以及所采用的形式要符合伦理道德标准。如一则广告即使合法属实，也可能给社会带来负面的影响，给消费者造成这样或那样、包括心理和生理上的损害，这样的广告就不符合道德规范的要求。如前述广告例子在一些亚洲国家传播就是极不适当的，因为有些亚洲国家在第二次世界大战中饱受日本军国主义欺凌，百姓对日本曾给他们带来的痛苦是一个至今还没解开的结，这一点对跨国

---

① 参见陈绚：《跨文化广告传播中的社会责任和道德——从赵薇"旗装"事件说开去》，载《国际新闻界》，2002(2)。

公司和广告者来说不应该忽视。

再如在我国，对于广告要求从建设社会精神文明的高度来认识，要从有利于净化社会环境、有益于人们身心健康的标准来衡量，要求广告的语言、画面、图像、文字等表现要素健康、高雅、摒弃一切低俗的东西。鉴于此，有些广告是不宜在我国播放的。

如曾在新加坡引起争议的一则麦当劳汉堡包的广告。麦当劳新推出了一款“火辣辣”四川汉堡包，为此做的广告引来非议，因为它以“成人式幽默”来表现“火辣辣”：广告开头那句“来啊！来啊!”，以及广告一开始就让观众以为它是一个青楼妓院的布景；虽然广告从头到尾都没明说，只是通过各种暗示让观众产生这种假象，但那句“来啊！来啊!”更易被有些人认为是妓女招徕客人时的喊声。新加坡有观众在看了广告以后誓言从此不再光顾麦当劳。

当然也有不同意见：“来啊！来啊!”只是“大热卖”、“大平卖”时用来招徕客人的通用话。“广告中有哪一点说明了场景是一家青楼妓院？如果我们不戴着有色眼镜去看，它为什么不能是一间酒家或客栈，主角们是店里的厨师、服务员、掌柜和老板娘，大家正以一种格外热情、分外殷切的方式招徕顾客，品尝他们的独家创举的四川辣味汉堡包。所谓言者无心，听者有意，我们的观众是否太拘泥于既定的模式而不允许一丁点的创意空间了呢？广告最主要的目的是对消费者传达明确的信息，相信这个麦当劳四川辣味汉堡包广告是胜任有余。它以诙谐手法作桥梁，以搞笑方式推销产品，其强烈的娱乐性和可看性，以及各演员的生动表演，令整部片子生色不少。广告中浓厚的中华色彩，在本地广告中极为少见，乍看之下，还以为是电影预告片，感觉十分新鲜。”①

其次，应适应广告国文化艺术特点。不同的地区、国家、民族具有不同的文化背景和特征。这里的文化指人类所创造的精神财富的总和，文化既有丰富的内涵，又具继承性。不同的地区、民族所体现的文化特征、风俗习惯、风土人情、价值观念会有差异，作为跨国公司进行广告活动最重要的也是最根本的一点就是要尊重广告国人民的感情和文化风俗，这是与当地消费者保持良好沟通的前提。

跨国广告应尊重广告国的本土文化。如对将国旗设计成图案“穿”在身上这一点，西方文化和亚洲（特别是东亚）儒家文化也有差别。

最先让“国旗”上服装的是英国设计师薇薇恩·韦斯特伍德（Vivienne Westwood）。韦斯特伍德在20世纪70年代末与丈夫联手，为传奇朋客乐队性手枪（Sex Pistols）设计形象。深受英国工人阶级粗犷文化、达达主义及超现实主义影响的韦斯特伍德，把衣服撕破后用大头针重组，还将皇室、色情的图案扭曲后印在T恤上，颠覆及挑战社会制度。1977年，她将英国国旗撕裂，印上“无政府主义在英国”。

1991年，麦当娜穿着红色内裤和军靴，披着美国国旗，在《Rock the Vote》宣传片中呼吁美国人关心国事去投选。2001年，麦当娜开演唱会，穿上了特别设计的美国国旗小背心。“9·11”事件后，深受困扰的麦当娜在洛杉矶演唱会上把国旗围在腰上当裙子，作为她反恐怖主义的宣言。美国国旗向来是时尚促销者爱用的符号，如希尔费格（Tommy Hilfiger）虽从未在产品中正式用过美国国旗，但他的香水、时装广告中却经常用国旗，以显示其民主自由、青春霸气，把国旗性感化。

---

① 龙蝴：《给创意多一点空间》，载《联合早报》，2001-12-22。

把具有一国象征的国旗披上身，显然有“侮辱、轻蔑”的意思，要不反美示威者怎么动不动就将美国国旗乱披在身上呢？但另一方面，这种行为也有“支持、效应”的意思，“9·11”事件后，美国国旗销量激增，家家飞扬国旗提振民心，艳星潘美拉·安德逊也褪下比基尼，包上国旗拍成海报出售，为“9·11”受害者家属募捐。这是西方文化多元性的特点之一。

但在亚洲国家，如在中国，一般人是不会将国旗设计成较大型的图案“穿”在身上的。1994年《中华人民共和国广告法》第七条规定：广告内容应当有利于人民的身心健康，促进商品和服务质量的提高，保护消费者的合法权益，遵守社会公德和职业道德，维护国家的尊严和利益。广告不得有下列情形：使用中华人民共和国国旗、国徽、国歌……就连深受西方文化影响的新加坡也认为，国旗是国家的象征，必须庄重及尊重地对待。任何商业的用途，包括在广告、印刷品上的使用，印成时尚装饰等都不允许。任何字样、图案都不得叠印在国旗上。然而在特定允许的情况下，如教育学习用途，国旗图形是允许被印制的，在国庆日及举国欢庆的节日中，国旗用途的大多局限将被解除。国庆期间，国旗图案可恰当与庄重地在广告、印刷品及装饰物上出现。

再如，广电总局于2004年12月3日向各省、自治区、直辖市广播影视局（厅）和中央电视台发出通知指出，名为《恐惧斗室》的“耐克”篮球鞋广告片，在广大观众中引起强烈不满。经审看，该广告违反了《广播电视广告播放管理暂行办法》第六条“广播电视广告应当维护国家尊严和利益，尊重祖国传统文化”和第七条“不得含有……亵渎民族风俗习惯的内容”的规定，各级播出机构应立即停播此广告。①

引发广泛争议的广告片由NBA巨星勒布朗·詹姆斯担当主角，大意是他脚穿耐克鞋，独闯一个五层高的建筑，逐层挑战对手，最终取得胜利。争议的焦点是，被詹姆斯打败的五个对手中有三个“影射”到中国人。国内观众乃至海外华人都认为，广告含有“侮辱”中国人之意。镜头一：詹姆斯走到一楼大厅内。里面设有一个擂台，而台阶旁立着两个与中国渊源深厚的石狮。突然从空中飘落一位身穿长袍、须发花白、形似中国老人的武林高手。两人随后开始“腾挪”。结果，詹姆斯做出一个杂耍般的动作，摆脱对方，从背后将篮球扔出，经柱子反弹将老者击倒后，跃起上篮得分。镜头二：詹姆斯来到二层。这里到处飘着美钞和身穿中国服饰的妇女。飘浮的女子与敦煌壁画中的飞天造型极其相似。这些女子暧昧地向主人公展开双臂。不过，随着詹姆斯扣碎篮板，“飞天形象”随之破碎。镜头三：在名为“自鸣得意”的第四单元，篮板旁出现了两条中国龙，二龙变成吐出烟雾阻碍詹姆斯的妖怪。不过，詹姆斯几个动作晃过所有障碍，投篮得分。中国的不少受众认为，“耐克”品牌广告中一位美国球星饰演的男主角，先后打败了道人、“飞天”、龙等带有中国文化色彩的形象，带有侮辱中国人的意思。②

广告是一种文化，是文化的传播者和塑造者。广告文化虽然有其自身的独特表现，但作为当代文化整体中的一部分，必然有其民族性和融合性的特征。任何民族的广告文化都受本民族传统文化、习俗与民族心理的影响，在中国，这一点更应得到理解与尊重。在中国人的潜意识中，传统的龙凤、石狮，长城、故宫都有其深厚的符号象征意义。漠视这种

---

① 参见《广电总局：各电视台停播耐克“恐惧斗室”广告》，见新华网，2004-12-09。

② 参见陈峰：《广告片“三伤”中国人　媒体：这是一场蓄意的行为》，载《北京娱乐信报》，2004-12-07。

民族情感，就会破坏与中华民族沟通的基点。如果广告创意人员只重视创作的灵感，缺乏较全面的人文和社会知识，天马行空，反而会误导广告主，最终损害广告主的利益。

对广告国本土文化的不尊重仅仅是跨文化广告受到批评的一个方面，联合国教科文组织的报告中曾将之称为“第三世界未邀请的入侵者”。智利的一个哲学家评说，入侵者穿过了别的国家的文化链，它不尊重后者的潜能，他们将自己的看法强加于入侵地，通过边缘化他们的文化，抑制了被侵略国的创造力。还有人指出，跨国公司及其广告运动也可以被看做西方式的总括市场运动，能将西方人的价值观以更有效的方式到达他们新的发展中国家的观众。如在南非，85%的人是黑人，跨国公司的广告表现的主角仍集中在白人身上，广告表达的观念在很大程度上也是白人的观念。[①] 也就是说他们用白人的生活价值模式去统括主要消费者是黑人的市场，在输出商品的同时输出价值观念。什么是成功或有吸引力？什么是男人的工作？女人的任务是什么？孩子应该玩什么？这些价值标准都被跨国公司行业化了，通过电视、广播、广告牌被概念化了。显然，销售信息覆盖着以西方生活方式为荣的文化信息。

第三节　广告行为的伦理评价

广告行为的伦理选择是在价值冲突当中进行的，那么，在选择过程中，其客观尺度和价值依据应如何确定呢？也就是说，如何对广告行为在道德意义上进行判断与评价呢？

一、伦理评价中存在的矛盾

所谓广告行为的伦理评价，主要是指对广告行为的善恶与否做出价值判断，从而确定广告人的道德责任。由于广告行为在道德价值上是可选择的，所以对这种职业行为做出善恶区分也就是理所当然的。在实践中，人们常常会对某一广告人的职业行为（包括创作一件具体的广告作品）从其社会效果善恶与否的角度褒贬不一、争论不休，这实际上已在某种程度上反映出广告行为在道德意义上的可评价特点。这种评价通过对广告行为的道德肯定或道德否定两种方式，在广告活动中起着扬善抑恶的作用，促使人们接受一定的社会道德观念与规范，并把其变为积极的、有利于社会的广告行为，从而更好地实现广告的正面引导和社会感化的正面功能。因此，广告人在经过伦理选择将道德认识转化为道德行为之后，就必然要接受一定的伦理评价，而在伦理评价的过程中首先需要正确解决以下两组矛盾。

（一）自我评价与社会评价的矛盾

作为行为主体，个人对于自己的行为善恶以及善恶程度往往会先做出一定的自我评价，与此同时，他也必然会从社会和他人那里获得某种社会性评价。由于广告工作涉及面广、影响力强，牵动着社会生活的方方面面，所以人们对广告及其从业者的道德行为的关注，要远远超过对其他许多行业道德行为的关注。因此，如果广告人在广告行为发生过程中的自我评价和社会评价能够取得一致，其行为指向就可能是积极的，为社会所欢迎的；

---

① See B. Mueller, *International Advertising*: *Communicating Across Cultures*, California, Wadsworth Publishing Company, 1996, p. 262.

如果不一致，其行为过程就会受到阻碍，甚至在一定的时空范围内导致消极后果。在广告工作实践中，这种自我评价与社会评价的不一致是经常发生的，如前节所述的被广电总局停止播放的耐克《恐惧斗室》广告片，许多公众认为这则广告有侮辱中国人之嫌。但耐克公司则声称：耐克希望借助《恐惧斗室》这一广告鼓励年轻人直面恐惧，勇往直前。因为该品牌的主要消费者是青年人，所以《恐惧斗室》融合了青年人喜欢的日本动画、美国嘻哈及中国武术等元素。“当初我们在创意时把这些流行元素糅合在一起，而没有明确为这些文化分一个国界，因为文化是没有区域限制的。”后经媒介表达了公众及组织单位的意见，耐克公司考虑到该广告有可能亵渎中国的民族感情，因而向中国观众致歉。[①] 沈阳市民侯先生表示，“23日晚上我看完了整个广告，看到出现的中国人都被击败了，还有中国的图腾龙的形象。我觉得这有损中国人形象，说明中国人无能。而且这个广告中居然把飞天形象和美元放在一起。”看过此广告的王先生也觉得：“广告本身很有创意，但让中国观众觉得心里不舒服。‘争斗’中‘中国人’毫无还手之力，龙的形象被击败，让人觉得耐克公司没有尊重中国人，更是对中华民族象征的一种侮辱。”辽宁社会科学院某研究员表示，“观众的争议主要源于国家间的文化差异”，广告中略带些文化歧视。这则广告通过美国文化表现主题，并战胜了中国“文化”，年轻人在看过后，很容易被战胜过程所吸引，并逐渐接受，然后愿意购买其产品。[②]

由此看来，如何认识和处理自我评价与社会评价的矛盾，是每一位广告工作者在广告活动中所面临的一个必须认真加以解决的问题。

(二) 主观动机与客观效果的矛盾

动机和效果是一切道德行为过程的两个重要因素，这两个因素也是对广告行为进行伦理评价的直接对象。人们在对某一广告行为或某一件具体的广告作品做出善或恶的评价时，总是以其策划动机和社会效果作为根据的：如果在行为过程中动机与效果是统一的，对它做出评价就比较容易；如果动机与效果之间存在矛盾，对它做出评价就比较困难。而实际上，动机与效果不一致，甚至相互对立的情况，在广告活动中并不少见。

如郑州某商厦的通利家电量贩分店开业首日，为促销商家推出了一系列超低价家电，其中“花1分钱可定时参加21英寸彩电限量抽奖”、“花8元钱可参加全自动洗衣机限量抽奖”两项活动最具诱惑力。当天一大早，店门还没开，店门口就已挤满了人。9时许，店门刚一打开，等候的人群顿时像决堤的洪水涌入店内，店门口的几扇玻璃门经不住强烈的挤压应声而碎，碎玻璃片四处飞溅，有人头部被碎玻璃划破，鲜血直流。数十人在拥挤混乱的抢夺过程中不同程度受伤，店内设施损坏严重。[③] 在这一事件中，商家只是想以超低价位来吸引消费者，达到促销的目的，但没有想到引发了消费者受伤的严重后果。后郑州工商部门以“涉嫌虚假宣传”的名义着手调查该商家的此次促销活动。

由此可见，对于广告行为单纯强调主观动机或单纯只看客观效果，从总体上来看都是片面的。因为包括广告人在内的人的一切行为，都是一个由主观动机转化为客观效果的实践过程，在对这个过程进行科学评价的时候，不应当也不可能将动机和效果截然分割开

---

① 参见陈晨：《耐克就〈恐惧斗室〉致歉 电视台停播》，载《京华时报》，2004-10-09。

② 参见杜俊岭：《连破“中国阵” Nike新广告被质疑有损中国形象》，载《新闻晨报》，2004-12-01。

③ 参见《特价家电引发哄抢 郑州数十狂热市民血洒商场》，见河南报业网，2001-12-10。

来。一方面，善良的动机只有通过在整个广告活动过程中始终顾及并时时追求正面的社会效果，才能真正体现出来；另一方面，也不排除有些对消费者来说并非善意的策划，仅仅由于偶然因素“歪打正着”取得了好的效果，但这也绝不能成为对整个广告过程加以肯定的根据。所以，要想真正坚持对广告行为进行伦理评价的客观尺度和价值标准，就既不能仅根据广告动机，也不能仅根据广告作品的社会效果来评价广告活动的选择行为，而只能在实践的基础上将动机和效果辩证地统一起来加以考量。只有这样，我们才不会因为自己在广告活动过程中“愿望美好”而“问心无愧”，也不会因为出现了“正面效应”而“心安理得”。

总之，在对广告职业行为进行伦理评价时，努力求得自我评价与社会评价的统一、主观动机与客观效果的统一，对于我们正确地总结和调节自己的广告行为，推动我们在广告工作中道德实践的发展，有着十分重要的现实意义。

二、伦理评价的价值依据

广告活动是一种对象性的实践活动，当这一活动中的各种行为具有道德意义的时候，广告行为主体同时也就是道德行为的主体，其行为价值在广告主体与广告对象的关系中就会体现出来。只有在此基础上对广告人的道德行为做出判断和评价，才能影响广告人目前的或今后的广告价值选择和广告价值追求。那么，如何确定广告人与广告目标对象之间的这种价值关系呢？对广告行为进行伦理评价的价值依据又是什么呢？为了更好地理解与说明这一问题，有必要先对广告价值概念做一简要的分析。因为，从道德的角度对广告从业者的职业行为做出评价，从实质上来说也是一种对广告行为及其作品的价值判断，它既是实现广告价值的一个重要环节，同时也是构成广告价值的内在要素之一。从哲学的角度来看，价值是表示客体满足主体需要所具有的用途或积极作用，它反映的是人的需要同满足需要的对象之间的关系的范畴。也就是说，价值是在价值关系中体现出来的。在价值关系中，客体的属性是构成价值的客观基础，主体的需要是构成价值的前提，客体对主体的作用构成价值关系。因此，价值是客体属性和主体需要的统一，换言之，客观事物具有某种价值是和人的特定需要联系在一起的，并且通过评价揭示了客体对主体的价值。以上是就一般价值而言，对于广告价值来说也是如此。过去我们在研究、探讨广告价值时往往从机械唯物主义或唯客体主义出发，把广告价值看成广告产品或广告策划所特有的某种属性或素质，而忽视了作为主体的人在广告价值关系中的积极作用与主导地位。事实上，正是人在广告活动中始终处于主动状态，并在广告价值关系中决定着对广告价值的理解、认识、选择、评价和导向。当我们面对广告产品、思考判断并进行广告策划时，当我们对某一条广告进行经济价值、社会价值大小的评价时，实际上我们所判断和评价的不是这个产品、这个广告活动或广告作品本身具有什么特质，而是它与主体的关系（作用）如何，对主体产生的效果如何。它们的意义正是对人而言的，离开了人，一切都无从谈起，毫无意义。因为其价值形态最终还是人所赋予的，并在主客体双方的价值关系中得以体现和确认。正是由于广告价值也是与人密切相关的，即要依据广告行为主体和广大目标消费者做出预测与判断，并最终影响、作用于人，因此，在广告价值当中必然地渗透着或善或恶的成分，据此就可以对其进行伦理评价。但在此要强调的是，这种以人为本的价值判断有时并不能以人数的多少作为标准衡量的依据，而应视具体情况而定。如果不能全面地认识广告活动中伦理评价依据这一问题，将会招致失败。

有这样一则有争议的广告案：意大利贝纳通（Benetton）公司是一家著名的服装公司，其广告代理公司曾策划了一则以一个死囚悔过为内容的公益广告，目的是希望美国废除死刑。但广告公开传播后抗议声不断，一些零售商也气愤地取消了销售合同，美国有关机构甚至提出要诉讼。

事件的起因是这样的：

多年前，美国密苏里州公路巡逻员詹姆斯·弗罗姆斯多夫在执行巡逻任务时，发现26岁的杰罗姆·马利特违章超速行驶，就追上去制止，就在他接近马利特时，马利特冷不防从腰间掏出手枪，向弗罗姆斯多夫连击四枪，弗罗姆斯多夫没有任何反应地仆地而死，身后留下了体弱多病的妻子萨拉和三个未成年的孩子。事后，圣路易斯地方法院对此案做出判决，凶手马利特被判处死刑，服刑方式是药物注射。马利特对第一审的判决不服，一再提出上诉，所以其死刑一直未能执行，他也一直被关押在死囚牢房里。而经过十几年的艰辛生活，萨拉已将三个孩子抚养成人。就在这位善良的妇女憧憬美好生活时，几周来发生的一件事情使她身心交瘁，几乎失去了生活下去的勇气，因为她发现以杀死自己心爱丈夫的凶手形象为创意的广告充斥了大街小巷，而广告主正是美国人非常喜爱的贝纳通制衣公司。

广告策划者别出心裁地展开了“我们，面临死亡”的行动，以关押在死牢的死刑犯形象为创意的广告频频出现于美国的报纸、杂志和街头广告牌上。广告主认为这一广告创意新颖，别具一格，以象征生命的明绿色为背景色，广告语为：“如果让我重活一次，我将寻找一个完美的世界！”

萨拉看到这些广告后，感到自己的人格受到了侮辱，觉得自己丈夫的在天之灵绝不会容忍这种倒行逆施的荒唐行为，后来她和其他受害者的家属们自发地找到密苏里州司法部部长杰里迈亚·尼克松质问，怎么能允许意大利的这家服装公司跑到美国的监狱里制作这样的广告？但杰里迈亚指出，监狱当局绝不知道这些摄影师是为拍广告而来。但不管他如何解释，人们也不相信他的话，于是万般无奈之下，杰里迈亚决定起诉贝纳通公司。杰里迈亚在控诉状中还提出了几千万美元的惩罚性索赔。

司法当局的诉讼只是贝纳通公司遭到反对的一部分，在过后的几周里，大批的抗议者聚集到贝纳通公司在纽约的专卖店的外面进行示威活动，要求该公司立即收回所有的此类广告，向受害者家属赔礼、赔款。面对越来越强烈的抗议，美国最大的服装零售商西尔斯公司宣布取消它同贝纳通公司的销售合同，并从400家分店中撤销该品牌的服装。另外，贝纳通公司在全球的销售网点也因为这一事件减少了业务，损失惊人。

但是贝纳通公司老板托斯卡尼对其广告有着自己的看法：“今天的文化就是图片文化，新闻可以用图片，广告当然也可以用图片。既然美女可以上广告，死刑犯当然有可能上广告，我实在看不出来它们之间有什么区别。”托斯卡尼为自己辩解：因为广告已经干扰了萨拉的正常生活，所以对于她目前的处境，他很同情，也盼望她有新的美好的生活。但他认为公司这样做并没有伤害她的意思，只是想让人类停止互相残杀，不再出现更多的萨拉。广告是为了唤醒人们热爱生活，和平共处，不要再相互打斗残杀。之所以如此创意广告，只是想说明贝纳通是一家注重道德价值的公司，它关心的并不仅仅是那些购买它汗衫的人，那些对它的产品不感兴趣的人，如死刑犯，它同样关心。然而不少人还是认为，这不过是贝纳通公司主人一厢情愿的说辞，是强词夺理，在这个广告表现中如此走极端，真正目的只是销售它生产的服装、增加贝纳通家族的财富而已。①

对广告行为及其广告作品的伦理评价，贯穿于广告活动始终。对于人来说，广告行为的过程也就是价值判断的过程，其中蕴涵了伦理评价的因素。当然，有一些广告作品，譬如真实、客观的商品介绍广告，虽然很难从中分离出或善或恶的成分，但也不能完全排除对其进行伦理评价的可能：这样的广告只要能够使人耳目一新、增长见识，使人精神愉悦、饶有兴致，不能说它不是善的、有益的、有价值的；反之，如果读后令人厌烦、感到乏味，令人不屑，无论是广告价值抑或是道德价值，显然都只能是负面的。让人无动于衷的广告是没有的，而且无动于衷本身就是一种评价，只不过评价的方式与手段较为特殊罢了。之所以不同国家、不同社会意识形态、不同民族、不同领域行业的人都利用广告这种信息传播手段，除了它能给商家带来经济效益外，还因为广告中能体现出他们共同的社会利益关系、共同的社会价值取向以及共同的道德价值追求。

三、伦理评价的客观标准

对广告活动中的各种行为做出正确的伦理评价，其客观标准只能是来自实践。广告行为的伦理评价是广告信息传播接收全过程中的一个有机组成部分，是行为在道德意义上的本质表现。它既是社会广告从业人员在广告行为中的一种行为规范的特殊形态和特殊要求，同时也有着自身结构、发展环节和运作机制这样一个特殊过程。对广告行为要行使、发挥其伦理评价的功能，就必须经过这样的环节，启动相应的机制，否则评价的功能便无从实现。

而在实现评价功能的这一系列过程当中，一个前提条件就是必须确立评价标准，也就是说，人们依据什么把某一具体的广告行为（包括广告行为的物化形态，即广告行为的结果——广告作品）说成（评价为）好的或坏的、善的或恶的呢？由于好坏、善恶是最一般的道德范畴，每个人都可以依照自己的理解来对其加以定义，所以其标准也可能是千差万别、不尽一致的。有些人对广告行为的伦理评价是以功利目的为标准的，完全排斥广告对社会的文化意蕴和审美功能，仅仅从企业商品信息传播在营销活动中的作用这一角度来认同广告，如他们是以经济效益为标准，评价广告行为的最高道德准则是看其能否满足经济利益的需要；有些人则以广告主的意志为标准，凡是广告主认可的即为善，反之即为恶；还有人是以能否产生轰动效应为标准，单纯地把广告媒体看做表现的工具，崇尚广告文化的艺术品位、新奇性，因而要求广告人在广告表现行为中把猎奇放在首位。

对广告行为伦理评价的标准是一个极其复杂的问题，一般地说，当这种评价是以某一具体的广告现象为对象时，评价的标准往往会因时、因地、因事、因人而异——不同时代、不同民族、不同阶级的道德价值体系常常是不同的甚至是对立的，因而不可能有完全一致的伦理评价标准。之所以如此，其原因在于在人类社会中，基于不同的政治观点、不同的经济关系、不同的文化心态而分化出不同的利益群体，在每一个利益群体的温床上都

① 参见《香港商报》，2000-02-20。

滋生着一套与之相应的价值观念、价值目标。正是由于政治、经济、文化等方面利益点的诸多不同才出现了价值体系的差异，而不同的价值体系显然就具有不同的评价标准。

例如有一则宣传节约用水的公益漫画广告，张贴于北京崇文门外大街的某一公共汽车站。画面是两个水龙头，其中一个脖子上挂着大红的“节水证书”的新式水龙头竖着大拇指，非常自豪地对另一个锈迹斑斑的老式水龙头说：“您该下岗了！”而后者可能是不想下岗，好像有些委屈地说：“我有几十年工龄……”画面的标题为《绿色奥运，节水先行》，发布单位署名为“崇文区市政管理委员会”。

如果不深究细想，这则广告在主题表现、画面设计方面还是不错的。但它这种拟人式的幽默，用“下岗”来比喻新旧水龙头的更换，是不恰当的，有伤“下岗职工”的感情。因此，对有些广告信息接收者来说，这个节水公益广告不但起不到应有的作用，反而会增加使用老式水龙头市民的抵触情绪。

在现阶段甚至今后更长的时间里，“下岗”都是一个严肃的话题。“下岗”是国有企业为适应市场经济环境、解决在计划经济时期因“福利就业”政策而产生的大量“冗员”的重要举措，以达到“减员增效”和“扭亏增盈”的目的，使企业走上良性发展的道路。在这个痛苦而必需的阵痛过程中，为了企业的再生和活力，“下岗职工”做出了不小的牺牲。“下岗职工”是无辜的，他们曾为企业的创建、发展和国家建设做出过历史性贡献，是值得尊敬和同情的。正因为如此，国家和各级政府出台了一系列鼓励政策，并拨出专项资金，用于解决“下岗职工”的再就业问题，同时国家也号召全社会为“下岗职工”营造温馨宽松和富有理解的再就业环境。社会对“下岗职工”的看法以及下岗职工自身观念的转变为他们重新认识自身的价值、找到适合自己的就业岗位，均有很大的帮助。所以我们认为上面这则广告不符合当代社会主义道德价值观，更缺乏人文关怀意识和人情味。物品、零件旧了坏了，用新的替换，是非常自然的事情，但这不可以“拟人”的手法用于人类。在日益市场化的今天，“下岗”或者“失业”对有些人来说会经常发生，如果人一“下岗”或“失业”就被认为是“废物”，那将是非常危险的。如人老了，要老有所养，老有所乐，老有所终，这才是我们社会提倡的社会主义道德，也是法律规定的公民义务。因此，对这则广告的客观评价标准只有在人们的社会关系实践中才能得到确定。①

伦理的产生及其作用取决于人们调节个人利益与整体利益关系的需要，只有个人（组织）利益同整体利益合理配置、合理调节，人类社会才能协调发展。而人是隶属于社会的，个人（组织）的生存和发展离开了社会整体的生存和发展，不仅无法实现，而且是根本不可能的。由于广告行为是一种具有广泛社会性的活动，由此决定了广告人如同此前的其他信息传播者一样，他们总是为社会某一部分人，或是为整个社会在进行广告活动，而不是单纯地为广告公司或为广告主。②

因此，广告接收者总是以群体的形态出现，广告行为也是在一定的社会关系中表现出来的——它不仅反映出广告主对广告信息的散布的需要，而且也通过每次（个）广告行为来满足人们对广告信息与交换的需要。这种行为既是人类交往的一种特定方式，同时也逐渐成为社会关系中较为重要、有价值的内容之一。正是从这个意义出发，我们说社会的整

① 参见阿东陈：《公益广告拿下岗“幽默”合适吗?》，见人民网，2002－06－14。
② 参见罗国杰主编：《马克思主义伦理学》，6页，北京，人民出版社，1982。

体利益、广大劳动人民的利益应该而且必须高于个人或所属小集团的利益，正如毛泽东所指出的：我们是无产阶级的革命的功利主义者，我们是以占全人口百分之九十以上的最广大群众的目前利益和将来利益的统一为出发点的。这向我们指明，人民是历史的主体，一切伦理评价，包括对广告行为的伦理评价，都必须以是否符合广大劳动人民的利益为最高尺度和唯一标准。

【思考题】

1. 广告行为伦理含义的特征是什么？
2. 为什么说广告行为的伦理选择在广告传播与接收过程中有特殊的重要意义？
3. 跨国或跨文化广告活动应注意什么？
4. 广告行为伦理中存在的矛盾有哪些？
5. 广告行为伦理评价的客观标准是什么？

第三章

广告伦理的失衡与错位现象

广告信息传播有商业信息功能和非商业信息功能之分，而广告的非商业信息功能（主要是社会文化功能）决定了广告在社会精神、文化建设方面的作用。即广告在发挥经济宣传功能的同时，也以其多样化的表现方式，以教化、引导、说服为手段对社会产生潜移默化的文化影响作用。如广告无时无刻不在丰富、影响着人们的文化生活，一首优美的广告歌曲、一首动人的广告诗、一幅可供欣赏的广告图画、一条精彩的广告语，给人们带来了美好的艺术享受，使人们陶醉在美好的文化氛围之中；一些精彩夺目的广告路牌和霓虹灯广告美化了社会环境，将原本显得单调的围墙、建筑物装饰得焕然一新。广告已成为现代文明的一部分，成为国家安定、人民康乐、经济繁荣的象征。广告还可以传播政策信息，协助政府工作，如它用精练、鲜明、生动的语言向老百姓解释政府的某项具体政策；它传播速度快、覆盖面广，还能反复不断地强化，从而发挥强大的宣传作用。

广告主在投入经费进行广告宣传的同时，也使大众媒介拥有经济收益，而媒介将这些资金投入到提高传播质量上，从而又推动大众传播媒介的发展。大众传播事业是现代社会的“五官”，人们通过它感受整个世界的变化、发展，它的发展是社会文明进步的重要标志之一。

但也正因为广告的非商业信息功能，使广告作用具有两重性：积极的健康的广告对社会产生良性影响，促进社会的进步；而消极庸俗的广告则对社会产生着不良影响，不利于社会良好风气的形成。如广告从正面传播商品信息时，充实了人们的消费信心，为人们设立了一个改善衣、食、住、行的目标；但广告中对商品有意无意的夸大宣传，加之人们认知上的偏差，又有可能导致有些人对商品的盲目崇拜。如有的广告在表现中，为强调商品的作用，往往设计一些离奇的情节，渲染一种生活离不了该商品的观念，这种商品“万能”的宣传，容易造成这样一种生活方式：人生活得是否有价值，主要看其拥有什么物品，而不在于其创造了什么。这种表现易助长享乐主义的发展。另外，广告对少年儿童的负面影响也是不容忽视的。少年儿童由于还没有形成自己的价值观和判断力，大量地接收广告使他们自小就生活在一个“品牌”的世界里，使他们对商品的追求远远超过其实际需要和家庭承受力，这也成为困扰很多家长的一个重要问题。尤其是在有的广告中展示了过多奢华的生活场面和奢侈的用品，使儿童误以为广告里描绘的世界就是真实的世界，进而去加以追求，这对他们的健康成长是很不利的。

再如广告主及其代理公司设计策划合法的广告并通过媒介播放，有利于媒介的发展；而广告主或广告代理公司以广告费为诱饵，诱使其发布违法广告，或以经济手段钳制新闻的选择和发布，企图左右编辑、记者的态度，则不利于媒介的发展。

广告作用的负面影响表面上看起来与广告作品表现的关系更密切些，但我们应该认识到广告作品及其活动都是由广告主认可并由广告从业者策划实施的，也就是说，广告所反映的是广告活动主体的观念。因此，广告活动主体的素质和道德水平既直接影响着广告作品的表现，又影响着一系列广告活动行为。

第一节　市场经济环境与广告伦理失衡

市场经济是以市场调节作为资源配置的基础和主要手段的经济形态，它在人类社会的不同时期普遍存在，但发育程度各不相同。随着社会化生产和社会分工的发展，市场经济越来越发达，这是人类社会经济发展所共有的现象，然而，社会性质不同，市场经济具有的特性也不相同。

市场经济的发展包含着道德的进步和解放，市场经济把法权（包括财产权、契约权等）当做基本规定，不仅有利于调动人们的积极性和创造性，而且从根本上也是一种合乎人性、合乎人格自由和道德进步的制度，有利于道德的建设和发展。市场经济在我国的迅速发展，使许多人在市场经济的潮流中摆脱了旧的道德观念的束缚，树立了新的合理的道德观念，找到了新的自我实现的途径。人们中的绝大多数并不把赚钱当做人生的目标，而是在经济活动中自发地寻找自己的精神归宿，并为捍卫自己的人格尊严而奋力抗争。因此可以认为，市场经济的发展为人的自我实现和自由发展提供了无限广阔的空间，其道德意义在于：在经济发展、社会进步的同时，发扬了旧道德中的积极因素，抛弃了旧道德中的消极因素，并在这个扬弃的过程中使人性变得更真实、更完整、更自由了。事实证明，合理的市场经济不会使道德堕落，而只会使道德进步。譬如，在我国市场经济条件下变化着的道德观念中许多是具有积极意义的，代表了社会发展的方向，如高度的社会责任感、敢担风险、勇于创新的胆识与魄力、努力开拓前进的进取精神，以及珍惜时间、讲求效率、尊重知识、尊重人才、勤劳致富等新的道德价值观念。但是我们也必须认识到，由于我国社会主义市场经济具有市场经济的一般特征，因而也就不可避免地有着自身的弱点与缺陷，这对于人们的道德观念和道德行为必然会产生某些负面的影响。例如，价值规律这只“看不见的手”可能诱导有些人产生损人利己的思想，用种种不道德乃至非法的手段牟取暴利；商品与货币在市场经济中的重要地位可能使一部分人产生狂热的商品“拜物教”和货币“拜物教”，从而不择手段地获取商品和金钱；市场经济所遵循的等价交换原则可能侵入政治生活和伦理道德领域，使一部分人滋生唯利是图的思想，搞权钱交易，甚至出卖自己的人格和良心……此类种种不道德的思想和行为，在我国现实生活中，已经或正在发生，严重地败坏了社会风气，影响极其恶劣。如果不清醒地看到这些变化，以为埋头发展市场经济就能解决一切问题，那只能是一种不切实际的幻想。当前我国为数不少的广告从业人员的思想和行为出现了严重的道德误区，如果从理论上加以概括，这种道德误区的思想根源和行为动因主要在于以下几点。

一、价值观念倾斜

随着经济体制改革的深入和市场经济的发展，我国广告活动中新的价值观念应运而生，如广告工作的主体观念、效益观念、竞争观念、消费者观念等呈现出前所未有的价值多元化。这一切并不是主观需要的产物，而是市场经济条件下的广告活动所必需的。社会主义市场经济是一种自主经济和多种利益主体经济，而利益主体又是多元分层和多向交错的，在这种情况下，广告人的价值追求随之出现多元化取向也就是必然的了。但是，我们确认当前在广告活动中出现的诸多与市场经济相适应的价值观念具有客观必然性，绝不是说凡是现实存在并为一些人所推崇、所追求乃至所实践的价值观念便都是正确的、合理的。事实证明，广告工作中那种把广告主利益原则视为社会生活领域唯一的道德原则的价值观念，那种为追求经济效益而不惜牺牲社会效益的价值观念，那种把满足消费者需求与迎合低级趣味相混同的价值观念，那种追求“创意至上”和热衷创造“轰动效应”而置道德法律规范于不顾的价值观念，都不是健康的、积极的，而只是价值观念的倒错与倾斜，无益于广告事业在社会主义市场经济条件下的发展。

二、伦理行为失范

在广告活动中，价值观念的倒错与倾斜必然导致伦理行为的失范。不可否认，我们为数不少的广告从业人员，对改革开放和市场经济错误地加以理解，认为市场经济就是以个人为本位或集团利益为本位的利己主义经济，追求金钱与享乐是市场经济的基本特征。于是，他们把市场经济的价值规律和商品交换的原则原封不动地搬到了广告活动中，全然忘记了广告工作为人民服务、为社会服务的宗旨，从而导致了伦理行为的失范。此类表现形态，在之前的章节中已经做了一些分析与论述，这种体现在广告活动中的道德精神失落和不道德或反道德行为现象的发生乃至泛滥，不仅严重地败坏了我国的经济秩序和社会风气，而且严重地损害了广告从业者的形象，其社会危害性不可低估，更不能等闲视之——如果因虚假广告太多，致使不少人失去了对广告的信任，如果中国的消费者都将广告和欺骗联系在一起，那中国的广告业还有什么前途呢？这一点应该引起我们警醒。

三、社会责任感淡薄

在广告活动中一些从业人员道德行为的失范，一方面与社会转型时期法制不完善、制度不健全、管理跟不上以及社会中各种矛盾复杂交错有关，另一方面还与我们在一个时期中政治思想和职业道德教育不力从而导致一些广告从业人员社会责任感淡薄有着直接的关系。正是社会责任感的淡薄或丧失，才使拜金主义、利己主义乘虚而入，并且很快地在广告队伍中占据了一定的市场。也正是社会责任感的淡薄或丧失，才使那些“有偿新闻”、“广告新闻”、黄色广告、迷信广告、虚假广告沉渣泛起，屡禁不止。

社会责任，如同良心一样应该是广告职业道德的重要范畴。作为一名广告从业者，其社会责任感的强弱高低，往往成为衡量与评价其思想水平、道德素养、业务能力的基本尺度。在当代西方，无论是资产阶级的广告学理论体系还是资产阶级的广告职业道德规范，贯穿其中的核心内容就是“社会责任意识”。它们要求广告从业者在追求广告主经济利益的同时，也不能损害消费者的利益和社会的利益，应遵守一般的社会道德规范和法律规范。

第二节 广告伦理失衡与错位现象

改革开放后，党和政府的工作重心转移到了经济建设上。随着改革开放的不断扩大与深化，从商品经济过渡到市场经济，人们的经济关系及其生活形态和精神风貌随之也发生了深刻变化——人们长期以来形成的习以为常的行为方式和价值观念正在受到各种新思潮、新观念、新取向的挑战与冲击。尤为引人注目而又发人深省的是，有些传统的理论依据、思想原则和行为规范已失去了往日的权威性，各种看似相互矛盾却又并行不悖的行为方式和价值观念在社会中相存并立，令人眼花缭乱、困惑不解。当这种现象反映在广告领域和广告从业者的具体行为中时，往往会导致价值标准混乱和道德行为失范，从而导致广告伦理的失衡与错位。

在以往封闭式的社会和计划经济模式条件下，任何职业行为的价值取向，包括操作技巧和操作程序，都是以抽象的“国家利益”、“政治利益”、“群体利益”为本位的。在改革开放、发展市场经济的社会条件下，一方面，充分强调人们的主动性、积极性和创造性，充分尊重人们合理的物质利益追求，并通过价值规律的作用使人们的劳动成果、劳动效率和劳动质量与个人的切身利益紧密联系起来，使得人人力图实现自身价值的最大化，即根据自己的能力和机会得到尽可能多的报酬，这已成为市场经济的利益驱动机制。另一方面，企业、公司集团都是独立的法人，实行经济独立核算，创造的利益又关系到个人的利益。这种情况在完善的市场经济结构中，能够有利于社会的发展，创造出更大的效益与利润；但在不完善的市场经济结构中，则可能成为拜金主义、享乐主义和极端个人主义泛滥的酵母，成为腐败现象滋生蔓延的催化剂。而我国当前的社会经济形势，正是处在这样一种新体制尚未完全确立、旧体制仍在运转，整个市场经济体制还不配套、不完善的社会条件下，新、旧两种体制以及相应的两种价值观由此出现了碰撞，而当代广告职业道德的失衡与错位就是在这种碰撞下发生的。

所谓“失衡”与“错位”，它标示着思想观念出现了偏差，行为取向离开了本来的位置。广告伦理的失衡与错位，即广告工作者的职业行为与职业道德相悖逆，其行为的动机、手段和效果错离了自己的责任和义务范围，广告活动中的价值标准出现混乱，行为方式缺乏规范，不应该在广告工作中出现的现象却出现了。

发生在我国广告活动中的职业道德的失衡与错位，其具体表现形式是怎样的呢？我们大致归纳出了最具典型性、危害也最为严重的四种，分述如下。

一、忽视或损害消费者利益

产品之所以被消费者使用，是因为它有使用价值，也就是说使用产品能够给消费者带来利益，使消费者能够更好、更方便地生活。而广告的目的是通过推介商品或服务引导消费者需要、满足消费者需要，消费者是市场经济中的“上帝”，满足消费者的需求是市场经济活动的中心。具体说来，广告对于消费者有以下作用：

首先，广告向消费者提供丰富的信息，引导、刺激、满足消费者的需求。现代社会，科技突飞猛进，产品日新月异，面对茫茫的商品海洋，消费者往往眼花缭乱，无所适从。而广告通过商品信息的传播，向消费者介绍商品的品牌、商标、性能、用途、特点、价格以及如何使用、保养等，这实际上是帮助消费者提高对商品的认知程度，指导消费者如何购买商品和使用商品。其次，广告是消费者进行消费决策的重要参谋。广告所提供的信息是消费者进行消费决策的重要依据，有什么种类的商品、在什么地方能够方便地买到、价格如何等，都是消费决策不可缺少的信息。

消费者在做出消费决策时往往需要从各种途径了解商品的性能、质量、价格等，从而完成购买决策。这也决定了广告人员在进行广告创作时应将重点放在了解消费者进行消费决策时最关心的问题上，并进行广告诉求，以帮助消费者做出正确的消费决策。但是有些企业、商家、广告公司在进行广告活动时非但不注意满足消费者的上述需要，还无视或损害消费者的利益，唯利是图。随着中国改革开放步伐的加快以及加入世界贸易组织，中国市场更加开放。在这种情况下，有些跨国公司在中国境内做的广告或跨国广告公司代理的广告中存在的问题也应该引起重视。跨国公司也被称为“多国公司”、“国际公司”，是大的企业、公司输出资本和对外经济扩张的一种组织形式，20 世纪 50 年代后在世界范围内发展起来。跨国广告公司是指为了扩展业务范围或更好地为跨国公司提供代理服务而将广告代理设计、制作、代理服务机构延伸到其他国家、在他国建立分支机构的综合或专营的广告公司。当然，从总体上看，由于科技、经济发展的不平衡，多是发达国家的企业公司向发展中国家延伸。不管多畅销的产品、多知名的品牌，如果在其推广宣传活动中只考虑在广告国获得市场，只考虑公司营利，没有社会责任意识、不讲道德，都有可能面临“问题”。

如早在 20 世纪 70 年代就发生过消费者指责雀巢（Nestle）公司在广告中误导消费者、错误传达“奶粉比母乳更佳”的信息事件。这种错误概念的宣传致使发展中国家的很多妇女认为用奶粉哺喂婴儿才是真正爱护婴儿，而实际上科学证明用母乳喂养的婴儿更健康，因为母乳中含有有助于婴儿增强抵抗病菌能力的抗体。雀巢公司利用消费者缺乏知识来开拓市场的做法首先在欧洲受到谴责，有消费者组织印刷以《雀巢杀死婴儿》为标题的宣传品，并发起了抵制雀巢产品的运动。这导致世界卫生组织在 1981 年制定了《推销母乳替代品国际守则》。[①]

过去的一些年里，有些发展中国家为了吸引投资者，不断调整政策，放宽外资进入的条件，加之由于发展中国家的经济、技术水平低，本地产品缺乏竞争力，也刺激了这些跨国公司的利益欲望，总想以最少的投入获得更大的利益，这其中就不乏有些公司忽视广告国百姓的利益。如有些化学制品和药物产品或有期限的产品因为被认为是不安全和对人体有害的，已经被禁止在西方发达国家成熟市场使用或投放广告，但跨国公司将其出口到少数这种控制缺乏的国家。再如波兰开放市场后，曾一度有德国的一些公司被指责利用波兰市场，将之作为倾销地，倾销消费期限已过或已接近消费期的产品，此举受到波兰广大消费者的抵制，使不少波兰人转向拥护自己国家生产的手工制品，并进而对国外的产品持怀

---

① See Barbara Sundberg Baudot, *International advertising handbook: A User's Guide to Rules and Regulations*, Lexingtong, Lexingtong Books, 1989, pp. 328 - 337.

疑态度。①

环境问题早已被提到议事日程，在全球受到越来越多的关注。全球各地的消费者也越来越关心有毒废物、污染、臭氧层损耗、原子能工业废料、能源保护等问题，这其中也包括关心跨国公司在环境保护上是否对社会有所贡献。广告主日益被期待生产合乎环境要求的产品和限制浪费性包装。所以不少发达国家广告表现的一个焦点主题是环境保护，广告代理公司和广告主一起被要求承担起保护环境的角色，将这些利益点传达给消费者。但在某些发展中国家，由于经济发展起步晚，政府、企业、百姓还无暇顾及环境保护的问题，但这并不意味着它们环境保护工作就做得好或不需要强调环境保护，而跨国公司更不应该在不同的地区或国家间“厚此薄彼”——在发展中国家投资建设生产基地、生产产品时，降低环保设施或工艺水平；或在发展中国家的媒体上做广告忽视环境保护这个主题……或者说，跨国公司及其广告代理公司在环境问题上，对发展中国家是否也采取了和发达国家同样的标准呢?

由于各国间经济发展水平差距很大，普通民众的利益表现形式是多方面的，跨国公司在进行产品生产、销售、广告宣传时也应为当地的普通民众设身处地想一想。如在一些经济不发达、社会分配环境不好的国家，少于10%的人口拥有超过60%或更多的国家财富，大多数普通民众还处于相当贫困的境地，购买能力极其有限，但跨国公司通过大量的广告激起他们不能支付的消费愿望。如在墨西哥，美国软饮料占有了其75%的市场，小学生存钱来购买百事可乐，这个花费相当于他们购买当地产软饮料价格的三到五倍；跨国动物食品公司生产的一袋狗食的价格相当于当地一家五口人一个月的生活消费。跨国公司在生产、销售、宣传、营利的过程中，如果不考虑这些现实中的差距，只能说明广告主缺乏最起码的人文精神，唯利是图。

二、虚假（不真实）广告

近几年来，对虚假广告投诉已成为增长幅度最大、群众反映最为强烈的问题。一些经营者违反法律及职业道德，采取不正当的竞争手段，制作、发布虚假广告或引人误解的商品、服务信息，使消费者对经营者提供的商品或服务的质量、数量、价格、性能、用途等产生错误的认识，极大地误导了消费者。据有关部门权威人士介绍，目前虚假广告已成为一种社会公害，严重侵犯了消费者的知情权和安全权。

从2009—2011年全国消协组织受理投诉情况来看，涉及广告的投诉2009年为13 076件，占当年总体投诉量的2.1%，2010年为13 214件，占比为2.0%，2011年为10 729件，占比为1.8%。综合2009—2011年的情况，就投诉占比看，保健食品、保健用品、化妆用品、医疗、药品、医疗辅助用品、旅游和照摄像产品等投诉中涉及广告投诉的比例相对较高；就投诉量看，销售、保健食品、化妆用品、保健用品、移动电话、电信、食品、电视机等各类商品和服务涉及广告的投诉量相对较高。

2013年上半年，全国消协组织受理保健品投诉2 318件，其中涉及虚假宣传的占22.5%，远远高于虚假宣传在总投诉中所占的比例。一些通过媒体购物、流动讲座购买的

---

① See B. Mueller, *International Advertising*: *Communicationg Across Cultures*, p. 262.

保健品投诉，由于跨地域、涉及环节多、经营者身份不明等原因，往往难以解决。有些老年消费者经受不住一些保健品违规疗效宣传的误导，购买食用或使用后无法达到预期的治疗效果，甚至耽误了治疗时机。

对这些虚假广告进行分析，排除那些不具备资质也做广告的情况，可将其归为以下几类。

(1) 广告所介绍的商品和服务本身就是虚假、带有欺骗性的。如在广告中有关商品质量、性能、功效等的说明不符合商品的实际质量、性能、功效等；利用广告谎称招生办学、技术培训，骗取钱财；并无广告中的商品可提供，或以次充好，或以邮购为名骗取购物款，非法牟利；随意夸大功效，虚假承诺，有的号称"包治百病"、"无效退款"，"快速瘦身，两日瘦身6斤、10斤、15斤"。还有使用绝对化的语言，如使用医疗器械广告不得含有的"治愈率极高"、有效率达百分之多少的用语，实际上并非如此。

(2) 在广告中以不实之词夸大产品功能、疗效等，把质量低劣的商品说成是优质商品，隐瞒商品的重大缺陷，特别是隐瞒会给消费者生理或心理造成严重危害的缺陷，或有意夸大商品的优点或用途。如擅自改变食品、药品、农药等特殊商品批准宣传的内容，进行虚假、夸大宣传，欺骗、误导消费者；谎称自己取得生产许可证、商品注册证；谎称产品质量已达到规定标准、认证合格，并获得专利；谎称产品获奖、获优质产品称号等；假冒他人注册商标、科技成果以及假冒他人名义为自己的企业或产品做广告宣传。这类利用广告进行欺骗的情况也发生在一些电视购物节目中，有消费者反映收到的是假冒伪劣产品。

(3) 在广告中使用不当的夸张手法，意在对消费者产生误导。在一些媒体发布的广告中包含涉及农业快速致富的虚假信息，导致农民损失很大。还有利用患者、专家、医疗机构名义、形象作证的情况。

当然，理解上的差异也是一种常见的现象。首先，广告主与消费者对同一商品及其表现可能会产生理解上的差异。广告主由于对自己生产的商品比较熟悉，认为广告对商品已讲清楚了，而且实事求是了，但消费者并不明白或认为夸张了。其次，广告创意策划人员与消费者对同一商品广告理解上的差异。如广告制作人员认为用某种艺术形式已将产品的特性表现清楚了，但消费者却看不明白。因此在广告创作中，要重视消费者心理与理解能力方面的调查，有些容易引起消费者误解的广告表现手法，一般不宜采用。然而，有些广告内容造成的理解差异是广告主有意为之。如我们在广告中偶有看到"免费电脑"、"超低价电脑"等内容，这类广告在美国也有。2000年6月美国联邦政府宣布，零售商向顾客提供免费或廉价电脑的商业信息属虚假广告行为。如一台标价仅269美元的电脑，买走时要付669美元，再以每月21.95美元的价格购买为期三年的网上服务，才能获得价值400美元的质量保险费，消费者如果中途放弃网上服务，不但保险费有去无回，还要支付违约金；显示器单卖，每台售价从140美元到200美元不等；至于长途运输费和其他收费项目，要么含糊其辞，要么用小得看不清楚的字体印在说明书的偏僻角落里——消费者原以为269美元就能买下的一台电脑，最终花了869美元才抱走，更有公司在合同规定的三年期满后，拖四个月才把保险费返还给消费者。①

---

① 参见《美国政府宣布"免费电脑"属虚假广告》，见新浪网，2000-06-30。

（4）在广告中产品的性能、质量是真实的，但在广告中的某些承诺却是虚假的，带有欺骗性。有些商场在搞促销活动时，广告中称“买一送一，送完为止”，但据不少商家内部人员透露：根本无此事，对每位顾客均称已送完了。在我国，不少消费者都上过虚假广告的当，这样的报道在媒介上较为常见。

另外，价格也是广告诉求的重点，广告以虚假的价格欺骗消费者也是近年来投诉的热点。为帮助消费者识别商家的价格欺诈行为，国家计划委员会结合各级价格主管部门，公布了在2002年元旦、春节等检查中发现的价格欺诈的10种表现形式，以使公众警惕。①

（1）虚假标价：如福建省漳州市某饭店餐饮部在商品标价签上标明象鼻蚌价格每公斤156元（人民币，下同），但顾客结账时却按每公斤400元计价。

（2）两套价格：如某酒店采用两套标价簿欺诈消费者，在顾客点菜时提供价格低的标价簿，在结账时按价格高的标价簿结算。

（3）模糊标价：如某商厦以“出厂价”搞促销活动，销售某品牌洗衣机用误导性文字明示“出厂价”950元，实际出厂价是920元。

（4）误导消费者：如某家电公司在其经营场所以“全市最低价”、“所有商品价格低于同行”等文字进行价格宣传，而实际其价格多数高于其他商家，误导消费者购买。

（5）虚假折价：如某商店以“全场两折”的文字进行价格宣传，但消费者发现在全场上百种商品中，只有两种商品按两折销售。

（6）模糊赠售：如某餐饮公司打出“肥牛午市买一送一，晚市买二送一”的条幅，但未标明赠送商品的品名和数量，在顾客消费了0.5公斤肥牛后，仅赠送价值较低的一碟羊肉。

（7）隐蔽价格附加条件：如某百货公司采取“购物返A、B券”的手段促销，其中A券可当现金使用，而没有事先告知消费者B券只能附等值人民币现钞才能使用，误导消费者在店内循环消费。

（8）虚构原价：如某商场销售皮夹子，使用降价标价签标示原价为158元，现价98元，但该商场却无法提供原价的交易票据。

（9）不履行价格承诺：如某超市通过广告向消费者承诺在某时间段内，凡购买某品牌清洁抹布实行买三送一，而消费者购买后并未获得赠送。

（10）质量与价格、数量与价格不符：如某机电产品商店将因有质量问题而返修的某品牌电冰箱，在修好后按正品价格销售，质量与价格不符。

经济利益驱动是假冒伪劣商品和虚假广告泛滥的直接动因。一些经营者为了金钱，不择手段制假售假。不知这些制假者和虚假广告的宣传者想过没有：在骗取一时效益的同时，毁掉的却是企业和媒体的信用和形象，扭曲的则是市场秩序，消费者一旦幡然醒悟，这样的经营者和媒体在市场上还能有立足之地吗？还有长远利益可言吗？以真实取信于受众，这是商品产生效益的前提和基础，广告作为以信息方式存在的商品自然也不例外。它在向人们表述某个产品或某项服务的信息时，应绝对真实，不能有半点虚夸、掺假，因为消费者会在实践中进行验证，并将好的验证结果转化成信任，这种信任是无形财富，将带给企业长久的利益。可是，一些广告主、广告经营者以及媒介只图眼前利益，不讲章法，

---

① 参见朱剑红：《国家计委今天公布了价格欺诈的10种表现形式》，载《人民日报》，2002-03-31。

见利忘义，不计后果，他们中有的还错误地认为，广告只要高额投入制作，高频率播出，就能创造出效益，因而眼睛只盯广告，在广告上下工夫，而不是将精力用在产品或服务质量上，这种违反诚信生财原则的经营终会失败。

虚假广告问题如此严重，以致成为社会经济生活中的一大公害。它扰乱了市场，激起了民愤，不仅损害了消费者的权益，而且给社会主义新闻事业的声誉和形象带来了不可低估的负面影响。各类媒介在广告宣传及广告业的发展中所处的特殊地位和所发挥的重要作用，越来越为人们所关注。但人们看到社会上一些不法分子和见利忘义之徒，利用人们对新闻媒介的信赖，大肆刊播虚假广告，欺骗消费者，坑害消费者，其严重程度令人吃惊——尽管虚假广告大多主要是由广告主及广告经营者策划制作的，但对于这些虚假广告的出笼，新闻媒介也有着不可推卸的责任。管理不力和地方保护主义是假冒伪劣商品和虚假广告泛滥的又一重要成因。制假售假者与各类媒介分属不同的部门管理，这些部门之间又无法形成合力，构筑严密的监督体系，致使假冒伪劣的兜售者有机可乘。更有甚者，有的地方政府部门为了本地的所谓"经济利益"，对制假售假者给予庇护，怂恿虚假广告行为，有的甚至对执法检查者进行暴力抗拒，以致假冒伪劣商品及其广告在不少地区肆无忌惮地横行于市。

三、不正当交易或行为

广告主或广告经营者通过向新闻媒体的有关人员送礼金乃至贿赂的手段，将广告内容以新闻报道的方式传播，这种行为是近年来一直受到批评、谴责的，这种新闻记者、编辑或媒体因接受钱物及其他利益而以新闻形式发布的信息，被称为有偿新闻。搞有偿新闻的广告主、广告经营者是想以新闻的权威性和美誉度为产品或服务做市场引导，而新闻媒介实质上是以新闻报道权利非法干预市场经济秩序，同时妨碍了企业公司等经营组织进行公平竞争的自由权利。

在新闻媒体上以新闻的方式刊登广告的方式有两种：一种是新闻单位或新闻从业者将印刷媒体版面、刊号，以及电子媒体的节目制作、播放时段等当成一种商品，要求刊播广告者用金钱或实物与之进行交换，通过交换，双方在满足对方需求的同时也达到了自己的目的，这种"交换"过程与"交换"形式，既可能是在个体之间私下进行，更多的是表现为一种群体行为；另一种就是广告人员送礼金，新闻记者收受礼金，然后以新闻报道的方式刊登有关广告产品消息的做法，这是一种赤裸裸的以权谋私行为，纯粹是一种个人行为，也就是说，"好处"是一次性地归了新闻工作者个人，与新闻机构不发生任何直接的关系。前者是以"要求"刊播广告为前提条件，如果这种"要求"不能满足或不能实现，那么"买卖"就很难成交，最后可能以双方的交易失败而告终。而后者收受礼金的行为则有不同，礼金的赠送虽然也是一种要求报道广告信息的表示，但这种"要求"既可能十分明确，也可能十分含蓄，或者只是一种潜在的要求，或者只是为了达到某种公关效应；作为礼金收受者的新闻工作者来说，对于礼金的回报方式也许只需做出某种承诺或某种姿态便可心安理得，虽然最终也可能要体现在新闻报道上，但双方不像"有偿广告"那样有一种严格的互为补偿的利益驱动机制相束缚，或者有一种商品交换的契约关系相制约。在新闻报道活动中利用工作之便收受礼金，实际上是一种变相的受贿行为，对于送礼的企业、公司来说就是行贿。赠送的礼金包括现金、实物、有价证券等。发送礼金的具体表现形式多种多样，举其要者则有：其一，举办新闻发布会、开业典礼、周年庆典等会议、活动，邀请记者前来参加，而参加者必有一定的“好处”可得。例如，某企业在一宾馆举行了一次新产品广告发布会，主人除了向与会的每位记者赠送一份纪念品外，还附有赠款数百元，另外还请记者们与之共进了一顿丰盛的晚宴。类似的新闻发布会前些年举办较多，而且有会必有“礼品”，必有“宴局”，结果使得记者们趋之若鹜，忙不迭地“赶场”。而企业、产品的名称、特点则以新闻的方式频频出现在报端，起到了不是广告胜似广告的作用。其二，广告企业、公司还在记者的其他一些采访报道活动中发放各种名目的补贴或改头换面地赠送礼金，其中，“交通费”、“误餐费”最具代表性，这些“误餐费”、“交通费”也是变相的“红包”，是挖空心思给记者送去的“好处”。不管赠送礼金是以何种名目，也不管其金额多少，其性质都是扰乱市场的腐败行为，因而都应严格禁止。

2009年《中国新闻工作者职业道德准则》修订版要求：坚决反对和抵制各种有偿新闻和有偿不闻行为，不利用职业之便谋取不正当利益，不利用新闻报道发泄私愤，不以任何名义索取、接受采访报道对象或利害关系人的财物或其他利益，不向采访报道对象提出工作以外的要求。

2012年8月3日中央宣传部、广播电影电视部、新闻出版署、中华全国新闻工作者协会发布《关于禁止有偿新闻的若干规定》：新闻单位采集、编辑、发表新闻，不得以任何形式收取费用。新闻工作者不得以任何名义向采访报道对象索要钱物，不得接受采访报道对象以任何名义提供的钱物、有价证券、信用卡等；新闻工作者不得以任何名义向采访报道对象借用、试用车辆、住房、家用电器、通信工具等物品；新闻工作者参加新闻发布会和企业开业、产品上市以及其他庆典活动，不得索取和接受各种形式的礼金；新闻单位在职记者、编辑不得在其他企事业单位兼职以获取报酬；未经本单位领导批准，不得受聘担任其他新闻单位的兼职记者、特约记者或特约撰稿人；新闻工作者个人不得擅自组团进行采访报道活动等。从另一方面看，如果企业、广告主等新闻单位等新闻发布者、广告发布者采取了上述方式达到宣传目的，便是严重违反职业伦理行为，也是不正当竞争行为。

不正当行为还包括商业贿赂等不正当竞争手段。这主要是指经营者采取秘密的手段向交易相对的负责人、代理人及具有决定权的人提供金钱或其他利益，以引诱他们做出有利于行贿者的决定，达到促成交易或取得营业上的便利，以在竞争中取得经营优势的活动。通过商业贿赂行为进行交易，对市场的正常秩序会产生极大危害。如有些广告公司为了获得广告业务向企业、公司有关主管广告业务的人提供“回扣”或行贿。

广告发布是广告策划实施中一个重要的环节，它既是一种社会服务，实现了媒介的传播功能，同时媒介又可以借助广告收入，使自己获得继续发展。媒体与广告主之间是互依互存的关系：新闻媒介通过开展广告业务，获得了数量可观的资金来源，加速了自身经营机制的转换，加快了进入市场的步伐，同时媒体也为企业提供了更大的发展空间，并以广告的形式不断强化，使企业市场不断扩大；媒介为企业提供更有效的信息传播服务，为企业树立良好的形象，与此同时，媒体广告的效应必然促使广告主加大对媒体广告的投入，从而形成媒体与企业双赢的良性循环。

建立符合市场变化、遵循价值规律的广告经营运行机制，能为媒体的发展带来长远效益，而通过主观的、恶意的大幅度降价、打折等方式来调整广告价位，则是一种低层次的竞争手段，也是一种短期的经营行为，不仅会对媒体本身带来负面影响，而且会给区域性的媒体广告经营带来危害，造成恶性竞争。

广告是经营者宣传商品、服务以及树立企业形象等的工具和手段。广告的制作、设计、传播是一项重要的商业活动，特定的广告反映了特定的商品、服务以及特定经营者的企业形象，具有提高经营者的商品和商业信誉，从而为经营者带来竞争优势的功能。抄袭、模仿竞争者的广告特点是一种使公众对该经营者商品的性能、制作方法、质量及特点易于产生误解的表示或说法，是一种不诚实的市场行为，目的是在与被模仿者同样的市场投资中获取不当利益。一般来说，被模仿广告已在宣传方面有了一定的投入，宣传也有一定的广度和深度，在同行业中有一定影响，相应的产品和服务已经展开，并形成了一定量的无形资产价值。而模仿广告所宣传的产品或服务和被模仿者的产品或服务是竞争关系，并且广告所体现的产品或服务市场是在同一时空或部分市场有交叉的情况下所进行的。模仿广告行为人的目的就是不投入或少投入而让商品或服务的宣传“搭便车”。

当然，这里的模仿或被模仿广告不是指通常所见的广告，它的表达方式是独特的，要求有一定创意，广告的整体布局和结构有别于同类广告——如果被模仿的广告是非常简单、常见的组合和表达，即使是赤裸裸的模仿也不侵权。但对广告创意要求要低于美术作品或实用艺术品对创意的要求，甚至并不要求是富有美感的，只要是有独特特征、易于从同类广告中区别开来即可。某些广告追求“丑陋的”标新立异，有时也蕴涵着独特的创意。所以，抄袭、模仿广告特点是对他人富有独创的广告文字、图片等的排列组合或颜色、格调等的抄袭或模仿。广告策划人员为了避免此类事件发生，必须将两则相近的广告进行对比，确定相似与区别之处。这里认定是否因模仿产生混淆，要按普通消费者的印象来评估，因为一名普通消费者不会将两则广告进行深入细致的比较，只是广告的风格和印象使他们不经意间产生了混同。所以，两则广告的对比应当是粗放式的，不应要求模仿者的产品在每个方面都有区别的特征。

模仿广告造成混淆的结果不仅仅在于广告本身，使消费者误以为是同一则广告，重要的是由此引出的广告中所体现的商品或服务的混淆，包括将不同的经营者误认为是同一企业或关联企业。绝大部分广告针对对象是广大的普通消费者，但也有可能是特殊的消费群体，如特定行业的生产或销售商等。判断是否造成混淆应以普通消费者、一般经营者施以普通的注意力会产生误认、误购的客观事实为依据；部分针对特殊消费群体的广告，要依该特殊消费群体的一般人员的普通注意力为准。这种广告抄袭、模仿行为是一种不诚实的、扰乱市场的不公平竞争行为，广告策划者应提高警惕，杜绝有意或无意的此类行为发生，为广告主和自身发展营造公平、公正的竞争氛围。

四、广告的格调与品位问题

我们不能也无法回避这样一个事实：广告在传播信息的同时也在传播着观念，因为信息是物质的，同时也是精神的。“物质的”信息直接作用于人的外部感官，“精神的”信息却潜移默化地对人的意识及观念产生影响。这里所述的格调与品位主要是以精神文化产品所体现的思想水准、科学水准和艺术旨趣为标志的，它蕴涵着教育价值、认知价值、审美价值和娱乐价值等社会价值。

广告作品的格调与品位如何，这实际上就是对其社会效果、服务性和接受性的一种综合评价，我们认为，对于广告品位的品评，虽有主观差异，但社会上大多数人是会得出相同的看法的。格调高雅、品位上乘的广告文化产品能够使广大受众获得信息、增长认识、得到启迪、陶冶性情、净化心灵；而格调低劣、品位粗俗的广告作品则容易导致意志薄弱的受众迷惘地面对花花世界、价值观念倾斜，进而导致他们心理失衡、行为卑俗。因此，把格调与品位纳入广告职业道德范畴之内，应该说是由广告作为人类的精神文化产品本身具有的基本特性和内在要求所决定的。我国 2015 年新版《中华人民共和国广告法》第九条规定：广告内容不得含有“淫秽、色情、赌博、迷信、恐怖、暴力的内容”。格调与品位作为一篇广告作品价值内涵的有机组成部分，同时作为判断一篇广告作品优劣的伦理评价尺度，也就必然地成为广告伦理规范准则的应有之义。尤其是在我国当前改革开放不断深入、建设社会主义精神文明和物质文明并重的今天，正确认识与理解广告中格调与品位的道德意义，对于充分发挥广告非商业信息功能、提高社会大众文化的品质方面有着积极的和现实的意义。现将我国目前广告中存在的格调与品位问题归纳如下。

（一）语言空泛，污损语言

不少媒介上刊播的许多广告，语言千篇一律，人云亦云。“老少咸宜”、“历史悠久”、“国优部优”、“美观大方”以及“价廉物美、经久耐用”、“名扬四海、誉满全球”这类语言随处可见。这样的广告，过实、过露、过浅，受众是难以接受的。由于浅薄本身就是一种文化现象，具有封闭、短视、自我欣赏、自我满足的特点，因而不仅有其存在的合理性，而且往往成为一个广告职业圈内的价值取向和价值准则——如果一个广告从业者始终把自己定位在这样一个浅薄的文化层次上，是无法也不能制作出高质量的广告精品的。

因此，要提高广告作品的格调与品位，就应该在广告队伍中创造出良好的文化氛围，确立广告作品的高参照系，追求作品的高标准，突破低劣与浅薄，通过全面提高自身的政治水平、文化修养和道德素质，力争把自己的职业行为和价值追求定位在一个更高的水平上。

另外，广告中还出现乱改成语、乱用谐音的现象，如“天尝（长）地酒（久）”、“穿出你的孕（韵）味来”等，都污损了中华语言文字。

（二）卑琐浅薄的作品

这类作品往往打着生活化、平民化的旗号，或以奢侈浪费的创意，或以豪华摆阔的风情，或以玩物丧志的格调，或以崇洋媚外的宣导，去迎合部分人的心理，迷惑部分人的心灵。

如一家省级党报的周末版上曾刊登了一则用一号大字作标题的“千万富翁”的征婚启事，不但占了约千字的版面，而且加框套红，颇显出一副“大款”的气派和金钱的光辉。虽文中声称“欲征求温柔、贤惠之淑女为妻”，但以“千万富翁”为招牌，诱使女孩子投其门下，这种品位能否赢得真正的爱情值得商榷；同时我们的报纸，尤其作为党的喉舌与肩负舆论导向功能的党报，竟然堂而皇之并且颇带张扬性地刊登这类广告，自觉或不自觉地为拜金主义推波助澜，也会给社会一种误导。有的广告连新中国成立前恶霸地主刘文彩的名字也请进了广告，派上了新用场，如某酒类、腐乳的包装盒上竟标明“曾为刘文彩享用”的字样。这样的广告作品既未能准确地反映和引导社会现实，更体现不出我们的时代精神。而阅读这样的作品或收听收看这样的节目，也得不到一定的审美感受，更毫无生活情趣可言，留下的只是一种受了愚弄与摆布的感觉。广告并不能靠信誓旦旦、喋喋不休来确立其影响的穿透力，也不能靠制造耸人听闻的氛围来刺激消费群体的购买力。广告内含信息，其外在表现形式应该是艺术作品，是经济与文化孕育出的新生儿，是集编、导、音、美之精华于一身的艺术品。既然广告是“商业与文化相结合的产物”，那么它在传递商品信息的同时，也就传播了艺术造型、思维方式，在潜移默化中对人们产生着各种各样的影响。这就决定了广告的策划与创意不仅需要熟谙营销原理，懂得社会各层面的消费心理与行为逻辑，还需要高度的负责精神和一定的文化品位，在增强趣味性、吸引力的同时，也应加大文化的比重和美学效应，使人们通过接受广告宣传受到有益的熏陶。但如果广告制作不注重艺术体现与文化品位，对受众是不可能产生任何预期效果的。如有些电视广告，画面粗制滥造，从内容到形式矫揉造作，毫无美感可言，高雅不足，粗俗有余，使人感到一种文化的贫乏。许多电视观众之所以对广告太多、影响收视而不满，同电视广告的信息含量低与制作质量差有着直接的关系。

（三）色情、挑逗的倾向不容忽视

每天下午五六点钟，正是广大中小学生放学、回家的时间，他们回到家后大多会看电视，但广东的不少有线电视频道上此时播放的不是卡通片，而是连篇累牍的丰胸、美乳广告。这些广告无一不是以穿着极其暴露的女演员作示范、以充满挑逗性的语言吹嘘其产品改善“三围”的效果如何明显，即使是成年人看到也会感到脸红耳热。姑且不论这类广告以某个器官作为对女性评头论足的依据是否冒犯了女性的尊严，只说让广大心智未成熟的中小学生接触到这类广告，必然会对他们的审美观、价值观产生严重的负面影响，进而影响他们的健康成长。[①] 由于淫秽色情的内容往往都是最富刺激性的内容，而广告策划人员又以引起公众注意为追求目标，这方面的内容很容易受到广告策划创意人员的“青睐”。

再如有一则这样的广告：“靖哥哥，好久没来月经了！是不是又怀孕了？该怎么办?”近日，这条广告语配上 1983 年版《射雕》郭靖、黄蓉的剧照，出现在南安水头一家民营医院的广告牌上。网友黄智裕将广告图上传到微博后，引来众多网友转发吐槽，不少网友直呼“雷得不忍直视”。大多数网友表示广告太恶俗，有伤风化。市民林先生说，以前他也看到过不少民营医院类似的广告，只是没想到这个广告竟然如此低俗。南安市工商局商标广告科相关负责人指出，该广告牌违反了《广告法》的相关规定，侵犯了两位当事人的肖像权，也侵犯了相关电视剧的著作权。当地工商所已经介入调查，一旦查证属实，广告发布者或广告主将承担责任，可能会被处以 1 万元以上 3 万元以下的罚款。“医疗广告要发布，需要到省卫生厅进行审批，取得卫生许可证后，再到当地工商局进行登记才可以上户外广告。”该负责人介绍，该医疗广告显然没有经过审批，属于违规发布。[②]

（四）故弄玄虚，哗众取宠

故弄玄虚、哗众取宠的结果是弄巧成拙、适得其反，让人看了不着边际，使受众感到无聊、庸俗。北京地铁车厢里很多网络站点广告中曾出现了一句耸人听闻的广告词“你活

---

① 参见梁志翔：《对女性特征器官评头论足　色情虚假广告害人不浅》，载《中国青年报》，2001－09－26。
② 参见《福建一医院低俗广告引争议：“郭靖带黄蓉去堕胎”》，见东南网，2014－08－14。

腻了吗?!”，这是当时新开张的“e龙”网络公司所做的广告。“你活腻了吗”这句广告词的全句是“你生活腻味了吗”，尽管设计者特意把“生”和“味”两个字以手写字体补进工整的美术字句子里来完整传达广告词的意思，但许多地铁乘客仍认为“你活腻了吗”带有“人格侮辱”。结果，迫于压力，e龙公司将地铁车厢内的“你活腻了吗”的广告陆续撤了下来，换上了其他表现形式的广告。该广告的策划公司的人员表示，此次广告的目的是要告诉大家，互联网所带来的充满兴奋、激情和便利的生活革命已经真正到来了。① 但这个广告词似乎并没有体现出其广告的本意来，这从另一方面暴露了我国有些广告公司的创意策划人员的素质亟待提高——成功的广告表现应该既准确地反映广告主和广告策划人员的意图，又能引起人们的注意，让人们容易接受，进而采取消费行动。另外，当时在北京地铁站和车厢，类似的网络广告还有诸如“你今天值多少?”等惹人注目的词句。

上述几类广告都有悖于社会主义精神文明建设的要求，给社会风尚带来了很不好的影响。这样思想格调低下的广告，即使广告管理法规中未有明文规定，也与社会伦理、道德、行为规范等是相违背的。应该引起注意的是，一则广告作品其思想性如何，不是取决于它有没有政治性的口号和主题，而是看它的表现手法是不是清新，趣味是不是高雅，色彩是不是协调，总之，还要看它是不是有健康的美育作用，是否使人民群众从广告中得到商品信息和科学技术等方面知识的同时，也能得到情趣高尚的精神享受，使广告产生经济与社会的双重效应。广告通过大众媒介传播，因其覆盖面广、渗透力强，对社会稳定、经济发展、民风教化的影响都很大。为社会提供健康高雅的广告精神作品，以高格调、高品位的广告对广大人民进行积极的引导，是每一个广告从业者责无旁贷的、应尽的崇高职责。我们不能以牺牲广告的思想内涵和降低格调与品位来换取所谓的经济效益。

【思考题】

1. 广告伦理失衡与错位的主要表现形式有哪几种?
2. 虚假广告的主要表现有哪些?
3. 广告中的不正当交易行为及其危害有哪些?
4. 广告格调与品位中存在的问题主要有哪些?

① 参见《网络广告充斥北京　部分广告词令人“恶心”》，见中新网，2000-02-28。

第四章

广告活动中关系问题的道德辨析

我们在第三章归纳了四种在社会主义市场经济条件下出现的不同特点的广告伦理失衡与错位现象，并对其进行了简要的分析与评述。之所以把这些行为现象明确地划定在“失衡”和“错位”的不道德范围之内，是因为它们完全违背了广告活动的宗旨，偏离了广告活动的发展方向，不仅为广大群众所不满、所愤慨，而且被国家有关部门三令五申地明令禁止。

上述这样严重的不道德行为，由于其行为特征明显、性质恶劣、危害甚大而易于对其加以准确认识并能对之迅速做出善恶判断，但在广告活动当中，更多的行为现象往往很难立即在职业道德层面上明确地定位。尤其是我国处于向市场经济过渡这样一个社会转型的特定时期，广告活动中的价值取向和行为方式表现出多元、多值乃至无序的状况，好与坏、善与恶常常在行为的动机、手段与效果中交织、沉积在一起，这就使得人们在广告活动中出现的一些新问题、新关系、新现象面前感到疑惑与迷茫，甚至无所适从，一些现实问题如何看待，如何理顺一些矛盾关系，如何对一些行为现象做出正确认识等，都是需要我们从广告伦理的角度去仔细分析、认真思考和深入研究的。

第一节　广告与新闻及其他

广告作为一种信息传播现象，与新闻、宣传等信息传播现象既有联系，又有区别；广告作为企业促进产品销售、树立自己形象的重要手段，与推销和公共关系既有联系，又有区别。对其进行准确的理解，是规范化地进行广告活动的前提。

一、广告与新闻

广告和新闻都传播信息，二者同时共存于新闻媒介之中，具有“传”或“传播”的共生形态，对媒介有着强烈的依赖性。首先，二者都注重信息的传播。新闻和广告传递的都是信息，目的都是为了消除受众的不确定因素，扩大影响，特别是经济新闻与广告，在内容上更有相似性。但广告人和新闻工作者都会根据各自的需要和特点去进行“信息”选择。其次，对信息内容的要求和表述方式上也都近似。广告和新闻都要求所传播的信息真实准确。真实是新闻的生命，对于广告来说也同样如此。如果广告内容出现虚假，与企业、产品的真实情况不符，就会失去信誉，最终失去消费者，企业就难以经营和发展。信息内容的五个基本要素（时间、地点、人物、事件、原因），广告和新闻也都要求交代清楚，能突出最重要的事实；在表述上也都要求简洁生动、新颖引人，以能引起受众的注意、满足信息需求，在这方面的探讨也有其一致性。但广告和新闻二者之间也有着明显的差异。

（一）经营性质不同

这是二者最根本的区别。广告活动的整个过程都需要付出费用，传媒刊播出广告，实际上是针对广告主需要的目标受众的，是为了扩大影响，增加利润，以经济效益为主。也就是说，广告最终是为付出费用的广告主服务。新闻传播则面向全体大众，采集、加工新闻的过程虽然要有一定的耗费，但从根本上说无须报偿，主要是实现社会效益，进行正确的舆论引导。受众也会从不同的出发点来认识和接收广告或新闻信息。因此，二者的界限绝不可混淆或淡化。

尽管有些新闻能起到比广告更有效的宣传效果，但并不能将它与广告同等看待。如前些年天安门广场改造工程 17 万平方米花岗岩的产地被新闻媒体揭开神秘面纱后，不少人发出疑问，如此大的国内、国际石料市场，多如牛毛的石材产地，为什么天安门管理委员会选中河北省易县几个无名小乡的花岗岩，竟把这么大的订单交给了一个老区贫困县？天安门工程新地砖粉红色花岗岩主要产于距天安门有 200 公里的太行山脉深处的桥家河乡和坡仓乡，易县县政府曾想尽办法为生活在深山的老百姓脱贫致富。当天安门工程改造工程砖招标的消息传到易县后，政府派一家名为“中海石料”的公司上京应标，最终易县石材以材质优、加工工艺好、价格优惠几项优势拿到了广场石砖的绝大部分供货订单。桥家河乡党委书记刘永胜讲，桥家河满山都是优质花岗岩，过去只是少量开发，从没有像这次为天安门广场工程这样的大面积开凿。当首批 100 块石砖运到工程工地时，静静的深山小镇热闹了，消息通过新闻媒介传播出去后，重庆、河北、江苏等地的石商来到乡里、县里，纷纷要求经销和购买这里的花岗岩。有人说，易县没有花钱做广告，但用事实成就了自己的宣传。

新闻传播效果优于广告的一个重要原因，是因为受众接收新闻信息时，抱着新闻是真实的观念，也就是说，对新闻受众是不设心理防线地全部接受，而接收广告信息时受众的心理状态却不同，受众会不自觉地提醒自己，广告是企业的一种宣传，这种宣传的目的是销售产品。也正因为如此，媒介不能滥用受众对新闻真实性的信赖，不能以广告冒充新闻，欺骗受众。

（二）内容不同

新闻报道的是人们关心或感兴趣的新近发生的客观事实，传播新闻的目的是让人们了解世界变化、发展的趋势，宣传发布新闻者的思想、观点、方针、政策。新闻的党性、阶级性、指导性表现得特别鲜明。而广告是广告客户利用新闻媒介对自己产品、服务或自身形象进行的信息传播，直接或间接地推销商品、服务，以树立自身形象。

（三）目的不同

新闻报道主要是为了满足受众对新闻的获知欲望，并通过对新近发生的事实的报道达到对社会舆论的引导。而广告则是为了实现产品或劳务的推销与推广，目的是赚钱，是

“花钱保住钱”，“以银子换金子”。

（四）受众群不同

新闻面向的是整个社会，以全社会的公众为服务对象。而广告是针对目标消费者的，广告信息传播的对象是由企业产品、服务的特点以及市场情况决定的广告产品或服务的目标消费者。

（五）业务性质不同

新闻传播是一种社会职责，报道对象无须向新闻单位缴纳任何费用，新闻媒介还要向提供稿件的作者支付稿酬；广告则是一种经济活动，是一种收费的信息传播活动，刊播广告的广告主必须按一定的标准向新闻媒介付费。另外，刊播位置和时间也不同：新闻是新闻媒介传播的主体，一般来说都被编排在报纸版面和广播电视节目中主要的位置和时段；而广告则应该放在相对来说次要的版面位置和节目时间中，并且应该明确地标明其为广告。

此外，在传播过程中，广告和新闻的发布频率也是不同的。新闻传播新近发生的事实，一种媒体一般只能传播一次（电子媒体有些节目的重播除外），否则就是传播旧闻，是新闻工作的失误。即使广播电视采用滚动的方式播出新闻信息，也应随时反映变动的事实，传播频率在绝对意义上仍是一次。广告则可反复传递广告主认可的信息内容，而且，只有重复才能强化空间和时间上的传播效果。

如上所述，新闻与广告有着本质区别，是完全不同的两个概念。但在实际工作当中，二者被人为地混杂的情况却屡见不鲜，即广告以新闻的形式出现，从而产生“广告新闻”这样的怪胎。所谓“广告新闻”，就是以新闻报道的方式传播本应由广告来传达的内容。近年来，许多广告主意识到新闻的真实、客观性特点使新闻信息更易被接受和认同，其传播效果明显地优于单纯的广告宣传，便试图通过新闻报道这一途径和形式来发布广告的内容，而一些新闻机构，为了获取更多的广告收入，吸引更多的广告客户，也不惜牺牲受众的信任，提供版面和时间给广告客户，于是“广告新闻”便应运而生。从某种意义上说，“广告新闻”也属“有偿新闻”的一种，但又不完全等同于“有偿新闻”。二者的共同点都是“花钱买版面”，要害都是“有偿”，但一般来说，“有偿新闻”的题材取向是开放性的，内容既可能是经济的，也可能是政治的、文化的，而“广告新闻”的内容一般都拘于经济信息；从刊播动机和效果上看，“广告新闻”的商业性色彩极浓，能为企业的市场营销带来好处，而“有偿新闻”往往还可能含有其他利益需求或达到其他目的。

由于“广告新闻”都是以新闻的面目出现，因而挤占版面或节目时间，影响正常新闻的刊载和播出，同时也易导致新闻工作者宁愿放弃一些有意义、有价值的新闻采写而追逐“广告新闻”。而“广告新闻”优于一般广告的效果，更诱发了广告客户的投机取巧心理。

制作“广告新闻”和利用新闻传递广告信息的人利用了有些广告具有一定的新闻性而有些新闻也能起广告作用的特点。如一种新产品、新技术问世，对一家企业的产品及服务的介绍，或有些关于“市场行情”、“文化简讯”、“咨询服务”等的新闻，均具广告宣传的性质。再如有的广告目的在于指导消费、开拓市场，或是介绍新产品、新性能等，它能给人带来新信息，给人一种新鲜感，同样也起到了新闻的作用。但作为专业工作人员应该对此有清楚的认识，如果一条经济信息的内容宣传及传播目的是为了市场营销，意在推广某企业的产品与服务，或是为了树立企业形象，此类信息就应当严格按照广告形式刊播，并根据标准合理收费；如果一条经济信息的内容是通过介绍产品或服务，宣传某项政策或经验，对现实社会具有一定的指导意义，对受众来说有事实上的新闻价值，则应按照新闻的形式加以报道，但报道要实事求是，分析评价要合理客观。对于新闻媒介来说，不应当也不允许为了争刊广告新闻而忽略那些群众需要、社会需要的经济信息报道，同时也绝不能将一些不具新闻价值、社会意义不大的，具有明显广告特征的信息当做经济新闻加以刊播。

另外，新闻媒介在刊播广告时都应当有明确的标识，清楚地表明其为广告。如在报纸上，广告的版面应相对固定、集中，与新闻报道的版面严格分开；对于广播和电视来说，广告播出的时间也应该相对固定和有限制，应在节目板块时段之外播广告，不应将广告在完整节目时段进行的过程中插播，这也是尊重受众权利的一种表现。

二、广告与公共关系

公共关系是企业的一种管理职能，是企业为塑造自身形象，通过传播、沟通来影响公众的科学与艺术。公共关系传播活动是企业或组织调整企业（组织）内部及外部的关系、沟通与社会大众的联系、树立良好形象、改善经营和行政管理的有效手段。广告与公共关系有着密切的联系，特别是现代企业管理需要进行综合的信息交流，加强整合传播，公共关系和广告就如帮助企业腾飞的两翼，相互配合，相互补充，促进企业稳定、长远地向前发展。广告与公共关系既有联系又有区别。

（一）广告与公共关系的联系

广告与公共关系之间的联系主要体现在：

(1) 广告活动需要公共关系的指导，它们之间实际上体现了一种战术与战略的关系。广告作为战术行动，广告活动展开的各个环节、各个阶段，往往需要依据公共关系的总体战略来运筹。通过公关活动，可以更准确地了解广告的诉求对象，了解目标市场与广告覆盖面的一致性，可以帮助选择适用的传播媒体、确定适当的广告排期等。有公共关系的指导，企业的广告活动会更有针对性，目的性也更强。

(2) 广告活动需要公共关系的推动，增强其说服力和传播效果。如果在展开广告活动的同时，也组织一些公共关系活动，就能为广告传播营造良好的气氛和环境，使诉求内容更易于被目标消费者所接受和认同。特别是企业为推出新产品、新品牌而开展的广告活动，由于公关活动促进了企业与社会公众之间的交流，加深了消费者对企业的印象，在心目中建立起良好的形象，就可能引起目标受众对广告和新产品的注意，进而容易产生好感，调动消费热情和购买欲望。

(3) 公共关系活动需要广告活动配合。公共关系是长远的、稳定的、具有战略性的信息传播活动，需要善于抓住各种契机，广告正好可以随时随地发挥作用。企业在整合信息传播活动中就需要这种战略与战术的配合。而且，公共关系的许多内容，如CI（企业识别系统）战略——包括MI（企业理念）、VI（视觉标志）等——也可认为是广告活动。从某种意义上也可以说，公共关系是放大的广告，是广泛意义上的广告活动。有些种类的广告，如企业广告、公共关系广告等，就把公共关系和广告的功能化为一体，同时起到两方面的作用。另外，就广告行业本身来说，广告经营单位也需要开展公关活动。作为一个企业，广告经营单位同样要对外树立形象、扩大影响、开拓业务范围；对内调整员工关系、激发积极性、增加凝聚力，使广告事业蓬勃向前发展。

（二）广告与公共关系的区别

虽然广告和公共关系有着紧密的联系，但也存在不少差别，主要有：

（1）传播目标不同。公共关系着眼于宏观、长远和横向的开拓，以树立企业或组织的形象、增进社会公众的了解、协调内部关系；而广告侧重于微观经济领域，争取在短期内在最大市场范围达到直接推销某产品或劳务的目标——满足于眼前利益，是一种纵向的目标。公关以长远为目标，企业要营造一种良好的公关环境，非一日之功所能奏效，必须经过长期的、艰苦的努力；广告崇尚立竿见影，追求比较实际的效果，投入与产出之间联系快捷，一旦发布广告，就要求促进市场的开拓与占领。

（2）传播方式不同。公共关系主要通过大众传播媒体来树立企业形象，多以新闻报道、新闻纪录片等形式，组织记者招待会、新闻发布会等活动来实现，强调“说真话”，做到准确、客观、实在等，通过大量真实可信的信息进行双向交流，引起社会、公众的注意，起到沟通的效果。而广告则首先要能引人注目，产生吸引力，从而激发目标对象的消费兴趣和购买欲望，因此可以采取浪漫主义创作手法，可以夸张、渲染、幽默，以加深广告受众的印象，增强感染力。这些与公共关系的表现手法是截然不同的。另外，广告偏重利益，公关偏重感情。广告一般是通过利益的力量来驱动消费者，通过消费者使用该产品能得到的好处来吸引消费者进行比较和选择，从而做出购买决定。公关则更多的是通过情感的力量来影响公众，让公众爱自己、喜欢自己、赞许自己，从而形成和谐的关系，接受企业形象。

（3）传播周期和范围不同。公共关系活动面对社会全体，业务内容涉及各个方面，信息传播具有长久性、综合性、战略性等特点，需要长期规划，有计划、分阶段、按步骤地随时进行宣传。广告传播是在一定时期内集中传播某些信息，内容比较单一，影响随广告活动的增减而变大或变小，传播对象主要是目标消费者。开展公共关系活动，是每个社会组织成员都面临的任务；广告活动则主要是工商企业需要，为促进销售服务。

（4）传播的地位和效果不同。公共关系对外进行信息交流主要是通过新闻报道的方式，往往是“免费”的宣传，但缺少控制性。企业或组织能够创造大众传播媒体予以宣传报道的机会和条件，但大众传媒是否报道，则根据自身的需要来决定。广告是“有偿”的宣传，可以控制，可以通过付费决定广告的表现方式，以及发布的时间、空间、刊播形式等。但受众对这两种传播方式所发布信息的认识程度是不一样的，所产生的效果也不同。广告侧重于竞争，公关侧重于和谐。广告是企业推销产品的重要手段，它立足于在竞争中发展自己，通过独特而富有吸引力的形象宣传来赢得公众的选择；公关则立足于组织与社会环境之间的和谐发展，尽可能地减少摩擦与冲突，倡导友善与协调、多向沟通、互相理解、共同发展。

第二节　服务与营利

通过为广告主进行市场调查、策划创意、拟订广告计划、传播广告信息等服务于广告主，又通过策划和传播的广告信息服务社会，这是广告之于社会最基本、最本质的功能，理解、认识并自觉地在广告工作实践中去利用、发挥这种功能，使之对社会的发展与进步起到良好而积极的作用，正是每一个广告工作者理所应当、责无旁贷的崇高职责，也是社会主义广告职业道德的核心内容。而广告公司及广告从业人员也正是在提供服务中赢利，获取报酬。但在现实中，广告公司与客户的关系并没有完全理顺，如站在广告公司的角度，有人会抱怨企业有问题、广告意识不强、投入少、要求高；但站在企业的角度，会听到很多企业抱怨广告公司水平低、服务差。目前最大的难题是双方互不信任，广告人要么骗客户，要么被客户骗，导致双方之间合作不长久。

如何将广告公司与客户的关系摆正，并努力使之趋于合理，这是目前中国广告业普遍存在的一个很大的问题。所以在未来发展中，面对激烈的市场竞争，我们有必要重新调整客户与广告公司的关系。我们应该认识到，广告公司与广告客户首先是朋友关系、伙伴关系，是共创利润的联盟，如果广告公司不能给客户带来利润，将无法生存；而广告客户不让广告公司为其服务，广告公司也无法生存。更进一步说，广告公司和广告客户是共担风险的朋友——如果只把利润留给自己，把风险留给客户，这样的公司在行业内走不远，客户也不会与之维持长久的关系；而广告客户选择广告公司时的价值判断，就是广告公司的实力、服务水平。随着广告业的发展，广告公司应树立全方位的服务精神。广告代理公司已不仅仅是做代理工作，如广告策划、创意、媒介计划与购买等，而是已经成为被代理对象的经营伙伴。今天的市场更加复杂，竞争更加激烈，广告主更多地希望代理公司能够成为真正的经营伙伴，帮助提供企业发展方向、企业战略等方面的咨询服务。也就是说，代理公司应当具备参与企业经营层面、做企业智囊的能力；反过来，代理公司由于参与到企业的经营层面，也有可能更牢固地维护已有的客户。因此，广告主与广告代理之间的这种新型关系被更多地强调。那些不适应新型关系的代理公司将逐渐被其客户抛弃。

近两年，媒介购买公司成为国内广告业的热门话题。媒介购买公司是从事媒介信息研究、媒介购买、媒介企划与实施等的独立运作的经营实体，它所提供的服务范围跨越广告公司的媒介业务和媒介的广告经营业务，是联系二者的中介实体，成为专业从事有关媒介营销活动的资源整合者。媒介购买公司的出现导致广告业代理形态的重大变化。其一，突破了“一对一代理制”，同一媒介公司可以为同一行业的不同客户服务。为了避免客户之间的冲突，欧美的广告业普遍实行“一个行业种类一家公司”的代理形式（通称“一对一代理制”），但是随着广告业的全球化和广告公司的集团化，这种代理形式成为广告公司扩大规模的一种障碍。而在广告公司的所有业务中，媒介业务最不会产生同类客户之间的冲突，为了业务和竞争的需要，随着业务量的扩大，不同广告公司的媒介部门开始进行合并，共同购买媒介时间和版面，于是便成立媒介购买公司，逐步形成新形式的代理形态。其二，引发了广告业界对于广告主的媒介代理权之争。专业媒介公司所收取的代理费比广告公司便宜，广告公司的代理费一般是媒介所报总价（gross）的15%，净价（net）的17.65%，而专业媒介购买公司一般是净价的3%～5%，因此媒介购买公司成为广告公司的强有力的竞争对手。因市场的变化和广告主的需求，广告公司已经不再局限于原来的四大媒体加户外广告的经营范围，从信息沟通的观点出发，许多广告公司认为，只要客户需要，广告公司就必须努力为之服务，因此大广告公司的业务范围大大扩展。比如以“卓越信息沟通”为准则的日本电通公司，其经营领域远远超出一般广告公司的经营范围，涉足的领域包括体育产业、文化产业、电影、公关、建筑空间开发、知识产权、博览会、大型活动等，它认为只有这样才能满足客户与消费者沟通的需求。为了适应经济全球化的发展趋势，广告代理商必须向跨国公司客户提供更具全球影响力的促销活动，这进一步加快了当前世界广告业的集中发展趋势，全球广告业掀起兼并、收购与联合的热潮，造就了许多大型的广告集团。

广告业的专业化分工将造成“大公司将越来越大，小公司则越来越小”的局面。在大型广告公司不断整合、组建大型广告集团的同时，广告业的社会分工也越来越细，这也为小广告公司提供了生存空间——通过从事专业化的工作，诸如广告调查、创意、咨询以及广告设计等工作，成为大型广告公司的重要工作伙伴。而那些不被大广告公司重视的地方小型广告主也是小广告公司得以生存的重要原因之一。另外，小广告公司也在不断更新经营思路，寻找自己的发展道路，实现“小公司大买卖”的神话。援引一个著名的个案：一家名气不大的瑞士苏黎世广告公司 WHS，获得钟表制造商斯沃琪 5 000 万美元的广告经费。其特殊之处在于广告主与广告代理商为促销一种产品，专门成立了合作机构——Smart（新型轿车的品牌名）工作室。这个工作室采取了独特的组织模式，它是 WHS 的分支机构，总经理由 WHS 派人担任，而客户则掌管着财政大权，双方的合作因此取得了巨大的成功。

由此看来，作为广告公司应该是大有大的准则，小有小的规范，只有那些能为广告主提供优质的服务、为社会提供有效的广告信息的广告公司才具备生存下去的条件，也才能赢利。

第三节 竞争与发展

在市场经济条件下，竞争关系构成了最一般、最经常和最基本的关系，也是必然发生和普遍存在的关系。随着社会主义市场经济体制的成熟，我国广告业的竞争也越来越激烈。这种竞争态势既是计划经济向市场经济转型过程中的一种必然现象，也是新闻事业在市场经济这样一个社会大背景下谋求自身发展的必然产物。竞争是一个广泛的社会范畴。从经济学的角度来说，竞争主要是指各行为主体在生产、经营和消费各个环节为选择于己有利的条件和环境以获取最大效益的一种斗争。作为生产者，他必须要从稀缺的资源中选择最便宜的资源，以便以最小的投入获得最大的产出；作为销售者，也要选择合适的市场和价格，以便以最小的支出获得最大的效用。广告主在选择广告代理，广告策划者在选择媒介。在选择中，每个选择个体都不可避免地会遇到自己的同类选择者和选择对手；同时，每个选择者的选择对象又往往是有限的或短缺的，这样，同类选择对手之间就必然产生选择的竞争。如同单个静止物体不与其他物体接触就不会产生摩擦一样，单个经济行为主体不在市场上与其他行为主体发生联系就不会产生竞争，所以，竞争又是市场经济中的一种相互关系。客观地说，目前我国有些类型的产品和企业已进入比较好的有序竞争发展阶段，但不少企业、公司仍然没有走出过去那种低层次、低水平的竞争误区。其突出表现为生产结构、产品结构趋同，品牌经营混乱，市场集中度差，压价倾销较为普遍，市场无序竞争十分明显，行业效益进一步下降。如在酒类多环节销售中附带赠品、搞促销以推动市场已被多数企业所采用，尤其是在新产品新市场上更是不遗余力。比如将小礼品（如打火机、笔等）置于酒盒内或设刮刮奖；有的厂家为争夺酒店则针对服务员直接派送口红或拉当兼职业务员；也有的厂家为塑造区域品牌，针对经销商采取赠送小货车或买几送一、季度奖、年终返利等方式；更有甚者在酒瓶中塞进人民币，以此收买消费者，搞贿赂式销售。种种贿赂政策实际上都加重了企业的负担，同时这类活动也会使消费者反感，至少会警惕起来，这些宣传费用从何而来？过多过滥的促销加大了厂家自身的生产经营成本，造成了市场价格混乱、暗箱操作，打破了企业正常的经营秩序。也就是说，从白酒营销发展来看，单纯依靠广告效应来促销的所谓“广告酒”已趋冷淡；通过强有力的营销推广，加大促销品的投放，尽量使终端消费者受益的所谓“促销酒”也将逐步让理智的消费者认识到“羊毛出在羊身上”，终非长久之计。而如何改革旧有的思想和观念，使过去低层次、低水平的竞争逐步走向高层次、高水平的竞争则是我们当前面临的问题。这里竞争的主体涉及广告主、广告代理公司和作为广告发布者的媒介。作为广告主应推出具有竞争力的产品，以使自身在市场的竞争中站住脚；作为广告代理公司则应提高员工的素质和管理水平，为广告主提供有竞争力的广告策划；作为广告发布者则应该不断地从提高媒介的质量着手，扩大发行量、提高收视率，为广告的有效传播提供保证。竞争是商品经济的产物。当市场上有几个以上的企业生产和销售同一类产品或劳务时，就必然产生竞争。竞争实际上是一种较量，广告能增加竞争的声势，激发竞争者的活力，推动企业发展。但企业要在激烈竞争的市场中得到生存和发展的空间，光靠广告是不行的，还要加强产品更新换代的步伐，积极使用新技术，努力开发、增加产品的花色品种，以提高广告传播的质量和力度——如果没有高品质的产品作为基础和支撑，再好的广告策划也是软弱无力的，所以，只有生产出有竞争力的产品，才可能创造出有吸引力的广告，才可能产生理想的传播效果。这种产品的竞争引发的广告竞争，或者说是广告的竞争引发的产品的竞争，目的都是为了企业更好地发展，促进社会主义市场经济的繁荣。在广告竞争的背后，是利用经济利益的杠杆，鼓励先进，鞭策后进，团结协作，共同提高，以此促进社会主义广告业在更高水平上的发展和在更大规模上的繁荣。所以说，竞争并不是广告公司或广告媒体之间争夺广告客户、攫取高额利润和互相倾轧、互相吞并的关系，竞争的目的最终是为了自身的经济利益。竞争的性质也不是不择手段、你死我活的斗争。如果竞争者动用互为敌视的手段，其结果只能是鱼死网破、两败俱伤，最终受到损害的是社会主义的现代化建设大业。所以我们一定要认识到，社会主义条件下广告业的竞争与资本主义广告业的竞争，无论是竞争的内容还是竞争的手段与目的都有着本质的区别。

一、产品质量竞争与广告

企业的商品能否拥有长期、稳定的销售效果，获得利润，取决于商品本身的质量与信誉。在现代社会中，一个企业如果不在商品质量、服务质量上下工夫，而将广告的作用无限夸大，最终只能自取灭亡；只有有了高质量的产品与服务，再辅之以适宜的广告宣传，企业才可能取得销售的成功。

质量从客观方面来说，是指一定时期经济发展过程和结果的可靠性、安全性、适应性、经济性、耐久性、环保性等是否达到当时社会生产力水平的相应程度。在过去长期的经济建设中，我国的产品、服务竞争力差，主要是质量问题，表现在：（1）产品质量差。

长期以来，我国产品质量总体水平与有些发达国家和地区的差异比较明显。产品质量差，主要表现在安全性能差、使用寿命短、科技含量低、环保性能差、缺乏经济性等方面。(2) 服务质量差。这一点可以从两个方面进行考察：一是营利性服务质量差。我国第三产业不发达，全社会服务意识淡薄，许多直接为社会服务的部门，如商业、金融业、旅游业、房地产业、仓储业、居民服务业、饮食业、咨询业、交通运输业、邮电通信业，还有保姆行业及其他个体服务行业的服务质量差。消费者花钱享受不到应有的服务，许多服务不到位，服务的信誉度低。二是非营利性服务质量有待提高。这主要是政府部门。政府作为上层建筑是为经济基础服务的，政府官员是人民的公仆，其宗旨是为人民服务，但时至今日，一些财政、税务、工商、人事及政法管理部门仍存在门难进、脸难看、话难听、事难办的现象；有的甚至存在不给好处不办事、给了好处乱办事的腐败现象等。(3) 还有工程质量差和环境质量差的问题。

我们必须高度重视经济增长中的质量提高。工业发达国家对经济质量十分重视，它们通过提高经济质量，赢得了市场，也赢得了良好的经济效益。因此，我们要借鉴他们的经验：一是不断强化质量意识。例如，在日本，无论是企业家还是工人都要求树立"无次品"的质量意识。美国从 1988 年以来，每年要举行一次"全国质量月"和"世界质量日"活动，以激励人们生产高质量产品的进取心和树立质量观念，为了强化国民质量意识，美国甚至从幼儿抓起。二是重视法制建设。为了赶上日本的产品质量，1987 年 8 月美国里根总统签署了公法（文件 100—107 号），以法律形式规定了受到国家鼓励的质量保证措施，从 1988 年起，设立并颁发了国家质量奖（Malcolm Baldrige），每年进行评奖。此外，为了提高经济质量，不少国家都高度重视提高经济质量的教育和培训。例如，美国有关部门有广泛的培训措施和丰富的情报资料；英国由质量保证协会担任质量教育和培训任务；法国各级学校都讲授质量和质量保证论题。

质量在社会经济的发展中显得如此重要，广告主和广告从业者也应在广告活动中营造重质量的环境；如果有可能，还应将广告主题与质量内容结合起来，将企业关注质量，或以产品的质量、服务的品质为诉求点进行广告创意。如德国福斯汽车公司曾在其一款小型汽车金龟车在美国上市时，委托美国的 DDB 广告公司代理其广告。DDB 广告公司人员承接了业务后立即派人赴德国参观金龟车的制造过程，他们亲眼目睹德国人对产品品质一丝不苟、严格把关的严谨作风，并留下了深刻的印象。于是他们就以此为广告诉求。他们首先以《柠檬》(Lemon) 为广告的标题来表示金龟车的认真诚实作风。文案的上半部分是一辆"金龟"牌轿车，广告文案中说："这辆金龟车未赶上登船装运。仪器板上放置杂物处的镀铬受到损伤，这是一定要更换掉的。你或者不可能注意到，但检查员克朗诺注意到了。我们设在渥福斯堡的工厂中有 3 389 位工作人员，其唯一的任务就是：在生产过程中的每一阶段都去检查金龟车（每天生产 3 000 辆金龟车，而检查员比生产的车还多）。每辆车的避震器都要检验（绝不作抽查），每辆车的挡风玻璃也经过详细的检查。福斯车经常会因肉眼所看不出来的表面抓痕而无法通过。最后的检查实在了不起。'福斯'的检查员们把每辆车流水般地送上车辆检查台，这样 50 辆福斯车中总会有一辆被人说'不通过'。"该文案的结尾是"We pluck the lemons, you get the plums"，意思是：我们挑出毛病（lemon 除了指柠檬外，亦指无用的东西），让你们获得精品（plum 除了指李子外，亦指精选上品)。[①] 作为广告主和广告代理公司还应该认识到，质量还是一个动态概念，对其评价还应该包括主观方面。就经济质量而言，主观方面是指人们对于经济增长的满意程度，就是指一定时期经济发展过程和结果使广大人民群众在社会财富数量增加的基础上，生活质量是否得到提高，即消费者购买的产品是否货真物美，居住的条件是否安稳舒适，出外旅行是否安全便捷，享受的服务是否周全到位，生活环境是否洁净优美等。由于发展经济的出发点和归宿都是为了提高广大人民群众的生活水平，因此，评价经济增长质量的主客观综合标准就是广大人民群众的生活质量是否得到提高。提高人民生活水平是我们一切工作的根本出发点和归宿。人民生活水平的提高包括数量和质量两个方面。改革开放以来，我国经济总量不断增长，随着经济过剩现象的出现，人们的需要在数量方面的满足已经达到了可观的水平，现在需要的是质量方面的提高。如无公害、有益健康的绿色食品，高质量的高档消费品和住房，安全、舒适的旅游，清新的空气，优美的生活环境等，都是人们所期待的。这些都只有通过提高经济质量才能实现。

意识是行动的先导，我们应强化质量意识。在计划经济条件下，无论生产者还是消费者，质量意识都极其淡薄。因为从生产者来说没有竞争，没有压力，无论产品、工程、服务、环境，质量好坏无所谓；对消费者来说，只此一家，别无分店，没有选择余地。加之当时产品短缺，更是难以顾及质量。在市场经济条件下，人们一定要转变观念，增强质量意识。应该看到，我国的产品已出现过剩，各种优质的工程队不断出现，服务行业的竞争也早已出现，以优美的环境争得投资者的青睐已成为许多政府部门和企业的行为。同时，也应该看到，经济质量重于泰山，它是经济发展的命脉。经济增长质量代表一个国家的形象，一个民族的精神。因此，全社会都要形成“质量第一”、“质量就是生命”、“讲质量光荣，不讲质量可耻”的意识。

二、市场竞争与广告

在现代市场活动中，除了个别行业之外，总会有大大小小的竞争存在。同一行业如果存在几家企业，那么这几家企业之间的敌对关系是不可避免的，如果在价格竞争上有所限制，这种竞争就将以其他形式表现出来。这些“其他形式”就包括广告——为了获得相对于其他企业的市场优势和有利的市场地位，竞争企业采取了各种各样的手段，而广告几乎成了“常规武器”。甚至可以说，如果没有广告，就难以用产品的差别来影响消费者；如果产品的特性不能铭刻在消费者心中，有效的竞争将无法进行。因此，广告是企业竞争的重要手段之一。

(一) 我国市场竞争的特点

随着我国加入WTO，市场性质将发生变化，主要表现在市场环境和竞争内容的变化上。我们的市场将变得越来越开放，并逐步与国际市场融为一体，国内市场国际化、国际竞争国内化，越来越多的国外大企业和跨国公司凭借其雄厚的资本、优秀的人才和尖端的技术，以不断创新的产品和优质服务大举进入国内市场，并与国内企业遵循同样的市场规则，享受同样的国民待遇。我们的企业不仅要面对国内市场竞争的压力，还要面对无边界

---

① 参见倪宁、陈绚：《广告经典》，58页，北京，中国建材出版社，2003。

的来自全球竞争对手的有力竞争，面对来自全球的世界级竞争对手的有力挑战，这将给中国企业带来严峻的考验。由此而产生的变化归纳如下：（1）市场竞争将由国内的、局部的、不完整的竞争转向国际化的、全方位的竞争，将由国内市场的国际化变为国际市场的国内化；（2）市场竞争将由单体企业之间的竞争转向群体企业之间的竞争；（3）市场竞争将由生产能力的竞争转向生产能力乘以流通能力的竞争；（4）市场竞争将由产品的竞争转向品牌的竞争；（5）市场竞争将由行业存在形式的竞争转向商业存在模式的竞争；（6）市场竞争将由单纯追求市场份额的竞争转向对市场快速响应能力的竞争；（7）市场竞争将由直接争夺客户的竞争转向争夺销售终端、创造客户价值的竞争；（8）市场竞争将由价格战、广告战等单一形式的竞争转向提升产品的技术含量和附加值的高层次竞争；（9）市场竞争将由对货币资本投资的竞争转向对人力资本获取的竞争；（10）市场竞争将由完全决定于企业效率的竞争转向政府行政效率的竞争和政府管理经济能力的竞争。

由此，国内市场也将逐渐脱离"受保护经济"时代的相对稳定的模式，呈现多元结构的特点，竞争方式也将从过去的上规模、降成本、价格战转向追求差别化、提高创新能力和提升市场反应速度；同时，过去衡量产品质量的好坏和能否转化为商品往往用产品合不合格来作为判断准则，在新的形势下，将被市场接不接受、用户满不满意所取代；企业生产绝不能仅仅停留在符合性标准，而应强调适用性标准，适应市场消费需求的变化，创适销对路的名优产品，真正启动市场，引导市场。从上述变化看，市场已成为企业赖以生存和发展的唯一环境，成为企业以质量为核心的经营管理的起点和归宿。因此，企业不仅要不断了解用户的明确需求，更要分析用户的潜在需求，搞好市场预测、分析，在市场竞争中快一拍、先一步，适应市场变化的需求，赢得竞争的主动权。

竞争的表现形式在于价格、款式、功能、服务，而竞争的实质则是质量和管理。当产品在质量、价格、售后服务等物质因素上费尽心血且难有大的突破时，一种非物质因素——广告——引入了品牌竞争；当广告为产品增加了附加价值后，其品牌价值就不仅仅是物质因素的总和，而是又进入了另一种层次的竞争。在竞争中也并不都是将超过竞争对手，或将竞争对手击倒作为目标，还应该学习对手的长处，善于同竞争对手合作。在竞争中取胜，不等于事事为难竞争对手，而是比谁能更快地对市场变化做出反应，比谁更能争取消费者的信任。也就是说，终审判决是消费者的决定，而不是竞争对手之间的评价。

（二）竞争中的比较性广告

竞争是一种较量，通过竞争可以区别好与坏，体现优胜劣汰。而没有广告，竞争难以形成优势；没有广告，竞争条件难以公之于众；没有广告，消费者对竞争商品难以选择、比较。这一切表明，竞争需要广告，广告促进竞争。

在激烈的市场竞争中，广告主往往通过大量的广告为企业和产品增加知名度，为企业的营销活动搭建良好的平台，所以有人认为广告有利于竞争。在涉及这个问题时，我们有必要对"比较性广告"（Comparative Advertising）做进一步的分析。

这里所谓的"比较"，是指将广告的产品与同类中的其他产品做个别属性或产品整体的比较。就广告主来说，其作用主要是新品牌可通过与领导品牌做有利的比较，达到迅速占领市场的目的。因为恰当的比较可以让消费者快速认知本产品与被比较产品的相似性或相异性（不仅仅是差异）。

研究成果已经证明，对那些处于非市场领导地位的广告主而言，如果是新近加入市场，规模小，广告预算少而目标消费群与竞争对手的消费群大体相同，则往往可以借助比较性广告来获得某些潜在优势。尤其是针对领导品牌已征服的或影响的消费者，或者是在广告预算低于竞争者的情况下，使用比较性广告可以产生潜在优势。但另一方面，市场领导者在支出额外费用针对较小品牌进行比较性广告时，则会面临风险，甚至会产生“劣势者效果”，造成替小品牌打知名度的结果。也就是说，对于前者，比较性广告的功能之一，就是借着新品牌与领导品牌做有利的比较而进入一个已建立的市场，并获得市场中消费者的接受与购买。特别是在进军领导品牌已占领的市场时，比较性广告是比较有效的方法。不论挑战品牌的诉求是否优于领导品牌，比较广告通过比较策略的运用能减少两种品牌在消费者心目中的心理距离，从而使得消费者在做购买决策时将挑战品牌与领导品牌同时列入其考虑的范围之中。这种品牌关联，可以使挑战品牌产生与领导品牌相同的品牌形象，甚至使消费者觉得它们之间具有相当程度的可替代性。从策略层面讲，比较性广告主要强调的是广告品牌与竞争品牌之间的相异性与相似性。从比较的强度这一层面来看，比较广告可以分为直接比较和间接比较两种类型。直接比较在广告中指明竞争对手的品牌及名称等特征，间接比较则一般不指明竞争品牌，只以“其他品牌”或“一般品牌”来淡化比较目的。

由于我国市场经济体系刚刚建立，市场活动还不规范，民族工业面对国外企业的强势进入显得底气不足等原因，政府管理部门对比较性广告采取了一定的限制。1994 年《中华人民共和国广告法》第十二条规定，“广告不得贬低其他生产经营者的商品或者服务。”在我国有关部门制定的《广告审查标准》(试行) 的第四章，也专门谈了比较广告的问题，认为：比较广告应符合公平、正当竞争原则；广告中的比较性内容，不得涉及具体的产品或服务，或采用其他直接的比较方式；对一般性同类产品或服务进行间接比较的广告，必须有科学的依据和证明；比较广告中使用的数据或调查结果，必须有依据，并应提供国家专门检测机构的证明；比较广告的内容，应当是相同的产品或可类比的产品，比较之处应当具有可比性；比较广告使用的语言、文字的描述应当准确，并且能使消费者理解，不得以直接或影射的方式中伤、诽谤其他产品；比较广告不得以联想方式误导消费者，不得造成不使用该产品将会造成严重损失或不良后果的感觉 (安全或劳保用品除外)。

随着经济的繁荣、商品类别的增多，消费者对产品讯息的需求也日益增加。而比较性广告恰恰具有为消费者提供更多更有用的讯息，给予消费者更多的评判、比较、选择权，并降低消费者搜集讯息所需付出的成本，使购买风险降低及提高购买决策的品质等功效，因此，从全球范围来看，比较性广告的运用有逐渐增加的趋势。

当然，比较性广告并非是广告促进竞争这一功能的全部含义。但从总体来讲，广告在促进企业间开展竞争和保护竞争等方面都发挥着作用。

三、广告代理的竞争

自古就有“同行是冤家”的说法，因此，广告业内有诸多同行结怨也就不足为奇了。有人常常听到甲公司在客户面前贬乙公司，或丙公司数落甲公司的不是等，原本十分简单的商业竞争，由于夹着这些不和谐声音，使竞争变得复杂而无序。小农社会的竞争陋习把现代商业竞争关系中“竞争与合作”的“双赢”曲解成“你死我活”的“独赢”，结果手中双刃剑既伤人，也损己，成为“双输”。如不少广告公司还有“肥水不流外人田”观念，不营造自己的专业水准，而一味寻求“小而全”，在经营量不足时，又常常用低价格来争取客户、扼杀对手，向广告客户提供的媒介刊播报价有时差别大的连自己的业务人员也解释不清。而要改变竞争的无序状态应注意以下几点。

（一）更新观念，重视理论

要以现代市场与现代广告的观念来提升广告公司的观念。首先，要正确认识广告公司的宗旨：是实现满足社会、企业的某种特殊需要而存在，并不为自身的利益目的而存在。在实现广告公司自身利益的过程中充满了强烈的利他性，这里的“利他”就是指通过高质有效的广告有利于广告主、有利于消费者后，才会给公司带来赢利，也才能“利己”。因此在服务过程中应避免把自身利益凌驾于客户利益和社会利益之上。在广告公司中，“用户（企业与消费者）至上，质量第一”的口号应深入到公司的每个人心中，成为公司的行为准则。其次，观念转变关键在于广告公司领导层的观念转变。俗语说有什么将领就会带出什么样的兵，作为广告公司的领导层，应具有较高的素质，不但要有较丰富的行业经验，还要能在总揽行业与市场全局的基础上运筹帷幄。我国有的广告公司的领导是由上级部门指派任命，这些领导人员多是从系统中别的行业同级调任来的，他们可能有不少经营经验，但由于业种业态不同，短期内很难将个人经验转化过来，提升至从事广告行业所需要的素质和高度，也习惯于套用以往的经验，导致决策的失误——纵观经营比较好的广告公司和一些集体、私营广告公司的领导层，不难发现他们均具有丰富的行业运作经验和较高的行业运筹决策能力。因此，改派任制为竞争上岗制、选择富有经验的专业人士担任广告公司领导是提升广告公司竞争力的重要一环。

广告是综合性、开放性的学科，需要多学科知识的介入。当前我国广告理论研究滞后影响了广告业的快速调整到位：市场经济的迅速发展使原有的政治经济不再适应现实，而海外一些广告研究成果和经济的理论对于起步较晚的中国广告业来说又呈现明显超前性，这使中国的广告理论与广告实践活动出现了脱节现象，理论指导实践成了一句空话，也无法使理论研究对提升广告实效性发生作用。所以中国广告理论研究亟待加强。

（二）明确定位，立足变革

随着我国加入 WTO，我国广告公司应该审时度势，对自己在社会上承担的角色进行重新定位。目前广告公司有三种类型，一是全面服务代理，二是优势制作兼容部分代理，三是以自身媒体经营或代理媒体经营。广告公司在审视自身定位时，要针对自身情况确立个性，凸显优势，以优势竞争和策略竞争坚持特色经营，同时也要克服“小而全”的心理定势。广告公司在定位决策时不妨问自己几个为什么：客户为什么信任我并将代理费交给我？我们能够为客户创造出什么样的价值或多大的效益？我们的服务能为广大公众所接受的是什么？如果广告公司能客观明确地回答这些问题，那么公司的优势就相对清楚了。定位过程中也要克服浮躁与自大，避免由于某些市场利益的诱惑误入歧途。确立定位后就要给自己的公司一个目标，明确自己该做些什么，并有一个切实可行的计划支持，这样才能保证有效地发挥优势。市场是具有内在规律的运动系统，以“不变应万变”的思维是不切实际的。随着市场竞争变化，企业对广告业已从数量的需求转向质量的需求，因此，广告公司也必须“以变应变”。当前广告公司急需进行的变革，一是人才素质的提高，核心是知识的深层化。要促使广告公司的从业人员具有丰富的政治、经济、文化知识，熟知市场变化，熟知受众文化接受心理，熟知广告业发展态势。二是服务的变革，核心是高质与效率。广告公司对实施各项广告活动应有严格的质量标准和有效的运作程序，以保证客户的利益实现。只有这样才能赢得客户与创造客户。

（三）深化管理，科学运作

深化管理的目的是为了留住人才，用好人才。无论是公司的决策管理还是系统管理，核心都是人的管理，“以人为本”的管理才能保证资源培育、资源配置、资源发挥等方面得以有效运行。广告行业内有一句话“小公司在做事，大公司在做人”，意思是说小公司重视的是人对领导的服从、政令的执行；大公司则重视人的潜能发挥和创造性的工作。在这个问题上，小公司应向大公司学习，在构筑合理的人才结构、保证有效服务的同时，也要注意营造人才成长的环境，给予相对的自由空间和适时有计划的培训，保证人才的健康成长。如有人才外流现象发生，公司领导就应该审视人才成长环境是否合理，因为“有树才有鸟来栖，有水才会鱼来游”。广告人常说“广告是年轻人的事业，广告是成年人的游戏”，这句话有一定道理，因为年轻人思维敏捷，善于接受新事物，充满活力、有干劲，是广告公司的中坚力量。各公司都应该注意及时引进年轻人才，使整个人才结构呈现出活力。同时公司还需要一批具有非常成熟的市场经验和能把握消费群体的人，这种经验和能力并不是三年五年可以积累的。因此保证人才结构组合合理、实现优势互补也成为广告公司管理中应注意的一个环节。

科学运作是保证广告公司的服务有效、有序而高效地进行的前提。公司内的各组织机构应形成一个完整运转的机器，各部门、组织均是公司整体机器的一个部分，因此不存在哪一个部门重要，哪一个部门不重要（不重要即可撤销、节省开支）的问题。部门的设立要和自身定位结合起来考虑，如果有些公司没有整体策划业务，就不必设置一个“策划部”，否则会造成人员闲置、成本提升和部门间忙闲不均的矛盾。因此，机构设置没有定式，只要能保证广告活动的高效高质运作就是恰当的。这里强调的是人在其中的“角色”位置和周围协力关系的发挥，以形成团队的战斗力。然而现在有一些广告公司出于利益关系而采取部门承包，一个不大的广告公司形成以“能人”为中心的大大小小几个团体，名曰“利于竞争”，实际却是各自以“八仙过海”的小生产方式经营——各个小团体经营同一性质的业务，看似很有活力实际上却是相互倾轧、矛盾加剧，公司的无序状态完全显现于客户面前，不利于广告公司的形象和发展。因此，广告公司的运作一定要强化整体协力。

（四）提升形象，善于合作

广告公司所从事的工作是为了提升企业的形象，然而不少广告公司却忽略了自身形象的提升。近年来有不少广告公司也耗资印制样本为自己做广告，但应该认识到，广告公司提升自身形象的最佳途径仍是尽心尽力地为广告客户做好每一宗代理业务，“以实为本，以诚为引，以信为终”，使客户感知到广告公司能实实在在地给他们带来利益。另外，要提升形象还要靠对内建立以正确的价值观为中心的行为规范，对外营造企业文化的气氛，建立广告公司的个性化形象。

个性化经营需要社会整合。在社会整合服务的过程中，各广告公司要走联手合作之路，各尽其长，优势互补，以求在整合优势服务中双双获益。在合作过程中，首先要为对方利益着想，只有对方有利益，合作才成为可能——那种事事只以自身利益为重的合作都是短暂的，中国的广告公司间之所以合作较少也是由于这个因素。市场的发展给合作提供的机会是多样的，如自身经营户外广告媒体的公司是否能跨地域联合，实行网络化经营？进行全面服务代理的广告公司是否也可在市场研究、媒体选择、广告制作等方面与其他地区的广告公司联合，为广告客户拟订不同地区的媒体计划？然而，有一些广告公司宁可自己花费不少资金去某省市开一个分公司，而不愿寻求合作公司，这固然有“肥水不外流”的利益因素，但更多的可能还是考虑行业合作过程中的专业化与规范化的问题。因此，加强行业自律、减少积怨、提升各自的专业化与规范化操作水平是提升中国广告业竞争力的关键。

四、媒介竞争

有调查显示，在媒介的各部门中，感到竞争程度最强烈的是广告业务人员、行政人员和播音员（包括主持人），其认为竞争“非常激烈”或“比较激烈”的人数比例分别为100%、83%和80%。广告业务是媒体经营的项目之一，而且是投入力量最大、经济效益最显著的一个项目，因而围绕广告业务所展开的竞争，常常成为媒介领域内竞争的热点和焦点。

（一）发行战

报纸是靠发行量来维持生存、求得发展的。从经营手段的角度来看，报纸发行的竞争最终还是为了广告的竞争。报纸和杂志的发行量大小，与该媒体的广告效果、广告价格等有很大关系，因此，无论从商业交易行为还是从行业道德角度来看，报刊都有必要向企业以及广告公司等公布真实无误的发行量数字。但如何对报刊的发行量进行认定，有一个管理问题。目前我国大多数报刊社一般是自行发布发行量，这种办法不够科学和公正，缺少监督和管理。而广告业比较发达的国家和地区都建有报刊发行量核查机构，即 ABC（Audit Bureau of Circulations）制度，站在第三者的立场上，检查确认已经公布的数字，尽量做到公正、真实。我们可以借鉴、参考这种做法，加强这方面的建设，改变自说自话的方式。与印刷媒体一样，广播电台和电视台各时段、节目的收视（听）率，有很多也是媒体自身或与媒体相关的机构来组织调查、发布的，有的甚至还缺乏这方面的资料。这同样缺少客观性和公正性。收视（听）率的调查，应该由不隶属于任何媒体的调查公司（机构）来进行，如由广播电台和电视台委托；目前的一些调查方法也应改进，以使获得的数据真实、准确。有了较为广泛的读者群，有了相对稳定的发行量，也就有了吸引广告的基础与条件。报纸的主办者与经营者在征订发行工作中尽可能地扩大订户、增加发行量，努力提高经济效益，这是无可厚非的，但征订发行工作的指导思想必须要正确，促销手段必须要正当，否则就容易导致竞争行为的失范、失德。有些媒介则靠额外赠送、巨奖征订等欺骗手段或其他短期行为来达到提高发行量的目的，这不仅是对读者利益的直接损害，而且还间接破坏了其他报纸的经营环境，使之难以靠正当的手段去取得竞争优势。如一些新办的报纸，为了尽快站住脚露出头，不惜采取削价派送的办法与其他报纸竞争，有的甚至连发行费用都倒贴；有些报纸虽然没有压低售价，但是对订报的消费者赠送各种各样的商品，包括纯净水、鲜奶等，总价值甚至超过订报款；有的报刊在征订广告上公然以抽奖形式许以重金或家电等贵重商品，还有的以境内游、境外游乃至出国游许诺。这种变相的免费发行，在争夺份额时也非常奏效，务实的市民当然不会错过这样的机会。如四川某报设立了荣誉订户奖，其中一等奖高达万元之巨。上述的这些在报刊征订发行竞争中出现的促销手段，明显是一种以高中奖率和高额奖金来唤起读者的投机心理，从而使读者的订阅目的扭曲的不正当、不道德的行为。

全国人大常委会八届三次会议于 1993 年 9 月 2 日通过并于 12 月 1 日正式颁布施行的《中华人民共和国反不正当竞争法》第十三条就明确规定：经营者不得利用有奖销售的手段推销质次价高的商品。报纸作为一种特殊的精神产品，当它以物化了的商品形态进入市场时，同样就应该受到《中华人民共和国反不正当竞争法》有关条文的限制与约束。

（二）价格战

鉴于广告时间的无库存性及自身的综合实力与中央电视台差距较大等因素，许多地方台在广告经营方面施行了低价策略，想以低价倾销打击竞争对手，争取市场份额。

地方台的广告报价一般要比中央电视台低几倍，并以高额代理费、大折扣等激发广告公司和广告主的兴趣。如有的报价在四折以下，赠播是 1∶1 的比例；一些省台联合起来销售广告，为的是在覆盖率上能与全国性电视台抗衡，在报价上低于全国性电视台，可谓用心良苦。降价策略在一定程度上满足了企业降低成本的需求，是搅动市场、争取新市场格局的有效办法之一，但这样会在一定程度上损害媒体利益，对媒体自身的发展不利，同时也扰乱了媒介广告市场。

（三）服务战

加强面向企业的服务是地方台的一项竞争优势。它们把大和小、新和老、长期和短期的客户区别对待，从价格、时段到节目全方位满足着广告主的宣传要求。如有的电视台在服务上给予投放客户详细的数据支持、分析和效果预估，还提供客户竞争对手的投放情况等，尽管不一定准确，但确实是一种有效服务和说服手段；有的电视台以大量的广告穿插在节目中和重复播放以满足客户，用高频次弥补覆盖率狭窄的问题；有些地方台甚至允许企业连续播放 30 分钟广告，企业满意了，受众却不满意了。因此，媒体应该以多少时间或空间发布广告、广播电视每次插播广告的时间和次数，以及赞助节目广告应该有什么要求等问题，需要加以注意，以保护消费者和广告主的利益。

另外，广告排期确定以后，媒体是否能按照计划全部、完整地刊播广告，也有一个核实、验证的问题——随着广告市场竞争的加剧，这个问题更需重视。国内外都有误登、漏播、严重影响广告效果的现象发生。为杜绝这种现象，除各广告经营单位加强自律外，建立一套行之有效的管理制度是必要的。这方面的管理也应做到位。

第四节　代言式广告与电视直销广告

要从根本上刹住广告工作中的种种不正之风并遏制广告队伍的道德滑坡现象，强化在市场经济条件下的广告伦理建设，还要着力从以下几个方面加强道德约束。

一、规范明星代言人行为

在目前这个信息过剩的时代，公众的“注意力”是商业争夺的对象，通过明星做广告就是利用其能够创造出的注意力价值以获得利益。来自体育和娱乐界的明星是整个社会关注的一个焦点，广告主更是想利用他们的社会认知度和影响力。除此之外，明星广告还代表了一种消费示范和时尚诱导。早在20世纪初，克劳德·霍普斯金就请著名药剂师在广告中为药品担保，借以赢得消费者的信任。如果从广告诉求模式和表现类型上来看，明星广告大致分为推荐型和示范型，其中主要是前者。消费者首先被广告人所关注的心理特点就是信任和模仿权威，而且，随着信息流通和资讯传播日益发达，人们的生活方式、行为态度、价值观念、审美趣味等越来越多地受到他人的影响，那些通过大众传媒所塑造的明星，虽然在现实中与普通人有很大距离，但是作为一种渴望群体，他们在心理上却受到了很多观众的向往和效仿，这自然建立了明星的影响力。运用这种影响力进行广告推荐和消费示范，当然可以事半功倍，于是“唯利是图”的商家们乐此不疲地把大把金钱交给明星，也就顺理成章了。

（一）明星代言与广告产品

其实这中间可能存在着认识上的误区。据美国有关调查显示，70%以上的明星代言广告都没有发生效用。毫无疑问在中国这个数字还要高，而在大量的明星广告中，浪费的概率也远在平均值之上。明星广告的这种浪费现象，其核心点就在于广告信息的错位。因为广告运用明星，主要在于看到了明星的社会影响和感召力。也就是说，这些明星自身具有广告之外的信息注意力资源，广告商想借助于这种注意力资源，使之与产品或者品牌相结合，起到对产品或者品牌的推动作用。这种出发点本身就很危险，因为明星自身的注意力价值在广告中是非常充分的，但结果必然导致双重矛盾：过于依赖明星，则明星信息会淹没产品或者品牌信息；淡化了明星信息，则又有可能导致明星资源的浪费。因此，在创作明星代言广告作品时须注意以下几点：

一是要避免记住了名人而忘记了产品。名人广告虽要名人参演，但广告中真正的主角应该是产品。名人仅仅作为沟通产品与受众的中介而存在，其在广告中的台词及表演都是为突出产品特色、传达产品形象服务的。受众在看完一则广告后的反应应该是“我想要买这种产品”，而非“这则广告做得真好看”。然而，现实中还真有不少本末倒置的例子。如小品明星赵丽蓉女士曾做的那则药品广告，很多观众只记住了那句“台上一分钟，台下十年功，关键是要找对感觉”的广告词，却不知她“葫芦里卖的是什么药”。对广告主而言，此类广告是最大的失败。

二是出资人和策划人要有风险意识。出资人和策划人之所以请名人出山，往往因为应者云集，能很快提升产品的认知度，迅速打开市场——以为塑造一个产品的品牌，树立一种企业的形象，选择名人做广告，是一种“短平快”的模式。然而，事情往往利弊相生：首先，因为社会关注度越高的名人身价越高，出场费少则几十上百万，多则上千万，某些企业不惜血本邀名人做代言，可能会背上沉重的债务负担。其次，名人的“生命周期”日趋缩短，“长江后浪推前浪，一代新人换旧人”，在明星的舞台上不断涌现着流星式的名人，企业若将自己的产品“捆”在这类名人身上，其产品也将如流星般很快消失在市场上。最后，名人个人品性的变迁及形象的淡化将挫伤产品的生命力。例如，绯闻不断的明星很容易让人联想到其推介的产品，其人不光彩，产品何来吸引力？

因此代言式广告要注意以下几点。

1. 代言人广告不仅要与产品广告概念有高关联度，还要真实

名人作为某产品的代言人，必须在形象或内在精神上与产品的概念具有同一性，以使广大受众将二者有机融合，产生相关联想，从而加强对产品形象的认知与记忆。例如，“李宁”牌运动服请体操冠军李小鹏为代言人，洗衣粉选用家庭主妇为代言人等，都是很成功的组合。但有的产品所用的代言人却不尽如人意，实难恭维。例如，步步高复读机与好莱坞影坛硬汉阿诺德·施瓦辛格的组合便让人觉得别扭，真不知这位大汉是要学英语还是要学汉语，硬汉形象与复读机浓厚的书生气无法统合起来。

以往对明星广告的运用还主要着眼于明星与产品或者品牌的关联，比如女明星大多出现在时装、化妆品以及许多时尚品牌中。随着明星广告的流行，已经大大摆脱了产品与明星之间的必然关联，就如同巩俐一袭冷酷的黑衣，说一声“心随我动，大阳摩托”。可以肯定，巩俐不是用摩托车代步的，但这并不妨碍她出现在摩托车广告中，说一句话。我们看到，明星广告并不简单地等同于使用模特儿，现在不少品牌或者企业出重金制作广告，明星只在有限的几十秒内亮相一下或说一句广告语，以此向消费者传递产品和品牌信息，很难达到预期效果。如果仅仅是达到宣传销售的目的倒也罢了——那是广告主和广告经营者应考虑的事情，但问题的严重之处在于明星代言广告虚假。如明星们在广告中宣传推销他们从来没吃过的药、从来没有消费过的产品和服务，如果广告产品有问题的话，将损害消费者利益，给社会造成严重的负面影响。

代言式广告虚假可分为两方面，一是名人并没有如广告中表现的亲身用了该产品和服务，二是广告内容虚假。第一种情况如刘翔代言的“鹤舞白沙　我心飞翔”电视广告，看了这则广告，很少有公众相信刘翔会消费这个牌子的香烟或消费香烟，因为一般人会认为香烟对身体有害，刘翔这样身体素质很好的运动员根本不可能抽烟，这也与“发展体育运动，增强人民体质”的体育精神相违背。因该广告属于烟草广告语，2004 年 11 月 2 日被北京市工商局责令中央及北京各媒体予以停播。

如果一位名人没有消费某种产品或服务却虚言使用，就属于虚假代言。在有些国家，虚假代言是要受到重罚的。

美国俄亥俄州一家制药公司新近开发了一种治疗十二指肠球部溃疡的药物，经过一段时间的临床试验，效果不错，后经州食药局审核批准，可以推向市场。该公司希望能在短时间内让最大的患者群知晓并接受，于是选择了州电视三台这一覆盖面最大的媒介来广而告知，并物色一位名人菲德勒尔先生代言。菲德勒尔是俄亥俄州一位颇有知名度的影视剧演员，人也长得帅气。于是该公司派人请菲德勒尔代言制作一则 75 秒钟左右的电视广告，希望能通过菲德勒尔的帅气形象和极具磁性的声音尽快打响该药品的知名度。该公司支付给菲德勒尔代言酬金为 150 万美元。这个数字极具诱惑力，等同于他三个月拍摄影视剧的报酬总数。不过，菲德勒尔平时身体很棒，既能吃又能喝，根本没有患上十二指肠球部溃疡。但为了承接这则酬金不菲的药品电视广告，菲德勒尔却没有考虑那么多，就爽快地和该制药公司签订了电视广告合同，并由菲德勒尔经纪人负责物色了一家广告制作公司到该

制药公司现场拍摄药品电视广告。一个星期后，该电视广告在州电视三台黄金时间段播出，其画面镜头是：菲德勒尔手持一盒该药，先是皱着眉头现身说法称，自从三年前患上了十二指肠球部溃疡，服用了很多相关药物，不见效果。说到这里，菲德勒尔马上转忧为喜道：自从服用了这一药品后，十二指肠球部溃疡就渐渐地被治愈了。这时候又响起另一个人的画外音：请相信菲德勒尔先生，菲德勒尔先生的推荐是没有错的。这则电视广告播出后，反响效应立刻显现了：每天，州内外数以万计的十二指肠球部溃疡患者纷纷到附近的医药连锁店购买这种药品。

但一位曾和菲德勒尔同居过五年多的女友打电话给州食药局，称菲德勒尔在电视上撒谎，因为他从没有患十二指肠球部溃疡病。州食药局得知后立即联合警察署派专员一同展开调查，从菲德勒尔病历档案着手，再结合询问了数十位与菲德勒尔很熟悉并有过密切交往的人，他们都不约而同地证明菲德勒尔根本没有患过十二指肠球部溃疡病症。于是，州食药局和警察署“请”菲德勒尔赶到该制药公司销售部“说说清楚”。菲德勒尔面对调查人员咄咄逼人的眼光，不得不低下头承认“自己犯了一个难以饶恕的不诚信错误”，随后在电视上向观众致歉，请求谅解。好在该药品治疗十二指肠球部溃疡的效果的确很好，患者没有向菲德勒尔兴师问罪。菲德勒尔将150万美元的代言电视广告酬金上缴警察署，另被罚款5万美元，三年内被严禁参与拍摄任何媒介广告的资格，其档案里被注写了不光彩的一节。与此同时，该制药公司也被罚款180万美元，该药品电视广告被封杀，理由是“让不是感同身受的人代言，会误导同病的患者”。

美国众多的演艺人员充当产品广告代言人是非常谨慎的，尤其对食品药物类广告，更是慎之又慎，即使酬金再怎么丰厚，也不会为之心动。用他们其中一些人的话来说：情愿舍命拍摄高难度危险的动作片，也不愿意做舒服的商品广告代言人，因为那是在刀刃上跳舞……①

2. 产品广告内容不应夸大、虚假，以免消费者上当受骗

作为名人，更应具有高于常人的社会责任与义务意识。名人为商家做代言，搞促销，活跃市场，繁荣经济，本应值得鼓励与提倡，但若一味钻进钱眼，不问产品真伪优劣，对商家所云言听计从，欺骗和误导消费者，牟取暴利，那就应该遭到舆论谴责与法律制裁。但仍有一些虚假违法广告屡禁不止，肆无忌惮地在一些地方台播出。如赵忠祥、王刚等代言式广告的广告，在被曝光数次后，中国商联会媒体购物专业委员会（简称媒购委）2010年3月25日第四次通报了18个违法广告，赵忠祥、王刚、汤加丽等代言式广告的广告再上黑榜。赵忠祥曾发表声明，他在不知情的前提下涉及的一些违法违规短片广告，电视台不得再播，但就在2010年的“3·15”当天，赵忠祥“现身”在盐城“广告频道”大型情感纪实栏目《生命的感动》，他代言的违法药品“甲乙抗栓”广告仍在黄金时间播出。同是盐城“广告频道”，其播出的《王刚讲故事》宣传“蠲痹抗生酒”，声称能根治风湿骨病，并主治其他16种疾病，含有不科学的表示功效的断言等。另外，一度因被曝光虚假宣传而停播的保健品“果茶抽油瘦”被监测到在辽宁影视娱乐频道每天数档狂播。该产品由汤加丽代言，经查实，宣传中的所谓韩国研制，实际上是北京美诺保健食品厂在国内获

① 参见闻力：《药品虚假代言的下场》，载《北京青年报》，2009-06-17。

得批准生产的“美诺”牌减肥便携茶，是一种国产减肥保健食品。[①]

从唐国强、解晓东代言的北京新兴不孕不育医院广告，到葛优代言的亿霖林业；从刘嘉玲代言的SKⅡ，到文青代言的眼保姆；从郭德纲代言的藏秘排油茶，到傅艺伟代言的“胡师傅”不粘锅……无不存在虚假广告的问题。这些虚假广告的代言人——明星——的责任问题引起了广泛的争论。在数量众多的明星代言的虚假广告中，我们看到，在中国没有制约机制来规范违反基本商业伦理的明星们，而做虚假广告所获得的收益又远远高于被发现后的利益支出：一般来说，普通影视和体育明星的产品代言费用如果一年在三四百万元左右，相关法律对上百万元的虚假广告的惩罚最多也只处罚一万元；最大的赢家还是商家，如果创意好，一则广告可能带来数亿元的收益。这种低成本使代言虚假的广告屡禁不绝——有利无害，明星们对商业广告趋之若鹜就不奇怪了。

（二）消费者利益与广告素养

或许有些受众在接收明星代言的广告产品信息时心里已经预设了一个暗示，即明星在为给广告商品作担保，广告表现表明此商品经明星使用或鉴定后具有广告内容中所说的效果，于是，消费者看了广告之后会去购买。但作为消费者，广告受众应该认识到，在喜欢或欣赏这些明星的演技和竞技，甚至为之喝彩、倾倒时，不应该直接导致在喜欢或欣赏他们本人的同时，也为他们假设一个他们理应具有的高道德标准。因为并没有外力要求他们自身的道德水准应与他们的知名度相匹配，而他们的道德水准更不是以受众和消费者的意志为转移的。

大众消费者作为成年人，在明星代言的案件中似乎不可以仅仅以受害者的身份博得同情。对社会客观现象的应有认知也是一个成年公民以及消费者所应该具有的素质，它更需要靠自我营造而不能仅仅依赖声讨以及法律的援助。但我国现阶段的情况是，消费者的消费理念和对商品的认知能力正处于一个发育和不断成熟的时期，判断产品的好坏主要依据他人的意见。当然，听取他人意见未必就一定是不成熟，关键是怎样听取。中国本土的百年老字号，有的是好“口碑”，因为在本土百姓看来，口耳相传的口碑远比广告营造的品牌更具有实际意义。现代社会，只要有人际关系存在，就依然存在着这个“口碑”，它来自亲友、同事、相识者，甚至营销人员的推荐。而明星代言对于那部分“认”这个明星的受众百姓来说，就会自然产生“说者有意，听者有心”的效果。还有一些演员，在影像上扮演了正派角色，或者演媒体上被夸赞的“英雄”，受众又对明星加入了所塑造的角色的形象。但受众或许没有想过，媒体或影像上的他们，与他们自身实际的道德诚信尤其是在金钱面前的道德诚信，基本没有什么必然的联系。知名度和道德的高度原本无关，最起码是缺乏必然联系的。

这也从另一方面说明，什么样的受众养育什么样的广告商，也同时养育什么样的代言明星，任何事件都是由其发生的环境营造的。之所以有代言虚假这样的商业“权谋”，其间必然也有偏好这类“权谋”的消费者“喂养”的责任。所以，除了在法律界面争取保护之外，消费者们似乎也应该检讨一下自身。认知能力的低下未必就是一个成年人应有的素质，所以为之付出代价也实属正常。

消费者既然会信服这些代言广告，便基本属于这些代言明星的诱导受众。所以，最可

---

① 参见袁国礼：《名人代言广告再登黑榜　赵忠祥王刚代言违法广告仍在播》，载《京华时报》，2010-03-26。

行的办法是：如果消费者感到上当和吃亏，那在我们大力声讨代言人的同时，不但要对那些代言品予以唾弃，而且连代言人们赢得社会知名度的主业市场的作品也要一道予以唾弃——如果明星们在社会上博取名利的源头都将他们拒绝的话，他们或许就不会轻易以这样那样的理由辩解开脱，而会从“饭碗”角度考虑问题了。他们自然也就会对类似事件及其后果表示出应有的敬畏，姑且不论这敬畏是屈服于名利金钱还是道德和责任。所以，如果从这个角度认识问题，我们就不能仅仅以消费者不再购买此产品、对明星进行道德谴责这样的手法来对待明星。倘若明星们已经与广告商结成了利益集团，或者大家都有过在广告中说假话的历史，那么整体性的明星诚信价值观就宣告了破产。在这种情况下，道德力量已无法制衡虚假明星广告的出现，因为在这部分人中廉耻之心呈现了集体化滑坡，所以有必要学习国外处置明星做虚假广告的先进经验，用司法及其他力量使得明星们再无做虚假广告的勇气。

二、电视直销的道德约束

2009 年 11 月 27 日，国家工商行政管理总局曝光了一批涉嫌违法的电视直销广告，这八则违法广告是：内蒙古卫视 10 月 6 日发布的康倍腰椎挺电视直销广告，宣传普通用品的治疗作用，宣称产品拥有太空热疗消淤肿、钛金牵引矫治错位等四项专利，夸大产品性能和效用；青海卫视 10 月 6 日发布的腰椎复原宝电视直销广告，宣传普通用品的治疗作用，宣称产品具有航空热磁消淤肿、智能牵引钛金矫治错位等四大功能，夸大产品性能和效用；湖北卫视 10 月 5 日发布的欧汇腰椎挺电视直销广告，宣传普通用品的治疗作用，宣称产品具有太空热疗、消淤肿等三大功能，夸大产品性能和效用；广东卫视 10 月 8 日发布的 UK 神奇魔环电视直销广告，宣称 UK 神奇魔环的成分和效果是普通项环的三倍，夸大产品性能和效用；新疆卫视 10 月 9 日发布的鼻特通鼻炎仪电视直销广告，未经食品药品监管部门审批擅自发布，使用专家、患者名义做证明，夸大产品性能和效用；山西卫视 10 月 6 日发布的齿白金电视直销广告，使用绝对化用语和消费者使用前后效果对比等形式，夸大产品性能和效用；黑龙江卫视 10 月 8 日发布的参七脑康胶囊电视直销广告，属于禁止在大众传播媒介发布的处方药广告，广告中使用专家、患者名义为产品疗效做证明，含有不科学表示功效的断言；广西卫视 10 月 8 日发布的冰雪儿冰肌白乳液电视直销广告，使用绝对化用语和消费者使用前后效果对比等形式保证产品功效。

电视直销广告给消费者造成的损害是直接和严重的。有记者接到河北吴小婧（化名）的投诉，吴小婧 2007 年 7 月上旬在电视直销广告中看到关于某化妆品的宣传，心动之下购买了一套祛斑嫩肤的护肤品，花费近 4 000 元。但是吴小婧的烦恼由此开始了。“打电视直销上公布的电话，接线小姐并没有问我的肤质如何，是不是过敏性皮肤，并说她们的产品是纯植物精华，不会让皮肤有不舒适的感觉。当时也没有产品可以试用，但是电视广告中的效果的确很诱人，爱美之心谁都有，我就买了。”吴小婧很快收到了产品，第一次用了此护肤品后她眼部周围出现了刺痛感觉，并有红肿现象。“我有点害怕是过敏了，但我姐姐认为可能效果比较强才会出现这样的感觉，我也就没在意，于是连续用了。”不到一个星期吴小婧眼部和唇部的皮肤出现红肿发炎的情况，吴小婧不敢再用了，但是红肿还没有消退，发炎越来越严重，有些地方甚至出现溃烂。吴小婧去了医院，“医生说是化妆品过敏，情况比我想象中的严重，因为我的皮肤本来就是敏感性皮肤。医生建议我住院观察。”吴小婧住了五天院，前后花费近3 000元。出院后吴小婧给该化妆品公司打了电话，但接线员坚决否认此产品有过敏情况，并认为是吴小婧使用方法不当或与其他类别的护肤品同时使用造成的。吴小婧有口难辩：“现在这方面的广告多了，广告技术也很好，弄得我们这些观众都真假难辨。我认为相关单位也该对这些广告管管，去伪存真，别让我们消费者自己去辨别，我们没这个能力。”

记者同时接触到另一案例，周伟通过电视直销买了某款手机，该手机在电视直销广告中称是“永不断电的手机”，当使用了以后周伟才发现“永不断电”的手机却频频没电，“说是光能充电，但放在大太阳底下晒得发烫都没充上电，纯粹骗人!”而记者发现这款手机的电视直销广告在某些地方仍火爆播出。其广告效果是否能经得起考验？网易手机质量鉴证组曾对这款手机进行了光能充电、浸水等测试，发现它与广告中所鼓吹的“永不断电，不怕浸水”等特点完全不符。[①]

每段电视直销广告一般时长10分钟，10分钟的时间内可以给观众灌输很多信息，而这些信息都是经过包装的，它与十几秒的正常广告相比，其海量信息具有强大优势。电视直销广告方式和效果很有诱惑力，它以采用看似“真人案例”和“真实实验”的方式，有些广告模特甚至声泪俱下，让整个广告充满了真实性和煽动性，而这种广告的实际效果却往往大打折扣，有些甚至是虚假广告。

但这种广告的播出为什么还如此火爆，其中利润乃是最大推力，企业和电视台对利润的追求是直销广告火爆的主要原因。几段不同产品的直销广告轮流滚动播出对电视台而言是一笔不小的收入。另外，电视直销广告还选择在价格便宜的垃圾时段如深夜高频率播出，对于电视台而言既没有占用黄金时段，又有颇丰的广告收入。而对于企业而言，电视直销广告的高额成本必须从产品赚出，其价格势必不便宜。以减肥产品为例，一个疗程一千多元，要连续服用三个疗程需花费近四千元，与药店其他减肥产品相比，其价位明显高出同类产品。记者在采访中发现某些电视直销手机产品也存在着很大的价格水分。这个利益链是很容易理解的：企业为电视台支付了大笔宣传费用，它必须在消费者身上找平，而使用的方式就是具有强烈诱惑性的广告播出，最终为劣质产品买单并承受后果的还是消费者。那么谁又应该为消费者负责呢?[②]

在国家工商总局2009年召开的严重违法电视直销广告公开点评发布会上，中国广告协会对电视直销广告进行了公开谴责，提醒消费者提高辨识能力，谨慎购买那些连公司名称、联系方式都不敢标明的购物企业所直销的产品。同时，中国广告协会还呼吁媒体，切实加强电视直销广告的播出审查，坚决把社会利益放在第一位，全社会共同行动起来，遏制违法违规的电视直销广告。对于监测到的所有电视直销广告，国家工商总局将依照法律法规，对有关责任主体进行严厉查处，以切实净化广告市场、保护消费者的合法权益。

电视直销购物存在的主要问题有：一是发布不真实的广告，夸大产品效用。二是商品本身质量问题多。一些“三无”产品，冒充名牌产品，有些产品为了遮人耳目采用外文包装欺骗消费者。三是商品的售后服务难以保障。产品出现问题后，维修、保修不到位，无力承担消费者和经销商的退换。加上异地购物的特点，生产商、销售商、电视购物中心来

---

①② 参见杨婷：《电视直销谎言为何屡禁不止》，载《中国经济时报》，2007-10-24。

回扯皮，加大了解决纠纷的难度。

从这些反映的问题中我们可以看出，第一，发布不真实广告，就证明相关部门对广告内容的审查不严，最起码在这方面是管理不到位的。第二，有很多直销产品是“三无产品”，而且它们在进行大张旗鼓的宣传，这说明相关单位对它们的质检不严。第三，消费者的权益得不到保护，得不到有效的售后及维修服务，甚至受到了一些产品的伤害而无法追诉企业责任，这也是相关部门服务缺失。①

电视直销给消费者带来的损害应引起相关部门的足够重视，相关部门应积极地去监管这类产品而不是接到举报后才被动行动。另外相关部门不应仅仅期望以“提醒消费者注意避免上当”的方式来净化这个行业，只有规范管理并付诸实际行动，消费者才能得到保护。国家广播电影电视总局、国家工商总局2006年7月19日发布通知，要求整顿广播电视医疗资讯服务和电视购物节目内容。一些电视购物公司在电视购物节目中夸大产品功能，特别是一些丰胸、减肥产品，以消费者使用产品前后形象做对比，使用不科学的表示功效的断言，保证使用效果。这些问题损害了消费者的合法权益，影响了广播电视媒体的社会公信力。该通知要求，电视购物节目内容应当真实、合法，标明推销产品的经营、销售企业名称及有关产品审查批准文号。自8月1日起，所有广播电视播出机构暂停播出介绍药品、医疗器械、丰胸、减肥、增高产品的电视购物节目，待有新通知后按照新规定执行。各地工商行政管理机关要加强广播电视医疗资讯服务和电视购物节目中有关广告内容的监管和监测，对违反法律法规的相关机构和企业依法查处，及时曝光典型案件。市场经济从一定意义上说就是法治经济，其契约性、规范性等基本要求同样也会在广告工作中体现出来。随着社会的发展，国家对经济的干预在很大程度上是通过制定一系列法律规定、对一定社会经济关系加以确认和调整来实现的。广告作为一种经济活动，同样要受到法律、法规的规范和约束，使其为整个社会经济运转服务，使其不至于同社会发展的总体目标相背离，这必将为抑制广告伦理滑坡提供有力的制度保障，从而对广告行为形成更加有效的监督与制约机制。由此可以说，所谓市场经济大潮对广告领域的冲击必然导致广告伦理滑坡的观点是站不住脚的，它们只存在可能性关系，不存在必然性关系。我国当前社会生活中之所以出现大面积的不正之风和消极腐败，恰恰是市场经济体制不发达、不到位、不配套、不彻底所造成的。随着社会主义市场经济体制的逐步完善与成熟，这些问题必将得到有效解决。

三、树立正确的价值观念

有受众曾评说，电视广告成了“明星大擂台”，笑星、歌星、影视明星、体育明星齐上阵，他们吃药、吃果冻、吃方便面、吃脑白金；喝水、喝茶、喝酒、喝咖啡、喝饮料；补钙、补锌、补铁、补肾、补血、补大脑；洗脸、洗头、洗澡、洗衣服……五花八门，应有尽有。本来没有吃过这种药，本来没喝过这种酒，本来没用过这种化妆品，却“有钱能使嘴推磨”，让说什么就说什么，让怎么讲就怎么讲，什么话都敢说，什么口都敢夸。这种说法虽然不尽客观，但明星的虚夸之辞无疑对消费者是一种误导。②

① 参见杨婷：《电视直销谎言为何屡禁不止》，载《中国经济时报》，2007-10-24。
② 参见《广告明星当自重》，见中国广告网，2002-04-12。

广告主、广告经营者之所以都有明星情结，是因为他们看重人们“追星”、“迷星”、爱屋及乌的这个“卖点”。尽管不少人都明白，此类“名人证明法”是商家的惯用手段，但仍能使那些“以贵为荣”的追星购物者对广告产品趋之若鹜。有资料佐证，脑白金通过夸大其辞的宣传，年销量达近十亿。脑白金的主要成分为“褪黑激素”，在加拿大、欧盟国家均禁止公开销售，在美国也不过昙花一现，而在我国却制造了地道的“脑白金神话”。因此，在人们纷纷抱怨假冒伪劣产品久打不绝时，也有人认为，我国的一些违法广告出笼与这些明星们“不辞辛劳”地在荧屏上“天天见”不无关系。当商家欲用巨资特邀明星做广告产品的代言人时，明星们不妨易位将自己放在一名普通消费者的位置上想一想，不要让虚假广告玷污了自己的名声。被称为广告天后的李嘉欣的做法就值得明星效仿，当被邀为一产品做广告时，因她不能肯定广告产品的质量，面对千万酬金的诱惑，她居然能想到“万一有人喜欢我，而用这种产品出事了，我赚钱都不安乐”，继而拒拍此产品广告，此举令人称道。[①]

四、建立良好的形象

就行为特征来说，广告是信息服务业，广告公司本身没有直接产品，只是依靠客户的产品在市场上的广告效果，以及在社会消费者中引起的反响来衡量广告公司的服务、行为道德水准，所以对一家广告公司优质的评估有很大一部分是来自它所创造的产品品牌在市场中的地位，即具有市场主导品牌地位的产品把“品牌效益”注入了广告公司。如果说一个产品的“品牌资产”（brand equity）具有品牌忠诚度（brand loyalty）、品牌知名度（brand awareness）、品质认知度（perceived quality）、品牌联想（brand association）这四大要素，那么一个具有“品牌价值”的广告公司，必须具备以下几点。

（一）企业文化观

企业文化是指一个团队对某种价值观的认同及共识。一个广告公司应树立一种员工们共同认可的精神理念：只有树立起一种理念，才能凝聚起一支有共同专业知识、共同追求的队伍；只有建立一种理念，人们才能将专业知识用于共同的事业，也才能追求和发挥一种团队精神。在广告业中，人价值的高低除了基本的专业实力外，更关键的是自发性全心全意追求卓越的愿意；而由人组成的团队的产值与竞争力即来自一群具有共同方向的人。自愿是人们为一种信仰或理念全力付出去追求的态度，在此基础上，纪律规章只是基本的游戏规则，在服务价值建立后，利润及个人福利也变成是顺理成章的结果。

（二）广告职业观

要培养广告人追求“真、善、美”的基本态度以及“专业、敬业、正业”的职业准则。广告公司中人员流动十分频繁，“高薪挖贤”并不能最终解决问题，把“公司发展”和“个人生涯”相结合，提倡沟通协作，共享荣耀，个人和公司会必然地顺利合作，日渐融洽。这其中对员工的培训相当重要。学习研讨、专家讲座、国内外大型广告活动的参与交流都是不可或缺的内容。近年来，诸多国际著名广告公司在国内开展的学术教研活动对专业领域的理论建树和知识拓展都大有裨益；对于广告人来说，书籍和资料也是一种学习

---

① 参见《广告明星当自重》，见中国广告网，2002-04-12。

的途径，善于灵敏地捕捉信息和不失时机地提高自己是进步的基础。所以每一位立志在广告行业工作的员工都应抱着不断更新观念和提高能力的态度，为中国的广告业和社会经济发展做出贡献。

（三）专业技术观

21 世纪带领我们进入数字化时代，广告迈入科学化进程，对于有效传播的结果将更透明化、数据化。这里的技术包括硬技术（设备资源）和软技术（行政管理和专业管理）。

高科技日新月异，客户对广告服务的各方面要求，包括精良的制作、更高的工作效益等日益提高，所以硬件资源成为优质服务的必要条件，重视硬件资源的投入就是提升服务品质。随着广告业逐步走向全球化、电子化，网络广告已经受到广告界的高度重视，网上作业是加快与国际化接轨的重要途径。从软技术看，广告公司的行政管理体现在广告人应该极有效率地规划自己的工作，包括在最短时间内开出最好的会议，达到最好的效果。员工的高效意识也是广告公司自身管理的表现。专业管理则包括广告作业流程的科学化和资讯系统的建立。科学的广告作业流程是指符合公司运作规律的最实效服务，它需要每个阶段都建立管理体系，从客户的接洽、市场调研的开展、创意策略的衍生、设计制作的过程、媒体组合的安排、发布实施的效果都有完整的档案分类存储。技术管理和行政管理都是建立在资讯管理之上的，资讯管理是管理系统中的一个支持软件，面对 21 世纪，资讯管理在广告作业中的开发和利用不容忽视。其中包括市场动态、商品的行销策略、媒体资源的运用、广告效果的评估和公司自身的人力资源的管理等。

（四）客户服务观

广告公司应有适当的服务定位，向服务对象即广告客户提供明确的组织标识、代理业务类型、能提供的服务内容等。服务定位越明确，优势越明显，在竞争中越能产生差异优势；内容越明确、目标越突出，越容易得到认同。广告公司在建立和发展过程中即可根据人员或机制的特点，逐渐以较优异的某项服务对公司加以定位。广告公司还应有自己的服务策略，人才跟上发展，管理跟上技术。在未来的市场中，有一个重要因素可以让广告公司更突出，那就是服务质量——要以客户利益为重，臻于尽善尽美，并不时检讨还能不能做得更好；耐心听取客户的意见，与客户真诚交流，同时为客户提供全效的服务，不断努力让客户与广告公司达成共识，是广告人的职责。

（五）品牌效益观

专业化广告公司的发展建设，是在横向发展的同时纵向延伸，只有一流的广告公司与一流的客户合作，才能创造一流的品牌效益。也就是说，广告公司在用心为客户打造品牌的同时，也在为自己打造品牌资产和经济效益，为客户塑造成功品牌即是为广告公司自身创造品牌。只有当广告公司具备一流专业素质的时候才有可能为一流客户服务，也才有机会去选择“懂得欣赏专业服务，具有赢家智慧，重视代理制”的一流客户。目前中国本土的广告公司应克服“短视”的弱点，创造广告公司自我“品牌价值”，这是目前本土危机中广告公司的生存之道。只有这样，才能奠定广告服务的民族品牌走向世界的基础，使广告公司在参与国际竞争中立于不败之地，也才能带动新世纪中国本土广告业和民族经济的蓬勃发展。我国的改革开放和社会主义现代化建设正处在一个关键时期，要克服各种阻碍，实现我们民族宏伟的奋斗目标，需要各行各业励精图治，加倍努力。而我国社会主义广告事业在这一辉煌的历史时期肩负着特殊重要的使命，广告工作者任重道远，只有切实抓好自身队伍的思想建设、组织建设、作风建设以及职业道德建设，才能更好地为社会主义现代化事业建功立业，才能无愧于我们这个伟大的时代。

【思考题】

1. 广告与新闻的区别是什么?
2. 广告与公共关系的联系与区别有哪些?
3. 如何理解市场竞争与广告的辩证关系?
4. 改变广告代理竞争的无序状态应注意哪几点?
5. 矫正广告伦理错位应从哪些方面着手?

第五章 广告伦理监督体系

为了保证广告传播活动有序地开展，使广告业沿着健康的轨道运行，必须构建有效的广告伦理监督体系。我国广告业在订立并执行广告行业规范、实行广告行业自律的同时，应以政府对广告业的监督管理为背景、消费者对广告活动的监督及社会舆论监督等为手段，共同构筑起对广告业的道德监督体系。

第一节　广告行业自律

广告行业自律是广告业发展到一定阶段的产物，它是广告业发展为独立经济行业后的必然结果。所谓广告行业自律，又称广告行业的自我管理，是由广告主、广告经营者和广告发布者自发成立的民间性行业组织，通过自行制定的广告行业自律章程、制度、工作守则、职责公约和会员守则等，对自身从事的广告活动进行自我约束、自我限制、自我协调和自我管理，使自己的行为符合国家的法律、法规和职业道德、社会公德的要求。广告行业自律主要是通过人们在广告活动中自觉遵守职业道德规范的约束而产生作用，是一种广告行业的自我管理制度。

一、广告行业自律的特点

广告行业自律一般是通过广告行业协会制定一系列规则，由其成员共同遵守，以建立有序、健康的市场秩序，从而寻求整个行业的持续发展。由于自律的条款是广告活动行为主体及其组织自行订立的，所以具有以下特点。

（一）自发性

广告行业自律的自发性表现在广告行业组织不是政府的行政命令和强制行为的结果，而是由广告主、广告经营者和广告发布者自发成立的；广告行业组织用以进行自我管理的依据——广告行业自律规则——是由广告主、广告经营者、广告发布者和广告行业组织共同商议、自行制定的，体现出广告行业的共同愿望。

（二）自愿性

广告行业自律规则是由广告主、广告经营者、广告发布者和广告行业组织主动提出并自觉遵守的，是一种完全自愿的行为，并不带有强制性，更不像法律、法规那样，由国家的强制力来保证施行。他们一般是在自愿的基础上组成行业组织，制定组织章程和共同遵守的行为准则，目的是通过维护行业整体的利益来维护各自应得的利益。因此，行业自律主要是依靠参加者的信念及社会上行业同仁的舆论监督作用来实现。

（三）广泛性

广告行业自律调整的范围比法律、法规调整的范围更加广泛。广告活动涉及面广，而且处在不断发展变化之中，广告法律、法规不可能把广告活动的方方面面都规定得十分具体，而行业规范可以做到这一点，它不仅在法律规范的范围内，而且在法律没有规范的地方也能发挥其约束的作用。

（四）灵活性

广告行业自律的灵活性，是指广告主、广告经营者、广告发布者和广告行业自律组织在制定广告行业自律章程、公约和会员守则等自律规则时具有较大的灵活性，只要参与制定自律规则的各方同意，可以随时制定自律规则，而且还可以根据客观情况的变化和现实需要，随时对自律规则进行修改和补充。广告法律、法规的制订、修改和废止，都需要经过严格的法定程序，而行业规范等自律规约只要经过大多数参加人的同意，即可对不完善的地方进行补充、修改。

这里的“自律”是相对“他律”而言的。所谓广告他律，即指政府、组织及个人运用法律、法规对广告从业人员的职业行为进行强制性约束，是以法制为核心的。从某种程度上说，加强行业自律与广告活动的他律相比具有更重要的意义——政府管理具有强制性，某一项法令或判决可能导致整个广告行业的损失，而行业自律则可以通过各方协商来解决，营造双赢局面。因此，目前西方广告业管理在整体上的趋向是行业自律逐渐加强，以此来避免政府的过多管理。如美国广告业包括广告公司、媒体、行业协会以及经营规模较大的广告主，都建立了比较完善的自我管理、自我约束的机制，行业自律比较强：在美国，为避免政府可能采取的强硬措施，广告协会考虑主动给烟酒广告设限并敦促广告界成立自律组织；由于众多父母对内容有问题的电视广告表现了强烈的不满，许多广告公司为避免由政府颁布一套强制实行的电视收视办法，纷纷出台自己的广告收视规则，并成立了管理广告的专门部门，自觉地对电视广告进行内容分类和标注。通过加强行业自律管理可以有效地化解与政府之间的矛盾和各种社会压力。

二、广告行业自律组织规范

2015 年新版《中华人民共和国广告法》第七条规定，广告行业组织依照法律、法规和章程的规定，制定行业规范，加强行业自律，促进行业发展，引导会员依法从事广告活动，推动广告行业诚信建设。

中国广告协会成立于 1983 年 12 月 27 日，是中国广告界的行业组织，它于 1990 年制定了《广告行业自律规则》，对广告应当遵循的基本原则，广告主、广告经营者、广告媒介在广告活动中应体现的道德水准，做出了相应的规定。

国际广告协会创建于 1938 年，是目前世界上最大和最权威的广告行业组织。国际广告协会于 20 世纪 60 年代发表了《广告自律白皮书》，它的发表对世界广告行业的发展影响巨大而深远，成为世界各国制定本国广告行业自律规则的主要参考文献。此后，世界上许多国家都制定、出台了相应的、适合本国国情的广告行业自律规则，这些规则的诞生无疑为广告行业的正常运行和健康发展提供了共同遵循的职业道德规范。如由美国广告联盟等组织草拟、经国际报业广告首脑会议通过的《美国工商界广告信条》，美国《纽约时报》制定的《广告规约》和美国广播事业协会制定的《电视广告公约》等。

（一）广告主自律

生产、销售产品的企业、公司为避免在其广告活动中与政府管理机构产生矛盾，并能体现出其对社会负责、对消费者负责的态度，一般都在广告活动中建立审查和评价制度。一般来说，企业广告部门或广告代理商制作的广告稿，需要提交到相关单位的研究制作部或相关部门，根据调查和其他方式获取掌握的数据资料进行分析评判后，再送交法律部审批，才能通过。为了能更有效地建立这类自审制度、交流经验和接受指导，同时也为了维护自身的利益，不少国家的企业公司都成立了广告主协会。如美国广告主协会（ANA）几乎吸纳了美国所有大的企业作为成员，每年广告费支出要占全美广告费80%的200多家企业都参与该协会的活动。该协会代表广告主的利益，为广告主提供各类信息，进行广告业务培训，并介绍推荐各种审查机构。1957年，日本仿照美国广告主协会成立了“日本广告主协会”，1960年发表题为《正确的广告》的文件，表明广告主对广告的关注点及正确的态度，1961年又发表题为《企业与消费者》的文件，表明广告主对如何正确传递广告信息，以及在接受和处理各种投诉时应持有的态度，这些文件为广告主加强自律打下了基础。以后，各个行业纷纷建立团体组织，制定有关广告的规约、标准、注意事项等，自觉约束广告行为，如日本制药团体联合会制定了《有关医药品广告自慎纲要》、电影伦理管理委员会制定了《电影宣传广告标准》、东京百货店协会制定了《东京百货店协会自慎协定》等。

（二）广告经营组织自律

我国广告业界的自律组织是不断发展的，如我国成立较早的中国广告协会和对外贸易广告协会等组织在国家工商行政管理局的指导下，对全国广告行业进行指导、协调咨询、服务活动。各省、市还相继成立了一些地区性广告行业组织、媒介协会组织等，在各地进行一些协调工作。中国广告协会于1983年12月在北京正式成立，它是全国广告经营单位联合组织的行业组织，是具有法人资格的社会团体。中国广告协会按照国家有关方针、政策和法规对全国广告宣传与经营进行指导、协调、咨询、服务，协助政府进行行业管理，并接受国家工商行政管理局的领导。其主要任务是：维持广告的真实性、科学性，提高广告的思想性、艺术性，推动我国社会主义初级阶段广告事业的健康发展；调查研究国内外广告发展趋势，传播国际国内广告界的信息和先进的科学技术，促进我国广告的现代化；根据我国经济发展战略，研究制定我国广告的发展规划，包括体制、价格、管理等，向政府提出建议，协调广告经营单位与广告主之间的关系，促进横向联合与协作；组织广告工作经验交流，开展广告咨询服务，促进广告业改善经营管理，提高广告的经济效益和社会效益；开展广告学术研究，举办优秀广告作品展览，培训广告人才，提高广告专业人员的思想水平、政策水平、艺术水平和业务能力；开展国际交往，加强同国外广告界的联系和合作。中国广告协会下设学术委员会及报纸、广播、电视、广告公司、公交、铁路等专业工作委员会，并在省、市（地区）、县设立了地方协会或协会指导站，形成了全国性的自律组织网络。各专业委员会隶属中国广告协会的领导，在理事会闭会期间受常务理事会的领导，各专业委员会的成员必须是中国广告协会的成员。中国广告协会的地方组织是省、自治区、直辖市、计划单列市，省辖市（地区）、州广告协会，地方各级广告协会接受同级工商行政管理部门的指导。地方各级广告协会根据工作需要设立若干专业工作委员会，各级广告协会统一执行中国广告协会的章程，同时可根据实际情况制定补充条款。下级广告协会接受上级广告协会的指导。中国广告联合总公司成立于1981年4月，是由全国各地一些不同所有制、不同隶属关系的广告专业公司，在自愿参加的基础上组织起来的一种经济联合体，是松散的、相对稳定的经济联合组织；参加的各成员单位原来的经济体制、行政隶属关系和经营范围一律不变，业务上独立经营，经济上独立核算、自负盈亏，是各自独立的经济实体。联合总公司和所属各成员单位在业务上是上下指导的关系，在经济上是互利互惠的关系。中国广告联合总公司的主要任务是认真贯彻执行党和国家的有关广告方针、政策、法令；组织和接受国内、国际大型广告代理业务和广告技术委托，协调和仲裁所属各成员单位之间的广告纠纷；处理有关业务、技术和艺术问题，以及广告业的评比交流活动，科学培训工作和外事交流、交往等，以加强广告组织体内的纵向和横向关系，实现组织结构的合理化，有利于企业人、财、物、信息的合理使用，加强人才培养、技术更新，提高整个广告行业的经济效益。中国对外经济贸易广告协会于1981年8月21日在北京成立，是全国对外经济贸易系统的广告公司、报纸、杂志、出版社广告部门和对外经济贸易部及其授权机构批准有经营对外业务权的广告公司的联合组织。它具有法人资格，受对外经济贸易部的领导，对外代表中国外贸系统的广告组织参加国际活动。其宗旨是：在党和国家的方针、政策的指导下，遵守平等互利的原则，积极发展与世界各国广告界及贸易界的友好合作关系，发展我国对外方面的广告业，促进我国的对外贸易和技术交流，为促进我国的现代化建设而努力。中国对外经济贸易广告协会与中国广告协会有着密切的关系，它们经常合作开展活动，有力地推动了我国广告业的发展。但从目前的情况看，我国广告行业组织在行业自律管理方面的功能尚未完全、充分地发挥出来，因此，今后我国广告业各级组织、团体都应强化自身的功能作用，在对广告业进行指导、制定自律准则、配合政府维护行业竞争秩序、制裁不良广告行为、提高广告业整体服务水平方面发挥更重要的作用。

在广告业发展较早的美国，广告代理公司成立了多种行业协会组织，并通过这些协会组织协调各方面的关系，为协会会员制定行为规范，对会员单位的广告进行审查。其主要的协会组织有：美国广告联盟（AAF），美国广告学会（AAA），美国广告代理协会（AAAA）。它们曾共同制定《广告业务准则》，提出了广告六诫：不准登虚伪夸张的广告，不准登与事实不符的广告，不准登影响优良风俗的广告，不准登危害广告同行和竞争企业的广告，不准登容易使人对商品价格产生误解的广告，不准登曲解事实或专家言论的广告。美国的全国广告审查委员会（NARB）及其下属的全国广告部（NAD）是美国最重要的广告自我管理组织。全国广告审查委员会由改善商业活动协议会等多个团体选派代表组成，主要任务是对有关广告的投诉进行调查，对政府制定的法律提出建议，对不实广告进行审理并督促其改正，同时还将一些虚假广告提交联邦贸易委员会和其他政府机关处理。

（三）广告媒介自律

1996年3月，《人民日报》、《经济日报》等30家广告发布单位签订公约，以加强行业自律，树立良好的行业风气，维护正当竞争、抵制不正当竞争，促进广告业的健康发展。

该公约共计11条，主要内容有：一切广告活动均应以为社会主义服务、为经济建设服务为宗旨，力求广告的经济效益和社会效益的统一；在广告活动中，坚决遵守《中华人民共和国广告法》和与之相关的法律、法规并运用自身媒介优势，大力宣传《中华人民共和国广告法》；在广告经营活动中，遵守社会公德和职业道德，以保证广告内容的真实性，在同业中起表率作用；严格广告发布前的审查工作，努力杜绝虚假广告和违法广告，自觉接受国家监督管理机关的监督管理，积极配合国家监督管理机关对虚假广告的查处；各广告经营单位之间遵循诚实守信、公平竞争的原则，友好合作，密切配合。这份公约是贯彻落实《中华人民共和国广告法》、推动行业自律过程中的一个重要举措，是我国广告业自律和行业规范的一个重要组成部分。

制定了自律条文，就应切实贯彻，而不是流于形式。近年来在众多的消费者投诉热点中有一条贯穿其中的“黑线”，就是媒体广告在误导消费者和使一些商家的不法行为实现中起着推波助澜的作用。如以广东一家权威报纸为例，房地产广告收入已占其总收入的70%以上，报社上下也达成共识：房地产商是报社的衣食父母、再生父母，由此，报社制定明确的纪律（虽不行文，但人人皆知）：凡是涉及房地产商的批评与投诉一律要谨慎又谨慎，必须上报报社领导，而到了报社领导那里，几乎百分之百被压下不发。这种全力保护房地产商的意识形态，当然使房地产商感激涕零，于是更多地向该报投入广告，而报社明知其广告宣传水分很多，也依然睁一只眼闭一只眼，只要其刊登广告的手续齐全就什么都不管了。从中可以看出，仅仅凭刊登广告的手续还不能从根本上制止虚假广告。

在分析“对邮购的投诉比例居高不下”时，广东省消费者委员会建议：“各大众传播媒体要加强对邮购广告的审核，避免发布虚假广告误导消费者。特别是某些全国著名的杂志、报纸，更要珍惜自己在消费者心中的良好信誉，因为相当一部分的消费者在对邮购公司不了解的情况下，出于对刊播广告的媒体的信任，而加入到邮购行业中去。”①

另外，有时一些很容易被识破的虚假广告，只要是通过公共传媒发布出去，总会有人上当，这是由于长期以来中国的老百姓形成了一种心理惯性：只要报纸电视上说的，就一定是真话。报纸与电视上的广告也被老百姓一起接受并信任了，这也更凸显出媒介在虚假广告传播环节中的重要性——扼制虚假广告，媒介责任重大。

对于媒介自律这个问题，有些广告发达国家在较早的时候就意识到了。如美国广告传播媒体是最早提出对广告进行自律观念的。早在1865年，《纽约先驱报》就发表了拒绝刊登不可靠药品广告的宣言；1880年，《农场杂志》、1892年《妇女家庭杂志》等都拒绝刊登成药广告；1911年，《印刷者油墨》杂志刊登旨在抑制骗人广告的规则——《普令泰因克法令》（Pinters Ink Model Statute），标志着美国广告自我管理体系的建立。《纽约时报》的广告规约就提出，凡是“有欺诈嫌疑的广告”，“内容空泛、足以使人误解的广告”，“攻击他人的广告”，“保证能治百病的广告”，“淫秽、粗俗、邪恶、憎恶或侮辱人的广告”等，都一概拒绝刊登。美国广播事业协会于1975年制定的《美国电视广告规范》是美国广告媒介自律的一个样板。应该看到，美国的传播媒体在广告监督中具有特殊的地位，它们可拒绝刊登或播放一些它们认为不适宜刊播的广告，而无须说明任何理由。这样也有效地阻止了那些法律无法制约但对社会和消费者可能产生不良影响的广告的传播。

---

① 朱健国：《广告成不法商家的帮凶　如何监督媒体广告》，载《中国青年报》，2001-03-16。

2013 年 2 月 5 日，广电总局下发《关于清理广播电视“送礼”广告的通知》，要求各级电台电视台立即删除含有渲染“送礼”内容的广告。一则广告不仅是为商品做宣传，也是一种价值取向，对人们的生活产生着巨大的影响。利用节日“送礼”、“收礼”对于政府来说容易滋生腐败，对于社会来说容易形成浪费攀比风。对于中国电视观众来说，提到个别广告中有“送礼首选”、“送领导”、“上级有面子”等渲染“送礼”的内容，其实大家都不陌生，“今年过节不收礼，收礼只收脑白金”……并且礼品中不乏名表、珍邮、金银纪念币等，传递了不正确的价值观，也容易助长不良社会风气。电视作为文化宣传的重要阵地，更要带头向社会传递一些正能量和正确的价值观，“送礼收礼”之风必须遏制住，才能形成良好的社会风气。

三、广告自律的规范准则

新中国成立后，广告业提出“真实、美观、经济、实用和贯彻执行党和国家政策”的要求，随后又提出“思想性、政策性、真实性、艺术性和民族风格”的自律原则。进入 20 世纪 80 年代，特别是 1983 年以后，随着我国消费市场上商品的丰富，广告开始大量涌现，同时广告市场也出现了一些问题，消费者对虚假广告及对其他违反道德的广告活动的投诉曾一度成为社会的热点。许多广告经营单位、广告媒介单位都依据当时的广告市场及活动状况制定了自律条文和规定。例如，中央电视台制定的《中央电视台商品广告若干规定》，明确提出要保证“广告制作水平”，“广告的内容要真实、准确，应该如实地反映商品的性能，语言文字的表达、画面的设计、配乐的选用要利于建设社会主义物质文明和精神文明”。为了提高广告从业人员的素质，逐步实现广告业的社会化、专业化，提高广告行业的服务水平，中国广告协会于 1991 年制定了《广告行业岗位职务规范（试行）》，对广告行业内部从事不同工作的人员的岗位职务规范做了要求，并把广告工作人员分为九类：广告公司正副经理，媒介单位广告部门正副经理（主任）；广告公司部门经理（科长），媒介单位广告部门（科长）；广告策划人员；广告设计人员；市场调查人员；广告文稿撰写人员；广告业务人员；广告审查人员；工商企业广告业务员。这九类广告工作人员的岗位职务规范分为政治素质、文化素质、业务知识、工作能力等几个方面。在政治素质方面，要求拥护党的领导，遵守国家法律、法规，开拓进取，廉洁奉公，热爱广告工作，全心全意为人民服务；在文化素质方面，除广告业务人员外，要求具有大专以上文化程度或同等学力；在业务知识方面，要求熟悉广告管理法规和有关的经济法规，根据从事的工作不同而具备不同领域的专业知识，了解广告经营的基本程序；在工作能力方面，要求能合格地完成本职工作。对广告经营单位的主要负责人还要求具有一定的工作经历。

中国广告协会 1997 年制定《广告宣传精神文明自律规则》，号召中国广告协会的会员自觉遵守。

国家工商行政管理局 1997 年 12 月 16 日颁布《广告活动道德规范》，更加具体地对广告活动主体及行为进行了规范。

中国广告协会还制定了一系列的自律规则。例如，中国广告协会公交委员会经过几年的调研与探索，于 2000 年起草了《城市公共交通广告发布规范》草案，同年向行业颁布；中国广告协会霓虹灯广告委员会还于 2005 年 9 月 1 日颁布了《中国广告协会霓虹灯广告委员会自律守则》，这有利于提升霓虹灯行业的整体水平，促进霓虹灯企业的成长与规范。互动网络委员会起草的《中国互动网络广告行业自律守则》，于 2007 年 6 月 13 日起正式施行，该守则规定：网络广告经营者应尊重他人的劳动及知识产权，不得设计、制作在商品和服务的功能、承诺等方面使人误解的广告，尊重他人的劳动与知识产权；网络广告经营者和发布者在提供软件安装服务时，应明确提示用户并经用户许可，反对强制或欺瞒安装，反对无法卸载或恶意删除；坚决反对恶意广告弹出、恶意捆绑、窃取用户信息等恶意软件行为；互动网络委员会对网络广告纠纷的投诉进行协调处理，并提供广告法律、法规的咨询；当互动网络委员会会员单位之间发生争议时，应通过协商方式解决，也可以请求互动网络委员会进行调解处理；对于涉嫌违反法律、法规和行业自律守则的网络广告，任何机构和个人均有权向互动网络委员会投诉和举报，互动网络委员会经调查核实后，做出批评、自律劝告、通报等相关处理意见，督促其限期整改，逾期未予整改、情节严重的，互动网络委员会将通过新闻媒体向社会披露。

为促进广告市场健康发展，鼓励和保护公平竞争，防止不正当竞争，1999 年 4 月中国广告协会第四届理事会第四次会议通过《广告行业公平竞争自律守则》，要求所有从事广告活动的广告主、广告经营者、广告发布者以及其他参与广告活动的经营者，在广告活动中，应当遵循自愿、平等、公平、诚实守信的原则，遵守公认的商业道德，为广告市场公平竞争创造良好的环境和条件。

自 1994 年 12 月以来，中国广告协会先后颁布了《中国广告协会自律规则》、《广告宣传精神文明自律规则》、《广告行业公平竞争自律守则》，以及《奶粉广告自律规则》与《卫生巾广告自律规则》的征求意见稿，2007 年又起草了《中国广告行业自律规则（草案）》，并广泛听取了国家工商总局和各专业委员会的意见。由于广告组织的主体不同，自律规范内容也各异。如日本广告界建立有各种各样的行业组织，每个组织都制定了各种广告伦理纲领、业务准则、条例、公约等，作为自己的行为规范，进行自我约束。这些被广告业界称之为具有“半法”效力的伦理纲领和准则等，约束力较强。

在广告业界方面，最早推进广告自律的是日本广告会，其成员包括广告主、广告媒体、广告公司等几个方面，它在 1947 年成立后就致力于广告的净化和道德活动。在此基础上，于 1953 年 10 月成立的全日本广告联盟（简称全广联，JAAA）成为日本广告业界的全国性组织，在其促进下，修订了《广告伦理纲领》并制定了《广告伦理实践要领》等，为广告的自我管理奠定了基础。JAAA 1975 年对本联盟的广告纲领进行全面修改，最后命名为《全日本广告联盟广告纲要》。1974 年日本还制定了《新广告概念》，沿用至今。另外，全日本商业广告协议会制定有《商业广告伦理纲领》，日本商工会议所（日商）推出了《提高广告的指南》，这些都是日本广告业界共同遵循的伦理纲领。在媒体方面，报纸主要通过《新闻（报纸）广告伦理纲领》，明确拒绝刊登和保留的标准；日本《朝日新闻》、《日本经济新闻》等报社和五家以代理报纸广告为主的广告代理公司，共同出资建立了审查报纸广告的机构——报纸广告审查协会，每天对报纸送来的广告进行调查，将调查结果分成 A、B、C、D、E 五个等级，处于 D、E 级则拒绝刊载；此外还有日本新闻协会发表的《报纸夹页广告标准和细则》。杂志有日本杂志广告协会制定的《杂志广告伦理纲领》、《杂志广告刊登标准》等。日本广播电视业在 20 世纪 50 年代初开始有较大发展。日本民间放送联盟成立后，随即在 1951 年 10 月制定《日本民间放送联盟广播播放标准》，后经多次修改；1958 年 1 月又制定《日本民间放送联盟电视播放标准》；后又把两个标准合并成现行的《日本民间放送联盟播放标准》（1993 年修订），规定在一周的总播放时间内，商业广告时间不能超过 18%。

英国的广告自我管理体系目前是世界上最为完善的，对美国和日本的行业自律都有较大的影响。其主要由四个方面组成，包括 18 个签约专业广告组织的管理，广告实务准则委员会的指导，独立的广告标准局的监督，广告主、广告公司和媒体单位的自我约束，从而形成了一个涉及全部广告活动的严密的自我管理体系。英国于 1926 年最早成立了广告协会（AA）。1962 年英国设立广告标准局（Advertising Standards Authority，ASA），这是英国自我管理体系的最高机构，有权对广告主、广告媒体、广告代理业等有关广告业界的一切广告活动进行限制。其主要任务有：统一对《英国广告职业行为准则》（British Code Advertising Practical，BCAP）的解释、对违法广告做最终判定、处理所有公众的投诉、与政府部门和消费者团体保持密切联系等。在这个机构中，起主导作用的是广告实务准则委员会（CAPC），下设 18 个有关的广告团体（如报纸发行者协会、英国招贴画广告协会、英国直接销售协会、英国直接邮寄广告协会、英国直邮广告制作者协会、邮购协会、通信工业协会、独立电视公司协会、主标记制造者协会、期刊发行者协会、英国专利权协会、苏格兰报纸经营者协会、电影广告协会、户外广告协会等），形成了有机的自我管理体系。这些团体在活动中和职能上是完全独立的，各自制定自我限制的标准，同时参与广告标准局的活动。它拥有的四个分会与独立的广告专家顾问一起，分别审核健康和营养、金融、邮购以及促销四个方面的广告；有五个广告文稿咨询小组，负责审查广告文稿，如广告文稿联合委员会（JCC）负责审查报纸广告。

BCAP 是英国广告业自我管理中的主要法则。该准则主要限于印刷广告、电影广告的管理，其基本原则是：一切广告应合法、正派、诚恳、真实。另有一个重要规则是《英国促销职业行为准则》（BCSPP），于 20 世纪 70 年代提出草稿，1980 年、1984 年分别又做了修订，作为 BCAP 的补充准则，以确保各种促销广告做到合法、正当、诚实与可信。

四、广告行业自律与政府管理

广告行业自律与政府对广告业的管理都是对广告业进行约束、实施调整，二者之间既有密切联系，又有区别：第一，行业自律必须在法律、法规允许的范围内进行，违反法律、法规的自律将被取消；政府管理是行政执法行为，行业自律不能与政府管理相抵触。第二，行业自律与政府管理的基本目的是一致的，都是为了广告行业的健康发展，但是层次又有所不同。行业自律的直接目的是维护广告行业在社会经济生活中的地位，维护同业者的合法权益；而政府对广告业管理的直接目的是建立与整个社会经济生活相协调的秩序，它更侧重于广告业对社会秩序所产生的影响。第三，行业自律的形式和途径是建立自律规则和行业规范，调整的范围只限于自愿加入行业的组织或规约者；而政府的管理是通过立法和执法来实现的，调整的范围是社会的全体公民和组织。第四，行业自律的组织者是民间行业组织，它可以利用行业规范和舆论来制裁违约者，使违约者失去良好的信誉，没有行政和司法权力；而政府管理是以强制力为保证，违法者要承担法律责任。

广告是知识密集、技术密集、人才密集的第三产业的重要组成部分，也是国家发展第三产业的重要内容之一。近年来，随着社会主义市场经济体制的建立和我国国民经济不断健康、稳定的向前发展，广告在社会经济生活中的地位越来越重要，日益成为社会经济发展的驱动力。广告是连接生产企业与消费者之间的重要纽带、桥梁，在沟通产销、促进流通、繁荣经济、活跃市场等方面发挥着越来越重要的作用，因而加强对广告行业及广告活动的管理，具有重大意义。

（一）保证国家各级工商行政管理部门对广告实施切实有效的管理

广告管理是国家意志的体现，广告行政立法管理作为广告管理的最重要途径，也是国家发展广告事业的各项政策、方针得以顺利贯彻、实施的法律保障。在一定时期内，国家根据国民经济和社会发展的总体要求，制定出的广告发展规划、目标、重点和规模布局等，都要经过广告管理的途径才能进一步落实。因此，加强广告管理，既可以保证国家对广告行业切实有效的管理，又可以使广告行业的发展同整个国民经济和社会发展相适应，从而促进广告业朝着健康、有序的方向发展。而对在网络这种新的媒介上发布广告，也应实施监管。如为规范网络经营公司的网络广告经营活动，适应网络时代的特点，使网络广告这一新生事物朝着健康、有序的方向发展，国家工商总局及各地工商局加强网络广告监管，工商部门将改变传统的监管方式，以网络方式管理网络广告。如上海市工商局除抽样监测本市网站的网络广告外，还在开创信息网（www. catcher. com. cn）上授权开设网络广告管理窗口，受理网民对网络虚假广告的举报，并对已经查实的网络虚假广告通过互联网予以公示。

国家工商行政管理总局每年每季度都对全国部分电视、报纸等媒体发布的药品、医疗、保健食品、化妆品及美容服务类广告进行监测抽查，并及时对发现的部分严重违法广告进行了曝光。如 2011 年第三季度公布的严重违法广告是：北京汇仁康博牛皮癣研究院（一来康克银系列组合）医疗广告（发布媒体：甘肃卫视、广西卫视）、迈道通迂益脑复健胶囊药品广告（发布媒体：南宁都市生活频道、大连二套）、陈李济舒筋健腰丸药品广告（发布媒体：南昌都市频道、兰州生活经济频道），利用专家、患者的名义和形象做证明，含有不科学的表示功效的断言或保证，误导消费者；青岛中大泌尿医院医疗广告（发布媒体：《青岛晚报》、《半岛都市报》）、新疆天山医院医疗广告（发布媒体：《乌鲁木齐晚报》、《新疆都市报》），宣传诊疗技术，利用专家的名义和形象做证明；肾元胶囊药品广告（发布媒体：《兰州晚报》、《西安晚报》），该广告属于禁止在大众传播媒介发布的处方药广告，含有不科学的表示功效的断言和保证，误导消费者；藏秘雪域冬虫夏草胶囊食品广告（发布媒体：《扬子晚报》、《沈阳晚报》）、问美美容宝胶囊保健食品广告（发布媒体：济南生活频道、武汉三套），宣传食品的治疗作用，利用专家、消费者的名义和形象做证明。

（二）消费者协会依据《中华人民共和国消费者权益保护法》保护消费者的合法权益

2013 年 10 月 25 日，十二届全国人大常委会第五次会议第三次全体会议表决通过了《全国人大常委会关于修改〈中华人民共和国消费者权益保护法〉的决定》。该法规定："各级人民政府应当加强领导，组织、协调、督促有关行政部门做好保护消费者权益工作，落实保护消费者合法权益的职责。"各有关行政部门应当依法在各自职责范围内，采取措施，保护消费者合法权益。行政保护是消费维权的坚强后盾。

《中华人民共和国消费者权益保护法》（简称《消费者权益保护法》）第四十五条规定：

“消费者因经营者利用虚假广告或者其他虚假宣传方式提供商品或者服务，其合法权益受到损害的，可以向经营者要求赔偿。广告经营者、发布者发布虚假广告的，消费者可以请求行政主管部门予以惩处。广告经营者、发布者不能提供经营者的真实名称、地址和有效联系方式的，应当承担赔偿责任。”

当实际商品质量与经营者在广告宣传中的描述不符时，就构成了商业欺诈，应当承担民事赔偿责任。此种责任属于违约责任与侵权责任的竞合，消费者可以选择其中一种进行维权。所以，当消费者遭遇虚假宣传导致权益受损时，可以选择五种方式进行维权，包括：与经营者协商、请求消费者协会调解、向有关行政部门申诉、根据与经营者达成的仲裁协议提请仲裁机构仲裁、向人民法院提起诉讼。

各级消费者协会组织是受理消费者投诉的专门组织。中国消费者协会和各地消协都有专门受理投诉的电话，消费者可随时拨打。消协接到投诉，在认清事实后，首先进行调解，当调解不成时，消协支持消费者发起诉讼，并进行必要的法律援助。如 2012 年 11 月山东枣庄市民王先生去银行存款时，有工作人员称其可以购买新型“理财产品”，收益高、风险小，他遵照建议购买了 5 万元。事后才发现这所谓的“理财产品”根本不是存款，而是保险。如果提前取款，不仅没有收益，还要扣除相应的费用。王先生十分生气，立即向当地消协进行投诉。枣庄市消协与保险公司多次调解，保险公司最终承诺，到期后按当时银行存款利率付给王先生本息，并给予王先生 6 000 元补偿。一桩纠纷得到圆满解决。

2013 年版《消费者权益保护法》在消费者权益保护方面有以下三个特点：

第一，加重发布虚假广告责任。

根据《消费者权益保护法》第四十五条的相关规定，广告经营者、发布者设计、制作、发布关系消费者生命健康商品或者服务的虚假广告，造成消费者损害的，应当与提供该商品或者服务的经营者承担连带责任。社会团体或者其他组织、个人在关系消费者生命健康商品或者服务的虚假广告或者其他虚假宣传中向消费者推荐商品或者服务、造成消费者损害的，应当与提供该商品或者服务的经营者承担连带责任。如 2010 年 12 月，消费者杜先生根据 2009 年 9 月某日报的广告《股骨头坏死——09 大革命》“服用 7 至 15 日，无效退款”的承诺购买药品，使用后药品无效，要求退货，但具体销售企业已不存在。经调解，该日报承担了相应赔偿责任。

第二，提高惩罚性赔偿数额。

《消费者权益保护法》第四十九条规定：“经营者提供商品或者服务，造成消费者或者其他受害人人身伤害的，应当赔偿医疗费、护理费、交通费等为治疗和康复支出的合理费用，以及因误工减少的收入。造成残疾的，还应当赔偿残疾生活辅助具费和残疾赔偿金。造成死亡的，还应当赔偿丧葬费和死亡赔偿金。”该法第五十一条规定：“经营者有侮辱诽谤、搜查身体、侵犯人身自由等侵害消费者或者其他受害人人身权益的行为，造成严重精神损害的，受害人可以要求精神损害赔偿。”该法第五十五条还规定：“经营者提供商品或者服务有欺诈行为的，应当按照消费者的要求增加赔偿其受到的损失，增加赔偿的金额为消费者购买商品的价款或者接受服务的费用的三倍；增加赔偿的金额不足五百元的，为五百元……经营者明知商品或者服务存在缺陷，仍然向消费者提供，造成消费者或者其他受害人死亡或者健康严重损害的，受害人有权要求经营者依照本法第四十九条、第五十一条等法律规定赔偿损失，并有权要求所受损失两倍以下的惩罚性赔偿。”

惩罚性赔偿机制的建立，有助于激励消费者的主动维权意愿，最大限度地保护消费者集体利益，促进市场经济健康发展。2009 年 4 月 20 日，南昌市消费者黎某在某电视台购物广告中看到，上海市某网络公司宣传的具有瑞士进口机芯、天然钻石、鳄鱼表带的某品牌手表套表（每套五块手表），非常心动。4 月 29 日黎某与该网络公司联系并定购了两套金钻手表，拆箱后发现表带皮质并非鳄鱼皮质；而箱内并未发现购物发票。5 月 5 日黎某来到某品牌钟表店咨询，店中技术人员告知该套表不是瑞士进口机芯。黎某投诉到消协，经查看该商品外包装及说明书后，未发现厂名、厂址、规格、型号等标识，属“三无产品”。经调解，该电视台退回消费者黎某货款两万余元，并做加倍赔偿。

第三，提高行政罚款上限。

行政处罚是加强行政保护的重要措施之一。过去，在消费领域的行政处罚额度过低，难以对违法经营者产生应有的震慑作用，不利于更好地保护消费者权益，为此，新《消费者权益保护法》做出了相应调整。

《消费者权益保护法》第五十六条规定：“经营者有下列情形之一，除承担相应的民事责任外，其他有关法律、法规对处罚机关和处罚方式有规定的，依照法律、法规的规定执行；法律、法规未作规定的，由工商行政管理部门或者其他有关行政部门责令改正，可以根据情节单处或者并处警告、没收违法所得、处以违法所得一倍以上十倍以下的罚款，没有违法所得的，处以五十万元以下的罚款；情节严重的，责令停业整顿、吊销营业执照。”

《消费者权益保护法》还规定了以下违法情形，如：篡改生产日期的；拒绝或者拖延有关行政部门责令对缺陷商品或者服务采取停止销售、警示、召回、无害化处理、销毁、停止生产或者服务等措施的；侵害消费者个人信息依法得到保护的权利的，如在商品中掺杂、掺假，以假充真，以次充好，或者以不合格商品冒充合格商品的；生产国家明令淘汰的商品或者销售失效、变质的商品的；伪造商品的产地，伪造或者冒用他人的厂名、厂址，篡改生产日期，伪造或者冒用认证标志等质量标志的；销售的商品应当检验、检疫而未检验、检疫或者伪造检验、检疫结果的；对商品或者服务作虚假或者引人误解的虚假宣传的。除了对经营者违法行为进行处罚的机关，应当记入信用档案，向社会公布。这些规定大大提高了行政处罚力度，有助于行政执法的公开、透明，有助于提升行政处罚的威慑力度，有助于营造诚信消费环境，为保护消费者权益提供了有力保障。

第二节　社会监督

广告的社会监督，是指人民群众通过某些社会组织和社会团体、舆论机关、各种群众自治组织或者公民自行对广告活动各个方面进行的监督，包括消费者监督、广大群众的监督、新闻舆论监督等。

我国广告社会监督机制的运作分为三个层次，由下而上，逐层推进，构成一个有机的整体，并自成体系。这三个层次是：

第一，广告受众对广告的全方位监督，构成了广告社会监督的第一个层次，它是广告社会监督的基础。如果没有如此庞大的广告社会监督队伍，以及他们对广告的自觉监督，那么仅凭数量有限的各级消费者协会，无论怎样努力工作，都无法完成对纷繁复杂、数量众多的广告的监督。

第二，广告社会监督组织的中枢保障作用。由各级消费者组织具体履行的广告社会监督职能本身决定它一方面要积极宣传，动员一切可以动员的力量，包括来自个人，或来自企事业单位、社会团体及其组织的力量，对广告进行全方位的监督；另一方面对广告受众关于虚假或违法广告的举报与投诉，广告社会监督组织有责任和义务向大众传播媒介进行通报，并让新闻传媒对其进行曝光，对情节严重并造成严重后果的，广告社会监督组织还应向广告管理机关和人民法院提起诉讼。因此，在广告社会监督的运行机制中，广告社会监督组织对上连接新闻传媒、广告管理机关、人民法院，对下连接广告受众，起着重要的中枢保障作用。

第三，新闻传媒、政府广告管理机关、人民法院对虚假或违法广告及其责任人的曝光、查禁和惩处。广告的社会监督组织以其“官意民办”的性质，决定了它无法独立完成对广告的监督和保护广告受众接收真实广告信息的权利这两大任务。在通常情况下，广告的社会监督组织不得不借助新闻传媒、政府广告管理机关、人民法院对虚假或违法广告及其责任人进行曝光、查禁和惩处。因此，新闻传媒、政府广告管理机关和人民法院对虚假或违法广告的曝光、查禁和惩处，构成了广告社会监督运行机制的第三个层次，也是最高层次。在这一层次，对广告受众投诉的虚假或违法广告，最常见的做法是通过一定的社会监督组织，向新闻传媒进行发布，然后再由新闻传媒对其进行曝光，借助社会舆论的力量，防止虚假或违法广告的出现和蔓延。除此之外，政府广告管理机关、人民法院对情节严重并造成了重大伤害的虚假或违法广告的查禁和惩处，也是广告社会监督得以顺利实现的重要保证。

一、消费者监督

消费者监督是指通过消费者组织行使的监督。各种类型的消费者组织是消费者为维护自身合法权益不受侵害而形成的社会团体，也是实施消费者监督和管理的主体单位。从国内外情况看，消费者组织能够对广告实行监督与间接管理，所发挥的作用已越来越大，它是国家行政管理的重要补充。因此，充分发挥消费者组织的作用，对于加强和改进广告管理工作是十分有利的。我国于 1983 年 8 月 22 日在北京成立了全国用户委员会，1984 年 9 月 20 日在广州成立了第一家地区性的消费者组织——广州消费者委员会。1985 年 12 月全国性的消费者组织“中国消费者协会”成立，它的宗旨是对商品和服务进行社会监督、保护消费者的利益，指导广大群众的消费，促进社会主义市场经济的发展。此后，各级地方性消费者组织纷纷建立起来，它们反映广大消费者的愿望和要求，保护消费者的正当利益，对消费品质量、价格进行监督，特别对维护广告的真实性、抵制不良广告的传播，效果明显。

消费者组织的形成和发展使原本分散的力量形成了集合力量，由这种力量对广告活动形成的监督、控制和约束力量已越来越强大，对于进行欺骗性广告的广告主，这种力量有时是致命的。从我国情况看，消费者对自己权益的保护意识在加强，这对于我国的广告事业健康发展和进入良性循环有着重要意义。

国家工商行政管理总局是国务院负责市场监督管理和有关行政执法的直属机构。维护市场秩序、保护消费者和经营者合法权益、服务经济发展、促进社会和谐是其重要职责。

为了切实解决广大消费者“投诉难”的问题，及时、方便、快捷地受理消费者诉求，1999年3月15日，国家工商行政管理总局在原信息产业部的大力支持下，在全国统一开通了12315消费者申诉举报专用电话；全国各级工商行政管理机关以12315电话为依托，建立了以现代信息技术为主要手段，集受理、查处、监管为一体，覆盖全国城乡的12315消费者申诉举报服务网络。12315专用号码的启用进一步畅通了消费者的诉求渠道，更加方便了工商部门及时受理和处理消费者申诉举报，有力地保护了广大消费者的合法权益。

为了切实维护市场经济秩序，完善和创新消费维权工作机制，更加有效地保护消费者合法权益，从2006年开始，国家工商行政管理总局在全系统大力推进12315消费者权益保护行政执法体系，即在12315消费者申诉举报网络基础上，构建行政执法监管、行业自律、社会监督“三大体系”以及五级贯通的12315信息化网络，实现监管执法工作和信息化手段的有机结合。12315行政执法体系建设是工商机关落实科学发展观、构建和谐社会的重大举措，是适应时代发展要求、创新市场监督和消费维权体制机制的重大改革，全面提升了消费者权益保护工作的现代化管理水平，标志着12315消费维权工作进入一个新的发展时期。

2008年年底，国家工商行政管理总局在全国工商行政管理工作会议上，提出了加强12315行政执法体系“四个平台”建设的总体部署，要求各地进一步加大12315行政执法体系建设力度，特别要在扩大网络覆盖面、完善功能、规范运行、提升水平上下工夫，大力推进12315行政执法体系建设，使之成为工商部门与广大消费者和人民群众信息互动的平台，成为工商部门畅通民意的平台，成为工商部门接受社会监督和听取群众意见的平台，成为工商部门解决人民群众最关心、最直接、最现实利益问题的平台。12315行政执法体系“四个平台”的建设，是工商行政管理机关深入学习实践科学发展观、改善服务民生、依法履行消费者权益保护工作职责的重要载体，是积极营造良好的消费环境和市场环境、扩大消费需求、应对国际金融危机、切实维护社会和谐稳定、积极促进经济平稳较快发展的客观要求。

在一些广告发达的国家和地区，消费者监督较早地被提上议事日程，并被作为重要的监督手段。如美国消费者监督广告活动的最主要团体是商务改善协会（BBB)，其前身是全国广告监督委员会，1915年改现名。它拥有130多个地方BBB，接受消费者的诉求和质询，提供详细解答，调查虚伪与欺骗性广告并予以揭发，保护消费者利益。1970年8月，全国BBB和国际BBB合并成立了商务改善协议会（CBBB)，除对广告业和广告主进行监督外，还对国家的广告管理提出建议。此外，美国消费者联盟是美国消费者最大的组织，它经常进行商品比较试验，将试验结果向消费者公布，以便消费者在购买商品时进行识别；它还设立了最差广告奖，每年评选一次。

日本的消费者组织在广告的监督管理方面也起到较大的作用。日本民间的主要消费者组织是主妇联合会和消费者协会，其主要职责是：确保公正的竞争、保证消费者自由选择商品、保证正确的商品知识的传播和普及、尊重消费者的意志和保证消费者的社会责任。日本还通过广告审查机构（JARO)、国民活动中心和消费生活中心的工作，进一步加强广告的自主限制体系。日本的广告审查机构以美国为蓝本，组成包括广告主、广告代理业和广告媒体三方成员在内的组织；机构中立，负责审查广告内容和实际商品或服务内容的一致性，受理对广告的任何投诉；有权停止某广告的继续发布，或者要求其刊载“更正广告”、“道歉广告”等。国民活动中心是一个特殊法人团体，主要站在消费者的立场，对消费者和企业之间的纠纷进行调解，同时指导消费生活中心对难以处理的事项进行磋商。消费生活中心是地方政府为了与居民直接接触，加强对消费者服务而设置的办事机构。它们之间形成了一个网络，互通信息，以尽快解决消费者提出的问题。

在各国注意“广告净化运动”的同时，国际性的民间组织也加大了自律的力度。国际消费者联合协会（International Organization of Consumers Union，IOCU）是各国消费者的国际机构，成立于1960年，拥有120多个会员机构，分布在50多个国家，总部设在荷兰海牙。起初，它是由美国、澳大利亚、英国、比利时、荷兰五国在一起为交流产品试验和消费者事务方面的经验，酝酿成立的。该中央机构设有15个常务委员，其中由六个执委组成委员会，处理日常事务，最高权力机构是全体会议，每三年举行一次世界代表大会。IOCU是对抗国际商业集团的一种力量，它的任务是：交流各国消费者工作情况，协助建立新的消费者组织；向联合国等国际性组织陈述消费者的利益；监督多国公司。IOCU的成员分为两类，即正式成员和通信成员。凡一个组织为消费者利益工作，不受政治团体或生产、商业集团控制，具有独立性，不接受可能影响消费者利益的资助，其出版物不接受商业广告，就可申请成为该组织的正式成员；不具备上述条件的组织，只能成为通信成员。

（一）消费者监督的特点

消费者监督主要通过广大消费者自发成立的消费者组织，依照国家广告管理的法律、法规，对广告进行日常监督，对违法或虚假广告向政府广告管理机关进行举报与投诉，并向政府立法机关提出立法请求与建议。其目的在于限制虚假或违法广告对消费者权益的侵害，以维护广大消费者的正当权益，确保广告市场健康有序的发展。我国的广告社会监督组织，主要是指中国消费者协会和各地设立的消费者协会（有的称消费者委员会或消费者联合会）。目前，全国县级以上城市几乎都建立了消费者协会，还在街道、乡镇、大中型企业中建立了各种形式的保护消费者权益的社会监督网络。消费者协会基本上是由工商行政管理、技术监督、进出口检验、物价、卫生等部门及工会、妇联、共青团中央等组织共同发起，经同级人民政府批准建立，由民政部门核准登记，具有社会团体法人资格，挂靠在同级工商行政管理部门的“官意民办”的消费者组织。

通过消费者组织实行的广告社会监督有如下特点。

1. 监督主体的广泛性

广告主的商品或服务信息通过一定的大众传播媒介发布出来，就要受到广大受众的全方位监督。这些受众构成了广告社会监督的主体，其每一个成员都可以对广告的真实性、合法性进行监督，并向各级广告社会监督组织反馈其监督结果，从而构成一支庞大的广告社会监督大军。

消费者每天都会从不同的媒介或途径接触到成百上千条广告，从早上一睁眼到出门上班路上乘坐公共汽车、换乘地铁，从下午返家途中到商场购物、到路过大型的路牌、灯箱广告，从回家打开信箱取阅当日的报刊、信件到饭后打开电视机，可以说现代都市的消费者，时时处处在接触广告，躲都躲不开。因此，消费者只要留心，可以随时随地可以发现广告的问题，并及时反馈给广告主、广告经营者、广告发布者及广告监督管理机关，以便他们及时改进广告的表现形式，规范广告的内容，使之符合法律的有关规定和大众欣赏品位。

2. 监督组织的“官意民办”性

在西方，广告社会监督组织即各种消费者保护组织，都是自发成立的，代表消费者的利益，在社会上扮演着消费者斗士的角色，几乎不带任何官方色彩。如马来西亚全国癌症理事会强烈抗议烟草公司赞助该国电视台直播2002年世界杯足球赛，并在直播节目中大打香烟牌子的广告。①

再如，芬兰的妇女组织向该国最大报纸《赫尔辛基新闻》施加压力，使其于2002年6月19日宣布，将停止在该报刊登色情广告。长期以来，作为芬兰最大报纸的《赫尔辛基新闻》和其他一些芬兰报纸一样，毫无顾忌地刊登色情广告，使芬兰妇女感到非常愤慨。后来，拥有50余万会员的芬兰妇女组织中央联合会警告说，如果《赫尔辛基新闻》继续刊登色情广告，该组织将号召其成员取消订阅该报。同时，芬兰警方经过调查认为，《赫尔辛基新闻》刊登的一些色情广告与卖淫集团拉皮条有关，属于违法行为。迫于来自各方面的压力，《赫尔辛基新闻》不得不宣布停止刊登色情广告，这将使该报每年损失100万欧元的收入。②

我国各级消费者协会则更多地带有“官意民办”的性质。由这种“官意民办”性质决定，广告社会监督组织具有双重使命，既要在一定程度上体现官方意志，又要体现消费者意志，保护广大消费者的合法权益。

3. 监督行为的自发性

广告受众依法对广告进行监督，这并非是广告管理机关和广告社会监督组织的指令所致，而是一种完全自发和自愿的行为，在此过程中，几乎不存在任何的行政命令和行政干预。广告受众这种自发行为主要来自：第一，广告受众对自己接收真实广告信息的权利加强了认识；第二，广告受众保护自身合法权益的意识提高。这一切皆取决于人的素质的提高和广告受众自我保护意识的加强。因此，社会越发展，其文明程度越高，人的素质越高，广告受众的自我保护意识越强，那么，对广告的监督行为也就越自觉。

4. 监督的无形权威性

广告主发布广告，向社会公众传递商品和服务信息，使潜在的购买欲望发展成为现实的购买行为。但社会公众是否愿意接受广告信息，是否愿意产生购买欲望和发生购买行为，主动权不在广告主一边，也不在广告公司一边，而是在广告受众一边。广告信息是否真实、广告主的承诺是否可信，将直接影响广告受众对它的认可与接受，并决定其购买愿望和行为的产生。因此，以广告受众为主的广告社会监督主体对广告的监督结果具有一种无形权威性。

（二）消费者运动

随着消费者运动的发展，实施消费者对广告的监督成为消费者运动的一项重要内容。从现代社会发展看，凡是消费者运动开展得好的国家，消费者对广告的监督规范化程度就高。另外，市场经济是法制经济，是消费者的主权经济，消费大众是广告所要针对的群

---

① 参见《马来西亚“足球广告”遭抗议》，载《新快报》，2002-05-28。

② 参见《妇女表示强烈抗议　芬兰最大报纸停止刊登色情广告》，见新华网，2002-06-19。

体，是企业广告活动及各种营销活动的直接感受者，广告行为规范与否直接关系到消费者的切身利益，因此，依靠动员消费者对广告行为实施监督，是一条很重要的途径，也是十分必要的。同时，消费者对广告的监督权是我国法律、法规赋予的。《消费者权益保护法》、《中华人民共和国广告法》及其他法律、法规中都规定消费者有权监督社会经济的运行，包括监督广告的运行。消费者对广告监督的约束手段主要通过保护自身的合法权益，通过消费者组织和社会舆论作用，借以规范广告经营行为。

目前全球大多数国家都形成了或开始形成消费者运动，组织起来为消费者争取权利，在不完善的市场中，增加买方的权利。如果消费者想要知道他们买的是什么，吃的是什么，产品的保质期是多长，产品对他们和对环境来说是否安全，消费者组织通常会为消费者提供以下三个方面的帮助。

1. 消费信息

要求获得关于产品和服务提供者的销售信息的资料，或一些用于比较的数据，以支持做出特殊的购买决策。如前所述的美国禁止虚伪和欺骗性广告的最主要机构 BBB 已有 70 多年历史，它对于消费者的诉求和质询提供详细解答；它承担着调查虚伪与欺骗性广告并予以揭发和保护消费者合法利益的任务。消费者同盟是美国最大的消费者组织，它从事商品比较试验，并将试验结果向消费者公布，以供在购买商品时识别，该组织每年提供的报告多达几百万份。法国 1951 年创立了消费者联盟，其主要活动目标在于对消费者的问题进行调查研究，提供商品性能、质量、价格和使用方法等方面的资料。有了消费信息，消费者在欣赏广告、评价广告、利用广告的同时，还能使自己从广告中获得有价值的信息，节省购物的时间、精力，使自己有更充裕的时间去工作、学习，为社会创造更多的物质财富和精神财富。

一般来说，消费者从广告那里只接收到了广告主想让他们知道的信息，而接收不到他们想了解的信息，这使广告信息的传播者和接收者的信息交流处于不平衡状态。如前些年社会上刮起的“补锌热”、“补铁热”就反映了上述情况。由于当时的广告宣传，中国似乎出现了“全民缺铁”、“全民缺锌”的热潮。与此同时，有些商家在大街上免费为顾客测量骨密度，在前臂检测 3～5 分钟，电脑就打印出一个纸条，说他重度、中度或轻度缺钙；即便纸条上说“良好”，商家也要给他一个“忠告”：“您可能有骨质增生。”还有广告说 90％以上的中小学生骨骼缺钙。真的是全民都需补钙吗？也许并不尽然。钙是人体必需的元素，成人每日摄取 300 毫克就足以维持血钙稳定，在一般情况下，食物中钙吸收率为 30％～40％，也就是说每天进食钙 750 毫克～1 000 毫克就可以了；如果身体缺钙，肠的吸收率会提高，肾的排泄将降低，机体本身就有这种自动调节功能。只要科学用餐、平衡饮食、适量进食富钙的食物，如牛奶、豆制品、海产品和绿叶蔬菜等，根本用不着服钙剂；若怀疑自己缺钙，应到医院做正规检查，诊断确实缺钙再在医生指导下服用钙剂。盲目自行服用钙剂是不可取的。

有些媒体刊登的文章式广告专题介绍“特色”专病专治方法和“知识”，都是“专家”坐诊，都在某个医院里租房子开诊，都敢说大话，都公布了“咨询”电话。例如，题为《儿童弱智、痴呆患者的福音》广告说：“采用高活性‘注射液’，通过注射内服为一体，能较快与神经细胞亲和，促进脑细胞发育成长，一般经过短期治疗即可达到同龄儿童健康水平。”这是典型的天方夜谭，只有江湖骗子才敢编造这样的神话。走江湖者自称“专家”，借一些医院的招牌大做骗人广告，赚一把便溜，陷这些医院于尴尬之中的事屡屡发生。如果医院的一位外科“专家”连X光片上明显的颈椎骨折都看不出来，却嘱患者去做推拿治疗，致使这位患者高位截瘫并死亡，那位推拿者坐了大牢，这家医院也连带吃了官司，而这位“专家”则已逃之夭夭。

其实这些广告信息在传播过程中里面的疑点很多：这些“专家”、“教授”或“医师”是否具备健康咨询工作者的资格？他们提供的信息是否真实？例如，华北一个省级电台在自己的健康咨询节目中推销对治疗中老年人中风瘫痪有奇效的纯中药，一位“专家级医师”说得活灵活现，还举出了有效病例的姓名、性别、年龄、住址和电话号码。记者拨通了其中一个北京的电话号码，对方说没有这个人。随后记者又拨了一个廊坊的电话，对方反复追问打电话者是什么人，要问什么事，记者说只想和这位“偏瘫已被治愈的67岁老人”在电话里说几句话，对方说“他不在家”；第二天、第三天晚上再次拨通这个电话，仍说这位老人不在家。这不能不让人生疑，电视台宣传的“知识”有没有科学真实性？有的节目大讲某口服液如何排除体内“垃圾”，有的讲某器械如何燃烧皮下脂肪。人体有很强的自动调节能力，人体的新陈代谢是个动态平衡系统，排出体外的代谢物并不能统称为垃圾。例如每天排出的钾、钠、钙等同当日摄入量及与体内需要量相关，肠通过吸收的多与少、肾脏通过重吸收或排出的多与少自动保持着代谢的平衡。如果某个口服液果真干扰了这种动态平衡，只会伤害身体健康。体内脂肪是机体储存的能量，其代谢过程十分复杂，有自己的规律，一个外部器械果真能改变这个规律，也必然会给机体带来伤害。

2. 消费教育

做一个明智的消费者需要的知识：树立正确的消费观念，知道如何能经济、实惠地采取购买消费行动；了解买家和卖家如何相互影响；当侵权或其他事件发生后，应如何面对有关人士及消费机构。如日本主要消费者组织是主妇联合会和消费者协会，其主要职责是保证消费者自由地选择商品，保证正确的商品知识的传播和普及，尊重消费者的意志和保证消费者的社会责任、确保公正的竞争等。

消费者应树立正确的消费观念。中国消费者协会10多年前就提出了“科学消费”的主题，并确定了以保护消费者的安全权和知情权为核心，以监督食品、药品和建筑装饰材料等热点消费领域为重点，引导消费者合理、科学消费，全面提高消费者素质的基本目标。科学消费应该包含以下几个方面的内容：一要讲究消费的生态效益，要在满足人类消费需求的同时，合理有序、有度地开发利用资源，重视生态环境的保护；二要讲究消费的社会效益，在不影响个人消费基本目的的前提下，注重对社会的有益性，不能给社会和他人带来负面影响；三要合理消费，我国还属于发展中国家，刚刚从解决温饱阶段进入全面建设小康社会阶段，消费一定要本着勤俭节约的原则，反对铺张浪费；四要健康消费，要树立健康的消费观念，多在健康、高雅、积极向上的方面“投入”，追求消费回报的健康性、持续性；五要改变传统的消费观念，既要量入为出，又不要消极“守财”，积极消费对个人、对社会的发展都是有益的。

在目前的形势下，提倡和引导科学消费观念是很有必要的。从宏观上讲，一方面土地资源和水资源等基础资源的贫乏、生态环境的不断恶化已经成为制约我国经济发展的重要因素之一，能否建立科学合理的消费观念和消费习惯，事关我国经济发展的潜力和后劲。另一方面，近几年来，由于我国经济的稳步发展，人民的经济收入迅速提高。社会上一部分人，尤其是城市中的年轻一代，讲排场、摆阔气，吃、穿、用都讲“牌子”，对消费观念起到了一定程度的误导作用，很有必要通过“3·15”消费日这个特殊机会，大力宣传科学消费。同时，由于人们经济收入的增长和社会财富的丰富，消费渠道越来越广泛，需要积极倡导消费主渠道，提高健康消费意识，注重消费的经济性、社会性和科学性。社会上目前出现的信贷消费信任危机，除了人的素质有待提高以外，与消费不科学、无计划也有很大的关系。

从食物消费的具体领域来看，如何通过日常普通的一日三餐吃出健康、吃出营养，引导居民合理的饮食习惯，关系到中华民族整体素质的提高，关系国计民生，不可等闲视之。具体来说就有正确处理食物消费中营养结构合理搭配、均衡膳食的问题。改革开放30多年来，我国的国民经济有了突飞猛进的发展，人民的生活水平随之得到了迅速提高，并向全面建设小康社会迈进。但是，由于不少人缺乏应有的基本营养常识，导致了日常膳食结构不均衡，尤其在青少年中出现了一些令人担忧的现象：第一，从总体上看，目前青少年能量的摄入量大大增加，但优质蛋白质的摄入仍普遍严重不足；第二，在城镇特别是大中城市，由于蛋白质、脂肪等高热量食物摄入过多，营养元素不平衡，居民身体状况堪忧；第三，在农村特别是西部农村地区，由于营养不足，尤其优质蛋白质摄入过少，有不少青少年身高偏低、身体偏瘦弱、智力发育迟缓。另外，由于食物的生产、加工、贮运、消费等各个环节仍存在不规范的现象，食物的安全性问题已经引起了各级政府和消费者的高度重视。为此，国务院办公厅颁布实施了《中国食物与营养发展纲要（2001—2010年）》，为指导我国食物与营养工作持续协调发展、增进人民身体健康、提高国民身体素质提供了一个纲领性文件。国家食物与营养咨询委员会作为起草“纲要”的机构之一，在全国积极推行“国家大豆行动计划”和“奶业振兴计划”，大力发展大豆产业、奶类产业和食品工业，推动食品工业的快速稳步发展，把农村地区和西部农村地区作为重点地区，力求从整体上加快我国食物与营养发展的进程，引导人民合理饮食、科学消费，保障人民的身体健康。

“民以食为天”已经众所周知，食物与营养是关乎国计民生的大问题；同时还应该提出“食以安为先”，食物的安全性是最根本的基础和前提。因此，关于食物消费，也应形成正确的消费观念：第一，要口味好，营养配合全面，保证足量摄入；第二，要均衡搭配，不能偏食，这包括粗细搭配、粮果搭配、肉菜搭配等；第三，要科学合理，就是要学习基本的营养知识，根据年龄、职业、季节、身体状况等合理饮食；第四，要讲求经济实惠，不能一味追求时尚。有了科学的消费观念，就能在一定程度上避免消费者利益受损。

有些信息包含着新知识，一些广告策划人员就利用消费者知识欠缺恶意炒作。如2001年，国内约有200家企业借“纳米”造势。我国企业生产的所谓纳米产品，实际上当前大部分产品只是微米级的，比纳米要扩大了1 000倍。可生产者和经营者为了寻找新的卖点，却以纳米新产品的面目包装。即使有些真正的纳米产品，也只是初级产品：所谓纳米冰箱，只不过是添加了氧化钛的纳米无机物，产生了一定的抗菌性能；所谓纳米洗衣机，也只能说是添加了纳米材料的洗衣机，而且纳米材料还只是应用在滚筒洗衣机外桶的内壁上。而据权威杂志《科学》的评论说：纳米技术在很大程度上还在若有若无之中，纳米技术是一种憧憬，现在实际上还不存在纳米技术。

英国政府于2004年12月发表的一份公众健康白皮书计划规定，为了防止儿童肥胖现象在英国的蔓延，英国政府将实施一项新政策，禁止电视频道在儿童观看电视的黄金时段播放任何"垃圾食品"广告，从而减少儿童观看此类广告的机会。这份白皮书一经报界透露，就引起了食品和饮料生产部门，尤其是麦当劳等跨国食品连锁商的关注。英国专家们指出，可乐、汽水、糖果、薯条、薯片、汉堡包等很多或者高糖、或者高油盐的零食，是造成全球青少年超重和肥胖症的主要祸首。据英国电信监管机构 Ofcom 统计，70%的英国学龄期儿童在晚 6 点到晚 9 点之间观看电视，其中越来越多的人由于吃零食和缺乏锻炼而患有肥胖症。世界卫生组织警告说，肥胖症已给全球健康和经济发展带来严重危险。目前世界有 10%的学龄儿童体重超重，而在中国城市，超重儿童已经高于这一比例。[①]

3. 消费者保护

消费者应增强自我保护意识，善于拿起法律的武器保护自己，向政府组织或调整机构提出申诉，以维护消费者的权益。随着广大消费者法律意识和自我保护意识的显著提高，他们对虚假广告的辨别能力也有所增强，不仅能自觉抵制虚假广告的诱惑，而且积极投诉、举报，主动协助政府查找线索，维护其他消费者的利益，维护社会主义市场经济秩序。

消费者协会（简称"消协"）调解起诉常遭遇"取证难"问题。

我国《广告法》规定，各地的工商管理部门是广告监督管理机关，具有监督、惩罚的职能，特别对于广告的虚假宣传、误导消费者等行为可以依法进行惩罚。《中华人民共和国产品质量法》也规定，质监部门负责产品质量监督工作，对于生产、销售假冒伪劣产品的商家可以采取惩罚措施。但在实际操作中，处罚违法企业却存在取证难、起诉难等诸多困难。

2011 年年初，四川双流县年近 70 岁的江大妈在某商城参加某企业健康知识宣传。一入场，就被宣传人员热情接待，在进行了测血压等简单体检后，宣传人员严肃地告诉江大妈她有"三高"症状，建议她使用该公司专门防治"三高"的保健品，宣称该保健产品对防治关节炎、心脏病等同样效果奇佳，比专门的药物治疗还要好。江大妈当场买了价值 8 544 元的该产品。在食用约四盒后，才想起查阅说明书，发现竟然是"无产地、无厂名、无生产许可证"的三无产品；再找销售方，已经不见踪影了。

江大妈向消协投诉，但因该推销商不是当地企业，调解起来难度很大。《消费者权益保护法》第二十条规定："经营者应当标明其真实名称和标记。租赁他人柜台或者场地的经营者，应当标明其真实名称和标记。"

从各地消协受理情况来看，不少虚假宣传发生在现场宣传推销、上门推销、电话直销、网络购物等新型营销方式中。在一般商品买卖中，消费者若遭遇虚假宣传，可以凭商场开具的消费凭证，直接向商家索赔，或是向当地的消协及工商部门请求其帮忙协调。但在上门推销、网上交易等新型营销方式中，消费者通常难以取得消费凭证，加之不少商家是跨地域推销，"打一枪换一个地方"，事后消费者投诉到消协，也常出现难以取证的尴尬。

消费者协会作为民间组织，不具有行政职权，只能居间调解，不能彻底解决问题；消费者采取诉讼等措施进行维权，虽然能够取得积极效果，但是因为诉讼程序复杂、经济成本较高等诸多不利因素，一些消费者在遭遇虚假宣传、买了假货以后被迫放弃自身权利。

因此，消费者也应该养成维权的意识，以捍卫自己的合法权益。在网络购物、电话购

---

① 参见刘桂山、申水：《麦当劳广告将在英国被禁　"节食法规"震慑巨商》，载《国际先驱导报》，2004-12-03。

物中，首先，要注意留存与卖家的聊天记录以及电子交易单，针对所购买的商品，应尽可能多地问清楚买卖双方要承担的权利与义务，以及商品的详细信息，并索要相关的网络购物凭证，一旦日后出现纠纷，这都是与商家进行交涉的有力证据。另外，“一分钱一分货”，如果对方的报价与市场价格相差太大，尽量不去购买，“买家不如卖家精”，消费者一定要保持清醒头脑，别贪图一时便宜，因小失大。

二、舆论监督

广告的社会监督组织“官意民办”的性质，决定了它无法独立完成对广告的监督和保护广告受众接收真实广告信息的权利这两大任务，在通常情况下，广告的社会监督组织不得不借助新闻传媒、政府广告管理机关、人民法院对虚假或违法广告及其责任人进行曝光、查禁和惩处。如《广告行业公平竞争自律守则》中明确规定：违反《广告业公平竞争自律守则》情节严重或坚持不改的，由中国广告协会在公开出版物上曝光。因此，对广告信息受众投诉的虚假或违法广告，最常见的做法是通过一定的社会监督组织，向新闻传媒进行发布，然后再由新闻传媒对其进行曝光，借助社会舆论的力量，防止虚假或违法广告的出现和蔓延。现在每年 3 月份开展的“3·15”维护消费者权益活动更是给打假扫劣壮大了声势。消费者监督与新闻舆论监督结合起来使广告的全面管理得以落实，以保证社会监督和管理更实在、更有效。

舆论指的是社会或社会群体中对近期发生的、为人们普遍关心的某一争议性的社会问题的共同意见，这种一致性的意见对公共问题的存在和变化及与此相关的人们的行为能产生直接或间接的影响，即产生某种实际效力。这是舆论与一般的意见和言论相区别的关键，即舆论是大多数人在亲身体验、议论和争论中所表达出来的对于某个社会现实问题的比较一致的态度。因此，在舆论中总可以发现关于人们共同注意的某个问题的现状或未来状况的信息，这就使得舆论具有良好的现实判断能力和相当准确的预测能力。众所周知，在社会生活中，企业运作、消费者消费都是以信息的及时反馈为前提的。而舆论实际上也是一种信息反馈，舆论监督是公众在了解情况的基础上，通过传播媒介行使法律赋予的监督权利、表达舆论，影响公共决策和社会行为的一种社会现象。有些严重的虚假广告案件，是通过媒体曝光才在更大范围内引起消费者的关注，同时也引起有关部门重视的，所以媒介的监督力不可低估。如 2002 年 5 月 30 日的《南方周末》上刊登的《还要坑多少人?〈南方周末〉揭穿“中华灵芝宝”四大骗招》一文引起很大反响，使不了解该产品的广大消费者提高了警惕。该文章揭露了“中华灵芝宝”四大骗招：

第一，请协会、专家、患者一起做“报告”，在报刊、电视、广播上刊播违规广告。尽管国家药监局和一些省市的药监局仍在给“中华灵芝宝”发放广告批文，但这些获准的广告内容根本无法满足绿谷公司的欲望。在网上检索可知，国内各地多家报纸陆续刊登有种种“精彩”的“抗癌故事”。一位读者给《南方周末》传真了安徽某晚报的一篇文章，题为《暗访屡现报端的肿瘤康复者》，其中写了三位肿瘤患者服用“中华灵芝宝”后起死回生的故事，最后印有“中华灵芝宝”的地址电话。此文刊于该报“体育新闻”版。来信读者气愤地写道：“无良的媒体是无良产品的最大帮凶！”

第二，散发非法印刷品广告，其中有绿谷公司内部编印的刊物《抗癌周刊》、《东方健康抗癌特刊》等。与抗癌协会等机构“合作”，请“抗癌明星”“现身说法”，这是“中华灵芝宝”的营销“绝技”。记者在广州曾听过这种会。会前，当地报纸打出的广告颇有诱惑力：“全国百名抗癌勇士暨治疗指导专家巡讲团将莅穗”，“肿瘤专家为患者义务咨询及提供治疗方案”。整个活动其实都是由上海绿谷公司一手操办的，主办单位却冠以“中国抗癌协会癌症康复会”的名义。会场外，“百名抗癌勇士”的照片和资料介绍逐一列出，会上还有几位“勇士”声情并茂地演讲，真是不由你不信。仔细一看，这些“勇士”全都是吃了“中华灵芝宝”之后成为“勇士”的。“专家”的“学术报告”最后也是一个意思：治癌还是要买“中华灵芝宝”！会后是“专家”“义务”看病，开出的处方就是告诉你要买多少“中华灵芝宝”。如此“会场”成“卖场”，真是对监管部门的莫大嘲讽。类似的名义还有所谓研讨会、报告会等。

第三，搞坐堂医生制。北京市工商局曾在检查中发现，“中华灵芝宝”以咨询为名坐堂行医。据报道，在新大都药店的专家咨询处，坐堂的大夫是某厂的工作人员，护校毕业，可在咨询过程中她却给患者开药。最近，在福州祥源药店，“中华灵芝宝”还专门设立“专家咨询点”，所谓的“专家”装模作样地向癌症患者查询病情，最后总是向患者推荐“中华灵芝宝”。而按规定，药店只能销售药品，不能设立坐堂医生。

第四，贿赂官员，10 天拿到批文。赵某某是药政部门官员，因“中华灵芝宝”受贿而被判刑（有期徒刑两年，缓刑三年）。他接受了上海巨人集团（后已更名为上海绿谷集团），明德制药厂（也已成为绿谷属下的西安绿谷制药公司）负责人吕松涛送的钱财贿赂，为其加快办理“中华灵芝宝”、“灵芝片”、“灵芝胶囊”等五种药的批文。该药没有做药理药性、毒理毒性和临床试验，从明德制药厂向陕西省卫生厅打报告申请，到陕西省卫生厅发文给予批准药号并同意生产，时间前后仅仅相隔 10 天。

上述这篇文章从不同的角度揭露了虚假广告为什么和如何能频频地广泛传播，其中的问题是很发人深省的。而从另一方面来看，媒体刊登一些案件的调查分析也有利于提高消费者的认识，创造良好的监督环境。

【思考题】

1. 广告自律的特点是什么？
2. 广告自律组织与规范分别有哪些？
3. 广告自律与政府管理的联系与区别是什么？
4. 广告的社会监督包括哪几个层次？
5. 消费者对广告活动监督的特点有哪些？
6. 舆论监督在规范广告活动中有什么作用？

第六章

广告法规管理体系概述

广告信息传播是一种社会性的活动。在广告传播过程中会发生各种各样的社会关系，要使发生在广告传播活动中的各种社会关系正常、彼此间的活动规范有序，有益于整个社会机体的正常运转，就必须利用各种规范形式与规范手段对各种社会关系加以调整，对广告传播行为进行有效的控制。如果没有这种调整与控制，广告传播及其社会关系就会出现失范与混乱，从而对社会造成损害。所以说，订立广告法有以下目的：

第一，规范广告活动。广告活动是一种社会活动，它通过有计划的自我宣传来达到影响社会意识和心理的目的。广告主、广告经营者和广告发布者作为广告活动主体的基本成员，其广告行为对于社会公共利益负有重要的义务和责任；而商业广告活动是否规范更直接关系到消费者的切身利益，也关系到广告活动主体在竞争中合法权益的保障问题。因此，从法律高度对广告活动中广告的发布标准、广告活动主体资格、广告活动竞争规则三个方面予以规范，符合国家和社会公共利益、广大消费者的利益，以及广告活动主体的切身利益。第二，促进广告业健康发展。自 20 世纪 80 年代以来，我国广告业快速发展，在一定程度上反映了市场经济发展状况，但我国广告业在迅速发展的同时，也暴露出很多不容回避的问题，如广告活动主体素质不高，主要表现为：一些广告经营单位人员素质不高，管理层次水平不高；广告主的广告意识不强，投入费用不科学；广告发布未能完全按照市场规则运作。广告行为不够规范主要表现为：一些广告主由于法律观念不强，在经济利益的驱动下，发布虚假违法广告，推销假冒伪劣产品；有的广告内容庸俗低下，违背社会公德；有的在广告中贬低竞争对手，损害他人的商业信誉；一些广告经营者违背商业道德，利用不正当手段争夺广告客户，干扰正常的经营秩序；一些媒介单位见利忘义，不认真履行广告审查职责，发布损害国家利益和社会公众利益、损害消费者利益的违法广告。以上这些问题干扰了广告行业的正常秩序和健康发展，严重损害了广告业的声誉和广告人的形象。因此，必须从法律的角度，对广告业发展中出现或有可能出现的一些消极现象，制定必要的防范性、限制性规定。第三，维护社会经济秩序。《中华人民共和国广告法》是一部社会管理法律，是通过对商业广告行为的规范来维护社会正常秩序的。几百年来市场经济运行的实践证明，广告市场的状况对社会经济秩序具有重大影响，虚假违法广告和商业宣传中的各种不健康、不道德行为，本身就是不公平交易和不正当竞争行为的重要表现形式，扰乱了社会经济秩序，腐化了社会风气，阻碍了社会生产力的发展和社会的进步。《中华人民共和国广告法》把维护社会经济秩序作为重要立法目的，其意义在于从根本上明确该法在社会主义经济法制体系中的重要地位，也使我们能够全面理解、运用该法。第四，保护消费者的合法权益。通过广告选择商品和服务，表面上看来是消费者的主动行为，但在客观上，由于具体的消费者不可能具备全面的市场经验和商品知识，往往会出现受广告诱导、发生错误选择的被动局面；同时，由于广告活动主体广告行为不够规范，常常会出现虚假违法广告，使消费者的利益受到损害。通过法律对消费者的利益予以特殊的保护是广告立法的重要目的。《中华人民共和国广告法》对消费者权益保护的条款主要表现在对广告内容真实性的要求，对广告内容符合社会道德规范的要求，以及对有关损害消费者利益行为的法律责任，特别是民事责任的规定等几个方面。

第一节 《中华人民共和国广告法》概述

《中华人民共和国广告法》（简称《广告法》）是一部较全面地规范广告内容及广告活动的法律，也是体现国家对广告的社会管理职能的部门行政法。《中华人民共和国广告法》的颁布实施是我国社会主义市场经济体制逐步建立的结果，更是依法维护广告市场的重要标志。

一、《中华人民共和国广告法》的调整范围

《中华人民共和国广告法》的调整范围明确表述在三个方面。

（一）地域上的调整范围

2015 年新版《中华人民共和国广告法》第二条明确规定："在中华人民共和国境内，商品经营者或者服务提供者通过一定媒介和形式直接或者间接地介绍自己所推销的商品或者服务的商业广告活动，适用本法。"所谓中华人民共和国境内就是广告法地域上的调整范围，它是指我国行使国家主权的空间，包括陆地领土、领海、内水和领空四个部分。本法作为我国最高的立法机关即全国人民代表大会通过的法律，是在全国范围内发生法律效力的，一切在中华人民共和国境内从事广告活动的单位和个人，都必须遵守此法。

（二）广告内容的调整范围

广告的内容十分广泛，形式也多种多样，但《中华人民共和国广告法》对广告内容的调整范围只局限在商业广告。2015 年新版《中华人民共和国广告法》第二条的规定，商业广告是商品经营者或者服务提供者通过一定媒介和形式直接或者间接地介绍自己所推销的商品或者服务的广告。我国 1987 年颁布的《广告管理条例》把广告仍然看做一种宣传手段，把商业广告和非商业广告纳入了统一的规范之中。《中华人民共和国广告法》把调整范围只限定在商业广告，至少说明了两个方面的问题：一方面，随着市场经济的不断发展，商业广告在促进推销商品和服务上所起的重要作用日益扩大，人们（特别是企业）对广告越来越重视；另一方面，立法部门和管理部门将商业广告从包括其他非商业广告形式的广告中分离出来，实际上也就表明了对广告的规范和管理在经济领域内进行的主导思想。

（三）广告行为主体的调整范围

《中华人民共和国广告法》的调整范围就行为主体而言，包括三方面：（1）广告活动主体：广告主、广告经营者、广告发布者、广告代言人；（2）广告监督管理机关和广告审

查机关及其工作人员；（3）在广告中向消费者推荐产品或服务的社会团体及其他组织。

对上述这些行为主体从事的与商业广告活动有关的行为，《中华人民共和国广告法》做了必要的规范性规定。

二、《中华人民共和国广告法》的主要特点

《中华人民共和国广告法》是体现国家对广告的社会管理职能的部门行政法。由于《中华人民共和国广告法》调整的对象是国家广告监督管理行政关系，或者说是广告市场的监督管理关系，因此，它在我国法律体系中是部门行政法，或者说是部门经济行政法，而行政法是调整行政关系以及在此基础上产生的监督行政关系的法律规范和原则的总称。

（一）《中华人民共和国广告法》内容的主要特点

（1）《中华人民共和国广告法》具有一定的超前性。如该法对广告活动主体做出的定义为实现广告业内部合理分工、积极推行广告代理制打下了重要的法律基础。

（2）《中华人民共和国广告法》具有很强的针对性。该法设立的一些限制性、禁止性条款，除个别借鉴国外的管理经验外，都是针对我国广告市场面临的一些突出矛盾和问题的。

（3）《中华人民共和国广告法》操作性较强。《中华人民共和国广告法》规定了禁止性、限制性条款，如果违反了这些条款的规定，在法律责任部分对其处罚做出了较为明确的规定，执行起来对号入座，简便易行。

（二）《中华人民共和国广告法》所体现的行政法律关系的特征

（1）广告监督管理机关行使行政权力的行为是行政法律关系发生的必要条件。

（2）行政法律关系的主体及其权利和义务都是由《中华人民共和国广告法》预先确定的，当事人没有自由选择的余地。如广告主自行或委托他人设计、制作、发布广告，必须具有或者提供真实、合法、有效的证明文件，否则，广告经营者、广告发布者均不得设计、制作、代理和发布。

（3）广告监督管理机关在《中华人民共和国广告法》中的权利和义务是重合的，即对广告及广告活动进行监督管理时体现为权利主体，而相对于国家而言则体现为义务主体。这种权利和义务的结合体就称为职权，广告监督管理机关依据《中华人民共和国广告法》可以行使职权，同时依法必须行使职权，既不能转让，也不能放弃，否则就意味着失职。

（4）《中华人民共和国广告法》中的行政法律关系具有不对等性。所谓不对等性，是指行政法律关系主体双方的权利义务不对等，这种不对等性表现在两个方面：第一，行政法律的产生不以当事人双方的合意为必要条件。一般来说，广告监督管理机关在履行其职权时，可以征询或依法应当征询相对一方当事人的意见，但相对一方当事人的同意与否并不是行政机关行使其职权的必要前提。第二，广告监督管理机关以国家的名义执行公务，行使职权，参与行政法律关系。在相对一方当事人不履行行政法规定的义务时，行政机关可以强制其履行；而行政机关不履行其职责时，相对一方当事人只能请求其履行或通过向有关国家机关提出申诉等方式来解决。

（三）《中华人民共和国广告法》内容有一定的局限性

（1）《中华人民共和国广告法》作为部门行政法，缺少国家对广告业发展基本方针的

表述，缺少对广告活动主体基本权利的表述，缺少国家支持、促进广告业发展的基本政策措施的表述。

（2）虽然《中华人民共和国广告法》对广告活动的规范原则和其对广告准则的规定对我国所有广告活动及广告内容都具有根本的规范指导作用，其力度、涵盖面是其他广告法规所不能比拟的，但其调整对象侧重在商业、服务性广告，实际上是一部商业广告法，回避了对社会、公共类广告的管理问题。

（3）《中华人民共和国广告法》在对广告活动的原则做出某些规定的同时，并未对广告活动主体违反规定应当承担的法律责任做出规定。

《中华人民共和国广告法》是我国第一部规范广告活动的法律，鉴于《中华人民共和国广告法》存在上述局限，而且由于我国广告业本身正处于逐步发展完善阶段，对广告法律体系的认识也有一个不断深化的过程，对《中华人民共和国广告法》本身也需要用实践来检验，随着社会经济的发展和条件的成熟，《中华人民共和国广告法》也要进行相应的补充和修订，以有利于我国广告活动规范化、法制化建设的需要。

三、《中华人民共和国广告法》与其他法律法规的关系

一般来说，一部法律一经施行，自施行之日起，在此之前制定的一切与该法律有抵触的规定，均自然无效，一切均以新颁布的法律为准，这就是“后法优于前法”的公认法理。也就是说《中华人民共和国广告法》相对于其他法规来说，存在着“优先适用”的原则。在《中华人民共和国广告法》实施后，立法机关规定在《中华人民共和国广告法》施行前制定的其他有关广告的法律、法规的内容与《中华人民共和国广告法》不符的，以《中华人民共和国广告法》为准。

再如，如前所述，《中华人民共和国广告法》调整的对象只是商业广告，而过去的广告法规中有关商业广告的规定与《中华人民共和国广告法》规定的内容不符的部分，应适用《中华人民共和国广告法》。但有些非商业广告的规定在《中华人民共和国广告法》中并未涉及，那么遇到有关非商业广告的问题，也就是《中华人民共和国广告法》未作规定而其他有关广告管理法规中有所规定的，仍然应当适用原有的规定，如社会类、公共类广告。其他广告管理法规中的有关规定只要不与《中华人民共和国广告法》相冲突，仍继续有效。

除《中华人民共和国广告法》和《广告管理条例》外，目前也有其他一些法律、法规从不同的角度和侧面，涉及广告管理。这些法律法规主要有：《药品管理法》、《食品卫生法》、《烟草专卖法》、《反不正当竞争法》、《消费者权益保护法》、《兽药管理条例》、《化妆品卫生监督条例》、《道路交通管理条例》、《城市市容和环境卫生管理条例》等，我们在广告管理工作中一定要把握好执法内容，理顺《中华人民共和国广告法》与这些法律、法规之间的关系。

如 2015 年新版《中华人民共和国广告法》第二十二条规定：“禁止在大众传播媒介或者公共场所、公共交通工具、户外发布烟草广告。禁止向未成年人发送任何形式的烟草广告”，“禁止利用其他商品或者服务的广告、公益广告，宣传烟草制品名称、商标、包装、装潢以及类似内容”，“烟草制品生产者或者销售者发布的迁址、更名、招聘等启事中，不

得含有烟草制品名称、商标、包装、装潢以及类似内容”。而同样的问题，《烟草专卖法》第十九条相应的规定是：“禁止在广播电台、电视台、报刊播放刊登烟草制品广告”，要求在卷烟、雪茄烟的包装上标明“吸烟有害健康”的警语。由此可以看出，《中华人民共和国广告法》对烟草广告的规定与《烟草专卖法》相比有些不同，前者将烟草制品广告扩大为烟草广告，对发布烟草广告的禁止范围更大。对烟草广告的管理应以《中华人民共和国广告法》的规定为准，《烟草专卖法》中对要求在卷烟、雪茄烟的包装上标明“吸烟有害健康”的警语的内容则继续有效。又如《中华人民共和国广告法》中所称消费者，与《消费者权益保护法》中不同，包括了生产资料消费者和生活资料消费者，其保护消费者权益的范围大为扩大。所有这些对商业广告的规定如果有矛盾冲突或不同，均应以《中华人民共和国广告法》为准，其他法律、法规对广告的规定均失去效力。不同的法律从不同的角度对同一类行为做出规定，这种现象被称为法律上的竞合。在现实立法工作中，完全避免这种情况是不可能的。从法理上讲，在发生法律上的竞合时，凡法律明确规定适用某一法的，依规定优先适用；无明确规定的，选择其中之一适用。由于《中华人民共和国广告法》是专门规范广告活动的部门行政法，因此，所有涉及广告管理的，均应首先适用《中华人民共和国广告法》。这是我们在广告管理活动中应掌握的一个基本原则。目前涉及户外广告管理的法律、行政法规有《中华人民共和国广告法》、《广告管理条例》、《中华人民共和国道路交通管理条例》、《中华人民共和国城市市容和环境卫生管理条例》等，根据法律上之竞合现象的处理原则，在对户外广告进行管理时，应首先适用《中华人民共和国广告法》和《广告管理条例》。

第二节　广告法规与政府管理

《中华人民共和国广告法》是一部规范广告内容及广告活动的法律，但由于其存在局限性，在《中华人民共和国广告法》实施后，立法机关并没有将《广告管理条例》废止，而是作为与它相配套的行政法规继续适用。同时，为使《中华人民共和国广告法》真正得到贯彻实施，国家工商行政管理局根据执法工作的实际需要，单独或会同有关部委颁布了一系列相配套的部门规章和规范性文件等，各自形成了丰富的内涵。也就是说，我国的广告管理并不只是依据《中华人民共和国广告法》，而必须依据广告管理的一系列法律规范的总体，把握其全局和局部及其相互关系，有效地指导实践，促进广告业的健康发展。

一、广告管理法规

我国的广告管理法规，是指调整广告主、广告经营者、广告发布者、广告监督管理机关以及用户和消费者之间在广告宣传、广告经营和广告管理中所发生的各种社会关系的法律规范的总和。

法律，是指由全国人民代表大会及其常务委员会依照立法程序制定的规范性文件，其有普遍的约束力和强制力，如 2015 年 9 月 1 日正式施行的《中华人民共和国广告法》。

法规，是指国务院依据宪法、法律、法令制定的规范性文件的总称。如 1987 年 10 月 26 日国务院颁布的《广告管理条例》及其后发布的《广告管理条例施行细则》。

规章，是国务院各部门依据法律、法规制定的有关行政管理、行业管理等方面的各种规则、章程、制度的总称。如国家工商行政管理局、卫生部于 1992 年 6 月 1 日联合制定的《药品广告管理办法》等。

因订立法律条文时的指导思想不同，各国法律体系也有不同的特点，如有的国家有专门的广告法，而有的国家有关广告的法律条文是分散在一些法律、法规中的。如日本对广告进行直接或间接进行管理的法律主要分布在以下六种法律中：(1) 公法。通过宪法中的有关条文，如《宪法》第二十一条有关表现自由的规定，第二十二条、第二十九条有关在不违反公共秩序和良好的风俗、也不违反消费者的利益、在不违反各种法制条件下保障广告表现自由的内容。(2) 民事法。日本在民法中有少数条款，如民法第五百二十九条至五百三十二条，正式规定了广告主、广告公司和媒体之间的权利和义务。(3) 社会法。如《消费保护基本法》对国家、地方公共团体、企业经营者和消费者四个方面所负的责任和应尽的义务分别予以明确规定，对虚假广告制定了惩罚措施。此外还有《药物法》、《食品卫生法》等。(4) 经济法。如《禁止私人独占及保证公正交易的有关法律》(简称《独禁法》) 维护和发展合理自由的竞争，排除限制竞争的不合理的交易和私人独占，以保证消费者的一般利益，促进国民经济民主健康地发展。(5)《不正当赠品及不当表示防止法》(简称《赠表法》)，防止在有关商品和劳务交易中，用不正当的赠品及表示引诱顾客的行为，确保公正的竞争，保护消费者的一般利益。(6) 不正当竞争防止法。从制止经济活动中不正当竞争行为角度规定了禁止的广告。这些法律与广告管理更为直接。另外，无形财产法类中如商标法、专利法、图案设计（专利）法、新产品专利法、版权法等，都对有关广告活动做出规定和限制。《户外广告物法》对设置户外广告做出了具体规定。

美国有关广告的法规很多。全国性的法律有：1914 年美国国会通过的《联邦贸易委员会法》及《克莱顿反托拉斯法》(Clayton Act)，前者规定了虚假广告的管理机关、传播虚假广告应负的法律责任以及虚假广告的含义等，后者旨在禁止商务经营中可能很大程度削弱竞争的行为和可能建立的垄断。1936 年制定的《罗宾逊—帕特曼法案》(Robinson-Patman Act)，是加强《克莱顿反托拉斯法》的联邦法，规定某些价格歧视为非法行为，包括：在某一地区比另一地区以更低的价格出售同一商品（地理上的价格歧视）；为损害、消灭竞争者而以不合理的低价出售商品（针对人的价格歧视）。1938 年美国国会通过了《联邦食品、药品与化妆品法案》，该法授权食品药品管理局禁止制造、贩卖或运送变质、掺假及冒牌的食品、药品及化妆品。在其后来的修正案中，又加入了食品添加剂、杀虫剂等方面的类似条文及其他条文。1938 年美国国会又通过了《维勒—李法案》(Wheeler-Lea Act)，进一步严格规定了虚假广告的界限，赋予美国联邦贸易委员会（FTC）更大的广告仲裁权，不仅禁止“不公平的竞争方法”，还禁止“不公平的以及带欺骗性质的销售行为及做法”。1965 年制定的《联邦公路美化法案》(Federal Highway Beautification Act)，1970 年修正，用以维持高速公路两旁的美观，而且对户外广告也有重大影响。该法规定未经批准而设立的广告牌以及会引起公众反感的广告牌必须移走，它还建议各州通过与此法案相一致的实施法案。

英国通过两类法律对广告进行管理和控制：一类是未成文法，即依照习惯法和处理私人关系、财产等的法律（私法）；一类是成文法。这里主要介绍成文法。英国有专门的广告法规，即 1907 年颁布的《广告法》(Advertisement Regulation Act)。它起初是规范户外广告的法律，目的是禁止广告妨碍娱乐场所、公园、风景地带的自然美；1925 年修订后扩大了规范的范围，凡影响交通、乡村风景、公共场所和有历史价值的建筑物及场所均禁止设置广告。广告方面最重要的法规是英国独立广播局制定的《独立广播局广告标准和实务法》(1973)，该法主要对电视和广播广告进行管理。为体现独立广播局的社会责任，该法规非常严格，就广告活动实务中涉及的 36 个方面做出了全面系统的具体规定。它与 BCAP 有相似之处，但具有法律效力。1968 年颁布的《医疗条例》和 1975 年实施的《香烟法规》，对医疗、药物和香烟等商品广告的表现和发布做出规定。此外，英国涉及广告的关联法规还有 40 多种。

二、广告管理关系

广告管理，是指国家广告管理机关依据法律、法规和国家授予的职权，代表国家对广告活动全过程进行监督、检查、控制和指导的活动。广告管理者，指执行国家和政府依法对广告活动进行监督和管理的组织。《中华人民共和国广告法》第六条规定：国务院工商行政管理部门主管全国的广告监督管理工作，国务院有关部门在各自的职责范围内负责广告管理相关工作。县级以上地方工商行政管理部门主管本行政区域的广告监督管理工作，县级以上地方人民政府有关部门在各自的职责范围内负责广告管理相关工作。广告管理者的主要职责有：对广告发布者和经营者的经营申请进行审查登记、对广告活动实施监督管理、对广告违法行为实施行政处罚，以达到维护消费者利益、保护企业的合法权益、保护市容环境、促进精神文明建设等目的。

广告管理关系，即为促进广告业健康发展、保护消费者合法权益、维护社会经济秩序，需要有管理机关监督管理广告主、广告经营者、广告发布者遵守、执行国家确立的广告行为准则，由此产生了广告管理机关与广告活动参与者之间管理与被管理的关系。参与广告活动的各方在广告活动中扮演着不同的角色，彼此之间互相联系，但分工又有所不同。其中，广告受众占有举足轻重的地位，广告活动的其他角色基本上是围绕广告受众来各行其责：广告主以他们为转移，广告经营者和广告发布者受其检验，广告管理者为其服务。开展广告活动，实际上是以消费者（广告受众）为中心来进行的。因此，广告管理法规调整的对象是广告宣传关系、广告经营关系、广告管理关系。对广告活动参与者来讲，广告管理法规是他们的行为准则；对广告管理者来讲，与广告相关的法规是他们管理的依据。

如前所述，广告活动的其他角色基本上是围绕广告受众来各行其责，而广告市场对于受众来说，最重要的就是要建立广告市场信用监管体系。根据广告市场监管情况，结合企业信用体系建设，广告主、广告经营者相应分为不同的管理类别，即 A、B、C、D 四级。其中 A 级为守信企业，用绿牌表示；B 级为警示企业，用蓝牌表示；C 级为失信企业，用黄牌表示；D 级为严重失信企业，用黑牌表示。逐步完善广告主、广告经营者的广告信用评价体系，对诚实信用、守法经营的广告主、广告经营者给予通报表彰；对把关不严、违法违规现象突出的广告主、广告经营者，降低其信用等级并向社会公布，在广告行业的各种评比、评优中不予评为先进单位和个人。根据信用分类监管制度，建立企业失信惩戒机制和企业严重失信淘汰机制。对黄牌企业，要作为重点监控对象，加强日常检查，实施案后回查、办理登记和年检时重点审查、公开违法记录等监管措施；对黑牌企业，要发布吊销公告并公开违法记录，对典型案件还要予以曝光。探索新闻媒体作为广告发布单位信用监管的新路子，逐步建立广告发布单位信用监管制度。

要建立广告活动主体退出广告市场机制。一是建立违法广告量化跟踪及处理制度。对违法率居高不下或者发布虚假违法广告造成恶劣社会影响的广告主、广告公司和广告发布者，由工商行政管理机关依法责令其在相应范围内公开更正，对广告主可在一定时期内暂停其发布广告；对负有责任的广告公司，限制直至取消其广告经营资格；对负有责任的媒体单位，可暂停其部分类别商品或者服务广告的发布业务，直至取消其广告经营资格。二是对严重违反宣传纪律，发布的虚假违法及不良广告在社会上造成恶劣影响的报刊、广播电台、电视台，经工商行政管理机关认定违法事实后，由广播影视、新闻出版行政部门依照有关法律行政法规对其进行行政处罚。①

三、违法广告公告制度

国家工商行政管理总局、中央宣传部、公安部、监察部、国务院纠风办、信息产业部、卫生部、国家广播电影电视总局、新闻出版总署、国家食品药品监督管理局、国家中医药管理局于 2006 年 11 月 21 日印发《违法广告公告制度》的通知，其内容如下：

（1）违法广告公告包括：部门联合公告、广告监督管理机关公告和广告审查机关公告。部门联合公告，由国家工商行政管理总局、公安部、监察部、国务院纠风办、卫生部、国家广播电影电视总局、新闻出版总署、信息产业部、国家食品药品监督管理局、国家中医药管理局等部门联合发布，或者由国家工商行政管理总局会同有关部门向社会发布。广告监督管理机关公告，由国家工商行政管理总局向社会发布。广告审查机关公告由广告审查机关向社会发布。

（2）违法广告公告内容包括：典型虚假违法广告案例曝光、违法广告提示、违法广告案例点评、涉嫌严重违法广告监测公告等。

（3）违法广告公告应在新闻媒体上广泛刊播。部门联合公告有关宣传报道的内容和口径经整治虚假违法广告部际联席会议确定后，可由新华社播发通稿，或由国家工商行政管理总局向有关新闻媒体提供。

（4）媒体刊播违法广告公告相关信息应当及时、全面、客观、准确。对于公告中涉及的违法广告活动主体要如实刊登。

（5）广播电影电视行政部门、新闻出版行政部门应对电视台、广播电台、报纸、期刊等大众媒体执行本制度的情况进行监督检查。

（6）整治虚假违法广告部际联席会议各成员单位可根据具体情况，在其主管的报刊和主办网站上发布公告内容。

（7）整治虚假违法广告部际联席会议定期通报各成员单位所属报刊、网站执行违法广告公告制度的情况。

该通知还要求各省、自治区、直辖市工商行政管理局、党委宣传部、公安厅（局）、

---

① 参见《虚假违法广告专项整治工作方案》，见中国网，2005－04－26。

监察厅（局）、纠风办、通信管理局、卫生厅（局）、广播电影电视局、新闻出版局、食品药品监督管理局、中医药管理局要进一步加大对严重虚假违法广告的曝光力度，充分发挥社会舆论对广告违法者的监督作用，建立广告监管长效机制。按照《虚假违法广告专项整治工作方案》，要求各地建立本地区的违法广告公告制度。

四、广告管理机构体系

广告活动涉及面广，无论是再生产的各个环节还是国民经济的各个部门，都有广告业务。广告监督管理是各个部门、行业组织、消费者监督等相互配合，对广告活动的全过程进行监督管理。如果简单地行使某一部门的权限管理广告，必将会割裂广告活动的整体性和内在的联系。所以，我国与国外广告业一样，基本上形成了一套由政府管理、行业自律、消费者监督相结合的广告管理体制。

（一）普通监督管理体系

所谓政府管理，就是指国家政府授权有关管理机关，根据各种广告管理法规及有关规定进行广告监督管理，起到保护合法经营、取缔非法经营、查处违法行为的作用。在我国，政府对广告的监督管理派生出两个监督管理体系：

一是法律监督管理，是广告行为适用的法律、法规和司法机关及其司法行为的统一体，该系统的功能由国家强制力保证实现，国家制定的法律、法规是广告管理的基本依据。

二是行政监督管理，是指国家及地方各级行政机关依法对广告活动实施具体监督管理的职能。广告行政监督系统的主体是经国务院授权的国家工商行政管理机关和地方各级工商行政管理机关，其他如物价、城建、财政、税务、审计等有关部门，依广告管理法规规定的权限及有关规定配合工商行政管理机关，加强广告管理工作。1994 年《中华人民共和国广告法》第六条规定："县级以上人民政府工商行政管理部门是广告监督管理机关。"这是对工商行政管理机关广告监督管理法律地位的高度概括，即工商行政管理机关是国家授权的广告管理机关，担负着统管广告的责任。因此，在广告监督管理体系中必须强化广告主管部门（工商行政管理机关）的监督管理，各个部门在广告监督管理方面都必须支持工商行政管理机关制定实施广告管理法规，并从部门角度针对广告活动的某些问题向工商行政管理机关提出意见或建议。在广告管理中，国家工商行政管理部门与国家医药管理局配合管理医疗器械广告、药品广告；与中国人民银行、财政部配合管理金融广告；与文化部和教育机关管理文教广告；与城建、环保、公安等部门共同管理户外广告等。

广告主管机关工商行政管理部门是作为政府机构从行政角度对广告进行监督管理，履行的是一种社会管理职能，依照广告法的立法宗旨和目的，积极主动地在国家法律许可的范围内开展工作，对我国的广告实施有效的行政管理。所以，广告管理实际上是通过行政系统、行政层次在行政管理管辖内实现的。

（二）专项治理监督管理体系

2005 年 4 月国家工商行政管理总局发布了《虚假违法广告专项整治工作方案》，对广告经营活动中存在的情节严重、影响恶劣、群众反映强烈的典型虚假违法广告，特别是利用新闻媒体发布的虚假保健食品、药品、化妆品、医疗和美容服务广告，以及利用互联网发布的虚假广告，进行集中治理，严厉打击。国家工商总局、中宣部、国务院新闻办、公安部、监察部、国务院纠风办、工业和信息化部、卫生部、广电总局、新闻出版总署、国家食品药品监管局、国家中医药管理局12部门又于2010年联合发布《2010年虚假违法广告专项整治工作实施意见》，强调了专项治理的问题。参与专项整治的机关及责任如下：

（1）工商行政管理机关作为广告监督管理机关，负责组织专项检查和与有关部门的协调工作。要集中力量查处一批典型虚假广告案件。严把广告市场准入关，严格掌握营业执照和广告经营许可证的发放条件，加强对广告主、广告经营者、广告发布者的全方位监管；对监测、检查中发现的虚假违法广告，要立即责令停止发布，并立案查处；对上级交办或者其他部门转办的案件，必须及时处理，并上报或者反馈查处结果；对相关地方工商行政管理机关转办的案件必须及时处理，做好异地查办案件的协调工作；对消费者投诉举报或者12315消费者申诉举报网络移交的虚假违法广告案件线索，要及时调查处理；要加大对印刷品广告特别是固定形式印刷品广告的监管力度，严肃查处虚假违法印刷品广告。对符合追诉标准、已涉嫌虚假广告罪的，要及时移送司法机关依法追究其刑事责任。建立以工商行政管理部门牵头，党委宣传部门、公安、监察、纠风、电信管理、卫生、广播影视、新闻出版、食品药品监督管理、中医药管理等部门参加的整治虚假违法广告专项行动联席会议制度。一是根据整治工作进展情况，提出不同时期的治理重点，对查处过程中遇到的疑难问题，通过联席会议予以认定、解决；二是通报各部门转办案件的查处情况，以及工商行政管理机关监测检查发现、立案查处的虚假违法广告情况，对造成严重社会后果的虚假违法及不良广告，要进行专门通报；三是对整治工作中发现的薄弱环节和突出问题，研究具体应对措施。

（2）各级党委宣传部门要加强对新闻媒体广告导向的管理，并作为今年深入开展“三项学习教育活动”的重要内容，向新闻单位提出严格要求。要及时向新闻媒体通报带有倾向性和普遍性的虚假违法广告问题。对发布虚假违法广告问题突出的新闻媒体，会同广播影视、新闻出版行政部门及新闻单位的主管、主办单位督促整改，责令其予以改正，对有关责任人予以严肃处理。进一步加大对虚假违法广告专项整治工作的宣传力度。建立新闻媒体单位领导责任追究制。新闻媒体单位的主要负责人，应当对其媒体发布广告的合法性和正确导向承担领导责任。新闻媒体要建立健全广告发布责任制，对未经审查或者与审查批准的内容不一致的药品广告，不得发布；对不具备相应证明文件的保健食品、医疗、化妆品、美容服务的广告，不得发布。对发布虚假违法及不良广告问题严重或者放弃广告终审权而导致新闻媒体广告发布出现导向错误的新闻单位，经工商行政管理机关认定违法事实后，由新闻媒体的主管、主办单位对有关责任人予以处分或者调离工作岗位，必要时追究其主管负责人的领导责任，并报党委宣传部门、广播影视和新闻出版行政部门备案。

（3）广播影视行政部门要依法加强对广播电视媒体的管理。对发布虚假违法广告问题严重的广播电视媒体，要严格依据《广播电视广告播出管理办法》（2009年国家广播电影电视总局令第61号）进行查处。对拒不配合执法机关调查取证的广播电视媒体，要责令其予以改正，并视情节对有关责任人予以处分。广播影视行政部门对广播电视媒体及其负责人的各种评比、评优、考核等，必须将广告经营守法情况列为考核指标，并征求广播电视播出机构所在地工商行政管理机关的意见，实行“广告违法一票否决制”。

（4）新闻出版行政部门要依法加强对报刊出版单位的管理。对发布虚假违法广告问题严重、社会影响恶劣或者拒不配合执法机关调查取证的报刊出版单位，要及时责令其予以改正，并视情节责成报刊出版单位的主管、主办单位对有关责任人予以处分。新闻出版行政部门对报刊出版单位及其负责人的各种评比、评优、考核等，必须将广告经营守法情况列为考核指标，并征求报刊出版单位所在地工商行政管理机关的意见，实行“广告违法一票否决制”。

（5）卫生、中医药行政管理部门要加强对医疗机构的管理，重点打击无证行医和医疗机构对外出租、承包科室的行为。卫生行政部门要加强对保健食品、化妆品生产企业的监督管理，加大对假冒伪劣保健食品、化妆品的打击力度；加强对美容服务业的监管，坚决取缔未取得《医疗机构执业许可证》擅自从事医疗美容服务的美容机构。

（6）食品药品监督管理部门要加强对药品广告的审查工作，进一步完善药品、保健食品广告审查电子政务系统，将所有审批通过的广告，在国家食品药品监督管理局网站予以公布。对违反法律行政法规规定发布虚假药品广告情节严重、被撤销广告批准文号的，应当严格执行有关法律行政法规，一年内不受理其广告审查申请。要加强对医疗机构生产销售医院制剂的管理，严厉打击非法生产、销售医院制剂的行为。

（7）公安机关要充分发挥职能作用，依法严厉打击利用广告做虚假宣传、涉嫌犯罪的行为，加大打击力度。

（8）国务院信息产业主管部门和省（区、市）电信管理机构要加强对互联网信息服务提供者和声讯服务、短信息等电信信息服务经营者的行业管理，对发布虚假违法广告情节严重的，在相关部门依法出具书面意见后，由国务院信息产业主管部门和省、自治区、直辖市电信管理机构依据《互联网信息服务管理办法》、《中华人民共和国电信条例》等有关规定予以处理。

（9）监察机关和纠风办要加强对有关行政部门依法行政、履行监管职责的监督，对措施不得力、整治工作成效不明显的，要限期整改；对拒不执行国家有关广告及其他法律行政法规的，要依纪依法严肃处理；对问题严重的，还要追究有关领导的责任。

由于广告活动的实际需要，在广告业比较发达的国家和地区较早就形成了广告管理体系，并具有自身特点。如美国政府涉及广告管理的机构有数十个，主要有美国联邦贸易会(FTC)、联邦通信委员会、食品药品监督管理局、邮政管理局、证券交易委员会、国会图书馆、专利局、烟酒税务司、粮食局等。美国联邦贸易会 1914 年由国会设立，是美国管理广告的最综合、最权威的机构。委员会由五名委员构成，委员由总统提名、参议院通过后上任，任期为五年。该委员会下设六个局，其中欺诈行为局下设食品药物广告处、一般广告处，对全国广告进行管理。FTC 的任务是负责制止商业交易中不公正的竞争方法以及欺骗性的行为，日常工作是制定广告规章，接受关于虚假广告的申诉，并进行实地调查。FTC 虽然没有司法权，但在处理虚假和不道德的广告方面，有权发布禁止或修改法令、公布处理决定、罚款、冻结银行存款、封存商品、责令发布更正或认错广告；如有广告商或广告主对 FTC 的判决不服，可向联邦法院起诉。联邦通信委员会（Federal Communications Commission，FCC）1934 年创立，旨在管理州际和国际广播、电视通信工作，同时也负责颁发广播电台、电视台的执照。FCC 制定商业广告的调节标准及调节的内容。食品药品监督管理局（Food Drug Administration，FDA）的责任是行使 1938 年制定的《联邦食品、药品与化妆品法案》，负责监督食品、药品、食品添加剂的使用，以防止有害商品进入市场；同时，也管理食品等类的广告。此外，邮政管理局负责查验邮递广告中的欺诈行为，并可向当地法院起诉；烟酒税务局负责检查烟酒广告；证券交易委员会负责股份和证券广告；专利局负责检查商标广告；粮食局负责管理种子广告；国会图书馆管理涉及版权的图书和资料的广告。

五、广告监督管理

对广告活动进行监督和管理的国家行政行为称之为广告的监督管理。它具有三个特征：一是广告监督管理必须依法进行，二是广告监督管理是具有强制性的国家行为；三是广告监督管理具有综合性。

广告监督管理的内容主要包括三方面：一是审查广告主、广告经营者、广告发布者是否具有从事广告活动的资格；二是监督管理具体广告活动；三是对违法广告行为进行行政处罚等。

（一）广告监督管理机关及管理范围

广告监督管理机关对广告的监督管理主要集中于两个方面，即对广告市场的管理和对广告经营单位的登记管理，其具体职能包括：

（1）根据立法机关的授权，进行法规解释。国家工商行政管理局受国家立法机关和国务院委托起草广告法律、法规，单独或会同有关部门制订广告行政管理规章，制订各类广告发布标准。

（2）批准广告市场的准入，依法进行广告经营登记，以确认广告经营者、广告发布者是否具有广告从业资格；各类广告活动是否符合国家法律、法规的要求，定期进行经常性监督检查工作。

（3）依法查处各类广告违法活动。

（4）日常监督管理。

（5）负责研究制订全国及地方广告行业的发展方针、政策、规划，并负责组织实施工作。根据《中华人民共和国广告法》第五章规定，由广告监督管理机关即工商行政管理机关查处的广告违法行为有：利用广告对商品或服务作虚假宣传的；发布广告违反广告准则的；广告活动违反《中华人民共和国广告法》规定的；未经广告审查机关审查批准、发布广告的；广告主提供虚假证明文件的；伪造、变造或转让广告审查决定文件的；等等。如果事实准确，将按照广告法规定给责任人以处罚和制裁。

另外，根据《中华人民共和国公司登记管理条例》（1994 年 6 月 24 日）第十一章规定，广告监督管理机关即工商行政管理机关负责以下广告公司违反公司登记管理行为：办理公司登记时虚报注册资本，取得公司登记的；办理公司登记时提交虚假证明文件或采取其他欺诈手段，取得公司登记的；公司的发起人，股东未交付货币、实物或未转移财产权，虚假出资的；公司的发起人，股东在公司成立后，抽逃出资的；公司成立后无正当理由超过六个月未开业的，或开业后自行停业连续六个月以上的；公司变更登记事项，未按照规定有关变更登记的；公司在合并、分立、减少注册资本或进行清算时，不按照规定通告或公告债权人的；公司破产、解散清算后，不申请办理注销登记的；公司不按照规定接受年度检验的；伪造、涂改、出租、出借、转让营业执照的；未将营业执照置于住所或营业场所醒目位置的；冒用公司名义的。

（二）广告经营单位的注册登记

根据《中华人民共和国公司登记管理条例》第六条规定，国家工商行政管理局负责下列广告公司的登记：国务院授权部门批准设立的股份有限公司；国务院授权投资的公司；国务院授权投资的机构或部门单独投资或共同投资设立的有限责任公司；外商投资的有限责任公司；依照法律的规定或按照国务院的规定，应当由国家工商行政管理局登记的其他公司。

该法第七条规定，省级工商行政管理局负责本辖区内下列广告公司的登记：省、自治区、直辖市人民政府批准设立的股份有限公司；省、自治区、直辖市人民政府授权投资的公司；国务院授权投资的机构或部门与其他出资人共同投资设立的有限责任公司；省、自治区、直辖市人民政府授权投资的机构或部门单独或共同投资设立的有限责任公司；国家工商行政管理局委托登记的公司。

该法第八条规定，市、县工商行政管理局负责本辖区内除国家工商行政管理局和省级工商行政管理局负责登记的广告公司之外的广告公司的登记。该法第九条规定，广告公司的登记事项包括：名称、住所、法定代表人、注册资本、企业类型、经营范围、营业期限、有限责任公司股东或股份有限公司发起人的姓名或名称。工商行政管理机关在进行广告公司登记时，需经以下程序：第一，公司登记机关收到申请人提交的符合规定的全部文件后，发给《公司登记受理通知书》；第二，公司登记机关自发出《公司登记受理通知书》之日起 30 日内，做出核准登记或者不予登记的决定；第三，公司登记机关核准登记的，应当自核准登记之日 15 日内通知申请人，发给、换发或者收缴《企业法人营业执照》或者《营业执照》；第四，公司登记机关不予登记的，应当自做出决定之日起 15 日内通知申请人，发给《公司登记驳回通知书》。工商行政管理机关负责广告公司的登记主要包括：设立登记、变更登记、注销登记、分公司登记和年度检验。2015 年新版《中华人民共和国广告法》第二十九条规定，广播电台、电视台、报刊出版单位、互联网站从事广告发布业务的，应当依法办理广告发布登记。广播电台、电视台、报刊出版单位的广告业务应当由其专门从事广告业务的机构办理。因此，广告经营者在向工商行政管理机关申请办理广告业务经营注册登记时，应依法缴纳必要的注册登记费。

根据国家物价局、财政部《关于发布工商行政管理系统行政事业性收费项目和标准的通知》（1992 年 8 月 11 日）中《广告经营单位注册登记费收费标准及其收入使用范围的规定》，各级工商行政管理机关在收取广告经营单位注册登记费时，应当根据下列原则：第一，专营广告业务的企业注册登记费按照《企业注册登记费收费标准及其收入使用范围的规定》执行，在发给《企业法人营业执照》时，不另行收费。第二，兼营广告业务的事业单位的注册登记费，按照下列收费标准收取：中央级广告经营单位，每户 200 元；省级广告经营单位，每户 150 元；省辖市级广告经营单位，每户 100 元；县级广告经营单位，每户 50 元。另外，兼营广告业务的事业单位的变列登记费为每户 20 元；工商行政管理机关发给《广告经营许可证》时，不另行收费。第三，兼营广告业务的企业应当办理经营范围变列登记，应缴纳变更登记费，每个企业 50 元。第四，举办临时性广告经营活动的单位，应缴纳一次性登记费，每次每个单位 50 元，工商行政管理机关发给《临时性广告经营许可证》的，不另行收费。

六、涉外广告的管理

涉外广告是指广告主通过国外的或国际的传播媒体，对其他国家或地区的消费者所进行的有关商品、劳务、观念的信息传播活动。涉外广告是以本国广告的发展为母体，再向世界其他国家或地区发展。对我国而言，涉外广告主要有来华广告和我国的出口广告。涉外广告的管理是指对在国际营销中进行的广告宣传的管理，主要包括外商来我国进行的广告宣传管理和我国组织、公民在境外所进行的针对出口商品的广告宣传的管理。

（一）来华、出口广告的管理

来华广告是指外国企业、组织和个人在中华人民共和国境内进行的广告经营和广告宣传活动。来华广告的一般要求：广告主必须有良好的资信，在本国有一定的经济实力，商品或产品必须持有进口许可证；国家工商行政管理局及有关部委有特殊规定的广告，如医药、食品等，必须持有国际上有关权威机关核准的证书；科技交流和商贸方面的产品展览会广告，须有中国科技委员会和中国对外经济贸易部的证明；地方组织的，须有由地方组织出具的证明；外国在华企业或办事机构开业启事等广告，须有工商行政管理局或我国有关主管部门的证明。

凡符合来华广告要求的广告刊户，可委托我国有外商广告经营权的广告公司办理。根据《中华人民共和国广告法》的规定，当外商广告刊户提出委托时，必须将有关事项以书面形式交广告代理公司。广告公司向国内外有关机构查询该广告主的资信度，或者要求其预付广告费，在确认无误后，广告公司向媒介单位发出广告订单；媒介认可后，该项广告业务即告成功。外商广告申请一旦被批准，广告公司即可按有关媒介单位的要求和规定，向广告主索取广告稿件；收到稿件后，广告公司专业人员审核广告内容，填写审稿单；审核同意后，复印存档，并将广告原稿寄有关的媒介单位，媒介单位广告部门专业人员再进行终审；终审同意，即可刊出。外商广告一经刊出，按国际惯例，媒介单位应立即出具广告证明及广告样品（样报、样书、样照、样袋等），并会同收款发票寄给广告公司。广告公司再按合同要求审核后开具收款发票，寄给广告主。广告主一般应在发票开具之日起30日内将广告费汇至中国银行该广告代理公司的账户下（或由中国银行开支票向外商广告刊户托收）。港、澳、台地区的企业、组织和个人来内地做广告宣传，参照来华广告进行管理。台湾企业广告、商品广告和个人寻亲广告，不得出现“中华民国”等含有“两个中国”及“一中一台”含义的内容。

出口广告是指中国企业、组织和公民个人在国外进行的广告宣传。出口广告的一般要求：广告内容除需遵守中国的法律外，还要遵守发布地所在国的法律、法令；广告内容不能损害当地的民族尊严，不能违反当地的风俗习惯，如一些阿拉伯国家，不准吸烟、喝酒，自然更不能做烟、酒广告；在广告中，不得进行诽谤性宣传，不得使用不友好的文字；在广告中使用商标的，应先在当地注册，经核准后方可发布；当地有特殊规定的商品广告，如药品、食品等，应经国际组织或专门机构批准，方可发布；户外广告的设置、张贴，要遵守当地的有关规定。我国企业、组织和个人不得自行在国外进行广告宣传，而应委托具有外商广告经营权的中国广告经营者代为办理。境内企业、组织和个人到港、澳、台地区进行广告宣传的，按出口广告进行管理；我国法律、法规另有规定的，按有关规定管理。

出口广告的办理由公司设在国外的分支机构负责。采用这种方式的优点有：一是由当地的负责人做决策，广告活动能切合当地的实际情况；二是分支机构能主动了解和协助广告媒介，保证广告的宣传效果；三是能增强国外代理机构的广告责任，对广告发布地的营销起到促进作用。出口广告的办理也可以由公司的广告部门全权负责。采用这种方式的优点有：一是广告计划与执行集中领导，有利于统一规划、集中管理；二是广告调研、设计、制作的集中处理，便于提高工作效率，降低广告成本；三是便于对广告效果进行监控。广告的办理还可以由本国总公司与国外代理机构联合处理。这种方式兼有上述两种方式之长，是现代国际广告中最理想的实施方式。

在申办出口广告方面，主要要求有：在办理广告申请手续时，按我国商品检验局的规定，凡出口商品需对外做广告，必须在产品的实体、品质、特色、式样、品牌和包装等各方面通过检验，符合出口要求的方能办理对外广告手续。出口广告费用支付方式为：有对外贸易经营权的企业（一般指外贸各专业进出口公司）将其一年或半年度的广告宣传外汇额存放在外贸广告公司的银行账户上，然后委托广告公司在国外选择合适的媒介发布广告。广告刊出后，国外的广告媒介将广告样品连同广告费发票寄外贸广告公司，再由广告公司开具联系单会同广告费发票送交财务部。财务部持单赴中国银行填写外汇额度申请书，再提取所使用的外汇额度，然后送外汇管理局批准。之后，再去中国银行填写“汇票申请书”，由中国银行核准后开出外汇汇票。其中人民币部分先从广告公司账上划去。广告公司拿到汇票后即寄往国外广告媒介单位。同时，广告公司还要按当天的汇率开具人民币发票，向刊登广告的外贸公司收取佣金。但随着我国外贸体制的改革，这些规定有所突破，有的广告刊户可直接自带外汇同广告代理商结算。

（二）外商投资广告企业的管理

外商投资广告企业，是指中外合资、合作经营广告业务的企业。设立外商投资广告企业，应当遵循我国有关外商投资企业和广告的法律、法规、规章，并由国家工商行政管理局和对外经济贸易部核准。

1. 外商投资广告企业的资质标准

（1）合营各方必须是具有一定规模的以经营广告业务为主的企业法人。

（2）能够引进国际先进的广告制作技术和设备。

（3）具有市场调查、广告策划和广告效果测定等能力。

（4）能够在广告策划、创意、设计、制作和经营管理等方面培训中国职员。

（5）注册资本不低于 30 万美元。

2. 外商投资广告分支机构的资质标准

（1）注册资本全部缴清。

（2）年营业额不低于 2 000 万元人民币。

（3）分支机构所在地须有三个以上相对固定的广告客户。

外商投资广告企业在通过审查取得批准证书后，如果更换合营方或变更经营范围，应按程序另行报批。对经检查发现与规定的资质标准不符，或在经营中有重大违法问题的外商投资广告企业，由所在地工商行政管理局广告监督管理部门，通知其在规定的期限内改正；逾期不改正的，由省、自治区、直辖市、计划单列市工商行政管理局责令其停业整顿，或报经国家工商行政管理局批准，依法吊销其营业执照。

第三节　广告管理法规体系及作用

广告的法制建设是国家经济法制建设的一个重要组成部分，是维护社会主义市场经济秩序的强有力的保障之一。以《中华人民共和国广告法》为核心的广告法制体系的建设，对广告市场整体的监督管理力度大大加强，规范了广告活动，促进了广告业的健康、有序、规范化的发展，促进了中国广告业与国际惯例接轨。

一、广告管理法规体系特点

1982 年 2 月，国务院发布了由国家经委和国家工商总局起草的《广告管理暂行条例》，随后由国家工商总局制定发布了《广告管理暂行条例实施细则》和一系列有关的行政规定。

1987 年 10 月，在修改、补充、完善《广告管理暂行条例》的基础上，国务院发布了《广告管理条例》（简称《条例》），1988 年 1 月国家工商总局发布了《广告管理条例施行细则》（简称《细则》），并在以后的几年时间里，单独或会同有关部门修改、完善和制定了一大批与《条例》、《细则》相配套的行政规章和规范性文件。这两项法律文件的出台使中国广告法制层次有了很大提高，由部门、地方的行政规定上升到行政法规，广告监督管理工作在全国范围内有了统一、明确的规范，初步形成了与主体法规相配套的行政法规系统，即以《广告管理条例》为核心的广告法制体系，内容涉及对广告经营资格的管理、对进出口广告和中外合资、合作企业立项的管理、对广告费支出的管理、广告代理费标准的确立、对烟酒等商品广告的管理等方面的行政规定；在政府职能分工上，明确了工商行政管理机关承担广告管理职能，是广告行政执法机关。这一切为《中华人民共和国广告法》的制定打下了必要的理论和实践基础。

1994 年 8 月由国务院常务会议通过，同年 10 月 27 日经八届人大第十次会议通过并于同日公布的《中华人民共和国广告法》，1995 年 2 月 1 日起正式施行。《中华人民共和国广告法》的颁布与施行，标志着广告管理真正纳入了法制化轨道。《中华人民共和国广告法》是我国历史上第一部全面地规范广告内容及广告活动的法律，广告法实施后，广告法制体系发生了重大变化，《中华人民共和国广告法》取代《条例》成为广告法制体系的核心。2015 年新版《中华人民共和国广告法》于 9 月 1 日正式实施。

为保证《中华人民共和国广告法》的贯彻实施，近年来，国家工商总局单独或会同有关部门发布了有关的行政规章和规范性文件 30 多项，涉及广告经营资格、广告发布标准、广告审查及广告收费管理、户外广告管理、特殊商品或服务广告的管理等多方面内容。各地省级政府和工商局也制定地方性广告管理法规、规章 20 多项。

（一）从结构形态上看，多层次广告规范已形成

《中华人民共和国广告法》是体现国家对广告的社会管理职能的一部行政管理法律，它的调整对象侧重在商业、服务性广告，但它是我国广告活动和广告内容的基本大法，其

力度、涵盖面，是其他广告法规所不能比拟的。《广告管理条例》在弥补《中华人民共和国广告法》的不足方面起着不可替代的作用：因《条例》未将商业广告与非商业广告作明确区分，所以《条例》中的有关管理措施对非商业广告是有效的，依据《条例》，可以解决对社会类、公共类广告的管理问题，依据《条例》，可以对某些违反行业规范规定的行为，施行必要的行政处罚，这一点对规范广告市场行为、制止不正当竞争也有重要的实际意义。

由国家工商总局单独或会同有关部门制定的有关广告监督管理的行政规章和规定有《广告管理条例施行细则》、《酒类广告管理办法》等 20 多项。这些行政规定是依据《中华人民共和国广告法》、《广告管理条例》的原则规定而制定的具体规定，有很强的针对性和操作性，在我国广告法制体系中发挥重大作用。这些行政规定处于边施行、边修改补充、不断充实完善的过程中，是我国广告法制体系中比较活跃的组成部分。地方行政规定，如广东、湖北等省制定的户外广告管理规定，甘肃等省制定的广告监督管理条例，北京、上海、辽宁等省市制定的一些对特定广告活动或商品服务广告予以规范的行政规定等，在全国广告业发展不平衡、广告管理工作基础不尽一致的情况下，有针对性地解决了本地区的实际问题和处理群众反映较强烈的某些倾向性问题，是国家法律、法规和部门规章、规范性文件的重要补充，为将来完善国家的有关规定提供了有益的实践经验。另外，与广告有关的法律、规定也不容忽视，其辅佐作用不可缺少。广告作为一般意义上的经济活动和传播行为，同时也受到国家刑法、民法有关规定和国家某些经济、社会管理法律、法规的约束和规范，具体包括反不正当竞争、消费者权益保护、知识产权保护、合同管理、城市建设、交通、环保、医药卫生事业管理等，它们在规范广告活动方面起着直接或间接的作用，是广告法制体系的外围支持。如北京市律师协会于 2001 年 4 月 22 日正式向社会公布了《北京市律师事务所执业广告管理办法（试行）》。该管理办法规定，律师个人在执业过程中不得做广告。

（二）从内容上看，广告规范涵盖面广且具体

以商业广告为调整对象的《中华人民共和国广告法》，辅之以社会类、公共类广告为调整对象的《广告管理条例》，加上陆续出台的《化妆品广告管理办法》、《医疗广告管理办法》、《广告显示屏管理办法》、《印刷品广告管理暂行办法》、《食品广告发布暂行规定》、《房地产广告发布暂行规定》、《关于加强强加工承揽广告管理的通告》、《关于加融资广告管理的通知》、《北京市律师事务所执业广告管理办法（试行）》等单项规章及规范性文件，从多方面对广告活动进行了规范。

如自 2002 年 4 月起，在北京媒体上刊登人才招聘启事，不用再经过政府部门审批——新修改的《北京市人才市场管理条例》，为北京市实行了多年的人才招聘广告审批制度画上了句号。原《北京市人才市场管理条例》是 1997 年 10 月 16 日经市十届人大常委会第四十次全体会议通过并开始实施的，2002 年 3 月 29 日，市人大常委会对《北京市人才市场管理条例》做出修改。《北京市人才市场管理条例》第 17 条第一款原文为“刊登人才招聘洽谈会和人才招聘启事，新闻单位应当向人才招聘洽谈会的主办单位和招聘单位索取市人事局出具的批准文件，未经批准的人才招聘洽谈会和人才招聘活动，新闻单位不得为其刊登、播放启事”，现修改为“刊播人才招聘洽谈会启事，新闻单位应当向人才招聘洽谈会的主办单位索取市人事局出具的批准文件。未经批准的人才招聘洽谈会，新闻单位不得为其刊登、播放启事”，去掉了“人才招聘”、“招聘单位”、“人才招聘活动”等字样。《北京市人才市场管理条例》第二十八条第一款原来是“新闻单位刊登、播放未经批准的人才招聘活动的启事，给当事人造成损失的，应当承担连带赔偿责任”，文中的“人才招聘活动启事”也改为“人才招聘洽谈会启事”。这两处修改表明，北京市已经从法规的角度宣布人才招聘广告审批制度的废止。[①]

（三）从性质上看，广告规范中程序性规定、限制性规定、资格条件规定、政策性规定齐全

广告规范中的程序性规定主要有：药品、医疗器械、农药、兽药广告审查标准，《临时性广告经营管理办法》，《户外广告登记管理规定》，《广告服务收费管理暂行办法》等。限制性规定主要有：《烟草广告管理暂行办法》、《酒类广告管理办法》等。资格条件规定主要有：《关于设立外商投资广告企业的若干规定》、《广告经营者、广告发布者资质标准及广告经营范围核定用语规范》、《广告审查员管理办法》、《关于进一步加强境内企业在香港发布广告管理的通知》等。政策性规定主要有《关于加快广告业发展的规划纲要》等。

如前所述，我们对广告进行监督管理的法律依据是广告管理法规，在遵守其核心法律《中华人民共和国广告法》的同时，也必须同时兼顾其配套的广告管理法规。即在把握好局部的同时，抓住具体法律、法规的精髓，并兼顾到全面，理顺其中的相互关系，才能更有效地指导实践，促进广告业的健康发展。

二、广告管理法规的作用

作为一种规范体系，法律是社会控制的重要工具：制定法律的目的，就在于通过法律的调整，建立起合乎统治阶级利益的社会秩序；实施法律的目的，也在于通过对人们行为的约束，使人与人之间的关系即社会关系更符合统治阶级的要求。对于广告业来说，我们可以依据广告管理法规打击违法广告行为，保护合法广告行为，为广告业的发展创造条件，从而促进广告业沿着健康的方向发展。虚假、违法广告的出现危害到国家的经济发展，扰乱了社会经济秩序，损害到消费者的合法权益。而防止和制止违法广告行为，依据广告管理法规制裁广告违法行为，就维护了社会经济秩序，保护了国家和消费者的利益。正是根据上述理解，法律对广告行为活动的规范作用主要表现在以下几个方面。

（一）对广告活动的指引作用

同普遍性的社会行为一样，广告行为在实践中主要表现为三种类型，即可以做的、应当做的和禁止做的。而法律对于广告传播行为的规范作用就首先依据这三种基本的行为类型规定了三种行为模式及其规范尺度，从而起到指引广告传播行为方向的作用。

当然，在具体操作中，法律所认定的每种行为模式对广告行为主体的行为指引方式各有不同，它对“应当”、“禁止”这些行为的模式，是一种义务性规范，所谓的“指引”是一种确定的指引。这种确定的指引是指广告行为主体必须依据法律规范的指引去行动，如有违反，则应承担否定式的法律后果。如 2015 年新版《中华人民共和国广告法》第九、三十三、六十九条规定：广告“使用或者变相使用国家机关、国家机关工作人员的名义或

---

① 参见张靖：《北京招聘广告不用审批了　举办招聘洽谈会仍须批准》，载《北京日报》，2002-04-03。

者形象”，“在广告中使用他人名义或者形象的，应当事先取得其书面同意；使用无民事行为能力人、限制民事行为能力人的名义或者形象的，应当事先取得其监护人的书面同意”，“在广告中未经同意使用他人名义或者形象的”，“依法承担民事责任”。

（二）对广告行为的评价作用

对广告行为的评价作用，是指法律作为一种社会规范，具有判断、衡量表现在广告活动中的各种行为是否合法的作用。

广告行为主体在广告的过程中，必然要与其他的权利主体以及社会其他方面发生各种各样的关系。为了维护正常的广告秩序、对广告行为主体进行有效的社会监督、保证广告行为对社会生活的积极作用，人们总是要对广告行为做出一定的评价，而评价就要有一定的客观标准。与道德、宗教、艺术等规范的评价标准不同，法律规范是根据统治阶级的意志制定的一种重要的普遍的评价标准，这种评价标准适用于法律制定机关权力范围之内的所有广告行为主体及其职业活动。由于还有其他社会规范如道德规范在广告行为的评价中发生作用，因此法律仅仅是评价这种行为是否合法的准则。

（三）对广告行为的教育作用

教育作用是法律规范作用的又一表现形式。就广告传播行为的法律规范意义而言，它是指通过法律的具体实施而对广大广告行为主体今后行为所产生的影响。这种影响主要体现在两个方面：一方面，当某广告行为人因有违法行为而受到法律制裁后，这种制裁必然会对其他广告人产生一种震慑和警醒的作用，使他们今后在遇到或处理类似情况时，能够接受教训，不至于再犯同样的错误；另一方面，广告活动中的合法行为及其肯定式的法律后果，也会对其他广告行为主体在其行为中起到示范与榜样的作用，使他通过别人的行为以及社会对这种行为的鼓励和赞许，知道自己可以去做，而且知道自己应该去做，甚至应该努力去做。

如 2009 年中国食品药品监管部门公告违法广告共计 62 800 次，其中违法药品广告 40 501 次、违法医疗器械广告 3 295 次、保健食品广告 19 004 次。2009 年，全国审批药品、医疗器械、保健食品广告共计 16 188 个，较好地保证了审批的药品广告符合法规的要求。目前，药品广告已实现 100%在线审批，初步形成了全国监测网络。[①] 对药品、医疗器械和保健食品进行广告监管，严格把关，确保审查批准的广告符合法律法规的规定，同时加大对违法广告涉及品种和企业的查处力度，加强宣传，就可以营造共同规范广告发布秩序的社会氛围。

（四）对广告行为的预测作用

在一定的法律规范之下的广告机构和广告工作者，通过有关的法律规定可以预先估计到自己在广告活动中与他人相互间的行为将如何定位，从而决定自己的行为可行与否。法律规范的这种预测作用无论是在现实社会生活中还是在广告活动过程中，都具有十分重要的意义。如《中华人民共和国民法通则》第一百条规定：“公民享有肖像权，未经本人同意，不得以营利为目的使用公民的肖像。”最高人民法院《关于贯彻执行民法通则若干问题的意见》第一百三十九条进一步规定：“以营利为目的，未经公民同意利用其肖像作广

---

① 参见《我国去年查违法药品广告四万余次　药品广告监测网络初成》，见中新网，2010 - 04 - 03。

告、商标、装饰橱窗等，应当认定为侵犯公民肖像权的行为。”鉴于这一法律规定，我国的广告媒介和出版机构在做出刊登含有肖像的广告的决定之前，首先就应考虑对方肖像人享有肖像权，同时还应预测到管理机关和人民法院将根据有关法律条文保护对方的权益。这样，通过上述法规的颁布，肖像权人和各广告行为主体之间就可以相互预测对方的行为以及有关国家机关对这种行为的态度，从而加强对自己行为及合法权益的安全感。即使有些闪失，人们也可以通过法律规定知道如何去加以补救。同时，由于法律的这种可预测作用，广告主体在某个具体行为开始之前，就可以进行“法律可行性”研究，即为预先分析、考虑这种行为在法律上能否成立提供了现实依据和必要条件。

（五）对广告行为的强制作用

法律本身就是一种强制性的社会规范，法律强制性的这一特点，决定了它能够成为统治阶级治国安邦，建立、巩固和发展有利于自己的社会关系和社会秩序的有力武器。这种通过国家机关制定、以暴力为后盾的强制性规范作用，对普遍的社会生活是这样，对广告行为活动同样如此。近年来国内为数不少的广告主或广告经营单位甚至媒体都因触犯法律而受到国家法律制裁，其违法事实或是刊播虚假广告，或是涉及不公平竞争，或是侵权，总之是其行为违反了法律规定才受到惩罚的。由此可见，广告主体提高法律意识、全面增强法制观念，在我国法制逐渐走向健全与完善的今天，是极为必要的。除此之外，广告管理法规在我国的广告监督管理工作中发挥着重要作用。其主要表现在：第一，强化了广告监督管理工作。广告管理法规是广告监督管理的依据，具有国家强制力，使广告监督管理工作制度化、规范化、法制化，保证高效有序地运行，既制约了监督管理中的随意性，又保证了监督管理工作的权威性。第二，保证了广告监督管理工作协调有序地进行。由于广告管理工作涉及各个领域和各个方面，因而监督管理也必然涉及各个领域和有关部门的管理权限。如《中华人民共和国广告法》明确规定，广告监督管理机关是工商行政管理部门。工商行政管理部门对广告活动的全过程进行管理，起草广告管理法律、法规，并单独或会同国务院有关部门制定广告管理规章、规范性文件，依法全面实施监督管理广告的职能。各有关部门的管理责任是在本系统或部门贯彻执行广告管理法规，配合工商行政管理部门实施广告管理工作，从而理顺了广告管理体制，协调好了各方面的关系，发挥了各方面的作用。

【思考题】

1.《中华人民共和国广告法》的主要特点有哪些？
2.《中华人民共和国广告法》与其他法律法规的关系如何？
3. 广告管理法规体系有哪些特点？
4. 广告管理法规的作用是什么？

第七章

广告准则

广告准则又称广告标准，是指发布广告的一般原则与限制，是判断广告内容是否合法的依据，是广告法律、法规规定的广告内容与形式应符合的要求，也是判断广告能否发布的依据。《中华人民共和国广告法》调整的对象侧重在商业性广告，但其中有关广告准则的规定对我国所有的广告活动和广告内容都有规范性的指导作用，所以《中华人民共和国广告法》中的广告准则不仅适用于商业广告，同时也适用于商业广告之外的所有其他广告。广告准则包括一般准则和特殊商品准则，《中华人民共和国广告法》中规定的一般广告准则，任何单位和个人在从事广告活动、实施广告行为时都必须遵守。

第一节　广告的一般准则

制定广告一般准则，是为了让广告主体在具体了解法律提倡或禁止的广告内容的情况下，发挥广告的积极作用。所谓法律提倡的广告内容，是指法律鼓励广告主、广告经营者、广告发布者采用的广告内容。《中华人民共和国广告法》第九条规定了禁止广告的内容。所谓禁止的内容，是指法律明确规定不允许采用的广告表现。广告准则的一般标准是关于在一切广告作品中就广告内容禁止性的规定。

一、《中华人民共和国广告法》第九条的规定

（一）不得使用或者变相使用中华人民共和国国旗、国徽、国歌、军旗、军歌、军徽

《宪法》第一百三十六条规定："中华人民共和国国旗是五星红旗。"《国旗法》第三条第一款规定："中华人民共和国国旗是中华人民共和国的象征和标志。"《国旗法》第十八条规定："国旗及其图案不得用作商标和广告。"《宪法》第一百三十七条规定："中华人民共和国国徽，中间是五星照耀下的天安门，周围是谷穗和齿轮。"《国徽法》第三条第一款规定中华人民共和国国徽是中华人民共和国的象征和标志；第十条第一款规定，国徽及其图案不得用于商标和广告。根据《关于中华人民共和国国歌的决议》，中华人民共和国国歌是《义勇军进行曲》，中华人民共和国国歌也是中华人民共和国的象征和标志，不得用于广告。《中华人民共和国广告法》规定，也不得在广告中变相使用国旗、国徽或国歌、军旗、军歌、军徽，如以国歌的词、谱作为广告背景和衬托。如某广告以"热烈祝贺中国奥运代表团高奏凯歌"为标语口号，画面显示一名获得奥运金牌运动员在颁奖台上手捧鲜

花的场面，背景是冉冉升起的五星红旗，广告的右侧居中是该广告产品的品牌名称及广告语。该广告显然是一则违法广告，将国旗作为广告背景的做法不仅不严肃，而且侵犯了中华人民共和国国家尊严。

（二）不得使用或者变相使用国家机关、国家机关工作人员的名义或者形象

国家机关是指依照法律或者行政命令组建的从事国家管理活动的各级国家权力机关、行政机关、审判机关和法律监督机关，是代表国家从事管理活动的组织。国家机关的工作人员是在上述国家机关中具体执行国家管理社会事务职能的人员，它的整体概念包括国家机关工作人员的言论、形象、题词等。国家机关和国家机关工作人员是依法行使管理国家事务权力的机关和人员，其名义代表着国家的利益和形象。如《中国机械》杂志在1995年第二期上发布了福建龙马集团的一则广告，广告中使用了福建某省委书记视察福建龙马集团的工作照片，此广告属违法广告。

国家机关及其工作人员在管理国家事务时体现的是国家的意志。为了维护国家的尊严、保证国家机关和国家机关工作人员正确行使职权，国家工商行政管理局就这一具体问题做出一系列解释，如《关于使用已故或离任的党和国家领导人名义进行广告宣传处理意见的答复》、《关于在祝贺广告中使用国家机关和国家机关工作人员的名义有关请示的答复》等，其主要内容包括：

(1) 在商业广告中，不得以任何形式使用国家机关及其工作人员的名义。广告主为提高其商业信誉和社会知名度开展的企业自身形象宣传，包括企业的开业庆典、征集厂徽、厂标、产品名称、商标等，同样属于商业广告的范畴。

(2) 禁止使用党和国家领导人包括已故或者离任的党和国家领导人的名义、言论、形象为产品或者服务做广告。如1997年11月8日湖北兴山县宣传部吴某某在长江三峡工程大江截流仪式上拍摄到江泽民主席等中央领导手持望远镜目睹截流场面的纪实摄影作品，先后在《宜昌日报》、《人民画报》、《江西画报》等报刊刊登。照片中江泽民主席等中央领导手持的望远镜是江西凤凰光学股份有限公司生产的，凤凰公司认为这张照片可用来宣传产品，1997年年底，该公司市场部与吴联系要求购买底片，吴提出要8 000元，凤凰公司市场部说要向老总请示后再定，以后就一直未有回音。次年7月，吴发现凤凰公司将该作品制成广告灯箱片等使用，于是认为凤凰公司违反著作权法，提出索赔16万元，在交涉没有结果后提起诉讼。凤凰公司承认在1998年“中国国际照相机械影像博览会”上使用吴拍摄的照片设计制作了“凤凰”牌望远镜产品介绍样页5 320份及一张灯片，样页在展会期间发了400份，灯片在展会中展示。但称目的只是展示民族工业的风采，也为了进一步宣传国家领导人对民族工业的支持。①

双方律师在法庭内外展开了一场激烈的争论。其争论的焦点是该照片是否属于时事新闻图片，是否拥有著作权。但我们认为，该案中江西凤凰光学股份有限公司把“江主席手握凤凰望远镜”照片制成巨幅灯箱片和“凤凰牌望远镜产品介绍样页”用于商品博览会，应当认定是“直接或者间接地介绍自己所推销的商品”的商业广告行为。被告违反《中华人民共和国广告法》上述规定，已构成广告侵权和广告违法，应予制止和追究其相应民事责任和行政违法责任。

---

① 参见《涉及领导人照片的著作权集》，载《中国知识产权报》，2010-04-28。

有些非商业广告，在取得了被使用者书面同意后，可使用国家机关及其工作人员名义。如 1998 年全国公益广告抗洪救灾篇“我们的领袖”中出现了党和国家领导人江泽民、朱镕基、温家宝等的形象，文字表述如下：这是没有硝烟的战场/这是没有枪炮的战役/滚滚的洪水吞噬着无辜的生命/侵蚀着宁静的家园/千钧一发，危在旦夕……/这时，我们的党中央出现在江堤上/这时，我们的领袖出现在江堤上/“要夺取抗洪决战的最后胜利!”/总书记的话鼓舞着抗洪的军民/于是亿万双手连接成攻不可破的城墙/于是亿万颗心汇聚成战无不胜的力量!

当被广告的商品或者服务本身涉及国家机关或其工作人员内容时，不受上述限制。

（三）不得使用“国家级”、“最高级”、“最佳”等用语

广告具有传递商品和服务信息、引导消费者的作用，所以广告必须真实、客观地介绍商品和服务，不能含有虚假内容，这也是广告的基本准则之一。但是，广告毕竟不是商品和服务本身，广告传递信息要通过对商品或服务的文字描述，这种描述应该有个“度”，不能引起消费者误解，误导消费者。所以，广告可以使用一般的描述商品和服务情况的用语，但不能使用最高级的用语。

“国家级”、“最高级”、“最佳”等用语是容易给消费者误导，又肯定会贬低同类产品的绝对化语言。世界上万事万物没有最好，只有更好。绝对化语言可分为两种：一种是最高级形容词，如“最好”、“最佳”、“最棒”、“第一”，有的广告中使用“至尊”、“之王”、“之皇”等同样属于变相绝对化用语；另一种是以一定的地域、整体作为形容词，如“畅销全国”、“誉满全球”等“国家级”、“世界级”用语。

在《中华人民共和国广告法》颁布之前，此方面没有明确规定，使用最高级语言的广告随处可见，如“奇强洗衣粉，洁力最强”、“三江家具，品种最全，价格最低”、“原来最好的就在身边”（玉兰油）、“要喝就喝最好、最合算的”（娃哈哈营养八宝粥）。另外，如药品广告中的“包治百病”、“根治”、“药到病除”等也是绝对化用语和文字的表示。《中华人民共和国广告法》实施后，此类广告均因使用最高级用语而被强制改版或禁播，受到查处。如有一种名为“洋参丸”的功能性食品，在其广告中以“本产品是提神提气的唯一救星……”为广告语，2002 年 3 月 12 日受到河南省卫生厅查处。

禁止在广告中使用独一无二的绝对化语言，是根据我国实际的统计技术力量的水平来确定的。“最”本身没有数据限度，没有确切的数据来鉴定谁是最新，而“最”类的绝对化用语就是到了顶峰，不能再有超越，这是不符合事物发展客观规律的。《中华人民共和国广告法》要求广告要客观、公正，实事求是，限制上述绝对化语言，其目的就是使消费者免于遭受欺骗和误导。

（四）不得损害国家的尊严或者利益，泄露国家秘密

维护国家的尊严不仅是国家的事情，也是每个公民应尽的责任和义务。当国家的尊严受到侵犯时，我们应挺身而出，坚决维护国家的荣誉和利益，表现出对祖国、对人民的高度责任感。没有国家的尊严，公民个人的尊严也就无法得到保障。

2003 年 11 月 5 日，一汽丰田的“霸道”、“陆地巡洋舰”两款车上市。《汽车之友》12 期上刊登了“霸道”和“陆地巡洋舰”广告。“霸道”的广告是：画面上，“霸道”越野车威武地行驶在路上，而两只石狮子蹲坐路旁，一只挺身伸出右爪向“霸道”车作行礼状，另一只则低头作揖。配图的广告语写道："霸道，你不得不尊敬。""陆地巡洋舰"的广告是：画面上，在可可西里无人区的崎岖山路上，一辆丰田"陆地巡洋舰"迎坡而上，后面的铁链上拉着一辆笨重的、军绿色的、看似"东风"的大卡车。在画面左侧，还挂着追捕盗猎者所用的军大衣、冲锋枪等。

看到这两则广告后，立即有人在网上留言，表示了疑义和愤怒。认为石狮子在我国有着极其重要的象征意义，代表权利和尊严，丰田广告用石狮向"霸道"车敬礼、作揖，极不严肃。更有网友将石狮联想到卢沟桥的狮子，并认为，"霸道，你不得不尊敬"的广告语太过霸气，有商业征服之嫌，损伤了中华民族的感情。

12 月 2 日，《汽车之友》在自己的网站上向读者致歉。还表示，将停发这两则广告；由于发行原因，将于 2004 年 1 月在下一期杂志上正式刊登道歉函。12 月 3 日，新华社对"问题广告"进行了报道，随后，国内的许多媒体都不同程度地对此事进行了追踪。国家工商局也对这两则广告表示关注，并要求投放刊登广告的杂志社提交了书面材料。由于各方的强烈反应，使整个事件有从"问题广告"向"日资企业在华经营风波"方向转化的趋势。12 月 3 日晚上 9 点，丰田公司在紧急磋商之后，启动了危机公关程序，对媒体表示了他们的歉意。12 月 4 日上午，日本丰田联合一汽丰田，在新浪等主要网站上，刊登了道歉信。12 月 4 日晚上，丰田的媒体道歉会紧急召开。会上他们表示："丰田汽车公司对最近中国国产"陆地巡洋舰"和"霸道"的两则广告给读者带来的不愉快情绪表示诚挚的歉意。这两则广告均属纯粹的商品广告，毫无他意。"中方代表一汽丰田副总经理也表示，没能注意民族感情、没有把好广告关自己是有责任的。12 月 4 日，这两则广告的制作公司盛世长城国际广告公司也公开致歉。

（五）不得妨碍社会安定，损害社会公共利益

为了保证我国社会的安定，《宪法》第二十八条规定：国家维护社会秩序，镇压叛国和其他危害国家安全的犯罪活动，制裁危害社会治安、破坏社会主义经济和其他犯罪的活动，惩办和改造犯罪分子。《中华人民共和国广告法》要求广告中凡有违反四项基本原则、危害人民民主专政，阴谋颠覆政府、分裂国家、推翻社会主义制度的内容均不得刊播；只有社会安定，社会公共利益才不致被损害，所以广告中不得含有妨碍社会安定和损害社会公共利益的内容。

（六）不得危害人身、财产安全，泄露个人隐私

人身和财产安全也是国家发展社会经济的重要保障，同时也体现全体社会成员共同利益的社会公共利益，是社会经济发展的重要条件。《中华人民共和国广告法》要求广告中凡有违反我国刑法，涉及杀人放火、强奸抢劫、爆炸等妨碍社会安定和公民财产安全的内容，均不得刊播。某些报刊置社会公共利益于不顾，发布违法的广告内容，如江西某化妆品公司发布广告，称可邮购"忘魂药"、"万能钥匙"，宣传可使人"双目失明"、"使人精神失常"的办法等，诱人犯罪。这些广告给社会带来了极大的危害，影响到人身、财产安全，它们不只是违反了《中华人民共和国广告法》的规定，同时也是一种犯罪行为。

（七）不得妨碍社会公共秩序或者违背社会良好风尚

广告应该尊重社会主义公共道德，不能传播损人利己、专谋私利等违背社会主义精神文明的思想、观念。也就是说广告应该符合社会主义精神文明建设的要求，广告中不得含有妨碍社会公共秩序和违背社会良好风尚的内容。

公共秩序，是指统治阶级按照自己的意志和利益建立起来的、要求人们遵守的社会生活规则。它的内容包括：社会秩序、工作秩序、生产秩序、教学科研秩序、生活秩序。社会风尚是一个民族的伦理道德、风俗习惯、文化教育、人生观、价值观的综合体现。建立良好的社会公共秩序和树立良好的社会风尚是我国社会主义精神文明建设的一个重要内容。如有一则广告中称：某年某月某时，十堰市上空将有一架或数架民用飞机沿人民路飞翔而过，飞机飞行所到之处，将空投下八万元巨奖。届时该市人民路附近必然会人潮如涌，看热闹的人和渴望得好运的人们会聚集在一起，如果不采取有效的措施，很可能会发生一些意想不到的后果。这样的广告活动是应该制止的，因其影响了正常的公共秩序，对交通、治安产生了不良影响。另外，广告中也不应有直接或间接违反社会治安处罚条例的内容，不应有破坏公共设施、违背社会公德的不文明举止等影响社会秩序的内容。

广告活动绝不能只单纯追求轰动效应，忽视社会责任。随着经济的发展，物质不断丰富，但我们应该看到，全国各地的经济发展还参差不齐，百姓的物质生活还没有达到极大丰富的程度，面对一些物质利益诱惑，并不是人人都能把持得住自己的行为的。那么在广告宣传中，在引导人们享受现代物质文明的同时，也应注重精神文明的建设，陶冶性情，树立和选择符合我国人民共同社会理想的价值观和生活方式，而不是一味地迎合和诱发人们的私欲和贪欲。

还有些广告以违背社会一般的风尚习俗来引起人们注意，此类广告也应加以限制。如美国广告在形式上往往追求新奇，2001 年 8 月底，美国路易斯安那州警方接到报警电话，说在社区一个医疗中心的巨型广告牌下的梯子上有人上吊。警方会同消防队赶往现场发现，“上吊”仅是该医疗中心所做广告内容的一部分，“上吊者”是一个惟妙惟肖的假人。在这个假人身上附有一句标语：“烦恼不曾远离，即使是我们。”而警方在回答频频打来的报警电话时说：“广告很不错，它引起了你的注意。”这类广告若在我国则属于违背社会良好风尚的，应作为违法广告进行查处。

（八）不得含有淫秽、色情、赌博、迷信、恐怖、暴力的内容

淫秽是指具体描绘性行为或者露骨宣扬色情，迷信是指相信命相、鬼神、风水等的思想，恐怖是指一种极度恐惧的心理状态，暴力是指一种烧杀抢劫、侵犯他人人身和财产权利的强暴行为。淫秽、迷信、恐怖、暴力都与社会主义精神文明建设相违背，广告中不得含有这些内容。

中华民族五千年文化塑造了良好的道德风尚，如果照搬西方国家的文化，在广告中突出表现性、色情的内容，既与我国的国情不相符，也超出了广告的本来意义。为了加强对这方面的管理，国家工商总局广告司发布了《关于禁止发布有关性生活内容广告的通知》，其中规定，通过大众传播媒介或公开传播形式，向社会宣传性生活产品和性生活保健服务，如“夫妻运动快乐器”、“真空性生活补助器”、“性生活保健热线电话”等，有悖于我国的社会习俗和道德观念，因此无论这类产品是否允许生产或者提供，在广告宣传上均应严格禁止。

广告中如有淫乱或猥亵的场景、表情、语言、色情暗示等有碍社会风尚、有伤风化的内容，均应被全面禁播。例如“劲浪”牌口香糖的电视广告：先是一位表情慵懒、衣着性感的外国美女依偎在床上，挑逗地对着观众说：“我觉得还不够耶！”再是一位英俊的外国男士一边发动着摩托车一边说：“我希望我能更有力！”然后是一间酒吧里，一位娇滴滴的女子温情脉脉地看着身边一男士说："更有劲，我会更喜欢！"最后，"劲浪"牌口香糖突然出现，画外音高喊着："让你感觉就像一浪接一浪！""护舒宝"卫生护垫也曾推出过这样一则网络广告：一个身着黑衣的英俊动画男士出场，其头顶上方还出现了一行字"点击我，你可以找到你向往已久的东西哦！"点了以后，男人把上衣脱了下来，解说词是："别害羞，尽管继续吧。"继续点击，动画男人又将背心脱掉了，解说词是："喂喂喂，你来真的？""你还没看到最精彩部分！"再点击，动画男人脱下长裤，只穿着短裤，解说词为"相信我，你还没有看到最精彩的部分耶！"再点击，只见那动画男人在脱下短裤的同时飞速地用一块黑色遮着物代替了短裤，解说词是："好好好，我认输了，来吧……"再点击，遮羞物慢慢放大，占据大部分画面，同时画面右侧打出广告语："全新护舒宝黑色护垫，仅供女士使用。"这样的广告走在了色情的边缘，已被查处禁止播放。类似的广告还有很多，"婷美"内衣倪虹洁版的广告，女主角穿着"婷美"内衣，露出半个丰满胸脯弯着腰，性感十足；"清嘴"口香糖虽然没有什么刺激的画面，但这个品牌名称已经足以混淆人们的听觉；"朗琴园"房地产开盘的时候，在报纸上刊登了一个"开盘"的巨幅广告，一条拉链拉开的牛仔裤正好露出一条小花纹的女士内裤，意为开盘；无独有偶，曾有一则位于北京地铁内的"恒基千百千商城"的开业广告被撤，原因是该广告的创意有些"新奇"：画面中一名性感女模特，胸前纽扣崩开，露出了性感的胸部的一部分，旁边配以"开了"的广告语。由于这些广告带有明显的性暗示，因此全部被撤掉。①

不可否认，作为一种商业的促销手段，广告要吸引人们的注意力，要引起人们的兴趣，但同时，广告也要在社会上进行传播，对社会文化有一定的影响，对社会风气有间接的引导作用；它还是一种艺术，具有一定的审美价值等。广告的表现形式是多种多样的，但徘徊在色情边缘是有害无益的——当然有人认为"性诉求"也是一种重要的广告诉求方式，但在此类广告创作中，表现方式一定要得当，在画面上应讲求一种美感，而不是一种恶俗表现，同时还要能将广告中的人物形象与品牌的个性进行结合，真正体现出品牌的魅力。因此，广告在以"性"为诉求的主题时，在表现上应把握一个合适的度：首先，广告不应仅仅将画面作为吸引人们注意力的一个手段，而应借助形象及主题体现整体品牌或企业的个性形象，形成风格；其次，广告所传达的信息要真实、单一、清晰，在主题及画面的处理上要能保持一致性，有夸张，但不要过分渲染；再次，在利用女性及倡导女权主义作为广告内容表现时，不应赤裸地把女性的色情作为吸引消费者注意力的手段，而是要保证画面与主题的协调性。②

关于迷信广告的问题，国家工商总局在给辽宁省工商局《关于在广告中使用"观世音菩萨"像是否属于"迷信"内容的答复》中，对某些迷信内容做出了认定：在我国，正当的宗教活动受法律保护，但应当在一定的场合和范围内进行。"观世音菩萨"是佛教专有的形象，具有特定的宗教意义，其用于商业广告活动，超出了正常宗教活动的范畴，并带有一定的迷信色彩，属于《中华人民共和国广告法》第九条禁止的广告行为。

（九）不得含有民族、种族、宗教、性别歧视的内容

我国《宪法》第四条规定"中华人民共和国各民族一律平等"，"禁止对任何民族的歧视和压迫"；第三十四条规定"中华人民共和国年满 18 周岁的公民，不分民族、种族、性

---

①② 参见刘素伟：《汹涌的性文化传播：半推半就的色情广告》，见千龙新闻网，2002-04-17。

别、职业、家庭出身、宗教信仰、教育程度、财产状况、居住期限，都有选举权和被选举权”；第三十六条规定“中华人民共和国公民有宗教信仰自由”等。所有这些规定都表明，在我国公民不分民族、种族、性别、宗教信仰等，都一律平等，不得歧视。

民族指历史上形成的、处于不同社会发展阶段的各种人的共同体，中华民族由56个民族组成，在这个大家庭里，各民族一律平等。种族即指人种，是一个十分敏感的话题。世界上曾多次发生过一部分人对不同种族或民族进行敌视、不平等对待和迫害的反动行为，如希特勒代表的纳粹对犹太人的血腥屠杀事件，他们宣扬各种族生来就分为优等种族和劣等种族，前者负有统治后者的使命等。如在欧美一些国家，曾发生过反面角色用有色人种饰演，而正面角色由白种人饰演的广告片，受到舆论的谴责。在多民族多种族的国家，这个问题始终都是人们关注的。如美国服装制造商“Abercrombie & Fitch”2002年4月18日宣布撤回新出品的以亚洲人为主题的T恤衫，以回应当地亚裔团体的抗议。这种T恤衫2002年4月摆上货架，每件售价25美元，上面印着一张漫画：一个斜眼、戴着圆锥形帽子的亚洲人，旁边印着口号“黄氏兄弟洗衣店：两个黄能变成白” （WONG BROTHERS LAUNDRY SERVICE：TWO WONGS CAN MAKE IT WHITE）和“碗与球——中国食品与保龄球”（WOK-N-BOWL—CHINESE FOOD AND BOWLING）。这种T恤衫出现在商店里后，加州的亚裔团体表示愤怒，当地一些活动家说，漫画上的亚裔人物传递出种族歧视的信息。Abercrombie & Fitch公司发言人卡尼（Hampton Carney）说，“我们以为这些T恤衫可能会吸引亚裔顾客，没想到招致如此的愤怒，实感意外。我们觉得T恤衫大胆、不敬、可笑，每个人都会喜欢。事实却大相径庭”，“我们绝不想冒犯任何人，在设计T恤衫上的图案时，本意很单纯，只是想给我们的产品增加点幽默和变化，既然有顾客觉得不舒服，我们就从商店撤回来”。但Abercrombie & Fitch公司在美国全国有500家商店，卡尼不能确定能从店里撤回多少件T恤衫，同时一些T恤衫还没有送到店里。①

性别，指男性女性两性之分。在广告表现中，男女的平等体现在社会地位等多方面，具体有平等的就业机会等。为了保障男女拥有平等的就业权，欧美不少国家规定招聘广告不得出现“限男性”、“限女性”的字样，根据我国《劳动法》的有关条款，企业不得因员工的外形、性别等因素而予以待遇差别。以理类推，招聘广告中也不得出现有性别限制的字眼。

如2002年4月17日，英国城市利物浦要求雀巢公司停止其新产品YORKIE巧克力在该城的宣传推广活动，并下令两名推广小姐在半个小时后离开利物浦，原因是她们只向男性派发免费的巧克力。利物浦当局认为，雀巢公司的做法是“男性至上主义”。雀巢公司这次推广新产品打出的广告口号是“并非为女士准备”，这在其他城市如伦敦、格拉斯哥等已经成为不小的热点。雀巢公司的发言人表示，这次的活动只是想“通过一种幽默的方式来提高公司的形象，可惜他们看不到这种幽默”。收过免费巧克力的男性市民都认为当局反应太过强烈，有人更反驳有很多专门针对女性用户的商品却没有受到抱怨。②

宗教是社会意识形态之一。人们相信并崇拜的超自然神灵，是支配着人们日常生活的自然力量和社会力量在人们头脑中的歪曲、虚幻的反映。宗教产生于史前社会的后期，最初的宗教形式称为自然宗教，如原始拜物教、图腾崇拜、祖先崇拜等。宗教随着历史的发

① 参见《大肆嘲笑黄皮肤亚裔 美国公然售卖种族歧视T恤》，见南方网，2002-04-19。
② 参见木猪：《推广小姐只派男性巧克力 雀巢产品利物浦被禁》，载《京华时报》，2002-04-19。

展而演进：由拜物教到多神教，再到一神教；由氏族图腾崇拜到民族神和民族宗教，最后又出现世界性的宗教。目前主要的世界性宗教有佛教、基督教、伊斯兰教等，同时也产生了宗教机构、专职宗教首领和各种教规、仪式等。

在我国，正当的宗教活动受法律保护，为贯彻这一规定，国家工商总局发布了《关于加强对含有宗教内容广告管理的通知》。根据我国有关宗教法规和政策，所有宗教活动必须在宗教场所进行，因此，任何单位和个人均不得在大众传播媒介及非宗教活动场所发布有关宗教活动、宗教用品、宗教活动纪念品的广告，以及以讲经、传道等为内容的图书、音像制品的广告。如确实由于特殊需要，须在大众传播媒介及非宗教活动场所发布上述广告的，须经省级以上宗教事务管理部门同意并报同级工商行政管理机关备案。

（十）不得妨碍环境、自然资源或者文化遗产保护

环境和自然资源的保护是我国的重要政策，其中环境保护已被列为我国的三大基本国策之一。《宪法》第二十六条第一款规定："国家保护和改善生活环境和生态环境，防治污染和其他公害。"第九条第二款规定："国家保障自然资源的合理利用，保护珍贵的动物和植物。禁止任何组织或者个人用任何手段侵占或者破坏自然资源。"为了更好地保护环境和合理地利用自然资源，全国人大已经制定了《环境保护法》、《大气污染防治法》、《水防治法》、《海洋环境保护法》、《土地管理法》、《森林法》等法律，对环境保护和自然资源的保护做了具体的规定。因此，广告中不得有不利于保护环境改善、破坏生态平衡的内容，任何广告都不得出现有碍环境和自然资源保护的内容、文字、画面。如我国的公益广告中很多是以环境保护为内容创意的，如节约用水、保护森林、维护生态平衡等。

（十一）不得有法律、行政法规规定禁止的其他情形

这一项规定针对的是除《中华人民共和国广告法》以外的其他法律、法规规定的禁止情况，主要有以下内容。

（1）禁止发布将人民币变相作为奖券的广告。如某商店发布广告："三八节"到妇女用品商店购物的妇女，持有的百元钞票上的号码最后两个数字是"38"，此币可以买到120元的商品。这种把某种号码、某个版次或者某种面值的人民币，变成可换取标价超过其面值的商品、服务或兑换到超面值的人民币等的行为，实际上已将人民币变相作为奖券。此类广告影响了人民币的声誉，损害了社会公共利益。为了制止这种行为，国家工商总局发布了《关于禁止发布将人民币变相作为奖券使用的广告的通知》。

（2）严格控制评比类广告。有些单位、组织打着保护消费者利益、保护名优产品的旗号，开展各种名目的评优活动，被推荐的商品项目繁多。这些单位、组织以做调查为名，向企业要钱，企业花钱就能买来"推荐产品"之名，不掏钱就可能被斥为"有问题"。也有一些单位、组织利用评比向企业摊派，加重企业负担——行业协会的"准官方"地位，使企业不得不"自愿参加"。评优广告、排行榜广告最大的特点是权威的推荐单位与权威媒体发布，这种评比也造成了"权威广告"，企业不参加意味着自绝于市场。由于评奖过滥，许多商品、服务广告突出宣传所获得的各种名目的"国际金奖"、"大奖"，实际上有时候商品或服务的质量并不高，消费者以为购买的是名优产品，实质上是劣质产品，这就破坏了正常的市场秩序，损害了消费者的合法权益。

为了防止此类混乱情况，早在1999年8月国家经济贸易委员会等六部委就决定，对非法进行排序评比活动、擅自向社会发布统计调查结果进行广告宣传甚至进行欺诈活动的主办单位、有关部门，将按照有关法律、法规坚决予以查处。国家经济贸易委员会等六部委认为，随意向社会发布缺乏有效依据的“排行榜”和“推荐品牌”，以此向企业索取高额费用，实际上干扰了企业正常营销活动，增加了企业负担，因而要求各地区、各部门、社会团体、新闻单位、企事业单位及民间组织正在举办的对企业商品、服务等进行的综合评介，带有排序、评比性质的企业和商品信息发布活动，以及假借宣传国家监督抽查合格及生产企业的名义向企业收费的活动一律立即停止，并认真清理整顿。新闻单位对上述带有排序评比性质的企业营销信息发布活动不得进行宣传报道，禁止利用任何媒介发布含有上述内容的广告。对于经过批准的全国性或行业性的市场调查信息发布活动，应以政府统计部门的数据为准，一律不得向企事业单位及个人收取费用或变相收费。另外，《国务院纠风办关于 2008 年纠风工作的实施意见》、《中共中央办公厅、国务院办公厅关于严格控制评比活动有关问题的通知》、《国务院办公厅转发监察部等部门关于清理评比达标表彰活动意见的通知》也有相关内容。

全国信用服务机构联席会议办公室主办的 315 认证网公布的信息指出，一些所谓“表彰机构”利用一般群众、企业老板等不了解国家信用政策的心理，打着“国家机关、政府部门、协会商会、消费者协会、专家评选委员会、推选委员会、市场调查中心、维权网站”等所谓权威、专业的旗号，私自刻印颁发红头文件，开展所谓权威的“虚假评比、表彰、推介”活动，变着法向企业收钱，此为非法行为。它们的本质看重的是被认定企业的钱，即它们的潜客户、准客户，只要有钱，即可买到“证书”。到头来，只有消费者被蒙在鼓里，最终受到损失的还是消费者。中国诚信企业协会信用工作委员会 2009 年发布了一批虚假组织及其虚假名誉认证（见表 7—1）。

表 7—1　2009 年中国诚信企业协会信用工作委员会公布的虚假组织及虚假名誉认证名单

编号	虚假荣誉企业名称	虚假评比、表彰单位（机构）	违法、违规	虚假证书、奖牌名称
01		中国工商管理协会	虚假机构	中国驰名品牌
02		中国消费者权益保护协会	虚假机构	中国市场消费者首选放心品牌
03		中国保护消费者权益促进会	虚假机构	中国消费者（用户）首选放心畅销品牌
04		中国产品质量认证中心	非法机构	
05		中国质量认证标准协会	非法机构	
06		中国质量安全监管认证中心	非法机构	
07		中国绿色环保产业认证委员会	非法机构	
08		中国绿色市场认证监督管理委员会	非法机构	
09		国际信用评估与监督协会（1 万港币注册） 美国信用评估与监督协会有限公司（注册信息：10 美元注册，注册人：方邦签，河南漯河市源汇区干河陈乡人） 国际诚信企业协会（香港） 国际信用监督网（无经营许可证）	非法认证机构	诚信认证

续前表

编号	虚假荣誉企业名称	虚假评比、表彰单位（机构）	违法、违规	虚假证书、奖牌名称
10		中国国际保护消费者权益促进会	虚假机构	消费者首选知名放心品牌
11		中国产品质量监督委员会	虚假机构	国家A级守信企业
12		中国产品质量管理中心	虚假机构	国家标准合格单位质量放心品牌、中国市场名优产品、中国知名企业、知名品牌、质量跟踪重点保护产品
13		中国质量监督检验协会	虚假机构	中国市场消费者公认十大知名品牌
14		中国产品质量协会	虚假机构	中国名优产品
15		中国名牌与市场战略促进委员会	虚假机构	中国著名品牌
16		中国质量监督检验协会	虚假机构	国家免检产品
17		中国质量监督检验协会	虚假机构	中国驰名品牌
18		中国中轻产品质量保障中心	虚假机构	中国知名品牌、中国著名品牌
19		中国名优品牌管理推广中心	虚假机构	中国名优品牌
20		中国食品工业协会	虚假机构	国家质量卫生安全全面达标食品
21		中国市场品牌战略论坛组委会	虚假机构	质量放心 用户满意十佳诚信企业
22		中国企业与改革发展研究会名牌培育工作委员会	虚假机构	中国著名品牌
23		中国中轻产品质量保障中心	虚假机构	消费者无投诉中国驰名品牌
24		中国质量信誉监督管理协会	虚假机构	绿色建材产品
25		中国产品质量监督调查中心	虚假机构	中国市场名优产品
26		中国产品质量监督管理中心	虚假机构	中国驰名品牌
27		中国名优产品调查认证推广中心	虚假机构	中国名优产品
28		中国名优品牌管理推广中心	虚假机构	中国名优品牌
29		中国质量信誉监督管理协会	虚假机构	质量 服务 信誉 AAA级单位
30		中国科学管理研究院 名牌与市场战略专家委员会	虚假机构	质量放心品牌
31		中国工程建设与管理联合会	虚假机构	全国防腐工程100强企业
32		中国名牌产品推荐委员会	虚假机构	中国优质名牌产品
33		中国名牌与市场促进委员会	虚假机构	中国著名品牌
34		中国名优品牌管理委员会	虚假机构	放心品牌 知名企业 中国名优品牌
35		中国产品质量检验管理中心	虚假机构	全国市场知名企业（品牌）、中国质量服务信誉AAA级示范单位
36		中国名牌与市场战略促进委员会	虚假机构	国家免检产品、中国著名畅销品牌、奥运工程首选产品
37		中国质量品牌管理推广中心	虚假机构	全国用户满意产品
38		中国市场品牌战略管理联合会	虚假机构	中国著名畅销品牌

续前表

编号	虚假荣誉企业名称	虚假评比、表彰单位（机构）	违法、违规	虚假证书、奖牌名称
39		中国市场品牌监督管理委员会	虚假机构	中国质量服务信誉 AAA 级示范单位
40		安徽工商管理网办公室	非法机构	消费者放心医院
41		安徽市场产品质量监督调查中心	虚假机构	安徽市场质量信得过企业
42		江苏省市场品牌推选委员会	虚假机构	江苏市场最具影响力品牌 消费者（用户）最喜爱品牌
43		中国质量监督检验协会	虚假机构	中国市场消费者公认十大知名品牌
44		中国市场品牌战略监督管理委员会	虚假机构	中国市场十佳畅销品牌
45		中国市场品牌战略管理联合会	虚假机构	中国绿色环保节能材料十佳名优品牌
46		中国产品质量管理中心	虚假机构	中国市场名优产品
47		中国产品质量监督调查中心	虚假机构	国家标准合格单位质量放心品牌、质量跟踪重点保护产品
48		中国名优品牌事业促进中心	虚假机构	中国市场名优产品 质量跟踪重点保护产品
49		中国企业与改革发展研究会名牌培育工作委员会	虚假机构	中国著名品牌
50		中国品牌战略管理委员会	虚假机构	中国著名品牌
51		中国产品质量监督管理委员会	虚假机构	中国市场消费者首选放心品牌
52		中国质量品牌促进会	虚假机构	国家 A 级守信企业 质量诚信消费者信得过单位
53		中国质量信誉评价中心	虚假资格	中国知名品牌
54		中国品牌价值评估中心	虚假资格	全国质量诚信 AAA 级品牌企业
55		中国企业信誉测评中心	虚假资格	质量诚信消费者信得过单位
56		中国市场品牌战略监督管理委员会	虚假资格	中国驰名品牌 中国知名焊接设备十佳品牌
57		中国名优品牌管理委员会	虚假资格	中国干燥机十大名优品牌
58		中国产品质量管理调查中心	虚假资格	中国市场名优产品

《中华人民共和国行政许可法》第十三条规定，通过下列方式能够予以规范的，可以不设行政许可：一是公民、法人或者其他组织能够自主决定的；二是市场竞争机制能够有效调节的；三是行业组织或者中介机构能够自律管理的；四是行政机关采用事后监督等其他行政管理方式能够解决的。因此，政府部门或任何组织单位都不得组织有关信用评审活动。我国有些省市明确颁布通知或办法予以规范。如《浙江省企业信用信息征集和发布管理办法》（浙江省人民政府令第 194 号）第二十条就规定："除法律、法规、规章和国家有明确规定外，行政机关及其所属的机构不得组织或者变相组织企业信用评比活动。社会中介机构向社会提供企业信用状况调查评估等服务的，应当按照有关规范进行。"全国整规办、国务院国资委关于印发《商会协会行业信用建设工作指导意见》的通知规定：商会协

会评信用等级只能限于会员企业，必须实行自愿的原则；对会员企业评信用等级不得以营利为目的。《中华人民共和国反不正当竞争法》第二十一条规定：经营者假冒他人的注册商标，擅自使用他人的企业名称或者姓名，伪造或者冒用认证标志、名优标志等质量标志，伪造产地，对商品质量作引人误解的虚假表示的，依照《中华人民共和国商标法》、《中华人民共和国产品质量法》的规定处罚。

（3）禁止发布移民广告。一些组织或个人利用有些人急于出国留学或移民的心理，以办出国旅游、考察、留学、购买外国土地等名义做广告，从事组织非法移民活动，从中骗取钱财，给社会造成了不稳定因素。为加强管理，制止此类广告的发布，1995 年 7 月国家工商总局发布了《关于严禁发布有关移民广告的通知》，其中规定：第一，禁止利用广播、电视、报纸、期刊等媒介，发布组织“投资移民”、“出国考察移民”和有关移民服务内容的广告；第二，凡属发布涉及组织出国旅游、培训、学习以及代办出国手续等服务性广告，必须持有有关行政主管部门的批件和营业执照，到省、自治区、直辖市、计划单列市工商局申请，经初审同意，转报国家工商行政管理局广告监督管理司核准，凭国家工商行政管理局的批件，方可发布。

随着网络的普及，有些违法移民广告转移通过手机短信发布。根据 360 手机安全中心统计数据显示，2012 年上半年，360 手机卫士为 1 亿用户拦截的垃圾短信总量超过了 105 亿条。报告对垃圾短信来源地进行了分析，广东、北京等 10 个地区是垃圾短信发送的源头地区，广东成垃圾短信主要来源地，占垃圾短信来源的 12.63%，而云南情况稍好，只占到 1.13%，在被统计的 31 个省、市、自治区中排名 25 位。

2012 年上半年，欺诈类短信占了垃圾短信的大头，冒充亲友、中奖钓鱼、声讯扣费三类欺诈短信占到垃圾短信的 37%；金融理财推荐股、商品打折促销、房产中介、移民留学四大广告类短信也占到 34%；违禁物品销售、开发票办假证、色情服务三类违法短信则占到 29%。

如吕女士 2010 年收到移民中介短信，推荐美国南达科他州的某个“有政府背景”的 EB－5 投资项目。当时移民中介承诺该项目安全可靠，拿绿卡速度快，五年返还本金。在咨询移民中介后，吕女士参加了中介在北京举办的项目推介会。在推介会上，南达科他州区域中心（SDRC）负责人博伦、时任南达科他州经济旅游发展部长本达（Richard Benda）及其合伙人 Oshik Song 极力劝说中国投资者投资“北方牛肉加工厂”（Northern Beef Packers，NBP）项目，称 NBP 是几十年来美国规模最大的牛肉厂项目，前景可观，又有政府背景，投资者无须担心绿卡和投资款。后据美国《世界日报》报道，2014 年 9 月 3 日，美国南达科他州北方牛肉加工厂的 EB－5 投资项目于 2013 年宣布失败，其中上百位国外投资者，包括 120 位中国投资移民在每人注入 50 万美元资金后血本无归，连临时绿卡都未拿到。

另外，其他法律、行政法规规定禁止的情形，广告中也不得使用。

二、2015 年新版《中华人民共和国广告法》第十条至第十三条对广告内容的规定，以及第十四条对广告发布形式的规定

（一）广告不得损害未成年人和残疾人的身心健康

根据《中华人民共和国未成年人保护法》第二条的规定，未成年人是指“未满 18 周

岁的公民”。未成年人由于受年龄和生理特点的影响，对广告的接受和理解与成年人有很大的差异。国际商会在1963年通过的《国际商业广告从业准则》就专门对儿童广告做出了特殊的规定：儿童商品广告不应以任何方式暗示，使儿童购买某种商品或服务，儿童商品广告不应使儿童相信，如果他们不购买广告中的产品，则不利于其健康和身心发展，或前途将受到危害，或将遭受到他人的轻视与嘲笑等。本条即是国际准则在我国的延伸。

广告在发挥其商业功能的同时，还有社会功能，即对社会文化、社会风气的形成有不可低估的影响，好的广告能起到一定的教育和导向作用；不好的广告则相反。有的广告的画面表现是一群孩子为一个自己喜爱的食品或玩具而你争我抢、自私霸道、没有爱心、不尊重别人，或天天吃两颗补品药丸，少睡少眠也能体力充沛、精力过人，保证考试第一；有些广告利用儿童心智上的弱点，替儿童做出判断，引诱儿童购买其产品。这一类充满了诱惑的广告在创意上截取了生活中的真实，加以集中表现，吸引了大多数小观众，企图造就一大批非广告食品不吃、非广告产品不买的儿童广告消费族——在广告画面中表现有这种广告产品的孩子得意洋洋，而没有的孩子则垂头丧气，这种广告就人为地在孩子们心中制造一种差别，把孩子们引入了歧途。还有的广告甚至有误导未成年人吸烟、酗酒、流浪、聚赌、制造恐怖、使用暴力的内容。

保证少年儿童身心健康，是社会大众所关心的，广告主、广告经营者和广告发布者虽然不是社会学家，也非道德家，但也应承担起这一社会责任。中国广告协会于1996年10月在《广告宣传精神文明自律规则》中对“有利于弘扬中华民族精神和民族文化，增强民族自信心和自豪感”的解释中就提到了“广告应当有利于儿童的身心健康，注意培养儿童优秀的思想品德，不能出现或含有任何不利于儿童成长的内容或禁止儿童出现的行为”。因此，广告涉及未成年人的形象或广告以未成年人作为诉求对象时，要把握三个原则：一是保障未成年人的合法权益；二是尊重未成年人的人格尊严；三是适应未成年人身心发展的特点。

残疾人是指在心理、生理、人体结构上，某种组织、功能丧失或者不正常，全部或者部分丧失以正常方式从事某种活动能力的人。《中华人民共和国残疾人保障法》第三条规定：“残疾人在政治、经济、文化、社会和家庭生活等方面享有同其他公民平等的权利”，“残疾人的公民权利和人格尊严受法律保护”，“禁止歧视、侮辱、侵害残疾人”。《中华人民共和国广告法》中规定广告不得损害残疾人身心健康，是为了保障残疾人的合法权益和人格尊严，使其不因身体、智力和精神上的缺陷而被人歧视、侮辱，同时，也是《中华人民共和国残疾人保障法》在广告活动中的延伸。有的电视广告中有健康儿童嘲笑发育不正常儿童的画面，广告语言损害了残疾人的人格尊严，侵犯了残疾人在政治、经济、文化和家庭生活等方面享有与其他公民平等的权利，都是应该制止的。

（二）广告使用数据、统计资料、调查结果、文摘、引用语等引证内容的，应当真实、准确，并表明出处。引证内容有适用范围和有效期限的，应当明确表示

广告内容涉及的事项需要取得行政许可的，应当与许可的内容相符合。为了保证在广告中能够真实、客观地介绍自己的商品或者服务，《中华人民共和国广告法》对在广告中介绍产品的具体内容时有上述要求，以防止虚假、欺骗性的宣传。有些虚假广告所提出的证实产品质量、成分、性能、用途等的内容全部是杜撰的，以诱骗消费者。

另外，广告学是一门综合性的边缘学科，在广告中引用相关的材料，可以在一定程度上增强广告的证明力和说服力，特别是在广告中恰当地摘引名人的讲话或者文章，更可以产生名人效应，扩大商品或服务的影响。但是，当前广告中使用这些佐证资料存在一些问题，主要是使用一些不真实或者不正确的或者在使用时不表明出处，内容含混，给消费者造成误解的资料。《中华人民共和国广告法》对此提出了要求：一是应当真实、准确；二是应当表明出处，在广告宣传中防止编造数据、篡改调查结果、欺骗消费者的行为发生。

在广告中不应将尚处在争论中的学术论点当成明确的结论写进广告词，否则就违背了广告中引用材料应当真实、准确的规定。另外，一些行政管理部门、信息中心、社团组织和新闻媒介等，迎合一些企业沽名钓誉、自我标榜的需求，擅自开展有偿的民间调查活动，调查内容、时限、范围随心所欲。如某项调查通过报纸发行上百万张问卷，仅收回了六万余张，为了省时、省力，仅抽取两万张统计，便得出自己的产品是“全国市场调查消费者心目中理想品牌第一名、实际购买品牌第一名、年度购物首选品牌第一名”的结论。调查人不具备资格，调查结论当然也不足信。

如某食品厂生产的“华康”活性水投入市场，为宣传其产品，该食品厂于当年5月29日在当地报纸上刊登整版广告声称：活性水是继矿泉水、太空水之后的新一代水饮料，是21世纪的普及型饮品。该广告在对活性水的优点进行全面宣传的同时，还对“纯净水”进行了评议，提出“纯净水并不等于健康水”的说法。该广告声称：“专家们指出，纯净水往往偏酸性，水分子集团大、无氧、不具备生命活力，难以被人体吸收，长期饮用易患骨质疏松和神经麻痹等症。专家们明示，真正的好水，不仅仅纯净，还应赋予健康特性，富氧、活性大、分子集团小、水的生理功能接近人体细胞水，这便是活性水。”

该广告在宣传“华康”活性水优点的同时，借用“专家指出”的方式，对纯净水进行评价，而关于纯净水缺陷的论述仅仅是某个学者的学术观点，这些观点尚未得到国家权威机构的评定和认同，关于饮用纯净水会导致某些疾病的见解也未得到国家医疗机构的科学论证和临床证明。而发布这些损害竞争对手产品声誉的未定论的事实，具体表现为在广告中引用未表明出处的专家的个人意见，这就违反了《中华人民共和国广告法》中广告中引用材料必须真实、准确并表明出处的规定。①

广告使用数据、统计资料、调查结果、文摘、引用语应当表明出处，引证内容有适用范围和有效期限的，应当明确表示。这样既可以防止广告主毫无根据地使用，也可以增强社会公众对广告的信任；同时在因广告产生争议或者诉讼时，也便于当事人提供证据。

（三）广告中涉及专利的规定

“专利”有两种含义：一是指专利权，即权利人对其发明创造所享有的专有的、排他性的权利，也就是国家在一定时期内授予发明创造者独占使用其发明的权利；二是指取得专利权的发明创造本身。专利是一种技术发明成果，它凝结着发明人创造性的脑力劳动，在许多情况下还凝结着试验研究仪器、设备和试验材料等物化劳动和一些辅助性的体力劳动。技术发明成果运用到生产中可以转化为生产力，产生经济效益和社会效益，也就是说专利技术只有走向市场，才能转化为生产力。因此，专利权人在取得专利权后，有的是自己投资生产，有的是专利权人在自己缺乏资金的情况下，希望通过转让专利权或者许可他

---

① 参见《润田天然饮料食品有限公司诉赣南华康食品厂在广告中引用个别专家意见否定其同类商品不正当竞争案》，见法律在线，2006-10-26。

人使用其专利技术而收取一定的专利使用费，产生预期的经济效益或社会效益。专利分为发明专利、实用新型专利和外观设计专利，每一种专利所产生的效益是不同的。因有些产品广告中涉及产品的专利状况，为规范专利广告的行为，保证专利广告真实、合法，1994年《中华人民共和国广告法》第十一条专门规定了涉及专利内容的广告准则。

（1）广告中涉及专利产品或者专利方法的，应当标明专利号和专利种类。专利产品，是指获得专利保护的产品；专利方法，是指取得专利权的生产工艺、技巧等；专利号是指国家在授予专利权时在专利证书上载明的用于区别其他专利的号码；专利种类，是指专利法对其保护对象即发明创造的分类，可分为发明专利、实用新型专利和外观设计专利三种。在广告中标明专利号既体现了国家对专利权的确认，也意味着对其进行管理，因为每个专利号只代表一个专利。而专利种类的三种专利，如发明专利，是指对产品方法或者其改进所提出的新的技术方案，实用新型专利是指对产品的形状、构造或者其结合所做出的适于实用的新的技术方案，外观设计专利是指对产品的形状、图案、色彩或者其结合所做出的富有美感并适于工业上应用的新设计。由于三种专利的技术含量及其所蕴涵的潜在价值不同，在广告中如果不加以标明专利类型，只笼统称之为获得专利，势必会使消费者产生误解，不能有效地分辨出广告中所宣传的是哪种专利；如果消费者在不知情的情况下做出选择，这将会损害消费者的合法权益。

广告中涉及专利技术或专利方法，广告经营者或广告发布者应当要求广告主交验中国专利局授予的专利证书，并审查广告中涉及的专利名称、专利类型、获得专利的商品等事项是否一致，确认一致后，要求其在广告中明确标出专利类型和专利号。

（2）未取得专利权的，不得在广告中谎称取得专利权。专利权是一项国家法律赋予的权利，它不是在发明创造人完成发明创造时自动取得的，而是需要向专利管理机关提出专利申请，经专利管理机关审查核准后，方可取得。因此，未取得专利权的，不得在广告中谎称取得专利权。目前，许多不法分子为扩大产品销售，赚取不法利润，在未取得专利权的情况下，在广告中大肆宣传其获得国家专利，误导消费者，属虚假广告。

（3）禁止使用未授予专利权的专利申请和已经终止、撤销、无效的专利做广告。专利申请，是指专利申请人以书面形式请求国家专利管理机关授予发明创造专利权的法律行为。专利申请受国家法律临时保护，但是，专利申请并不能表明该项发明创造一定能取得专利权，因此，为了避免消费者引起误解，禁止使用未授予专利权的专利申请做广告。如哈尔滨一家制药厂在其发布的一则药品广告中，将申请中的专利宣传为已获得国家专利，将专利申请号951085350宣传为已获得国家批准的专利号。如上所述，专利申请号并不等于专利号，专利申请号只是专利申请人向中国专利局提出申请专利后，专利局给予申请人的专利申请序号，该专利是否经过核准，还需要经过一系列的法定程序审核后，才能确定。也就是说，凡是向专利局申请的专利并不一定获得核准，专利申请号不代表获得了国家批准的专利号。该制药厂将专利申请号作为专利号发布，把申请中的“专利”宣传为已获得国家专利，违反了《中华人民共和国广告法》对广告中涉及专利的要求。

专利权的终止，是指专利权效力的丧失，包括期限届满终止和非期限届满的终止。专利权具有时间性，专利权人只在专利有效期内享有专有权，有效期满专利权自行失效。非期限届满的终止，一是专利权人没有按期缴纳年费导致专利权终止；二是在专利权的有效期限内，权利人死亡，无法定继承人继承该专利时，该专利权视为自行终止。对于已经终止的专利，不得在广告中进行宣传。

专利权的撤销，是指自专利局公告授予专利权之日起六个月内，任何单位或个人认为该专利权的授予不符合专利法有关规定的，可以请求专利局撤销该专利权；专利局经审查后，认为撤销请求有足够的事实和理由的，将依法做出撤销该专利的决定。被撤销的专利权视为自始即不存在，因此，已经撤销的专利不能用于广告宣传。

专利的无效，是指自专利局公告授予专利权之日起六个月内，任何单位或个人认为专利权的授予不符合专利法有关规定的，可以请求专利复审委员会宣告该专利权无效。被宣告无效专利权视为自始即不存在，此种专利，同样也不能在广告中进行宣传。

（四）广告不得贬低其他生产经营者的商品或者服务

广告中含有贬低其他生产经营者商品或服务的内容，是指：（1）片面宣传或者夸大他人的商品或者服务不足的；（2）广告利用没有法律、法规依据的认定、评比、排序结果，与他人的商品或者服务做对比，借以突出自己的商品或者服务的；（3）直接贬低他人的商品或者服务的内容。

贬低广告在违法广告中比较常见，贬低的方式主要有在广告中使用比较的方法来表明自己产品或者服务的特点和优势，既包括泛指，也包括指名道牌；既包括直接的贬低，也包括间接的贬低。贬低的对象既可是同一领域的产品和经营者，也包括其他类别的产品和其他领域的生产、经营者。如江苏某企业在广告中曾“郑重”向社会宣称：国人沿用几十年的保温瓶胆（银胆）含有毒质，只有他们最新研制的一种“金胆”才无毒、安全。后经科学鉴定，所谓“银胆”有毒的说法纯属无稽之谈。

企业应该认识到，产品质量如何、信誉度的高低，不是靠自吹自擂，也不是靠贬低对手获得的，它是由确切的质量标准、消费者的公认得到的，彼此的互相攻击只会造成两败俱伤，而且这种通过比较方式贬低竞争对手的行为也是违法的。广告中可以宣传自己产品的优点、功效，但不能指明说某某产品的功效不如自己。有贬低内容的广告，一般具有以下特征：第一，此类广告一般是针对竞争对手所进行的；第二，此类广告的内容表现为通过比较，直接或间接地指出竞争对手的商品或服务的缺点、不足，借以抬高自己；第三，此类广告的广告主在制作、发布这类广告时，在主观上是故意的；第四，此类广告行为侵犯的是竞争对手的商业信誉和商品或者服务的声誉。

有些国家对此也有一些规定，如美国、英国等，其合法的比较广告一般来说应具有以下特征：第一，所涉及的产品应当是相同的产品或可类比的产品，应当具有可比性，即面对面、点对点。例如，“七喜从来不含咖啡因，也永远不含咖啡因”，便与可口可乐和百事可乐区分开了，有效地进行了商品的品质比较。吉列公司剃刀广告“两支刀片比一支刀片好用”，无形中与同行的一支刀片剃刀进行了比较，突出了自身双层刀片剃刀的优势。第二，对比的内容应以具体事实为基础，并且这些事实是可以证明的。如一刀片广告称：“从前每片刮 10 人，后来刮 13 人，如今可刮 200 人。”通过自我比较，告诉消费者新老产品的不同特点，突出新产品。台湾《企业管理百科全书》广告语“酒香，固然令人扑鼻陶醉，但不过是短暂、刹那的美妙。书香，却是咀嚼的品味，历久弥新，源远流长”，这则广告通过书与酒的价格与价值的比较，富有哲理性和说服力，合情合理。

（五）广告应当具有可识别性的规定

广告作为一种介绍和推销商品或服务的形式，有其自身的特点。2015 年新版《中华人民共和国广告法》第十四条规定，广告应当具有可识别性，能够使消费者辨明其为广告。同时还规定，大众传播媒介不得以新闻报道形式变相发布广告，通过大众传播媒介发布的广告应当显著标明“广告”，与其他非广告信息相区别，不得使消费者产生误解。

禁止以新闻报道形式发布广告。禁止以医疗资讯服务类专题节目栏目形式发布药品、医疗、医疗器械广告。除开展舆论监督外，新闻报道、医疗资讯服务类专题节目栏目等公开商品生产经营者或者服务提供者的地址、电话、电子信箱、互联网网址等联系方式的，视为发布广告。

新闻是对新近发生的事实的报道，它具有真实性、新鲜性和重要性等特点，广告则是通过一定的媒介和形式宣传、推销商品或提供服务的，二者有明显的区别。所以在利用电视、广播、杂志、报纸等大众传播媒介发布广告时，必须有专门的标记作为提示，以便广大消费者将广告与新闻区别开。如有两家专业报纸于 2000 年 7 月 7 日、7 月 21 日分别发布了人物传记形式的医疗广告，在介绍“著名肿瘤专家吕景树教授”的同时，宣传北京海淀区太平路某医院。这则广告因未按格式化要求发布，并涉嫌进行有偿新闻交易，两家报社因此被分别处以 3 500 元和 1 万元的罚款，并没收了违法广告所得。

同时，广告应当明示下列内容：(1) 明示广告主的名称或者使社会公众能够辨明广告主；(2) 涉及优惠内容或者措施的广告，应当明示优惠的商品品种或者服务项目、时限、幅度或者数额；(3) 推销有专用附件商品的广告，应当明示该商品必须购买的附件；(4) 推销种子、种苗、种畜、种禽的广告，应当明示适宜种植或者养殖的地域范围和条件；(5) 利用报刊、广播、电视、互联网、电话、短信息等购物形式营销商品的广告，应当明示广告主的地址、联系时间和方式、支付方式、交付商品的时限和方式以及退换商品的方式；(6) 招聘广告应当明示用人单位名称、工作岗位、工作地点；(7) 药品、医疗、医疗器械、农药、兽药以及其他依法需要审查的广告，应当明示广告审查批准文号；(8) 法律、法规规定应当明示的其他内容。

2015 年新版《广告法》第十四条中规定，广播电台、电视台发布广告，应当遵守国务院有关部门关于时长、方式的规定，并应当对广告时长作出明显提示。国家广电总局颁布了《广播电视广告播出管理办法》，自 2010 年 1 月 1 日起施行。该办法明确要求播出机构每套节目每小时商业广告播出时长不得超过 12 分钟。其中，广播电台在 11：00 至 13：00 之间、电视台在 19：00 至 21：00 之间，商业广告播出总时长不得超过 18 分钟。

播出机构每套节目每日公益广告播出时长不得少于商业广告时长的 3%。其中，广播电台在 11：00 至 13：00 之间、电视台在 19：00 至 21：00 之间，公益广告播出数量不得少于四条（次）。

在播出电视剧时，不得在每集（以 45 分钟计）中间以任何形式插播广告。在播出电影时，插播商业广告的时长和次数参照前款规定执行。

播出商业广告应当尊重公众生活习惯。在 6：30 至 7：30、11：30 至 12：30 以及 18：30 至 20：00 的公众用餐时间，不得播出治疗皮肤病、痔疮、脚气、妇科、生殖泌尿系统等疾病的药品、医疗器械、医疗和妇女卫生用品广告。

播出机构应当严格控制酒类商业广告，不得在以未成年人为主要传播对象的频率、频道、节（栏）目中播出。广播电台每套节目每小时播出的烈性酒类商业广告，不得超过两条；电视台每套节目每日播出的烈性酒类商业广告不得超过 12 条，其中 19：00 至 21：00 之间不得超过两条。

第二节　特殊商品广告准则

有些产品与人们的身体健康息息相关，属于国家实行特殊管理的产品，如药品、医疗器械、农药、食品、酒类、化妆品及烟草等，如果宣传、利用不当，会给消费者带来严重的危害。2015 年新版《中华人民共和国广告法》第十六条至第二十六条对这些商品的广告内容和表现形式分类做了具体的规定。

一、药品、医疗器械广告发布准则

药品指用于预防、治疗、诊断人的疾病，有目的地调节人的生理机能并规定有适应证、用法和用量的物质，包括中药材、中药饮片、中成药、化学原料药及其制剂、抗生素、生化药品、放射性药品、血清疫苗、血液制品和诊断药品等。医疗器械是指用于人体疾病诊断、治疗、预防，调节人体生理功能或者替代人体器官的仪器、设备、装置、器具、植入物、材料及其相关物品。

（一）禁止性规定

2015 年新版《中华人民共和国广告法》第十五条规定："麻醉药品、精神药品、医疗用毒性药品、放射性药品等特殊药品，药品类易制毒化学品，以及戒毒治疗的药品、医疗器械和治疗方法，不得作广告。""前款规定以外的处方药，只能在国务院卫生行政部门和国务院药品监督管理部门共同指定的医学、药学专业刊物上作广告。"

麻醉药品是指连续使用后易产生生理依赖性、能成瘾癖的药品，包括可卡因类、大麻类、鸦片类、合成麻醉药类及卫生部指定的其他易成瘾癖的药品、药用原植物及其制品。精神药品是指直接作用于中枢神经系统，使之兴奋或抑制，连续使用能产生依赖性的药品，包括安呐咖、布桂嗪、复方樟脑酊等。医疗用毒性药品是指毒性剧烈、治疗剂量与中毒剂量相近，使用不当会致人中毒或死亡的药品。放射性药品是指用于临床诊断或者治疗的放射性核素制品或者其标记药物。

由于这几种特殊药品具有两重性，使用得当，可以治病救人，使用不当，将危害人民的生命健康，所以，国家对这些药品实行特殊管理，明确规定这些特殊药品不得做广告。当然，一般来说，这四种特殊药品不能像普通药品，更不能像一般商品一样进入市场，其生产者、经销者、使用者都不是具有一般资格的市场主体和消费者，他们之间的有关信息联络不是依靠广告，而是另有特殊途径，因此，也没必要发布广告。

需要说明的是，2015 年新版《中华人民共和国广告法》第十五条中的"特殊药品"，除了指前四种特殊药品外，还包括《药品广告审查标准》中的几种药品：治疗肿瘤、艾滋病及改善和治疗性功能障碍的药品，计划生育用药、防疫制品；《药品管理法》规定的假药、劣药；戒毒药品以及国务院卫生行政部门认定的特殊药品；未经卫生行政部门批准生产的药品和试生产的药品；卫生行政部门明令禁止销售、使用的药品和医疗单位配制的制剂；除中药饮片外，未取得注册商标的药品。

处方药是指必须凭执业医师或执业助理医师处方才可调配、购买和使用的药品。处方药一般都具有强烈的药理作用，专用性强，都具有一定的毒性及其他潜在的影响，有的会产生过敏反应和依赖性。这种药需要由有处方权的医生所开具出来处方，并由此从医院药房购买的药物。必须在医生指导下使用。

西欧、北美等发达国家和地区已经建立了比较成熟的处方药和非处方药的分类管理制度。中国《处方药与非处方药分类管理办法》（试行）于 1999 年 6 月 1 日经国家药品监督管理局审议通过，并由国家药品监督管理局于 1999 年 6 月 18 日公布。该管理办法自 2000 年 1 月 1 日起施行。

（二）限制性规定

为了保证药品、医疗器械、医疗广告的真实、科学、准确，2015 年新版《中华人民共和国广告法》第十六条规定，医疗、药品、医疗器械广告不得含有下列内容：

（1）表示功效、安全性的断言或者保证。如表明或者暗示包治百病，如“有病治病、无病强身”、“包治百病”、“疗效最佳”、“药到病除”、“根治”、“安全预防”、“安全无副作用”的断言或者保证；隐含根治、治愈等保证语言，如“无效退款”、“保险公司保险”等都是不允许在广告中出现的。因为在现实生活中，每个人的身体状况不一，生病原因不一，所以不可能存在包治百病的“灵丹妙药”。

（2）说明治愈率或者有效率。无论提交什么样的证明，都不得证明治愈率或有效率。如在广告中宣称某某药品对某种病例的治愈率达到 99%之类。因为药品或者医疗器械的疗效究竟如何，除了药品和医疗器械本身的原因外，还涉及患者本人的身体状况、得病原因等诸多因素，具有一定治愈率、有效率的药品、医疗器械并不一定适应所有患者；而且所谓治愈率、有效率的统计，也只是局限在部分患者的范围内，且不可能存在固定不变的治愈率或者有效率。因此，在广告中笼统宣传治愈率、有效率是不科学的。

（3）与其他药品、医疗器械的功效和安全性或者其他医疗机构比较。药品和医疗器械或者某些医疗机构往往是针对某种、某类病情生产的，不同的药品和医疗器械适用于不同的病症，即使是同类药品和医疗器械所适用的情况也是有差异的，所以不同的药品、医疗器械或者医疗机构广告难以进行比较。

（4）利用广告代言人作推荐、证明。医疗、药品、医疗器械诊疗的对象都是特殊的个体，不具备示范推荐的条件，因此在广告中禁止代言人进行说服示范推荐。特别禁止专业人士推荐。

（5）法律、行政法规规定禁止的其他内容。除了 2015 年新版《中华人民共和国广告法》第十六条规定的情况外，其他法律、行政法规如《药品管理法》、《医疗器械管理办法》、《药品广告审查标准》、《医疗器械广告审查标准》等对医疗器械、药品广告的发布标准做了进一步具体规定，在药品、医疗器械广告中必须严格遵守。

（6）药品广告的内容不得与国务院药品监督管理部门批准的说明书不一致，并应当显著标明禁忌、不良反应。处方药广告应当显著标明“本广告仅供医学药学专业人士阅读”，非处方药广告应当显著标明“请按药品说明书或者在药师指导下购买和使用”。推荐给个人自用的医疗器械的广告，应当显著标明“请仔细阅读产品说明书或者在医务人员的指导下购买和使用”。医疗器械产品注册证明文件中有禁忌内容、注意事项的，广告中应当显著标明“禁忌内容或者注意事项详见说明书”。

（三）国务院卫生行政部门或者省、自治区、直辖市卫生行政部门关于药品、医疗器械产品广告的规定

（1）药品广告的内容应当与药品监督管理部门依法批准的说明书、注册证明文件相符合。医疗广告的内容应当与卫生主管部门核发的医疗机构执业许可证载明的内容相符合。药品广告中介绍药品的成分、功能、主治、用量、服法、禁忌证、不良反应等内容不能随意表示，而必须严谨、科学、掌握在一定的尺度内，这个尺度的唯一参照标准是由卫生部或者各省、自治区、直辖市卫生厅（局）批准的药品说明书。广告中使用的专业术语，如疾病名称、药品名称等必须与药品说明书完全一致；广告中药品本身的理化标准不能超出说明书的范围；药品广告内容可以经艺术加工，以各种形式表现，但凡涉及药品说明书载明的事项，广告内容无论怎样艺术加工，也不得超出每一事项的范围，即必须与卫生行政部门批准的说明书一致，不能擅自更改说明书的内容。这样做的目的也是为了防止药品宣传不当造成滥用、乱销的后果。

目前，除了医疗单位给患者开药外，药品经销单位也可以直接出售药品，许多消费者是从广告中得知某种药品而直接购买药品。为了保障人民的身体健康和安全，2015 年新版《中华人民共和国广告法》第十六条规定：处方药广告应当显著标明“本广告仅供医学药学专业人士阅读”，非处方药广告应当显著标明“请按药品说明书或者在药师指导下购买和使用”。保健药品不受此限。

（2）推荐给个人自用的医疗器械产品，应当在其广告中显著标明“请仔细阅读产品说明书或者在医务人员的指导下购买和使用”。医疗器械产品注册证明文件中有禁忌内容、注意事项的，应当在广告中显著标明“禁忌内容或注意事项详见说明书”。

二、医疗广告发布准则

医疗广告是近十几年来问题严重的领域。如据 2002 年 4 月 18 日《北京青年报》报道，北京市广告监督部门对 38 家重点媒体的监测发现，所监测的医疗广告全部违法，违法率高达 100%。2005 年年初，北京市中医药管理局对中医医疗广告进行调研，结果发现平均每 100 条中医医疗广告中竟只有 0.87 条符合广告法要求。2005 年“两会”期间有 80 件之多的提案、议案涉及医疗广告。①

这里所说的医疗广告，是指利用各种媒介或者形式直接或间接介绍医疗机构或医疗服务的广告。医疗机构发布医疗广告，应当在发布前申请医疗广告审查，未取得《医疗广告审查证明》的，不得发布医疗广告。工商行政管理机关负责医疗广告的监督管理，卫生行政部门、中医药管理部门负责医疗广告的审查，并对医疗机构进行监督管理。

2007 年 1 月 1 日起施行的《医疗广告管理办法》（国家工商行政管理总局和卫生部发布）是根据《中华人民共和国广告法》、《医疗机构管理条例》、《中华人民共和国中医药条例》等法律法规制定的。它对医疗广告的相关规定如下。

---

① 参见李晓宏：《病急切勿乱投医　揭露虚假医疗广告内幕》，载《人民日报》，2005-03-31。

（一）发布医疗广告的内容和形式要求

1. 非医疗机构不得发布医疗广告，医疗机构不得以内部科室名义发布医疗广告

医疗广告内容仅限于以下项目：

（1）医疗机构第一名称；（2）医疗机构地址；（3）所有制形式；（4）医疗机构类别；（5）诊疗科目；（6）床位数；（7）接诊时间；（8）联系电话。

（1）至（6）项发布的内容必须与卫生行政部门、中医药管理部门核发的《医疗机构执业许可证》或其副本载明的内容一致。

2. 医疗广告的表现形式不得含有的情形

（1）涉及医疗技术、诊疗方法、疾病名称、药物的；（2）保证治愈或者隐含保证治愈的；（3）宣传治愈率、有效率等诊疗效果的；（4）淫秽、迷信、荒诞的；（5）贬低他人的；（6）利用患者、卫生技术人员、医学教育科研机构及人员以及其他社会社团、组织的名义、形象做证明的；（7）使用解放军和武警部队名义的；（8）法律、行政法规规定禁止的其他情形。

3. 禁止利用新闻形式、医疗资讯服务类专题节（栏）目发布或变相发布医疗广告

有关医疗机构的人物专访、专题报道等宣传内容，可以出现医疗机构名称，但不得出现有关医疗机构的地址、联系方式等医疗广告内容；不得在同一媒介的同一时间段或者版面发布该医疗机构的广告。

国家工商行政管理总局通报了 2001 年查处的 10 起典型违法医疗广告，主要有：（1）在北京某部队门诊部租借房屋行医的李杰于 2001 年 3 月 12 日在某媒体广告版发布了“仁心施妙术 奇药治肿瘤——北京著名肿瘤专家鲁正堂教授”的广告。经查，给患者看病的医生真实姓名叫鲁新华，是主治医师而不是教授，但此人在医生处方上签写的姓名却是鲁正堂。这个广告还出现推销药品、利用患者名义做证明等多项违法内容。（2）河南新世纪医疗科技发展有限公司林国春以这家公司名义同湖南岳阳市中医医院签订了糖尿病专科协作合同书，承包开设糖尿病专科，随后于 2001 年 10 月、11 月多次在两家媒体发布“岳阳市中医医院糖尿病大型会诊活动”的广告，广告中出现违法推销药品、医师资格虚假等内容。（3）陕西中医学院（西安）天眸医院利用伪造的医疗广告证明，于 2001 年 4 月 18 日发布“鼻炎咽喉炎大应诊”医疗广告，广告中还出现“通过 5 万例各类鼻炎、咽喉炎、扁桃体炎患者随访观察，治疗后症状全部消失，愈后不易复发”等违法内容。（4）内蒙古华建职工医院于 2001 年 3 月 22 日、4 月 22 日、4 月 24 日分别在某报发布了治疗糖尿病的医疗广告，称“特邀美国中医研究院教授，著名糖尿病专家张泽伟来本院巡诊”。经查，张泽伟是太原市利康中医研究所的医生，并不是美国的教授。这个广告还含有推销药品、“从根本上征服糖尿病”等违法内容。①

从这里我们可以看出，医疗广告还有一个重大的问题，即以“医学知识讲座”、“新闻报道”、“人物专访”等形式变相发布医疗广告。对此，国家工商行政管理部门早有规定，如国家工商行政管理局《关于实行医疗广告发布内容格式化的通知》第二条规定：“严禁以新闻报道形式发布医疗广告。”那么，应该如何认定这一行为呢？

---

① 参见《国家工商总局通报去年 10 起违法医疗广告》，见中国新闻网，2002-02-20。

（1）大众传播媒介利用新闻研究报道形式介绍医疗机构及其服务，如出现医疗机构的地址、电话、号码或其他联系方式等内容的。例如，2002 年 3 月 12 日某导报综合广告九版刊登的《京城塑造美丽的天使——记中医美容专家薄秀贞教授》一文，全文 2 000 余字就出现了四处美容院的地址，并反复出现医疗机构“新兴医院中医美容科”的名称、乘车路线、热线电话和网址，总之医疗广告该有的内容一应俱全。据此，认定其是“以新闻报道形式发布医疗广告”。

（2）在发表有关医疗机构报道的同时，在同一媒体同一时间（时段）发布该医疗机构广告的。如某故事报在其“生活养生”专版中以《母爱是良医》和《中医中草药治疗脑病的优势》等文章，或以患者之名，或以第三者的身份宣传治疗的效果，介绍医生的家事、资历、成果等。同时，在同一版中，刊登了“治疗脑瘫顽症有克星”的医疗广告。该广告中的医院、大夫等等与新闻报道《母爱是良医》一文中提到的给孩子治病的，并在 90 天内见奇效的（报道中有“整整 90 天过去了，杨仲吃了林医生的‘抑痫散’后，他的癫痫发作神奇般地好了”的文字）的医院、大夫相同。因此，也能认定其是“以新闻报道形式发布医疗广告”。

广告经营者和广告发布者在大众媒介上利用新闻报道形式介绍医疗机构及其服务，主要是基于规避法律的考虑，如有的当事人尚未取得医疗广告证明，也就是说其还没有获取发布医疗广告的资格就急于刊发医疗广告。

认定“以新闻报道形式发布医疗广告”的行为，工商行政管理部门可依据 1994 年《中华人民共和国广告法》第十三条“广告应当具有可识别性，能够使消费者辨明其为广告”、《关于实行医疗广告发布内容格式化的通知》、1994 年《中华人民共和国广告法》第四十条第二款的规定“广告监督管理机关责令广告发布者改正，处以 1 千元以上 1 万元以下的罚款”，予以处罚。

（二）发布医疗广告资格审查

医疗机构发布医疗广告，应当向其所在地省级卫生行政部门申请，并提交以下材料：(1)《医疗广告审查申请表》；(2)《医疗机构执业许可证》副本原件和复印件，复印件应当加盖核发其《医疗机构执业许可证》的卫生行政部门公章；(3) 医疗广告成品样件，电视、广播广告可以先提交镜头脚本和广播文稿。

中医、中西医结合、民族医医疗机构发布医疗广告，应当向其所在地省级中医药管理部门申请。对审查合格的医疗广告，省级卫生行政部门、中医药管理部门发给《医疗广告审查证明》，并将通过审查的医疗广告样件和核发的《医疗广告审查证明》予以公示；对审查不合格的医疗广告，应当书面通知医疗机构并告知理由。

《医疗广告审查证明》的有效期为一年，到期后仍需继续发布医疗广告的，应重新提出审查申请。发布医疗广告应当标注医疗机构第一名称和《医疗广告审查证明》文号。医疗机构发布户外医疗广告，应在取得《医疗广告审查证明》后，按照《户外广告登记管理规定》办理登记。医疗机构在其法定控制地带标示仅含有医疗机构名称的户外广告，无须申请医疗广告审查和户外广告登记。广告经营者、广告发布者发布医疗广告，应当由其广告审查员查验《医疗广告审查证明》，核实广告内容。

有下列情况之一的，省级卫生行政部门、中医药管理部门应当收回《医疗广告审查证明》，并告知有关医疗机构：(1) 医疗机构受到停业整顿、吊销《医疗机构执业许可证》

的；（2）医疗机构停业、歇业或被注销的；（3）其他应当收回《医疗广告审查证明》的情形。

（三）违反规定的处罚

医疗机构违反《医疗广告管理办法》规定发布医疗广告，县级以上地方卫生行政部门、中医药管理部门应责令其限期改正，给予警告；情节严重的，核发《医疗机构执业许可证》的卫生行政部门、中医药管理部门可以责令其停业整顿、吊销有关诊疗科目，直至吊销《医疗机构执业许可证》。

未取得《医疗机构执业许可证》发布医疗广告的，按非法行医处罚。

医疗机构篡改《医疗广告审查证明》内容发布医疗广告的，省级卫生行政部门、中医药管理部门应当撤销《医疗广告审查证明》，并在一年内不受理该医疗机构的广告审查申请。

工商行政管理机关对违反《医疗广告管理办法》规定的广告主、广告经营者、广告发布者依据《中华人民共和国广告法》、《中华人民共和国反不正当竞争法》予以处罚；对情节严重，造成严重后果的，可以并处一至六个月暂停发布医疗广告直至取消广告经营者、广告发布者的医疗广告经营和发布资格的处罚。法律法规没有规定的，工商行政管理机关应当对负有责任的广告主、广告经营者、广告发布者给予警告或者处以一万元以上三万元以下的罚款；医疗广告内容涉嫌虚假的，工商行政管理机关可根据需要会同卫生行政部门、中医药管理部门做出认定。

三、农药、兽药、饲料和饲料添加剂广告发布准则

农药是指用于防治农、林、牧业的病、虫、杂草和其他有害生物以及调节植物、昆虫生长的药物，包括化学农药的原药和加工制剂及生物农药。兽药是指用于预防、治疗和诊断家畜、家禽、鱼类、蜜蜂、蚕以及其他人工饲养的动物疾病，有目的地调节其生理机能并规定作用、用途、用法、用量的物质。兽药包括以下三大类：（1）血清、菌（疫苗）、诊断液等生物制品。（2）兽用的中药材、中成药、化学原料药及其制剂。（3）抗生素、生化药品、放射性药品。饲料是指经工业化加工、制作的供动物食用的产品，包括单一饲料、添加剂预混合饲料、浓缩饲料、配合饲料和精料补充料。饲料添加剂是指在饲料加工、制作、使用过程中添加的少量或者微量物质，包括营养性饲料添加剂和一般饲料添加剂。饲料原料目录和饲料添加剂品种目录由国务院农业行政主管部门制定并公布。

兽药、饲料和饲料添加剂等的使用也会间接影响人类。科学使用农药、兽药、饲料和饲料添加剂是提高农作物产量质量、保证人类生存质量的条件。其使用不当可能造成人民群众生命和财产的损害，因此对于农药、兽药、饲料和饲料添加剂广告的发布也应遵循相关的准则。

从整个广告市场看，农药、兽药、饲料和饲料添加剂广告虽然数量不多，但是这类产品自身的特点决定了农药、兽药、饲料和饲料添加剂广告的特殊性。《中华人民共和国广告法》和有关规定对发布农药、兽药、饲料和饲料添加剂广告的限制和规范是十分严格的，2015 年新版《中华人民共和国广告法》第二十一条对此类广告内容做了如下限制性规定。

（一）不得使用表示功效、安全性的断言或者保证

农药的防治功能只有针对不同的防治对象来选用含有不同成分的农药，才能切实达到目的。农药广告不能断言其适用所有地区、所有土地、所有气候条件和杀害所有昆虫，更不能有任何直接或隐含的保证。如有农药广告称产品“神效无比”、“有效率 100%”等，或在广告中出现有效率及获奖事项等均不符合《中华人民共和国广告法》的规定。

农药的作用就是防治病、虫、草、鼠害，它必然要含有有毒的化学成分，并且对人畜有害。农药广告必须正确宣传农药的积极作用，不能有意抹杀其可能发生的消极作用，不能使用表明安全性的断言。

（二）不得利用科研单位、学术机构、技术推广机构、行业协会或者专业人士、用户的名义或者形象作推荐或者证明

不得含有以农药科研、植保单位、学术机构或者专家、用户的名义、形象做证明的内容；不得使用直接或者暗示的方法，以及模棱两可、言过其实的用语，使人在产品的安全性、适用性或者政府批准等方面内容上产生错觉；不得滥用未经国家认可的研究成果或者不科学的词句、术语。

（三）不得说明有效率

农药、兽药广告中不得含有说明其有效率的断言或者保证，如“药到病除”、“根治”、“安全预防”、“安全无副作用”等语言，或“无害”、“无毒”、“无残留”、“保证高效”等绝对性表述的词语。

（四）不得含有违反安全使用规程的文字、语言或者画面

农药含有有毒物质，必须按照一定的规程使用以确保人畜安全，避免造成不应有的损失。农药广告的语言、文字、画面中关于农药使用方法的表现，必须符合有关部门核定的安全使用规程和注意事项，如使用的时间、地点、操作顺序等。

（五）不得有法律、行政法规规定禁止的其他内容

根据广告审查标准，农药、兽药广告还必须遵守下列规定：不得利用有效率及获奖的内容。农药广告内容应当与《农药登记证》和《农药登记公告》的内容相符，不得任意扩大范围。农药广告的审查批准文号应当列为广告内容同时发布。未经国家批准登记的农药不得发布广告。2004 年 11 月 1 日起施行的《兽药管理条例》第三十一条规定：兽药广告的内容应当与兽药说明书内容相一致，在全国重点媒体发布兽药广告的，应当经国务院兽医行政管理部门审查批准，取得兽药广告审查批准文号。在地方媒体发布兽药广告的，应当经省、自治区、直辖市人民政府兽医行政管理部门审查批准，取得兽药广告审查批准文号；未经批准的，不得发布。

2012 年 5 月 1 日起施行的《饲料和饲料添加剂管理条例》第三十条规定：“禁止对饲料、饲料添加剂作具有预防或者治疗动物疾病作用的说明或者宣传。但是，饲料中添加药物饲料添加剂的，可以对所添加的药物饲料添加剂的作用加以说明。”

从饲料、饲料添加剂的概念看，饲料是为饲养动物提供基本营养的，饲料添加剂则是补充饲料的营养、保证饲料的品质、改善饲料的特性的，其目的、作用、功能都是保证饲养动物的正常生长，因此，不得对其作具有预防或者治疗动物疾病作用的说明或者宣传。这里要说明的是，对任何饲料和饲料添加剂产品都不得作具有预防或者治疗动物疾病作用的说明或者宣传，这既是防止不正当竞争的需要，又是保护消费者利益的需要。

四、烟草广告发布准则

烟草是指烟草制品，包括卷烟、雪茄烟、烟丝、复制烟叶等。“吸烟有害健康”这一观点已被社会公众普遍接受：吸烟是目前产生自由基最快最多的方式，这种自由基可损伤人体细胞，每吸一口烟至少会产生 10 万个自由基，有可能导致全身性的癌症、加速癌细胞生长、造成许多慢性病；吸烟会增加心血管疾病和脑卒中的发病危险；与吸烟有关的疾病还有缺血性心脏病、口腔癌、咽喉癌、食道癌、呼吸道癌症、慢性梗阻性肺病、肺气肿以及慢性支气管炎和糖尿病等。烟草和酒精合在一起对人体产生的危害比单独饮酒或吸烟更大。酒精本身并无致癌作用，但酒精会导致血管扩张，促使血液循环加快，而烟雾中的有害物质被酒精溶解后，随着扩张的血管将毒物迅速吸收并扩散至全身，从而使机体免疫力下降。

烟草广告是指烟草制品生产者或者经销者发布的含有烟草企业名称、标识、烟草制品名称、商标、包装、装潢等内容的广告。如果烟草企业向报社支付费用，以专版、专刊等形式介绍企业的效益、规模、技术改造、经营管理等情况，也应认定为烟草广告。所以烟草广告包括烟草制品广告、烟草企业形象广告和烟草赞助广告三种形式。烟草制品广告是指烟草企业有偿地、直接地介绍烟草制品或其商标的广告。烟草企业形象广告是指烟草企业有偿地、不直接地介绍烟草产品或其商标而只介绍其企业形象或企业宗旨的广告。烟草赞助广告是指烟草企业支付一定费用，用以举办某一专栏节目或体育赛事，而在大众传播媒介或比赛场地出现该烟草企业名称或形象的广告。

1987 年第 39 届世界卫生大会上，世界卫生组织做出决议，号召全面禁止烟草广告。1996 年，世界卫生大会提议进行《世界卫生组织烟草控制框架公约》（简称《公约》）的谈判。1999 年 5 月，第 52 届世界卫生大会决定启动《公约》的谈判，并确定在 2003 年 5 月完成。2000 年 10 月，《公约》的政府间谈判正式开始，并于 2003 年 3 月通过《公约》最后文本。2003 年 5 月，在日内瓦召开的第 56 届世界卫生大会上，《公约》获得一致通过。2004 年 11 月 30 日，秘鲁成为第 40 个批准该《公约》的国家。至此，《公约》的批准国家达到了符合国际法效力的规定数目。《公约》生效后，各缔约国须严格遵守《公约》的各项条款：提高烟草的价格和税收，禁止烟草广告，禁止或限制烟草商进行赞助活动，打击烟草走私，禁止向未成年人出售香烟，在香烟盒上标明“吸烟危害健康”的警示语，并采取措施减少公共场所被动吸烟等。

我国政府于 2003 年 11 月 10 日签署了《公约》。十届全国人大常委会十七次会议于 2005 年 8 月 28 日批准了《公约》，并声明在中华人民共和国领域内禁止使用自动售烟机。2005 年 10 月 11 日，我国向联合国交存了批准书，90 天以后，《公约》即在中国生效。《公约》第十三条规定：每一缔约方应根据其宪法或宪法原则，在《公约》对其生效后的五年内，广泛禁止所有的烟草广告、促销和赞助。

2015 年新版《中华人民共和国广告法》第二十二条对发布烟草广告做出的禁止性规定如下。

（1）禁止在大众传播媒介或者公共场所、公共交通工具、户外发布烟草广告。禁止向未成年人发送任何形式的烟草广告。

禁止利用广播、电影、电视、报纸、期刊、图书、音像制品、电子出版物、移动通信网络、互联网等媒介和形式发布或者变相发布烟草广告。

这几种在当代社会已经普及的媒介，传播范围广而且及时，且具有一定的权威性，如果在上面刊登烟草广告的话，势必与世界卫生组织号召的全面禁止吸烟的宗旨相背离，同时也会产生错误的舆论导向。

禁止在各类等候室、影剧院、会议厅堂、体育比赛场馆、图书馆、文化馆、博物馆、公园等公共场所以及医院和学校的建筑控制地带、公共交通工具设置烟草广告。

公共场所是指公众可以自由出入的或者凭票、证可以进入进行公共活动的场所，包括等候室、影剧院、餐馆、饭店、酒吧、商场、展览馆、会议厅堂、体育比赛场馆等场所。但《中华人民共和国广告法》并不是禁止在所有公共场所设置烟草广告：在上述公共场所举办的活动，可以利用烟草经营者名称、烟草制品商标给活动冠杯、冠名；但不得通过上述所列举媒介发布带有冠名、冠杯内容的赛事、演出等广告。

另外，下列公共场所或者有下列情形的，也不得设置户外烟草广告：利用交通安全设施、交通标志的；影响市政公共设施、交通安全标志使用的；妨碍生产或者人民生活，损害市容市貌的；国家机关、文物保护单位和名胜风景点的建筑控制地带；当地县级以上人民政府禁止设置户外广告的区域。

（2）禁止利用其他商品或者服务的广告、公益广告，宣传烟草制品名称、商标、包装、装潢以及类似内容。

由于对烟草广告的管理非常严格，烟草经营者竭力想通过各种形式和途径进行烟草广告宣传，烟草广告的表现手法也更加复杂多样。一些烟草经营者甚至想方设法规避法律发布烟草广告，以尽可能扩大烟草在社会公众中的影响，达到扩大销售的目的。有些广告既没有介绍产品，又没有介绍企业，但只要有品牌或标识，就应该被认为是香烟广告，因根据《烟草专卖法》对烟草广告的定义：只要有烟标和烟识就算作烟草广告。在社会公益广告及其他社会公共类广告中不得含有烟草商标等烟草广告内容，

（3）烟草制品生产者或者销售者发布的迁址、更名、招聘等启事中，不得含有烟草制品名称、商标、包装、装潢以及类似内容。

烟草生产、经销者利用广播、电影、电视、报纸、期刊发布的迁址、换房、更名等启事广告，招工、招聘、寻求合作、寻求服务等企业经营广告，广播、电影、电视节目首尾处出现的鸣谢单位或者赞助单位名称，报纸、期刊、板花、栏头上标明的协办单位名称，上述广告不得出现烟草制品名称、商标、包装、装潢，出现的企业名称与烟草商标名称相同时，不得以特殊设计的办法突出企业名称。

五、教育、培训广告发布准则

按照国家相关规定，培训机构必须在所在地教育主管部门申请办学许可证，审核拿到许可证后才能正式招生。但在现实中有不少培训机构只办理了工商营业执照，就开始打广告招生，而且招生广告中虚假、夸大宣传现象比较严重。培训机构为了增加营业收入，招揽更多生源，往往将大量时间和金钱投入到广告宣传中，通过纸质广告、网络等方式，展

开铺天盖地的宣传攻势。在宣传中，夸大办学资质、办学设施和师资力量，不切实际地使用"一对一名师辅导"、"100%提高成绩"、"国际化教育资源"、"顶级名师"等字眼，虚假宣传、隐瞒实际情况，诱使消费者上当受骗，实际教学与广告承诺不符。

自2012年以来，有关教育培训行业的投诉量不断增加，有时甚至超过了食品和医疗消费。2015年新版《中华人民共和国广告法》第二十四条规定，教育、培训广告不得含有下列内容：

（1）对升学、通过考试、获得学位学历或者合格证书，或者对教育、培训的效果作出明示或者暗示的保证性承诺。

（2）明示或者暗示有相关考试机构或者其工作人员、考试命题人员参与教育、培训。

（3）利用科研单位、学术机构、教育机构、行业协会、专业人士、受益者的名义或者形象作推荐、证明。

如每年高考结束之后，各地有些培训机构会争相公布曾经报过名、上过课的优秀考生的名单，以此来吸引更多的家长和孩子。培训机构公布高考红榜所含水分很多，有学生通过特长加分，或者学校降分的形式进入了大学，并非因为培训机构的功劳，但培训机构仍然以此来做宣传打广告。如某补习班里一半的人都是以体育或者艺术特长生的资格进入高中，但是在宣传上只是说他们进入了省级重点高中。这种做法基本上已经成了教育培训机构行业的潜规则。在这种潜规则下，一些家长和孩子在报名的时候也只是看到这份名单，不会深究这份名单之后的东西，于是很多学生家长在这个过程中就被迷惑了。

六、招商等有投资回报预期的商品或服务类广告发布准则

2015年新版《中华人民共和国广告法》第二十五条规定，招商等有投资回报预期的商品或者服务广告，应当对可能存在的风险以及风险责任承担有合理提示或者警示，并不得含有下列内容：

（1）对未来效果、收益或者与其相关的情况作出保证性承诺，明示或者暗示保本、无风险或者保收益等，国家另有规定的除外。

（2）利用学术机构、行业协会、专业人士、受益者的名义或者形象作推荐、证明。

例如，在某些超市购物时，可以看到某投资管理公司在做广告宣传该公司的理财产品，收益率高得让人动心：5万元起，一年收益率12%，每个月返利。当场就有人签合同，每个月返1 000元。还有从超市得到的宣传单，上面印着小额信用贷款、理财产品的不同类别，如果投资10年，收益率更是惊人地高达211%。这些宣传单还标明，作为个人对个人理财咨询居间服务平台，经营的这些业务受到《中华人民共和国合同法》相关条款的保护。询问宣传单上的理财顾问，他们表示公司的理财产品都是通过债权转让的形式出售，并保证投资人购买理财产品之后本金和利息不受损失，没有风险。实际上这些公司在工商部门注册的经营范围都是投资管理类和咨询类的业务，并不包含小额贷款和出售理财产品。这种融资行为涉嫌非法吸收公众存款，其广告行为也是违法的。

七、房地产广告发布准则

2015年新版《中华人民共和国广告法》第二十六条规定，房地产广告，房源信息应

当真实，面积应当表明为建筑面积或者套内建筑面积，并不得含有下列内容：

（1）升值或者投资回报的承诺。这也是《房地产广告发布暂行规定》（1998 年修订）第十六条的规定，目的是从金融管理角度，防止出现融资或者变相融资的内容，避免开发商向投资性购房者发布虚假广告。

（2）以项目到达某一具体参照物的所需时间表示项目位置。这也是《房地产广告发布暂行规定》（1998 年修订）第十条的规定，这一规定主要是针对前些年许多城市边缘项目为吸引客户所做的所谓“时间距离”广告。

（3）违反国家有关价格管理的规定。广告中涉及所有权或者使用权的，基本单位应当是实际完整的生产、生活空间；涉及价格的，应当符合国家有关规定，并明示价格的有效期限。

（4）对规划或者建设中的交通、商业、文化教育设施以及其他市政条件作误导宣传。如以下某楼盘的广告词即是典型的违法宣传：“秉承欧陆新古典主义设计理念，世界级皇家园林，国际级航母配套，五星级豪华会所，国际运动中心、贵族式幼儿园、优质小学、国际风情商业街、满屋名牌、9A 精装、全球顶尖物业等锻造成功人士的王者豪庭。”在该楼盘的外墙上，还醒目地写着“世界级皇家园林”、“国际级航母配套”、“顶级欧洲皇家园林”、“顶尖物业”等用语。此宣传行为都属于违法。

八、农作物种子、林木种子、草种子、种畜禽、水产苗种和种养殖广告发布准则

2015 年新版《中华人民共和国广告法》第二十七条规定，农作物种子、林木种子、草种子、种畜禽、水产苗种和种养殖广告关于品种名称、生产性能、生长量或者产量、品质、抗性、特殊使用价值、经济价值、适宜种植或者养殖的范围和条件等方面的表述应当真实、清楚、明白，并不得含有下列内容：

（1）作科学上无法验证的断言。

（2）表示功效的断言或者保证。

（3）对经济效益进行分析、预测或者作保证性承诺。

例如，某县某种业公司为提高所售玉米种的销量，用款 1 500 元，通过沧州市某印刷厂的一名业务员，印制了 30 000 张宣传彩页进行发放宣传。在该宣传彩页中含有“×××玉米种连续四年高产冠军，最抗倒伏、产量最高、米质最优……”等绝对化用语，同时违反了上述规定。至被查获时，当事人已经发出该宣传彩页 29 970 张，对剩余的 30 张宣传彩页，执法人员当场进行了查扣。该县工商局对当事人做出了责令停止发布广告、没收广告费用 1 500 元，并处罚款 1 500 元的行政处罚。

（4）利用科研单位、学术机构、技术推广机构、行业协会或者专业人士、用户的名义或者形象作推荐、证明。

《中华人民共和国种子法》（2013 年修正本）第十五条规定：“主要农作物品种和主要林木品种在推广应用前应当通过国家级或者省级审定，申请者可以直接申请省级审定或者国家级审定。由省、自治区、直辖市人民政府农业、林业行政主管部门确定的主要农作物品种和主要林木品种实行省级审定。”该法第十七条规定：“应当审定的农作物品种未经审定通过的，不得发布广告，不得经营、推广。”

九、保健食品广告发布准则

保健食品，是指具有特定保健功能或者以补充维生素、矿物质为目的的食品，即适宜于特定人群食用，具有调节机体功能，不以治疗疾病为目的，并且对人体不产生任何急性、亚急性或者慢性危害的食品。保健（功能）食品，一是提供营养；二是提供增加人体食欲的色、香、味、形；三是调节人体机能。按国家相关标准规定，保健（功能）食品可以分为调节免疫功能食品、延缓衰老食品、改善记忆食品、促进生长发育食品、抗疲劳食品、减肥食品、耐缺氧食品、抗辐射食品、抗突变食品、抑制肿瘤食品、调节血脂食品、改善功能食品、调节血糖食品等。卫生部已批准了22种保健功能，这些功能是：免疫调节、调节血脂、调节血糖、延缓衰老、改善记忆、改善视力、促进排铅、清咽润喉、调节血压、改善睡眠、促进泌乳、抗突变、抗疲劳、耐缺氧、抗辐射、减肥、促进生长发育、改善骨质疏松、改善营养性贫血、对化学性肝损伤有辅助保护作用、美容和改善肠胃功能。除上述22种功能外，其他所有超出此范围的关于保健食品功能的宣传都是违法的。

国家食品药品监督管理局发布并决定从2005年7月1日开始施行《保健食品广告审查暂行规定》。据国家食品药品监管总局对2012年全年和2013年1—3月期间全国118个省级电视频道、171个地市级电视频道和101份报刊的监测数据，保健食品广告90%以上属于虚假违法广告。

2015年新版《中华人民共和国广告法》第十八条规定，保健食品广告不得含有下列内容：

（1）表示功效、安全性的断言或者保证。

（2）涉及疾病预防、治疗功能。

（3）声称或者暗示广告商品为保障健康所必需。

（4）与药品、其他保健食品进行比较。

（5）利用广告代言人作推荐、证明。

（6）法律、行政法规规定禁止的其他内容。

保健食品广告应当显著标明“本品不能代替药物”。

因此，保健食品广告发布具体要注意以下事项。

（一）保健食品广告内容和形式准则

1. 保健食品广告不得出现下列情形和内容

（1）含有表示产品功效的断言或者保证；（2）含有使用该产品能够获得健康的表述；（3）通过渲染、夸大某种健康状况或者疾病，或者通过描述某种疾病容易导致的身体危害，使公众对自身健康产生担忧、恐惧，误以为不使用广告宣传的保健食品会患某种疾病或者导致身体健康状况恶化；（4）用公众难以理解的专业化术语、神秘化语言、表示科技含量的语言等描述该产品的作用特征和机理；（5）利用和出现国家机关及其事业单位、医疗机构、学术机构、行业组织的名义和形象，或者以专家、医务人员和消费者的名义和形象为产品功效证明；（6）含有无法证实的所谓“科学或研究发现”、“试验或数据证明”等方面的内容；（7）夸大保健食品功效或扩大适宜人群范围，明示或者暗示适合所有症状及所有人群；（8）含有与药品相混淆的用语，直接或者间接地宣传治疗作用，或者借助宣传某些成分的作用明示或者暗示该保健食品具有疾病治疗的作用；（9）与其他保健食品或者药品、医疗器械等产品进行对比，贬低其他产品；（10）利用封建迷信进行保健食品宣传的；（11）宣称产品为“祖传秘方”；（12）含有无效退款、保险公司保险等内容的；（13）含有“安全”、“无毒副作用”、“无依赖”等承诺的；（14）含有最新技术、最高科学、最先进制法等绝对化的用语和表述的；（15）声称或者暗示保健食品为正常生活或者治疗病症所必需；（16）含有有效率、治愈率、评比、获奖等综合评价内容的；（17）直接或者间接怂恿任意、过量使用保健食品的。

2. 各媒体不得以介绍健康、养生知识等形式变相发布保健食品广告

2015年新版《中华人民共和国广告法》第十九条规定，广播电台、电视台、报刊音像出版单位、互联网信息服务提供者不得以介绍健康、养生知识等形式变相发布医疗、药品、医疗器械、保健食品广告。

保健食品广告必须标明保健食品产品名称、保健食品批准文号、保健食品广告批准文号、保健食品标识、保健食品不适宜人群。保健食品广告中必须说明或者标明“本品不能代替药物”的忠告语，电视广告中保健食品标识和忠告语必须始终出现。

3. 部分禁止发布声称全部或者部分替代母乳的婴儿乳制品、饮料和其他食品广告

2015年新版《中华人民共和国广告法》第二十条规定，禁止在大众传播媒介或者公共场所发布声称全部或者部分替代母乳的婴儿乳制品、饮料和其他食品广告。违反该条规定，由工商行政管理部门责令停止发布广告，对广告主处二十万元以上一百万元以下的罚款，由广告审查机关撤销广告审查批准文件、一年内不受理其广告审查申请；对广告经营者、广告发布者，由工商行政管理部门没收广告费用，并处二十万元以上一百万元以下的罚款。

母乳是最适于半岁以内婴儿生长发育需要的天赋营养品。母乳里的热量，所含蛋白质、脂肪、碳水化合物的质和量最适合婴儿的消化能力。母乳中还含有许多免疫抗体，可增加婴儿的抵抗疾病的能力，是婴儿最理想的天然营养品，没有比母乳更适合于婴儿需要的营养代乳品。1995年6月13日卫生部、国内贸易部、广播电影电视部、新闻出版署、国家工商行政管理局、中国轻工总会等六部委联合出台《母乳代用品销售管理办法》，规定生产者、销售者不得向医疗卫生保健机构、孕妇、婴儿家庭赠送产品、样品，减价销售产品。禁止发布母乳代用品广告。禁止在广播、电影、电视、报纸、杂志、图书、音像制品、电子出版物等传播媒介上进行母乳代用品的宣传，等等。但有些企业的相关宣传如“添加DHA和ARA，促进婴儿大脑发育”、“添加双歧杆菌，更适合婴儿的胃肠”、“明目健脑”、“更接近母乳”等还是经常能看到。

国家食品药品监督管理总局、国家卫生和计划生育委员会、国家工商行政管理总局2013年11月下发《关于进一步规范母乳代用品宣传和销售行为的通知》，指出食品药品监管部门、工商行政管理部门、质量技术监督部门要在认真抓好婴儿配方食品特别是婴儿配方乳粉质量安全的基础上，按照《母乳代用品销售管理办法》和食品安全国家标准规定，加大婴儿配方食品标签标识的日常检查力度，督促婴儿配方食品生产企业依法进行标识标注，督促婴儿配方食品经营单位落实进货查验和查验记录制度。婴儿配方食品标签标识上，应用醒目的文字标注说明母乳喂养优越性的宣传标语，不得印有婴儿图片，不得使用

“人乳化”、“母乳化”或类似名词。

如广州三水区一市民黄女士发现，自己在三水区人民医院购买的42罐“雅培”品牌奶粉罐上贴有“专供医院”的标签，标签下居然写着非卖品。黄女士由此怀疑奶粉存在质量问题，怀疑孩子咽喉长期有痰是奶粉引发的。当地工商部门介入调查了该奶粉，小卖部也被勒令全部下架这种奶粉。

中国经济网食品安全舆情研究所经过详细调查发现，雅培奶粉不单单是涉嫌食品安全质量问题，更严重的是可能违反了《母乳代用品销售管理办法》。雅培负责人对于记者“雅培是否存在质量问题，是否违反了《母乳代用品销售管理办法》”的质疑，公然表示，“非卖品”奶粉是雅培免费送给医院有需要的产后妈妈使用的。而《母乳代用品销售管理办法》第七条已明确规定，生产者、销售者不得向医疗卫生保健机构、孕妇和婴儿家庭赠送产品、样品。

实际上，报道中涉及的医院小卖部老板的话已经揭穿了雅培的谎言。据媒体报道，小卖部老板表示：“这些奶粉都是从雅培奶粉公司正规进货的，与医院无关。不知道是非卖品。”

当记者继续追问罐上的“专供医院”的标签是否是雅培公司贴出的，雅培负责人支支吾吾，含糊其辞。明明是非卖品，却贴上了“专供医院”的标签，雅培可能是试图利用“专供医院”这个名头蒙混消费者，从而堂而皇之违规销售奶粉。

（二）保健食品广告发布审查

国家食品药品监督管理局指导和监督保健食品广告审查工作，省、自治区、直辖市（食品）药品监督管理部门负责本辖区内保健食品广告的审查，县级以上（食品）药品监督管理部门应当对辖区内审查批准的保健食品广告发布情况进行监测。

发布保健食品广告的申请人必须是保健食品批准证明文件的持有者或者其委托的公民、法人和其他组织，申请人可以自行或者委托其他法人、经济组织或公民作为保健食品广告的代办人。国产保健食品广告的发布申请，应当向保健食品批准证明文件持有者所在地的省、自治区、直辖市（食品）药品监督管理部门提出。进口保健食品广告的发布申请，应当由该产品境外生产企业驻中国境内办事机构或者该企业委托的代理机构向其所在地省、自治区、直辖市（食品）药品监督管理部门提出。

申请发布保健食品广告，应当提交以下文件和资料：（1）《保健食品广告审查表》；（2）与发布内容一致的样稿（样片、样带）和电子化文件；（3）保健食品批准证明文件复印件；（4）保健食品生产企业的《卫生许可证》复印件；（5）申请人和广告代办人的《营业执照》或主体资格证明文件、身份证明文件复印件，如有委托关系，应提交相关的委托书原件；（6）保健食品的质量标准、说明书、标签和实际使用的包装；（7）保健食品广告出现商标、专利等内容的，必须提交相关证明文件的复印件；（8）其他用以确认广告内容真实性的有关文件；（9）宣称申请材料实质内容真实性的声明。

国务院有关部门明令禁止生产、销售的保健食品，其广告申请不予受理；国务院有关部门清理整顿已经取消的保健功能，该功能的产品广告申请不予受理。保健食品广告中有关保健功能、产品功效成分、标志性成分及含量、适宜人群、食用量等的宣传，应当以国务院食品药品监督管理部门批准的说明书内容为准，不得任意改变。

保健食品广告批准文号有效期为一年。保健食品广告批准文号有效期届满，申请人需要继续发布广告的，应当依照本规定向省、自治区、直辖市（食品）药品监督管理部门重新提出发布申请。经审查批准的保健食品广告需要改变其内容的，应向原审批地省、自治区、直辖市（食品）药品监督管理部门申请重新审查。保健食品的说明书、质量标准等广告审查依据发生变化的，广告主应当立即停止发布，并向原审批地省、自治区、直辖市（食品）药品监督管理部门申请重新审查。

十、酒类广告准则

2015 年新版《中华人民共和国广告法》第二十二条规定，酒类广告不得含有下列内容：

（1）诱导、怂恿饮酒或者宣传无节制饮酒。

（2）出现饮酒的动作。

（3）表现驾驶车、船、飞机等活动。

（4）明示或者暗示饮酒有消除紧张和焦虑、增加体力等功效。

（一）酒类广告证明文件

酒类广告是指含有酒类商品名称、商标、包装、制酒企业名称等内容的广告。广告主自行或者委托他人设计、制作、发布酒类广告，应当具有或提供以下真实、合法、有效的证明文件：营业执照以及其他生产、经营资格的证明文件；经国家规定或者认可的省辖市以上的食品质量检验机构出具的该酒符合质量标准的检验证明；发布境外生产的酒类商品广告，应当有进口食品卫生监督检验机构批准核发的卫生证书；确认广告内容真实性的其他证明文件。

（二）酒类广告不得涉及的内容

在广告中不得涉及饮酒能带给人们各种成功，或诸如“消除紧张和焦虑、增强体力”等功效的内容。

《广告管理条例》第十条规定：获得国家级、部级、省级各类奖的优质名酒，经工商行政管理机关批准，可以做广告。《广告管理条例施行细则》第九条规定：广告客户申请为获得国家级、部级、省级各类奖的优质烈性酒做广告，须经省、自治区、直辖市或其授权的省辖市工商行政管理局批准。刊播 39 度以下（含 39 度）酒类的广告，必须标明酒的度数。《酒类广告管理办法》规定了发布酒类广告应具有的各类证明文件；规定在四大媒介上发布酒类广告必须限时、限量、限地，在有奖销售广告中，不得把酒类产品作为奖品或者礼品出现。同时，对酒类广告的内容做了更进一步细致的规定，禁止在广告中出现的内容有：鼓动、倡导、引诱人们饮酒，或者宣传无节制饮酒；饮酒的动作；未成年人的形象；表示驾驶车船、飞机等具有潜在危险的活动；诸如可以“消除紧张和焦虑”、“增强体力”等不科学的明示或者暗示；把个人、商业、社会、体育、性生活或者其他方面的成功，归因于饮酒的明示或者暗示；关于酒类产品的各种评优、评奖、评名牌、推荐等评比结果；不符合社会主义精神文明要求，违背社会良好风尚和不科学、不真实的其他内容。如宣传酒产品获奖，喝某种品牌的酒可以事业大顺，用酒衬托宣传男子汉气概，用众人争要某酒宣传鼓励饮用该酒等。

中国国家工商总局 2000 年 3 月年出台了《低度酒发酵酒广告发布规范意见》，为曾与烈性酒同样受到《酒类广告管理办法》严格限制的低度发酵酒广告的发布亮起了绿灯。据中国工商局有关人士介绍，低度发酵酒包括葡萄酒、水果酒、黄酒等。在国家产业政策上，白酒等烈性粮食酒属限制和转化对象，而低度发酵酒则是鼓励、扶持发展对象。低度发酵酒一般占用资源较少，附加值较高，增加其广告发布量，有助于扩大生产和消费。有些“酒”经卫生行政部门批准有医疗作用，其广告即依照药品广告管理的规定办理，不得再同时按酒类广告办理。

第三节　禁止发布虚假广告

我国广告法对于虚假广告的查处制裁自 1995 年《广告法》实施以来，一直都是有法可依的，但虚假广告问题一直都是比较严重的。

一、虚假广告的界定

1994 年版《中华人民共和国广告法》第四条规定：“广告不得含有虚假的内容，不得欺骗和误导消费者。”但此处并没有明确何为虚假广告，也没有提供认定“欺骗和误导消费者”的具体说明，更没有解释何为欺骗、何为误导等司法判定，这就使认定和处理虚假广告增加了难度。另外，有商业信息是真实的但却引起人们误解的广告，或代言人本身情况虚假，但广告商品或服务是真实的，这两类是否算做虚假广告呢？一般情况下，人们会认为，认定虚假广告的标准应为是否会让大多数的一般消费者对广告内容本身产生误解。因此，按这一标准判断，前者为虚假广告，而后者不宜认定为虚假广告。首先，对于前者，美国管理广告行业的机构联邦贸易委员会（FTC）认为“必须存在可能误导消费者的表述、遗漏或活动”，而且“这些表述、遗漏或活动是实质性的”。例如，“声称‘无须抵押、无须担保、无户籍限制，与银行合作、律师见证’，就可以为个人提供高达 100 万元的信用贷款”。但实际上，这是则以广州瑞×投资咨询有限公司的名义租赁某金融大厦为办公地点，给公众造成合法、正规、有实力的假象，先后诱使人们与该公司签订《贷款委托协议书》并分别支付了 2 000～4 000 元不等的手续费的广告。当相关人员因贷款迟迟未能办理而找上门时，这伙人便编造种种理由推脱，拒绝退还或只退还少量费用。对于多次要求退款的人，他们就采取威胁、恐吓甚至殴打的手段，迫使相关人员不敢追究。仅仅两个月的时间，这伙人就骗取了 200 多名被害人的手续费 106 万多元。[①] 再如，声称“不成功、不收费”、“成功后付费”等带有保证性质的承诺的“婚外情调查取证、婚姻调查、寻人查址、快速清理债务、商务信息调查”服务公司，实际上有一些没有律师执业资格的“黑律师”、“假律师”也混杂其中，扰乱了正常的法律服务市场。[②] 其次，目前我国查处的虚假广告中有一类是违反广告法一般商品广告准则或特殊商品广告准则的，即夸大宣传。比如，洗发水广告提出“头屑不再来”、“头屑再没回来”的广告语不符合人体的生理情况。专家指出，头屑是头皮正常的分泌代谢物，不可能完全消失。而对于承诺“×天明显改善”的美白、润肤类产品，产品的效果会因使用者肤质不同而产生差异，并不能用数字

① 参见李钢：《虚假广告藏陷阱 “无抵押贷款”骗百万手续费》，载《广州日报》，2007-04-07。

② 参见《沪工商局与律师协会：律师利用虚假广告违法将被罚》，载《法制日报》，2007-05-09。

准确衡量。[①] 最后，目前查处的还有一类严格地说不仅是虚假广告的问题，而是不合格产品和虚假产品的问题。如果这些不合格产品也做广告进行销售，便由广告引发和误导消费者受到损害。人们一般也将这种情况笼统地称为虚假广告案。如 2014 年 5 月 22 日四川工商局曝光的“红盾春雷行动 2014” 10 大典型虚假广告案例中多是这种情况。如广元市苍溪县庆祥烟花爆竹销售有限公司销售不符合国家标准爆竹案；胡磊销售不合格钢材案——雅安市工商执法人员在雨城区“4·20”地震灾区灾后重建建材市场现场查获胡磊正准备销售的钢材 71.28 吨，经送检检验为不合格商品；乐山市中区城南加油站销售不合格成品油案；邓某制售假冒名酒案——成都市新都工商局会同新都公安局经济犯罪侦查大队在一农家院内查获一制售假冒名酒窝点，现场查获假冒“茅台”、“五粮液”等各类白酒 200 余件及大量酒盒、瓶盖等商标标识；绵阳飞利达食品有限责任公司生产销售侵犯“合川桃片”注册商标专用权案；等等。[②]

要监管虚假广告，就要对其进行概念描述。2015 年新版《广告法》第二十八条规定：广告以虚假或者引人误解的内容欺骗、误导消费者的，构成虚假广告。广告有下列情形之一的，为虚假广告：

（1）商品或者服务不存在的。

（2）商品的性能、功能、产地、用途、质量、规格、成分、价格、生产者、有效期限、销售状况、曾获荣誉等信息，或者服务的内容、提供者、形式、质量、价格、销售状况、曾获荣誉等信息，以及与商品或者服务有关的允诺等信息与实际情况不符，对购买行为有实质性影响的。

（3）使用虚构、伪造或者无法验证的科研成果、统计资料、调查结果、文摘、引用语等信息作证明材料的。

（4）虚构使用商品或者接受服务的效果的。

（5）以虚假或者引人误解的内容欺骗、误导消费者的其他情形。

来自国家工商总局的统计数据显示，2013 年全国共查处虚假广告类案件 3.15 万件，同比增长 19.3%，药品、食品和医疗服务排在前三位。明确上述虚假广告的四种情形基本类型，有利于消费者维护自己的合法权益。

虽然对虚假广告的界定更加清晰，但在实际执法过程中，还需要注意以下三点：第一，广告法规定各级工商管理部门作为虚假广告责任追究的管理部门并未建立长效的管理制度，存在时松时紧的现象。第二，当消费者对虚假广告的怨声高涨时，各广告传播主体便在管理部门的“打击”声中有所收敛，再隔段时间后又“卷土重来”。即作为受众的消费者与虚假广告传播主体存在着长期的博弈。第三，虚假广告概念界定得再清楚，总是不断有明显的虚假广告大行其道，特别是在一些主流媒体上虚假广告屡禁不止，为虚假广告的治理设立了难以逾越的障碍。

二、虚假广告责任主体

在广告传播中，某产品或服务的“形象代言”人一直是受到关注的。因为这些代言人

---

① 参见《十大虚假广告九条直指化妆品 违法榜海飞丝居首》，载《解放日报》，2007-06-19。

② 参见刘春华：《“红盾春雷行动 2014”十大典型案件公布 22 家房产企业发布虚假广告遭查》，载《四川日报》，2014-05-23。

中演艺明星或公众人物居多，其代言广告也是为产品做了一种隐性担保，有些消费者基于对代言人的信赖会购买该产品或服务。消费者看了这些广告并购买该产品或服务带来利益损害，是否应追究代言人相应的法律责任，一直是近年来备受关注的。1994 年版《中华人民共和国广告法》对广告责任的追究只限于广告主、广告经营者及广告发布者，没有涉及广告代言人的法律责任问题。其后实施的《中华人民共和国食品安全法》第五十五条的规定有限地弥补了这一缺失，但仅在食品领域规定了代言人的连带责任。

2015 年新版《中华人民共和国广告法》引入"广告代言人"这个概念，特指广告主以外的，在广告中对商品、服务进行推荐或者证明的自然人、法人或者其他组织，并规定，广告代言人在广告中对商品、服务进行推荐或者证明，应当依据事实，并且符合本法和有关法律、行政法规的规定。广告主依法应当提供证明文件的，广告代言人应当查验证明文件，核对广告内容。广告代言人不得为其未使用过的商品或者未接受过的服务进行证明。同时，2015 年新版《中华人民共和国广告法》第六十二条规定：广告代言人明知或者应知广告虚假仍在广告中对商品、服务作推荐、证明的，由工商行政管理部门没收违法所得，并处违法所得一倍以上两倍以下的罚款。

如果要深究一则给消费者带来利益损害的虚假广告的代言人的责任，可以从许多角度来分析。如本教材在前文中就曾指出，代言人在广告中的责任更多的是伦理道德责任，如某名人或某人说自己用了某种产品、服务或某种产品服务很好，实质上他们是在用自己的人格担保。因为广告受众预设接收的信息是他们"真的"、"确确实实"地使用过广告中的产品和服务，至于广告信息接收者或消费者"相信"或"不相信"，代言人并不强求，而广告主用他们的产品或服务说话是其自由。广告代言的本质系人格权的商业利用。

出于影响力等原因的考量，使普通人与名人等承担没有区别的连带责任也不合理。在侵权法上有"原因力"的概念。原因力是指在导致受害人同一损害后果的数个原因中，各原因对于该损害后果的发生或扩大所发挥的作用力。一般认为，原因力的大小取决于侵害行为的性质、侵害行为对损害事实的作用力。①

就广告代言侵权而言，原因力的大小与广告代言对于消费者影响力的大小成正比，而广告代言对于消费者影响力的大小与广告代言人自身影响力的大小也成正相关。具体而言，名人等的广告代言对于消费者的影响力较之普通人的要大得多，其社会危害性也更为严重，这意味着名人等的虚假代言行为对于消费者损害结果发生的原因力也较大。同时，二者获得的广告报酬存在巨大差异。普通人的广告代言仅获得相应的劳务报酬，一般不会太高，而名人等的代言费动辄数十万、上百万乃至上千万，已经远远超出劳务报酬的范畴。如果将两类主体同等究责，既不符合责罚相当的归责原则，也无助于实现法律责任的预防与制裁功能。因此，不加区分的广告代言连带责任有失法律公允；过于严厉的广告代言连带责任会不适当地限制广告代言人的行为自由。②

就消费者的利益保护而言，法律的着力点不应在于加重次要责任人的责任，因为这同时意味着减轻了主要责任人的责任，未免有本末倒置之嫌。如果广告代言连带责任在追求公平的过程中却导致了另外一种不公平，我们就很难说其理论依据是妥当的。任何法律必

---

① 参见张新宝：《侵权法上的原因力理论研究》，载《中国法学》，2005（2）。
② 参见于林洋：《广告荐证连带责任的证成与反思》，载《法学》，2013（1）。

须调和“个人自由”与“社会安全”这两个基本价值。①

但与此相关的另一个问题也值得重视——媒介技术的发展催生了新的广告传播形式和新问题。“随着微博等新媒体、社交网络的普及，明星们又多了一条‘生财之道’。近日，演员郭涛发微博推荐某品牌中药面膜，媒体报道称其‘140字进账30万’，引发舆论关注。事实上，不只是郭涛，明星微博推销商品的现象可谓相当普遍。就在2013年，林志颖就曾因微博推销保健品而遭遇严重的信任危机。明星微博广告究竟是否合法？如果消费者使用明星微博推荐的产品而导致权益受损该怎么办？”②

上述这种情况中的明星是被视为广告代言人还是广告发布者？如果是后者，2015年新版《中华人民共和国广告法》第三十四条规定：广告经营者、广告发布者应当按照国家有关规定，建立、健全广告业务的承接登记、审核、档案管理制度。广告经营者、广告发布者依据法律、行政法规查验有关证明文件，核对广告内容。对内容不符或者证明文件不全的广告，广告经营者不得提供设计、制作、代理服务，广告发布者不得发布。

当然，广告主作为最重要的责任主体应当确保广告内容真实，并对其提供的证明文件的真实性负责。广告主依法应当提供证明广告内容真实性的证明文件而不提供的，被视为广告内容不真实。2015年新版《中华人民共和国广告法》第五十六条规定：发布虚假广告，欺骗、误导消费者，使购买商品或者接受服务的消费者的合法权益受到损害的，由广告主依法承担民事责任。广告经营者、广告发布者不能提供广告主的真实名称、地址和有效联系方式的，消费者可以要求广告经营者、广告发布者先行赔偿。关系消费者生命健康的商品或者服务的虚假广告，造成消费者损害的，其广告经营者、广告发布者、广告代言人应当与广告主承担连带责任。前款规定以外的商品或者服务的虚假广告，造成消费者损害的，其广告经营者、广告发布者、广告代言人，明知或者应知广告虚假仍设计、制作、代理、发布或者作推荐、证明的，应当与广告主承担连带责任。

三、禁止虚假广告的监管层次

2015年新版《中华人民共和国广告法》第三条明确规定，广告应当真实、合法，以健康的表现形式表达广告内容，符合社会主义精神文明建设和弘扬中华民族优秀传统文化的要求。该法第四条规定，广告不得含有虚假或者引人误解的内容，不得欺骗、误导消费者。广告主应当对广告内容的真实性负责。该法第五条规定，广告主、广告经营者、广告发布者从事广告活动，应当遵守法律、法规，诚实信用，公平竞争。监管部门的目标是坚守这些基本原则，杜绝虚假广告。但在处理虚假广告时，最大的问题是时间，因为广告宣传都是暂时性的，当监管部门在搜集证据准备行动时，目标对象可能已经不再传播此广告了，监管部门总也追不上广告主和广告商。当然监管者拥有的最有力的武器就是“曝光”。任何做虚假广告的企业都不喜欢曝光，曝光会使他们的股票大跌，也会使他们的产品没有销路。但是我们应该知道，监管部门虽然拥有曝光和处罚这两种武器，但这些都是属于事后追罚，任何高明的监管者都希望能找到有效的方法防患于未然。

负责监管广告传播的美国联邦贸易委员会就为各种各样的产品、服务与营销活动制定

---

① 参见王泽鉴：《侵权行为法》，第1册，13页，北京，中国政法大学出版社，2001。

② 赵新星：《明星微博卖广告是否合法?》，载《南方日报》，2014-03-07。

了行业指导原则，“这些指导原则是政策性声明，它们警示企业：委员会认为什么广告是允许的。这种政策有数百种，包括大量指导原则，如广告中何时可以用、何时不可以用‘免费’一词，再如针对私立职业学校、家务课程与环保声明的指导原则。……1998 年 11 月，联邦贸易委员会制定了一套关于减肥食品广告的长达 26 页的指导原则。该指导原则不仅涉及公司进行广告宣传的内容，而且解释了该法如何适用于它们”①。尽管美国联邦贸易委员会的指导原则不具有法律效力，即使有广告企业或广告公司违反也不会在法律上获罪，但它可以帮助广告企业或广告公司有效地防止因虚假广告而可能产生的诉讼，同时也为那些多数并不想钻法律的空子的诚实经营者提供了广告行为的边界。

在具体的监管做法上，美国联邦贸易委员会的手段一般有非法律手段和法律手段两类。其中非法律手段包括：(1) 与广告主体签署同意协议。前述指导原则适用于还未进行的广告宣传，但如果一项广告营销活动已经进行，被联邦贸易委员会发现广告中含有虚假或欺骗内容，那么广告主体要与联邦贸易委员会签署一份书面协议，承诺以后不再进行如此广告宣传。当然，这个过程也是监管者向广告宣传者施加压力的过程，告知其如不签署将面临曝光并可能引发诉讼。但这类同意性协议并不意味着广告主体承认过错或应负什么责任。(2) 更正性广告。“如果一种欺骗性广告在制造或强化公众头脑里的一种事物与确凿的认识时发挥了重要作用，且这种认识在虚假广告结束后仍然存在，那么当消费者继续根据错误认识做出购买决定时，就会对市场竞争、消费公众构成明确而持续的损害。”② 这时，仅仅禁止这些广告传播是不够的，还需要广告主体再发布更正性广告，以消除公众记忆里的错误信息。这一项监管手段是严厉的，联邦贸易委员会并不经常使用，但它是存在的。

美国联邦贸易委员会的法律手段有两种：(1) 诉讼。联邦贸易委员会作为一方投诉广告主体，要求法院举行听证会，或直接向法院起诉。如果委员会获胜，所得罚金或赔偿则用于解决广告主体与消费者的纠纷。(2) 颁布禁止令。根据美国国会 1973 年通过的一个授权法案，联邦贸易委员会可以颁布禁止令，禁止它认为违法的广告。联邦贸易委员会的律师可以向联邦法院提出申请发出这类禁止令。这也是一种较为严厉的监管办法，一般在联邦贸易委员会认为广告可能导致消费者利益受到损害的情况下才会发出。

《中华人民共和国广告法》也授权我国广告管理部门进行全面监管，如 2015 年新版《广告法》第五十条规定，国务院工商行政管理部门会同国务院有关部门，制定大众传播媒介广告发布行为规范。该法第五十一条规定，工商行政管理部门依照本法规定行使职权，当事人应当协助、配合，不得拒绝、阻挠。我国广告监管部门在有效监管虚假广告方面是可以有所作为的。

另外《中华人民共和国广告法》还增加了监管者的责任。该法第五十三条规定，任何单位或者个人有权向工商行政管理部门和有关部门投诉、举报违反本法的行为。工商行政管理部门和有关部门应当向社会公开受理投诉、举报的电话、信箱或者电子邮件地址，接到投诉、举报的部门应当自收到投诉之日起七个工作日内，予以处理并告知投诉、举报

---

① Don Pember, Clay Calvert, *Mass Media Law*, McGraw-Hill Humanities/Social Sciences/Languages, 2012, 566.

② Ibid., 569.

人。同时监管部门也有处罚的权力，第五十五条规定，违反本法规定，发布虚假广告的，由工商行政管理部门责令停止发布广告，责令广告主在相应范围内消除影响，处广告费用三倍以上五倍以下的罚款，广告费用无法计算或者明显偏低的，处二十万元以上一百万元以下的罚款；两年内有三次以上违法行为或者有其他严重情节的，处广告费用五倍以上十倍以下的罚款，广告费用无法计算或者明显偏低的，处一百万元以上二百万元以下的罚款，可以吊销营业执照，并由广告审查机关撤销广告审查批准文件、一年内不受理其广告审查申请。

回顾《中华人民共和国广告法》20多年来的执法历史，各地行政执法部门从狭隘的地方利益和部门利益考虑的情况比较多，对虚假广告的处罚存在着两种情况：一是对严重损害消费者利益并应追究刑事责任的虚假广告行为往往通过罚款了事，不移交司法部门依法审理。二是有些执法人员的腐败行为得不到遏制，这些人利用广告监管权与虚假广告传播者大搞权钱交易，成为虚假广告行为的“保护伞”，助长了虚假广告的蔓延。三是为了获得广告交易收益，一些地方领导大搞地方保护主义，对本地经营者的虚假广告行为装糊涂，不闻不问，即使出了问题，也千方百计予以庇护。因此，地方商业广告监管机构在虚假广告责任追究过程中，如何克服“以罚代刑”、严惩监理中的腐败、摆脱利益诱惑等问题成为当务之急。

【思考题】

1. 广告的一般准则的内容有哪些？
2. 对药品、医疗器械广告的限制性规定有哪些？
3. 对医疗广告的限制性规定有哪些？
4. 对烟草广告的限制性规定有哪些？
5. 保健食品广告发布准则有哪些？
6. 食品、酒类、化妆品广告的准则有哪些？

第八章

广告活动规范

"广告"在通常情况下主要包含两层意思或是指两种情形：一是静态的广告，即我们看到的由一定的广告媒体载负特定广告信息内容的广告作品；二是动态的广告，即按照广告主的意愿，经过广告经营者的代理设计、制作，再由广告发布者经由媒体发布的过程，这一过程也被称为广告活动。广告主、广告经营者和广告发布者作为广告活动的主体，广告主的市场行为提供了广告需求市场，广告经营者和广告发布者的市场行为则一起形成了广告供给市场。联结广告需求和广告供给的中介是广告活动行为，其主要的表现形态是广告作品。也可以说，广告活动是广告主与广告经营者、广告发布者就广告这一商品所进行的买与卖的市场交换行为。在第七章中，我们对广告作品的信息内容、表现形式等的法律规范进行了探讨，在本章中，我们将就法律对广告活动的规范进行一些分析。

广告活动的主体应具有法定资格。广告主、广告经营者、广告发布者要进行广告活动，首先必须取得进入广告市场的资格，各项活动必须依法进行，如果违反必须承担法律后果。广告活动究其本质而言是民事活动，即反映的是广告活动主体之间的经济利益关系以及他们与消费者之间的利益关系。

2015 年新版《中华人民共和国广告法》第三章中共 17 条（第二十九～四十五条）对广告主、广告经营者、广告发布者从事广告活动的行为从三个方面予以规范：一是广告主的主体资格；二是广告经营者、广告发布者进入广告市场的资质标准；三是广告活动中广告主、广告经营者、广告发布者三方面之间的权利义务关系。同时，该法也对广告活动主体所从事的户外广告活动做了明确的规定。《中华人民共和国广告法》还明确禁止在广告活动中进行不正当竞争行为。这些规范构成了广告市场秩序的框架。

第一节　广告主活动规范

2015 年新版《中华人民共和国广告法》第四条规定，广告主应当对广告内容的真实性负责。第五条规定，广告主、广告经营者、广告发布者从事广告活动，应当遵守法律、法规，诚实信用，公平竞争。第三十条规定，广告主、广告经营者、广告发布者之间在广告活动中应当依法订立书面合同。第三十二条规定，广告主委托设计、制作、发布广告，应当委托具有合法经营资格的广告经营者、广告发布者。第三十三条规定，广告主或者广告经营者在广告中使用他人名义或者形象的，应当事先取得其书面同意；使用无民事行为能力人、限制民事行为能力人的名义或者形象的，应当事先取得其监护人的书面同意。

一、广告合同制度

广告合同是具有平等民事主体地位的广告活动主体之间，为实现预期的目的、明确相互的权利义务而订立的协议。广告合同制度，是指参与广告活动的各方，包括广告主、广告经营者和广告发布者，在广告活动前为了明确相互的权利和义务，必须依法签订协议的一种制度，目的是保护参与广告活动的各方的正当权益不受侵害，维护社会主义广告市场秩序。

《中华人民共和国广告法》第三十条规定：广告主、广告经营者、广告发布者之间在广告活动中应当依法订立书面合同。合同是广告主、广告经营者和广告媒体三者之间明确履行权利和义务关系的保障。在广告经营活动中，广告主、广告经营者和广告媒介三者之间经常就双方或多方的权利、义务关系而签订合同。这种经济合同以产生民事权利义务关系为目的，一旦合同依法成立，就不需要再由法律或司法行政主管机关特别规定，自然而然地具有法律效力。广告活动当事人的任何一方都要严肃认真地履行自己的义务；不履行合同规定的义务，且当事人不履行义务的行为与造成损害的事实是因果关系的，就应承担法律责任。广告主、广告经营者与广告媒介在错综复杂、瞬息万变的经营活动中，用经济合同的形式规范双方或多方的权利义务关系，应该说是最恰当的方法。广告合同一经依法订立，就具有法律效力，合同各方都应认真履行。订立经济合同必须遵守法律、行政法规，必须遵循平等互利、协商一致的原则。

广告合同纠纷是参与订立广告合同的各方当事人在依法订立广告合同后，对合同履行情况和违约责任承担等产生的争议，它包括广告合同履行情况争议和违约责任承担问题争议两方面的内容。解决经济合同纠纷的主要方法有协商、调解、仲裁和诉讼四种。

例如，1998 年 8 月 28 日，北京今世广告有限公司和河南省新乡市英姿实业有限公司签订合同。双方约定，今世公司为英姿公司制作“英姿带”产品广告，今世公司应严格按照英姿公司认可的创意进行广告制作，在双方合作结束以后半年内，今世公司不得给同类产品制作和在今世公司承包的媒体上代理播出广告，今世公司还必须为英姿公司保守商业秘密。此后，英姿公司先后付给今世公司广告费共计人民币 6 307 650 元。然而，在上述合同履行期间，今世公司违背协议，为天津一品科技发展有限公司的同类产品进行了广告创意并策划和制作了广告，而一品公司正是英姿公司最主要的竞争对手。

英姿公司认为，今世公司的上述行为给英姿公司的市场销售造成了严重冲击，致使英姿公司的市场销售盈利目标无法实现。英姿公司因此向法院提起诉讼，要求今世公司赔偿广告费和可得利益损失 6 307 650 元。2001 年 7 月，北京市第二中级人民法院对该案审理后认为，英姿公司的诉讼请求事实清楚，理由充足，法院一审判决，判定今世公司赔偿英姿公司人民币 20 万元。①

（一）广告合同的签订

广告主、广告经营者、广告发布者在签订合同时，应依照《中华人民共和国广告法》、《中华人民共和国合同法》、《广告管理条例》及其他国家法律和行政法规的规定进行。凡是违反国家法律、行政法规的广告合同，均为无效合同。无效广告合同从签订时起就没有

---

① 参见何茜：《违反合同失信用　广告公司应赔偿》，载《法制日报》，2001-08-01。

法律效力。

根据《中华人民共和国合同法》的规定，经济合同除即时清结者外，应当采用书面形式。由于广告活动是一个过程，不同于即时清结的货物买卖，因此应当签订书面合同。广告合同中各方的权利和义务关系必须明确，广告合同中的任何一方不能只享有权利而不承担义务。广告合同中各方的权利和义务关系明确，其目的是为了防止履行合同过程中产生不应当产生的纠纷。

如在一起纠纷案件中，原告贵州醇酒厂郑州代理公司郑州市新华糖酒总公司与被告郑州市益泰科工贸公司于 1994 年 8 月 3 日在郑州签订广告合同：原告委托被告制作大型“贵州醇”模型广告，立于郑州市二七广场三角地带，广告模型保存时间为半年，不可抗拒原因例外。在合同签订后，被告依约于 9 月 3 日前将“贵州醇”广告模型竖立在指定地点二七广场三角地带。9 月 6 日，“贵州醇”广告模型因故被撤掉。原告要求被告重新竖立模型未能实现，遂于 11 月 3 日诉至法院。

在案件审理的过程中，法院认定上述合同的内容、主体和形式等方面都符合法律的规定，所以这个合同为具有法律效力的合同；另外，合同是规定合同主体各方权利义务关系并具有法律约束力的协议，这一协议是当主体各方当事人处于平等的法律地位时经各方协商后达成的一致意见，所以就排除了以欺诈、胁迫等手段签订的合同和存在重大误解的合同的可能性。“贵州醇”广告合同是在双方平等自愿的情况下签订的、明确了双方权利义务的合同，但却因故被撤掉，致使另一方不能履行合同规定的义务，那么，就必须要求违约者履行完合同所规定的义务或按合同的规定赔偿损失。“贵州醇”广告合同应履行的期限为半年，但被告未能使模型保持半年。该案后经法院主持调解，双方最终握手言和，“贵州醇”广告模型被要求在五日内重新竖立在二七广场三角地带。

（二）广告合同的种类

广告合同是广告主与广告经营者之间订立的合同，主要有：

（1）广告发布业务合同。它是由广告发布者与广告主或广告主委托的广告经营者签订的书面合同。广告发布业务合同应使用统一的广告发布业务合同示范文本。

（2）广告制作合同。它是由广告经营者与委托方就广告作品的设计、制作所签订的合同。

（3）广告市场调查合同。它是由广告经营者与委托方就某一具体市场调查活动所签订的合同。

（4）广告代理协议。它是指具有广告代理权的广告经营者与广告主所签订的某一具体商品、服务广告活动的代理协议或全面代理协议。一般情况下，全面代理协议包括广告制作合同、广告市场调查合同和广告发布业务合同。

由上可知，广告合同的主体局限于广告活动主体之间，这样广告合同就可以成为贯穿整个广告活动的一条主线，广告合同主体可以据此维护自己的合法权益，依法履行自己的义务，使广告活动正常进行。如 2008 年 6 月，杭州某广告公司接受一家企业的广告发布业务，该企业要求在沪杭高速公路上海段安装跨线龙门架广告。杭州广告公司遂请上海一家广告公司帮助发布，并支付了首笔 30%的发布费 40.5 万元，其中包括先前已支付的前期费用 19.2 万余元，上海的这家广告公司于同月完成广告画面。隔了三个月，杭州广告公司在例行巡查时发现原先的广告画面变成了其他公司的广告画面。杭州的广告公司即向上海公司反映，但上海公司拒不纠正。因此，杭州公司请求法院判令解除双方签订的户外媒体发布代理合同，并由对方返还前期费用19.2万余元，支付违约金40.5万元。上海公司则认为，由于原告未按约支付第二笔30%的发布费，且在发出书面通知后仍未支付，是原告违约在先，故要求继续履行双方签订的户外媒体发布代理合同。

后法院认定，虽然原告违约在先，但被告未给原告足够的补救时间就撤下广告，也应承担违约责任。由于原告已支付被告广告前期费用19.2万余元，故法院判决返还原告余款21.2万余元。①

（三）订立广告合同的原则

在订立广告合同时，当事人应遵循以下原则：

（1）广告合同应当采用书面形式，当事人协商同意的有关修改广告合同的文书、电报和图表，也是广告合同的组成部分。

（2）订立广告合同必须遵守法律和行政法规，任何单位和个人不得利用广告合同进行违法活动，扰乱社会经济秩序，损害国家利益和社会公共利益，牟取非法收入。

（3）订立广告合同应当遵循平等互利、协商一致的原则，任何一方不得把自己的意志强加给对方，任何单位和个人不得非法干预。

（4）广告合同依法成立，即有法律约束力，当事人必须全面履行合同规定的义务，任何一方不得擅自变更或解除。

（5）代订广告合同，必须事先取得委托人的委托证明，并根据授权范围的委托人的名义签订，才能对委托人直接产生权利和义务。

（6）所订立的广告合同必须具备《经济合同法》第十二条所规定的主要条款：标的、数量和质量、价款和酬金、履行的期限、地方和方式、违约责任。

二、广告代理制度

广告代理制是指在广告活动中，广告主委托广告公司实施广告宣传计划、广告媒介通过广告公司承揽广告业务的一种机制和经营体制。广告代理制也可以说是一种由广告公司为客户全面代理广告业务活动的经营体制，是随着广告业的发展而逐步形成的，是广告业发展到一定历史阶段的产物。

现代广告代理制最大的特点就是强调广告业内部合理分工，互相合作，以此来求得共同发展。在这种体制下，广告公司通过为广告主和媒介提供双重服务，发挥其主导作用。为保证广告代理制工作的顺利进行，国家工商行政管理局特做如下规定：

（1）广告客户必须委托有相应经营资格的广告公司代理广告业务，不得直接通过报社、广播电台、电视台发布广告。上述规定不包括分类广告，如简短的礼仪、征婚、挂失、书讯广告和节目预告等。

（2）兼营广告业务的报社、广播电台、电视台，必须通过有相应经营资格的广告公司代理，方可发布广告（分类广告除外）。报社、广播电台、电视台的广告经营范围核定为“发布各类广告（含外商来华广告），承办各类广告”。

---

① 参见胡卫国：《广告画面“变脸”判解除合同返还广告量》，见东方法治网，2009-03-26。

(3) 广告公司为广告客户代理广告业务，要为广告客户提供市场调查服务及广告活动的全面策划方案，提供、落实媒介计划。

(4) 广告公司为媒介承揽广告业务，应有与媒介发布水平相适应的广告设计、制作能力，并能提供广告客户广告费支付能力的经济担保。

(5) 报社、广播电台、电视台下属的广告公司，在人员、业务上必须与本媒介广告部门相脱离，不得以任何形式垄断本媒介的广告业务。

(6) 广告代理费的收费标准为广告费的15%。

(一) 广告主委托业务代理

2015年新版《中华人民共和国广告法》第三十二条规定：广告主委托设计、制作、发布广告，应当委托具有合法经营资格的广告经营者、广告发布者。合法经营资格包括两个方面：一是广告经营者和广告发布者是依法设立的，二是广告经营者和广告发布者有合法的经营范围，即广告经营者和广告发布者有属于广告主委托的业务范围。因此，《中华人民共和国广告法》第三十二条重点规定了广告主委托设计、制作、发布广告，必须由具有合法资格的广告经营者、广告发布者办理，否则，将会造成广告合同的无效；如果给他人造成经济损失，广告主还必须承担赔偿责任，接受行政处罚；作为广告经营者、广告发布者，如果自己没有广告主委托的业务，应当主动提出，否则也将依法受到处罚。

例如，西安太阳食品集团公司自1986年成立以来以“太阳”锅巴为其主打产品在全国开拓市场，到1990年已取得了产值1.8亿元、利税3 000万元的辉煌成绩。10年过去后，该公司又树立了企业新名牌“阿香婆”系列香辣酱，集团经济效益直线上升。截至1996年年底，仅“阿香婆”系列香辣酱的销售额就达亿元以上。在不断推出新产品、树立新名牌的同时，太阳集团十分重视广告策划工作，在众多的广告代理公司中选中上海奥美广告有限公司。上海奥美广告有限公司是目前国内较大的中外合资广告公司之一，是由国内最大的广告公司——上海广告公司和以提供综合传播服务而著称的世界第六大广告公司奥美国际集团合资建成的，其在华服务客户包括IBM、金佰利、中美史克、联合利华、柯达、旁氏、施马洋酒等著名跨国公司。太阳集团选中奥美作为“阿香婆”系列香辣酱的广告代理商，是希望通过与世界知名的广告公司合作，通过广告公司运用品牌兴家之道帮助集团培养和发展自己的食品品牌。

(二) 广告收费

广告收费是指广告经营者、广告发布者在完成广告主委托的广告业务后，由广告主支付的广告设计费、制作费、代理费和发布费。

广告收费管理是指广告管理机关会同物价、城建、公安等职能部门，依照广告管理法律、法规的有关规定，对广告经营者、广告发布者在设计、制作、代理、发布等广告业务活动中的收费行为的合法性进行的管理。目前，我国对广告收费的管理主要实行国家定价管理和备案价格管理相结合的原则。

我国对广告经营者收取的广告设计、制作费的管理，主要实行备案价格管理，即广告经营者可以根据广告设计、制作成本和自身信誉、服务质量、制作水平等因素，制定自己的收费标准，然后报当地工商行政管理机关和物价部门备案。

对广告发布者收费的管理，基本上实行备案价格管理，即以广播电台、电视台、报社、杂志社等四大媒介为主的广告发布者，根据自身的收听率、收视率和发行量，以及在全国或地方的覆盖率和影响，来制定自己的收费标准，然后报当地工商行政管理机关和物价管理部门备案。

户外广告场地费、建筑物占用费的收费标准，必须由当地工商行政管理机关会同物价、城建部门，根据当地经济发展的程度，户外广告的设置区域、场地、建筑物的位置好坏、人流量大小、是否在商业中心和闹市区等因素共同协商制定，并报当地人民政府批准。它一经制定并获得当地人民政府批准，就必须严格依照执行，任何单位或个人不得随意更改。

对广告代理费主要实行国家定价管理，其标准是法定的、全国统一的，即广告经营者承办国内广告业务的代理费为广告费的10％，承办外商来华广告的广告代理费为广告费的15％。

三、广告活动应遵守的其他规范

（一）禁止不正当竞争

所谓广告活动中的不正当竞争，是指广告活动主体在广告活动中违反《中华人民共和国广告法》及《中华人民共和国反不正当竞争法》的有关规定，损害其他广告活动主体的合法权益，扰乱社会主义广告市场秩序的行为。广告活动中不正当竞争行为的主要表现是制造广告市场的混乱，破坏广告市场公平竞争的原则，其结果是损害消费者乃至整个社会的公共利益。

在广告活动中，不正当竞争行为的表现形式是多种多样的，《中华人民共和国广告法》对禁止的行为采取的是比较宽的规定，包括《中华人民共和国反不正当竞争法》规定的几种行为。按《中华人民共和国反不正当竞争法》和《中华人民共和国广告法》的规定，广告主和广告经营者之间、广告主和广告发布者之间、广告经营者和广告发布者之间均不得从事下列不正当竞争行为。

1. 就广告主来说，不得出现的不正当竞争行为

（1）不得利用广告贬低同类或其他类的商品、服务，直接或间接地贬低竞争对手的行为，即不得发布捏造、散布虚假事实，损害竞争对手的商业信誉、商品声誉的广告。2015年新版《中华人民共和国广告法》第三十一条规定：广告主、广告经营者、广告发布者和广告代言人不得在广告活动中进行任何形式的不正当竞争。《中华人民共和国反不正当竞争法》第九条规定：经营者不得利用广告或者其他方法，对商品的质量、制作成分、性能、用途、生产者、有效期限、产地等做引人误解的虚假宣传。广告的经营者不得在明知或者应知的情况下，代理、设计、制作、发布虚假广告。

如“农夫山泉广告侵权案”2000年8月4日在北京市朝阳区人民法院一审宣判。法院依法判决浙江千岛湖养生堂饮用水有限公司在全国性报刊上向北京市国信高科技发展总公司公开赔礼道歉，赔偿国信公司经济损失人民币5 000元。

法院认为，当“农夫山泉天然水”广告将镜头对准标有“纯净水”字样的烧杯时所配的“受过污染的水”、“虽然可以提纯净化”、“水质已经发生根本性变化”的广告词，影响、误导了消费者，破坏了与其他纯净水生产企业公平竞争的关系，所以千岛湖公司发布

该广告的行为属不正当竞争行为。此事在1999年就已立案，国信公司认为“农夫山泉天然水”广告贬低了纯净水品质，要求千岛湖公司赔偿10万元，并向所有纯净水企业赔礼道歉。而这则引起争论的广告也已停播。[①]

（2）不得用发布虚假夸大广告的方法扩大市场占有份额。即广告主不得利用广告对商品的质量、制作成分、性能、用途、生产者、有效期限、产地等做引人误解的虚假宣传；不得从事假冒他人名牌的广告行为；不得假冒他人的注册商标，不得擅自使用知名商品特有的名称、包装、装潢，或者故意与知名商品相混淆，使购买者误认为是该知名商品；不得擅自使用他人的企业名称或者姓名，让人误以为是他人的商品；不得在商品上伪造或者冒用认证标志、名优标志等质量标志，伪造产地，对商品质量做引人误解的虚假表示。

（3）不得利用广告从事侵犯他人商业秘密的行为。即不得通过广告披露其所掌握的他人的商业秘密。

（4）不得利用广告的形式采取不正当降价的行为。即广告主不得以排挤竞争对手为目的，从事以低于成本的价格销售商品的广告活动。这样做无论从主观上还是客观上都损害了其他广告活动主体的利益。2015年新版《中华人民共和国广告法》第三十一条规定指出了禁止的主体：广告主、广告经营者、广告发布者，即广告主和广告主之间、广告主和广告经营者或广告发布者之间、广告经营者与广告经营者或广告发布者之间均不得从事不正当竞争行为。

1992年5月，郑州亚细亚商场以一辆红色桑塔纳轿车设立的巨奖吸引了众多消费者惊异的目光。紧接着，各大商场纷纷推出“六套三室一厅住房的30万元巨奖”、“10万元黄金巨奖”、“酬宾20万元，一等奖5万元的让利销售”、“特等奖168 888元的有奖销售”等活动。很快，刚开奖桑塔纳轿车的亚细亚商场，又推出价值30万元的“奥迪轿车巨奖”。这种巨奖销售在相关政府部门的干涉下，到1993年4月底基本结束了。但1993年8月底至9月中，当地晚报上接连登出这样的广告：“康佳、彩霸彩电9月1日当天按进价供应省会消费者”、“福日彩电新产品推荐展示日活动按进价销售”、“飞利浦系列音响按进价供应省会消费者”。按进价销售，无异于降价大甩卖，给市场带来严重混乱，如一些商家曾宣称“如发现同类产品市场价有低于本商场的，负责退赔”，结果遭到顾客纷纷退货，为稳住阵脚，只好又再以“杀价”来招架。这种通过广告宣传巨奖销售和低价竞销的不正当竞争手段，直接搅乱了商界公平的竞争环境，带来的是短期抢购和市场混乱，损害了同行利益。这种以牺牲经济效益为代价的不正当竞争，也损害了商家的利益。

《中华人民共和国反不正当竞争法》是规范和调整市场经济中不正当竞争行为的基本法律，也是维护我国社会主义市场经济秩序的根本保证。但其中的某些规定需专门法规加以补充以便于执行。有关广告监督管理的规定，就需用《中华人民共和国广告法》加以补充。因为广告活动作为市场经济活动的重要组成部分，其活动主体毫无疑问应遵守《中华人民共和国反不正当竞争法》的有关规定，而《中华人民共和国广告法》第三十一条的规定则是《中华人民共和国反不正当竞争法》基本原则——维护公平竞争——的进一步体现。

如成都市三圣调味品厂为进一步打开销路，委托四川省大、中、小广告公司利用周年

① 参见刘新雷、刘茑：《国信诉农夫山泉广告侵权案昨日宣判》，载《北京青年报》，2000-08-05。

厂庆进行广告宣传。12 月 5 日在《四川日报》和《成都晚报》上刊出标题为《明天吃醋不要钱》的广告，称“请持本广告，在 12 月 7 日至 12 月 9 日到红旗商场、建设路副食品商场、双桥商场、跳伞塔商场、西郊商场领取陈醋王一瓶。赠完即止。一张报纸一瓶醋!”12 月 7 日，当群众持报纸到指定地点领醋时，由于醋少人多造成严重混乱，拥挤的人群损坏了一些商业设施，一些门市只好推迟营业，扰乱了正常的市场秩序。赠醋事件发生后，有关部门在查清案件基本事实的基础上，认定这是一种利用虚假广告进行不正当竞争的行为。首先，从当事者的主观动机上分析，广告赠送商品的行为出自显然的商业目的，其行为是商品经营（或服务）的一部分。其次，从行为本身来看，经营者利用广告赠送商品是一种促销手段，行为的根本目的在于扩大商品的知名度，为今后商品的畅销、提高商品经营收益创造条件。从客观方面来看，该广告主利用不正当的手段提高了本企业和产品的知名度，拓展了自己产品的市场，却挤占了其他经营同类产品企业的市场，损害了其他经营者的合法权益。另外，该广告行为还直接损害了消费者的合法权益，可赠醋仅 1 440 瓶，与报纸发行量差距悬殊，不可能向消费者兑现广告许诺。就其根本危害来讲，扰乱了市场经济秩序，妨碍了社会主义市场经济的健康发展。所以此广告行为属于利用虚假广告进行不正当竞争。

（5）不得从事违法有奖销售行为的广告。即广告主不得发布下列有奖销售广告：采用谎称有奖或者故意让内定人员中奖的欺骗方式进行有奖销售的广告；利用有奖销售的手段推销质次价高的商品的广告；抽奖式的有奖销售，最高奖的金额超过 5 000 元的有奖销售广告。

某网络公司发布路牌广告称：“玩真的！10 分钟做主页，有机会赢一套现房”，“玩真的！10 分钟做主页，可能一辈子有人养”。该有奖活动一等奖是一套一居室现房加上装修，价值 20 万元左右；二等奖是“吃一辈子白米”，以 50 年计算，一天一斤白米总值 2 万至 3 万元。北京海淀工商分局以巨奖销售违反《中华人民共和国反不正当竞争法》为由，要求该网络公司停止此行为，并对其进行罚款。《中华人民共和国反不正当竞争法》第十三条第三款规定：抽奖方式的有奖销售，最高奖的金额不得超过 5 000 元。该网络公司的奖品显然大大超过了这个范围，属于巨奖销售。

（6）不得以种种不正当手段得到有利或紧俏的媒介时段和版面等。

2. 就广告经营者来说，不得出现具有以下主要特征的不正当竞争行为

（1）不得利用行政权力从事广告行为。即利用公有企业或者其他依法具有独占地位的经营者，在广告中限定他人购买其指定经营者的商品或服务。1994 年 8 月，上海博览会在黑龙江省展览中心举办，哈尔滨“市容办”为帮助自家广告公司垄断户外广告，以“市容办”的名义，独家制发了〔1994〕15 号文件和 17 号文件。15 号文件内容为《关于加强制作、悬挂商业广告条幅管理的通知》，此文件规定：在哈尔滨市内，只有“中世”、“园林”和“现代”三家广告公司为第一批许可制作、悬挂商业广告条幅的单位，而市内其他 200 多家经工商行政管理机关核准、具有合法经营户外广告资格的广告公司均不可以制作、悬挂户外广告，违反规定者，“市容办”将予以取缔和罚款。17 号文件为《关于收取户外广告场地占用管理费的通知》，此文件制定的六项收费项目，收费额度及罚没准则仍然是“市容办”独家制定的。这违反了《中华人民共和国反不正当竞争法》中的有关条款，在相关部门的干预下，最终被撤销。

（2）不是以服务质量和服务信誉赢得客户的信任，而是以不正当手段达到承揽广告的目的。其具体表现在四个方面：一是以回扣或给广告主某种好处为诱饵，拉拢广告主；二是以非正当途径从广告发布者手中争夺时间或版面；三是用不正当手段争取户外广告发布位置；四是联合其他广告活动主体以压价或抬价方式排斥竞争对手。

3. 对广告发布者来说，不得出现的不正当竞争行为

对广告发布者来说，不正当竞争行为主要表现在利用自己拥有的媒介或其他发布手段的优势，妨碍其他广告活动主体之间的正当竞争。这种妨碍体现在四个方面：一是对部分广告活动主体在收费标准和收费办法上实行歧视性待遇；二是对广告活动主体在媒介时段或版面的销售上不一视同仁，或随意更改、取消广告发布合同；三是利用自身优势，拒付或不按国家规定的标准支付广告代理费；四是委托某一广告经营者全权代理本媒介的广告业务，排斥其他具有广告代理权的经营者参与公平竞争。这些行为禁止在广告活动中出现。

（二）广告中使用他人名义、形象的规定

“名义”是做某些事时用来作为依据的名称或称号，与事物的实际相符的名称，如公民、法人的姓名、名称、荣誉称号等。“形象”是指用有效和生动的语言刻画和描写的有形或可见的表现，如公民的肖像等。在广告活动中，广告主、广告经营者为取得理想的广告效益，往往需要使用社会知名人士或具有潜在商业价值的公民、法人的名义、形象作为广告内容或广告的表现形式。有一些广告主、广告经营者往往未经本人同意，就在广告中使用他人的名义、形象，这种行为严重侵害了当事人的合法权益。

为了保护公民、法人的人身权，2015 年新版《中华人民共和国广告法》第三十三条规定：“广告主或者广告经营者在广告中使用他人名义、形象的，应当事先取得他人的书面同意；使用无民事行为能力人、限制民事行为能力人的名义、形象的，应当事先取得其监护人的书面同意。”这一条就是关于广告主、广告经营者在广告中使用他人名义、形象应当事先取得他人书面同意的规定。

1. 应事先取得他人的书面同意

所谓“事先”是指广告活动主体在使用他人名义、形象时，应在广告创意、设计制作、发布之前取得他人的书面同意。如在广告发布之后，除经当事人追认外，应定为侵权。之所以要求当事人之间签订书面协议，一方面是为了保护广告活动主体与当事人双方的合法权益；另一方面是为了防止产生不必要的纠纷，保证社会秩序的正常运行和广告主或者广告经营者的正常的经营活动。如在下述案例中，就涉及此类问题。

某实业有限公司是一家经营农副土畜产品、五金、百货等销售业务的企业。为达到促销目的，该公司积极筹备去通辽市余粮堡镇开展有奖销售活动。为此，该公司印制了 1 万张印刷品广告，广告中称“表演艺术家赵本山先生，二团地方戏笑星小平先生、丹丹小姐等率团前来余粮堡镇免费义演助兴”，广告上还介绍了发奖券数量、奖品和换奖办法。广告先于有奖销售活动散发到余粮堡镇，引起当地群众关注。该公司去余粮堡镇开展有奖销售，演戏又换奖，但由于奖品少于卖出的奖券，拿着奖券兑现不了奖品，加上演出节目与赵本山毫无关系，演员中也没有“小平先生”和“丹丹小姐”，引起当地群众强烈不满。现场秩序出现混乱，有奖销售无法继续进行，后在当地政府的直接干预下采取应急措施，

才使事态平息。这则广告首先违反了《广告管理条例施行细则》第十三条第三款规定：发布“各类文艺演出广告，应当提交所在县以上文化主管部门准许演出的证明”。另外，广告主在发布此广告时也应出具演出者本人的书面同意文件。此广告还属有奖销售广告，应标明所赠送礼品的品种和数量，而该公司只是虚张声势，出现兑奖券多于奖品的现象，因此愚弄了消费者。从案件看，该公司在广告中捏造明星义演信息，杜撰表演艺术家赵本山先生，二团地方戏笑星小平先生、丹丹小姐随团演出，属于非法使用他人名义，不仅构成对消费者的欺骗，同时也构成民事侵权行为。①

2. 应事先取得其监护人的书面同意

根据《中华人民共和国民法通则》的有关规定，无民事行为能力人的民事活动，由其法定代理人代理民事活动；限制民事行为能力的人，可进行与其年龄、智力相适应的或与其健康状况相适应的民事活动，其他民事活动由其代理人代理，或者征得其法定代理人的同意。只有征得无民事行为能力和限制民事行为能力人的监护人的同意，才属于履行了法定的义务。

值得一提的是，利用自己肖像是公民的权利，只要不违反国家法律，任何组织和单位不得无故剥夺。例如，据韩国《朝鲜日报》2002 年 5 月 20 日报道，韩国广告自律审议会 19 日做出裁决，认定相貌与朝鲜领导人金正日相似的 53 岁男子裴银植“不适合”在一个食品广告中担任角色。审议会的理由是：“使用与金正日委员长相貌相似的模特，容易造成侵犯肖像权的误会。”对此裴银植反驳说：“审议会告诉我，如果我的脸在屏幕上出现，就会与国家保安法的规定相抵触。”在前一年 6 月南北首脑会谈时，裴银植被发现相貌与金正日酷似，多家电视台争相邀请其出演“脱口秀”，红极一时。但那以后，裴有十几次机会在电视广告中露面，均在广告审议会的事前审查中被“枪毙”。负责此次食品广告制作的导演表示，审议会的理由在法律上毫无根据，侵犯了模特个人的人权，他们将向法院提起诉讼讨个公道。

第二节　广告经营者、发布者活动规范

广告经营者特指专业从事经营的广告公司，它是连接广告主和广告发布者的桥梁，是广告活动的重要主体之一，其广告行为是否规范，对广告活动的影响重大。所以加强对广告经营者的管理，是广告管理中尤为重要的内容。对广告经营者的管理主要包括：对广告经营者的审批登记管理、广告业务员证制度、广告合同制度、广告业务档案制度和广告经营单位的年检注册制度。

对广告发布者的管理，又叫广告媒介物管理或者广告媒介管理，是指广告管理机关依照国家广告管理法律、法规的有关规定，对以广告发布者为主体的广告发布活动的全过程实施的监督管理行为。换言之，对广告发布者的管理，是广告管理机关依法对发布广告的报纸、期刊、电台，电视台、出版社等事业单位和户外广告物的规划、设置及维护等实施的管理。

---

① 参见国家工商行政管理局广告监督管理司编：《违法广告案例选编》，北京，工商出版社，1998。

一、广告经营者、广告发布者的资格认定

广告经营的资格是指自然人、法人或其他组织要求进入广告市场从事广告经营必须具备相应的资格，即在人、财、物及经营场地等方面要达到基本标准，才有广告市场的准入条件。

2015年新版《中华人民共和国广告法》第二十九条规定，广播电台、电视台、报刊出版单位从事广告发布业务的，应当设有专门从事广告业务的机构，配备必要的人员，具有与发布广告相适应的场所、设备，并向县级以上地方工商行政管理部门办理广告发布登记。这个规定有两层意思：一是规定了广告市场的准入条件，二是在具备了广告市场的准入条件后，须向工商行政管理部门就广告经营申请登记。

（一）广告经营者的审批登记

对广告经营者的审批登记管理，是广告管理机关依照广告管理法律、法规对广告经营者实施管理的开始，属于政府的行政管理行为。广告经营者只有在获准登记、注册，取得广告经营资格后，才能从事广告经营活动；否则，即为非法经营。严格地说，广告经营者要取得合法的广告经营资格，必须符合《中华人民共和国民法通则》的有关规定和企业登记的基本要求，必须具备广告法规中规定的资质条件，必须按照一定法律程序依法审批登记。

广告经营者的审批登记程序主要包括受理申请、审查条件、核准资格和发放证照四个阶段。凡申请从事广告经营活动的单位和个人，除了应具备《中华人民共和国企业法人登记管理条例》、《中华人民共和国私营企业暂行条例》、《城乡个体工商户管理暂行条例》等行政法规明确规定的必备条件之外，还应符合1995年国家工商行政管理局印发的《广告经营者、广告发布者资质标准及广告经营范围核定用法规范》所规定的标准。

具体说来，对于广告经营者有如下标准：

1. 综合性广告公司

综合性广告公司即具有提供设计制作和全面代理服务能力的广告公司，包括有限责任公司、股份有限公司、中外合资经营、中外合作经营等经济形式，其申请标准为：

（1）有与广告经营范围相适应的经营管理人员、策划设计人员、制作人员、市场调查人员（以上人员均须取得广告专业技术岗位资格证书）、财会人员，其中专业人员具有大专以上学历的不少于从业人数的三分之二；（2）有与广告设计、制作、代理业务相适应的资金、设备和经营场所，注册资本不少于50万元人民币、经营场所不小于100平方米；（3）有与广告经营范围相适应的经营机构及广告经营管理制度；（4）有专职广告审查人员、广告设计；（5）承办外商来华广告的，还应具备了解国家进出口政策的专业人员，并有稳定的外商来华广告渠道。

2. 广告设计制作企业

广告设计制作企业即从事影视、广播、霓虹灯、路牌、印刷品、礼品、灯箱、布展等，或兼营广告设计、制作业务的公司，其申请标准为：

（1）有与广告经营范围相适应的经营管理人员、设计人员、制作人员（以上人员均须取得广告专业技术岗位资格证书）、财会人员，其中专业人员具有大专以上学历的不少于

从业人员的二分之一，固定从业人员不少于八人；（2）有与广告经营范围相适应的资金、设备、器材和场地，经营场所不小于40平方米，制作场所因广告制作项目而定；（3）有与广告经营范围相适应的经营机构和广告经营管理制度；（4）有专职广告审查人员。

3. 个体工商户

个体工商户即从事影视、广播、路牌、印刷品、礼品、灯箱、布展等广告设计和制作的个体工商户，其申请标准为：

（1）户主应当取得广告专业技术岗位资格证书，具有与其经营范围相应的学历或从业经历，应当接受过广告法律、法规培训；（2）有与广告经营范围相适应的资金、设备、器材和场地，经营场地不小于20平方米，制作场所因广告制作项目而定。

（二）广告发布者的资格

以广播电台、电视台、报纸、期刊和出版社等为主体的广告发布者（或广告媒体），其主要职责是宣传党的路线、方针、政策，发布信息，传播新闻，同时兼营广告发布业务，传播经济信息。而广告发布者以收费的形式，兼营广告发布业务，传播经济信息，属于一种广告经营行为，所以广告管理机关必须对其实行专门管理。广告发布者在发布广告前，必须到当地县级以上工商行政管理局办理兼营广告业务的登记手续，并由其审查是否具备直接发布广告的条件；对符合条件的广告发布者，广告管理机关依法予以登记，并发给广告经营资格证明。广告发布者只有办理兼营广告发布业务的登记手续，并取得广告经营资格证明后，才能经营广告发布业务；否则，即为非法经营。

媒介单位，或有广告发布媒介的企业、公司、其他法人或组织，或利用自有或自制音像制品、图书、橱窗、灯箱、场地（馆）、霓虹灯等发布广告的出版（杂志、音像）社、商店、宾馆、体育场（馆）、展览馆（中心）、影剧院、机场、车站、码头等发布广告，须具备以下资格条件：（1）有直接发布广告的媒介；（2）有与广告经营范围相适应的经营管理人员、专业技术人员（以上人员均须取得广告专业技术岗位资格证书）、财会人员和广告经营管理制度；（3）有专门的广告经营机构和经营场所，经营场所面积不小于20平方米，有相应的广告设计和制作设备；（4）有专职广告审查人员；（5）广告费收入单独立账。

凡是从事广告经营活动的单位和个人，符合广告经营资格标准、具备广告市场准入条件之后，还必须向广告监督管理机关即工商行政管理部门申请登记，核准广告经营权，核定广告经营范围。如工商行政管理机关根据各自的权限对申请广告经营的单位和个人发放《中华人民共和国营业执照》、《企业法人营业执照》和《营业执照》，并相应发放《中华人民共和国广告经营许可证》或《广告经营许可证》，从事广告兼营的事业单位发给《中华人民共和国广告许可证》或《广告许可证》。营业执照和广告经营许可证的颁发标志着申请登记单位广告经营权的确立，也就是广告经营资格审批登记程序的最终完成，标志着其合法经营资格即合法权利的取得。这种合法权利具体反映在其领取到的营业执照和广告经营许可证上所记载的业经核准的登记事项中，即在设计、制作、代理、发布的广告经营范围内从事不违反国家法律、法规的广告经营活动。这也是广告经营管理中区别合法经营与非法经营、合法经营与超范围经营的界限。

如某地工商行政管理局在1996年度的广告年检中，发现相当一部分广告企业规模小，上不了档次，资金、设备、人员不到位，登记注册时在手续上做文章弄虚作假，登记注册后再抽走资金，缩小经营场所，也就是人们常说的所谓“皮包公司”或打一枪换一个地方的“游击广告公司”。它们根本不学法、不懂法，为了在竞争中拉到客户、揽到广告业务，在利益的驱动下见利忘法、靠压价进行不正当经营活动，扰乱了广告市场秩序。这批违反国家法律法规、不符合国家广告经营资质标准的50家广告经营单位，在这次广告经营资格检查中被依法取消了广告经营资格，从而提高了广告经营单位的素质和广告发布质量，把广告引向了规范、健康的发展轨道，为当地的经济发展做出了应有的贡献。

工商行政管理机关代表国家对申请经营广告业务的单位进行审查，符合广告经营条件的，核准其经营广告业务。申请经营广告业务的单位或个人一经核准，领取《营业执照》或《广告经营许可证》，即具有合法的广告经营权，其经营范围内的正常广告经营活动受国家法律保护，任何单位、任何个人无权干涉。未经工商行政管理机关核准、擅自经营广告业务的，属非法广告经营活动，应依法予以取缔。

二、广告经营管理制度

我国对广告业务人员实行业务员证制度，对广告经营单位实行年检注册制度。广告业务员是专职从事承揽、代理广告业务的工作人员，而广告业务员证则是广告业务人员外出开展广告业务活动的有效凭证。为了加强对广告宣传和广告经营活动的管理，保障其健康发展，国家工商行政管理局在1990年10月19日颁发了《关于实行〈广告业务员证〉制度的规定》（工商〔1990〕226号），决定在全国广告行业中统一实行广告业务员证制度。该规定自1991年1月1日起执行。因此，凡经批准经营广告业务的经营单位，其广告业务人员都必须按照国家工商行政管理局颁发的《关于实行〈广告业务员证〉制度的规定》，在领取《广告业务员证》后，方可从事广告业务活动。

广告业务人员申请办理广告业务员证，必须接受专业培训与考核，然后向所在地的工商行政管理机关提出书面申请，并提交本单位证明文件和有关材料，经省、自治区、直辖市或其授权的省辖市工商行政管理机关审核批准后，发放《广告业务员证》。

广告经营单位的年检注册制度，是广告管理机关依照国家广告管理的法律、法规和政策规定，对广告经营单位一年来的经营状况进行检查验收的一种管理制度，它是各级工商行政管理机关对广告经营单位实施规范化管理的重要内容之一。任何广告经营单位都必须经过年检注册，在取得《广告经营单位年检注册证》后，才有资格继续经营广告业务，否则即为非法经营。

广告经营者和广告发布者从事广告经营活动，需要有一套经营管理制度。只有有规范的管理制度，广告经营者和广告发布者才能有序开展自己的经营活动。为了提高广告经营管理的规范化水平，保证广告管理法规的贯彻落实，加强对广告活动的监督管理，2015年新版《中华人民共和国广告法》第三十四条规定：“广告经营者、广告发布者应当按照国家有关规定，建立、健全广告业务的承接登记、审核、档案管理制度。”

1. 承接登记制度

承接登记是广告主接洽广告业务的开始。通过承接登记制度，可以了解、记录广告主的基本情况，确认广告业务来源渠道是否合法以及广告主是否具有从事广告活动的主体资格。承接登记的主要项目包括：广告主或广告代理公司的名称、营业执照号、经办人员的身份（经办人员必须是广告主或广告代理公司的人员）、广告种类、广告名称、通信电话、地址、邮政编码。广告种类应当包括在广告主营业执照中核准的经营范围内；广告业务经办人员的身份证姓名与介绍信姓名应当一致；广告中广告主的名称应当与其营业执照上核定的名称一致；广告中广告主的地址应当与营业执照上的地址相一致；广告中提及的法定代表人或负责人应当与营业执照或有关证明相一致；广告代理单位的经营范围应当有“代理”广告业务的项目。

承接登记制度实际上就是广告经营者、广告发布者在接受广告主提出广告业务的要求后，如何接收、在何种地方接收、接收需要履行什么手续的一套规章制度。

2. 审核制度

广告经营者和广告发布者对承接的广告业务进行审查，主要是审查其是否符合《中华人民共和国广告法》及有关法律、行政法规的要求——如果不符合要求该如何处理，也需要一套规章制度，即广告审核制度，这也是广告经营者和广告发布者的自我约束机制。广告审核制度包括以下内容：

（1）广告经营者、广告发布者应当收存国家有关广告管理法规，并组织本单位职工开展法规学习和培训。国家对广告的管理已经形成了以法律、法规、规章、规范性文件相结合的法律体系，这个法律体系对广告的各个方面都进行了规范和制约，只有了解了这些法律、法规、规章和规范性文件，广告经营者才可能在广告活动中区分合法与违法的规定，不至于在广告经营中出现违法行为，致使违法广告在社会上出现。

（2）配备专门的人员负责广告审核工作。没有良好的广告市场秩序，就不可能有广告业的健康、持续发展；而没有广告活动当事人的自律，就不可能有真正的良好秩序。广告经营者、广告发布者要通过对自己经营的广告进行审核，以保证广告的真实性、合法性，这是广告经营者、广告发布者执行广告管理法规、加强自我管理的一个重要方面，这样做可避免因违法广告宣传受到法律的制裁和道德的谴责。但实际上，广告经营单位集经营与审查为一体，既涉及切身利益，又承担法规赋予的一定权力，二者很难统一，往往会出现广告经营单位为“拉广告”而根本不顾及广告主、广告经营者是否具有合法资格、广告内容是否真实等问题。所以就我国广告业的现状而言，目前尚不完全具备自律型条件审查机制，但广告市场又迫使我们必须建立自律机制以改善秩序，因此，我们的审核制度实际上是一种靠监督管理手段建立的自律机制。

在总结历史经验的基础上，从 1995 年年末开始，国家工商总局根据《中华人民共和国广告法》的规定，经过调查研究，学习借鉴发达国家的经验，结合我国广告业的实际，建立了广告经营单位自我约束、守法经营的广告审查员制度，即根据广告业的特点，在广告经营者、广告发布者内部配备具有专门的广告法律知识和较好素质的合格的广告审查专门人员，以保证广告审核制度走向规范化、制度化。这种广告经营单位的自我约束机制是加强社会主义法制建设的基础，只有将这项工作长期坚持下来，并切实按要求做好，才能将打击虚假广告的工作落到实处，做到标本兼治。具备合格的审查员，也是广告经营资格的必要条件。该项条件的欠缺，意味着该广告经营单位在履行法定义务上能力的欠缺，因而不能顺利通过广告经营资格检查。

广告审查员应当由所在单位委派，在参加工商行政管理机关统一组织的培训、考试并取得《广告审查员证》之后，方可获得从事广告审查工作的资格。工商行政管理机关通过对《广告审查员证》的颁发、收回、注销以及迁移手续和建立管理档案，对审查员进行日常管理和监督。

（3）广告审核人员的职责。广告审核制度是对广告经营者、广告发布者承办广告业务时应当查验广告证明、核实广告内容这一义务的具体的规范化的要求，这一要求也即2015年新版《中华人民共和国广告法》第三十四条的规定："广告经营者、广告发布者依据法律、行政法规查验有关证明文件，核对广告内容。对内容不符或者证明文件不全的广告，广告经营者不得提供设计、制作、代理服务，广告发布者不得发布。"这条规定也是对2015年新版《中华人民共和国广告法》第三条"广告内容应当真实、合法，以健康的表现形式表达广告内容，符合社会主义精神文明建设和弘扬中华民族优秀传统文化的要求"的具体规定。而广告审查员制度又是对履行依法"查验有关证明文件、核对广告内容"义务的必要保障。具体说来，广告审核人员的职责如下：

第一，查验广告证明。广告审查员在查验证明文件时，应着重于两个方面：一是凡是广告法律、行政法规及广告管理规章所规定的证明文件，广告审查员都必须要求广告主一一提供；二是验证广告主提供的证明文件是否真实、合法、有效。如对商品质量证明需验证其是否由法定的质量检测机构所检测、是否在有效期内等。

第二，核对广告内容。对广告内容的核对主要在两个方面：一是涉及广告内容的证明文件是否已经提供齐全，广告内容是否与证明文件相一致；二是审核广告内容是否符合《中华人民共和国广告法》的"广告准则"和依《中华人民共和国广告法》及其他行政法规所制定的具体发布标准。这种审核着重于两个方面：其一看广告内容是否有违法、虚假之处，如使用最高级用语等；其二看广告的表现形式是否符合广告准则和具体发布标准，如广告中是否有违背社会主义精神文明建设的形象、画面等。

概括地说，广告审查就是把广告、广告证明和广告管理法规三者相对照，进行综合分析研究，看广告的内容和表现形式是否得到证实。在广告审查中，如发现违法广告，有权要求委托人对其广告进行修改，同时，也有权向有关机关进行举报。同时，对于证明不全或内容不实的广告，广告经营者不得提供设计、制作和代理服务，广告发布者不得发布。所谓证明不全，一是指法定应当提供的证明文件尚未提供，二是指提供的证明文件不能全面、有效地证明广告内容；所谓广告内容不实，一是指已被科学证明是不真实的，二是指未被有效证明为真实的。这项必须履行的义务必须依照国家法律的规定来办理，否则就是违法行为，广告经营者、广告发布者要对此承担相应的法律责任。

1995年8月，深圳市两家重要报纸上出现了极为诱人的招收"准员工"的广告："高中毕业生的喜讯"，"虽高考落榜仍可榜上题名"，"康奈圆你大学梦"。该广告声称，"想做大学生，先做康奈人，今天送你入名牌大学深造，明天与我康奈人共创繁荣"；并以进行岗前培训为借口，大行招生之事："急需招收广东籍的应届和往届高中（含职业高中）毕业生去武汉大学和湖北大学进行岗前培训，要求学员具有很强的事业心和求知欲，学员学制三年，毕业后不但可以获得国家承认的大专文凭，且将成为公司发展的中坚"；更具欺骗性的招生简章称："学生在校期间，享受同武汉大学、湖北大学全日制本科生同等待遇，成绩优异经考核免费继续攻读本科课程，成绩合格后将获得国家承认的学历毕业证书和学士学位。"该广告的招生简章写明，三年制的委托代培费用共3万元人民币，其中学费1.5

万元、合同保证金 1.5 万元，保证金“毕业后在本公司服务期满后退还”，而且“对优秀学生、委培单位录用为正式员工，服务期满后免去其全部学费”。诱人的广告引起了热烈的反响，报名者踊跃——广告主深圳市康奈投资有限公司至 9 月 4 日仅半个月时间就已收取学费和报名费 110 万余元，其中单是交了 100 元报名费的就达 174 人。

在一位当事人一再要求下，康奈出示了该公司与武汉大学、湖北大学签订的合同，但这份合同实际上是与两所高校的成人教育部门所签，完全是自学考试性质，所谓“全日制”、“继续深造”云云，纯属欺骗，也就是说，花 3 万元钱与能否通过自学考试、拿到毕业证书，并没有什么必然联系。8 月 18 日，深圳市招聘广告的审查机关市职业介绍中心登报声明：“康奈广告，其内容并未经深圳市职业介绍中心批准（招生广告不属我中心审批范围）。该公司在我中心办理招工手续时填写广告审批表后，擅自调换广告内容，其招生内容与原经审批的招工内容严重不符。”8 月 25 日，武汉大学发表声明指出，武汉大学曾应康奈公司及天河商业广场有限公司（康奈上级公司）“提高两公司在职员工素质，招收公司子女及准员工”的要求与其签订了委托办学协议书，但因其已严重违反国家有关规定，故意隐瞒办班的自学考试性质，欺骗学生和家长，在社会上造成极为恶劣的影响，所以，学校决定与其解除委托代培合同。此事真相被揭露后，引起了极为强烈的社会反响，报名者群情激愤。由于此案涉及金额巨大，被骗者众多，引起了政府和有关部门的高度注意，深圳市工商局责成康奈公司退还了全部的委托代培费、报名费，并对此案中的广告主、广告经营者、广告发布者共五家单位分别立案调查，做出了相应的处罚。①

如果严格地按照“查验证明文件，核对广告内容”去审查广告，就会发现此广告在合法性上存在明显的问题：第一，劳动部门出具的招工证明，怎么在广告中用于为两所大学招生？第二，由公司与跨省学校联合办学、招生，有哪一级教育管理部门的证明文件作为依据？第三，本来是“岗前培训”，康奈公司在深圳劳动部门申请到两个女工的指标和相应的招聘广告证明文件后，却移花接木，变成了无名额限制的招生广告。另外，广告内容真实性也有明显问题：第一，广告经营者、发布者是否仔细看过整个招生活动的材料，如招生简章、合同？第二，1.5 万元保证金“退还”的可行性如何？广告中给人的信息是“可以退还”，然而，退还的条件是“毕业后在本公司服务期满”，这至少是五年以后的事，万一公司倒闭了，这些押金由谁负担？另外，对于不能毕业的或毕了业又不够“优秀”而不被录取的或录取后又不能“服务期满”的，该如何处理呢？第三，所学专业与学生今后就业有何关系，这种关系有何实际意义？简章中列出的专业有国际商贸、金融保险、企业管理等 20 来个，甚至连工商行政管理、司法管理也列在其中，一个公司难道可以将自己的委培生安排至国家机关工作？②

如此证明不全、内容不实的广告见诸报端，是广告经营者、广告发布者严重的失职行为。此广告的广告经营者、发布者由于未履行法律规定的审查广告的义务，因而必须承担法律责任，受到处罚。

3. 档案管理制度

广告业务档案制度，是指广告经营者（包括广告发布者）对广告主所提供的关于主体

---

①② 参见水志东：《隐瞒实情是策划、设计虚假广告的重要方式——“康奈”虚假招生广告案评析》，载《中国工商管理研究》，1998（6）。

资格和广告内容的各种证明文件、材料，以及在承办广告业务活动中涉及的承接登记、广告审查、广告设计制作、广告发布等情况的原始记录材料进行整理、保存，并建立业务档案，以备随时查验的制度。

广告业务档案是在广告业务活动过程中建立起来的，它是广告经营者（包括广告发布者）从承接登记，到收取和查验各种广告证明、材料，再到广告设计、制作、代理、发布等情况和结果的总汇，是广告业务活动的真实记录。因此，建立广告档案的作用主要有两个：一是凭证作用，它是广告承办过程的历史记录，可以作为参考、争辩、研究和处理问题的法律依据；二是参考作用，它可为查考广告经营情况、研究广告活动的发展进程和规律、总结经验、改善经营管理提供第一手资料。

广告业务档案的主要存档项目应包括：广告业务承接登记记录、广告合同、广告证明材料、广告内容修改记录、广告主对广告发布样稿的确认意见记录、广告审核意见、广告发布样件及广告监督管理机关要求的其他有关存档材料等。广告业务档案应分类保存。媒介单位一般应按广告内容分类，按发布广告的时间先后编号；广告公司可按媒介分类，同一媒介的可按内容分类，也可以把自己发布的广告和代理的广告分开建档。无论采取哪种分类方法建档，档案内保存的文件都应当完整、真实地反映出广告承办的全过程，同时便于查找、利用。广告业务档案的保存时间，从广告经营者、广告发布者为广告主办理完广告业务之日起计算不得少于一年，否则，就是违反规定。

1995 年 10 月，下岗职工李某来到南京市工商局，含泪投诉某报社广告部发布虚假广告，致使其蒙受了经济损失。接到举报后，市工商局立即对此案展开了调查。经查，1994 年 10 月、1995 年 2 月华澳野生动物研究所开发部在某报社两次发布了“正宗彩色金珠熊唯我华澳独有，投资升值，70 天见效”的养殖广告，并许诺：“我部包技术，包回收，养殖户不担任何风险。一年内退还押金 65%，城乡人均能养，繁殖力强，年产 7～9 胎，每胎 8～12 只，70 天达到回收标准，每只回收价 60 元，每对种熊起价才 480 元，投资少，见效快，经济效益高，本广告长期有效，面对养殖户大量回收。”此广告发布后，当地及周边地区部分群众前去订货交定金，购回种熊繁殖成功，华澳研究所开发部按广告中的许诺全部予以了回收。在骗取这部分群众的信任后，华澳研究所开发部一方面继续发布广告，另一方面利用暂时获利群众的现身说法，骗取了更多的投资者。当他们骗取了大量定金后，便逃之夭夭了。在调查中，工商局的同志发现，所谓“金珠熊”实为一种学名为“金黄地鼠”的小老鼠，没有太大的经济价值。华澳研究所开发部也是由几个广东人在江苏某县创办的一家私营企业，案发后，也已经人去楼空。到报社调查时，该报社广告部有关人员称“看到了营业执照”，但却提供不出营业执照有效复印件及有关材料，且称是由内部熟人介绍刊登这则广告的。①

“金珠熊”虚假广告案是一起典型的不法分子利用广大群众急于“脱贫致富”心理实施诈骗活动的案例。一个时期以来，内容不实、虚假的致富信息广告，特别是一些种植、养殖业违法广告，成为不法分子诈骗消费者的惯用手法。而这些虚假广告，又由于广告发布者出于经济利益照样给予发布，使消费者上当受骗，所以广告发布者负有不可推卸的法律责任。此次“金珠熊”养殖诈骗活动就是因为报社把关不严造成的：首先，报社出于追

---

① 参见国家工商行政管理局广告监督管理司编：《违法广告案例选编》。

求经济利益的目的，碍于“内部熟人”的情面，没有严格按照广告管理法规的要求，认真核对广告主提供的证明文件，也并没有按规定存档，因为报社提供不出应存档的任何有效证明材料，仅凭此点就可以认定此广告发布前的操作行为就是违法的。其次，广告中的承诺根本不可能实现，这是一个常识性的知识，广告工作人员应该能辨别清楚，出现上述情况就说明广告发布者没有对广告内容的真实性进行查验。所以，报社广告部负有不可推卸的责任，报社除按规定承担行政责任外，还将承担民事赔偿责任，在违法广告主潜逃的情况下，报社还应承担连带赔偿责任。①

由于承接登记、审核、档案管理制度在整个广告经营活动中具有如此重要的作用，因此广告法规定应建立、健全承接登记、审核、档案管理制度。所谓建立、健全包括两个方面：一是必须有这项制度，这是前提；二是在这项制度的基础上依照法定的要求建立起来，不能缺少法定内容。法律要求其依照国家的规定建立、健全，也便于国家对其进行监督管理。

三、广告收费的管理

广告收费是指广告经营者为他人提供设计、制作、代理服务时所收取的服务费，以及广告发布者为他人提供广告发布服务时所收取的广告费。

在广告活动中，广告经营者和广告发布者接受广告主的委托，一般情况下都要收取一定的费用，也就是说，他们之间是一种有偿的民事行为。广告收费，对广告主的广告活动有着至关重要的影响，它决定着广告主的广告费投入分布范围和重点，也决定着广告主广告投入的经济效益和社会效益。同时，根据国家有关规定，广告主的广告费可以纳入企业成本核算。如果广告经营者、广告发布者随意涨价或对不同企业按不同标准进行收费，那么广告主所支付的费用自然而然将转嫁到消费者头上。所以，对于广告收费需要给予一定的规范，2015 年新版《中华人民共和国广告法》第三十五条对广告收费问题做出了明确的规定：广告经营者、广告发布者应当公布其收费标准和收费办法。

为了贯彻《中华人民共和国广告法》，加强广告服务收费监督管理，国家工商总局与国家计划委员会于 1995 年 12 月颁布了《广告服务收费管理暂行办法》，对广告服务收费确定了国家定价、国家指导价和市场价格三种基本形式。其中广告代理费和广告场地占用费实行国家定价；发布证券上市公司信息广告的国家指定媒介单位实行国家指导价；除此之外，广告设计、制作和广告发布的各种形式的收费均由广告经营单位自行制定为市场价格，广告收费问题的规定就是针对这部分市场价格制定的。广告市场价格的制定应掌握下列准则。

（一）广告收费必须合理

广告收费必须合理即要求广告经营者根据国家的有关规定核算成本，制定合理的价格：一是以广告服务成本为基础，根据服务工作的繁简和发布广告的覆盖面及收受率情况进行合理核定，并注意参照当地广告市场同一时间、同一档次、同种服务项目的平均价格，把握好市场价格水平；二是同一广告服务项目实行同质同价，不能因服务对象不同制定不同的收费标准，防止出现价格歧视，这是体现市场公平原则的基本要求；三是禁止牟

---

① 参见国家工商行政管理局广告监督管理司编：《违法广告案例选编》。

取暴利，暴利是市场正常运行的反作用力，它违反市场经济等价交换的法则，妨碍公平竞争秩序的形成，损害广大消费者和购买企业的合法权益，加大社会分配不公，是向生产经营者提供虚假的价格信号，导致市场对资源的错误配置。

（二）广告收费必须公开

广告收费必须公开即要求广告经营者、广告发布者的收费标准和收费办法，通过各种形式向社会披露，供广告主在广告活动中进行合理选择。这是关于明码标价制度的要求：其一，标示价目表是广告服务收费实行明码标价的基本方式，广告发布者还应当通过其媒介向社会公布收费标准及收费办法。其二，进行价格标示的价目表必须符合规范要求。其三，广告服务收费价目表应张贴在广告经营场所或者收费地点的醒目位置。

四、对广告传播媒介的管理

媒介覆盖率是媒介覆盖范围和覆盖人数的总称，它随媒介的不同而有不同的名称，其中广播电台为覆盖范围与收听率，电视台为覆盖范围与收视率，报纸、期刊等印刷媒介为发行范围与发行量，以及户外场所的位置和人流量等。真实的媒介覆盖率是广告主、广告经营者实施广告战略和广告发布者确定收费标准的重要依据，因此，广告管理机关应该加强对广告发布者提供的媒介覆盖率的真实性的管理，这对维护广告发布者的声誉，树立媒介自身形象，拓宽广告发布业务来源和保护广告主、广告经营者的合法权益，有着积极重要的作用。

广告发布者虽然拥有对媒介的使用权，但是并不能无限制地扩展广告刊播的时间、版面和篇幅。国家行政管理机关利用其行政职能，对媒介刊播广告的时间、版面和篇幅做出限制性的规定和控制，以确保媒介履行更为重要的社会职能，实现健康有序的发展。

（一）提供媒介覆盖率、收视率、发行量的真实资料

2015年新版《中华人民共和国广告法》第三十六条规定："广告发布者向广告主、广告经营者提供的覆盖率、收视率、点击率、发行量等资料应当真实。"这一条是关于广告发布者对广告主、广告经营者义务的规定。广告发布者发布广告需要接受广告主、广告经营者的委托才会有广告业务的发生，因此广告发布者必须公开自己发布广告的有效范围，即媒介的覆盖率、收视率、发行量等，而且提供的这些资料必须真实。

（1）媒介传播效果资料：一是媒介的覆盖率，即广告发布者所拥有的媒介在某一范围内所能覆盖的比率，以便于委托人自己决定是否委托。二是收视率，即电视媒介某个栏目、节目或者广告播出后，收视人口与当时电视人口的比例。三是发行量，即广告的发布者媒介的发行数量。

（2）广告发布提供的媒介传播效果资料必须真实。《中华人民共和国广告法》第三十六条对广告发布者提供的媒介传播效果资料要求真实，就是要求大众传播媒介，不论是公布报纸的发行量还是公布电视的收视率、广播的覆盖率等，应以认真负责的态度如实公布或委托有资格的专业调查机构公布，这样才能做到诚实待客、公平竞争。

现在有一些媒介为达到承揽广告的目的，向广告主提供虚假的资料，隐瞒和夸大真实发行量：发行只有几千份的报纸居然声称自己的发行量有几万份，发行几万份的报纸扬言发行量有几十万份，而发行几十万份的报纸更敢大言不惭地宣传自己的发行量已达上百万

份，某发行量为 5 万份的杂志甚至号称“发行量不到 50 万份”。如香港英文《虎报》就曾发生过虚报发行量事件。香港英文《虎报》在 1994 年 3 月至 1996 年年底，单是超印报纸便达 1 480 多万份（没有上市而直接拉到废品收购站，仅仅为对付发行公证核查），占该报两年发行量的三成，成本高达 5 100 万元。

这些报纸虚报发行数量是因为一张报纸的名气、地位在很大程度上取决于其发行量的大小，而其广告收入也取决于此。因为任何一个企业做广告的目的都是为了推动消费者购买商品，报刊发行量越大，广告的接触面越广，其影响与效果自然而然就越是高于发行量少和影响面少的刊物的效果。另外，发行量越大，人均广告成本就越低，而广告客户在选择媒体时会坚持选择广告投资少但又能取得较好效果的媒体做广告。所以，无论是从受众、广告客户还是报纸自身来说，不能客观、真实、准确地公布报纸的发行数量，害处颇大：一是自欺欺人的发行数字，有时虽然能混淆视听，得逞于一时，但一旦真相大白，报纸本身的信誉便会在读者和广告客户心目中大打折扣，对受众和客户的感情也会造成很大的伤害。二是严重损害了广告客户的正当利益。报纸虚报发行数，使广告客户投放的广告不能抵达预期数量的读者，当然也就不可能收到期望的广告效果，实际上也对广告客户正当权益构成了侵害和欺诈。三是严重损害了同业和竞争对手的利益。报纸夸大自己的发行量，对消费者和广告客户的行为构成误导，扰乱了报纸市场正常的经营秩序，也违反了公平竞争的原则。作为大众媒介，其媒介传播效果资料既是给传媒自身做的宣传广告，也是对广告客户的一种承诺，如果不能如实公布，那就严重违反了国家的法律。

（二）广播电视广告播出规定

根据《广播电视广告播出管理办法》（国家广播电影电视总局 2009 年 8 月 27 日局务会议审议通过，第 61 号令，自 2010 年 1 月 1 日起施行），我国广播电视台网频道禁止播出下列广播电视广告：（1）以新闻报道形式发布的广告；（2）烟草制品广告；（3）处方药品广告；（4）治疗恶性肿瘤、肝病、性病或者提高性功能的药品、食品、医疗器械、医疗广告；（5）姓名解析、运程分析、缘分测试、交友聊天等声讯服务广告；（6）出现“母乳代用品”用语的乳制品广告；（7）法律、行政法规和国家有关规定禁止播出的其他广告。违反上述规定，由县级以上人民政府广播影视行政部门责令停止违法行为或者责令改正，给予警告，可以并处三万元以下罚款；情节严重的，由原发证机关吊销《广播电视频道许可证》、《广播电视播出机构许可证》。

此外，时政新闻类节（栏）目不得以企业或者产品名称等冠名；有关人物专访、企业专题报道等节目中不得含有地址和联系方式等内容；投资咨询、金融理财和连锁加盟等具有投资性质的广告，应当含有“投资有风险”等警示内容；除福利彩票、体育彩票等依法批准的广告外，不得播出其他具有博彩性质的广告。

广播电视广告播出应当合理编排。其中，商业广告应当控制总量、均衡配置。广播电视广告播出不得影响广播电视节目的完整性，除在节目自然段的间歇外，不得随意插播广告。播出机构每套节目每小时商业广告播出时长不得超过 12 分钟。其中，广播电台在 11:00至 13:00 之间、电视台在 19:00 至 21:00 之间，商业广告播出总时长不得超过 18 分钟。在执行转播、直播任务等特殊情况下，商业广告可以顺延播出。播出机构每套节目每日公益广告播出时长不得少于商业广告时长的 3%。其中，广播电台在 11:00 至 13:00 之间、电视台在 19:00 至 21:00 之间，公益广告播出数量不得少于四条（次）。

播出电视剧时，不得在每集（以 45 分钟计）中间以任何形式插播广告。播出电影时，插播商业广告的时长和次数参照电视剧相关规定执行。在电影、电视剧中插播商业广告，应当对广告时长进行提示。

除电影、电视剧剧场或者节（栏）目冠名标识外，禁止播出任何形式的挂角广告。电影、电视剧剧场或者节（栏）目冠名标识不得含有下列情形：(1) 单独出现企业、产品名称，或者剧场、节（栏）目名称难以辨认；(2) 标识尺寸大于台标，或者企业、产品名称的字体尺寸大于剧场、节（栏）目名称；(3) 翻滚变化，每次显示时长超过 5 分钟，或者每段冠名标识显示间隔少于 10 分钟；(4) 出现经营服务范围、项目、功能、联系方式、形象代言人等文字、图像。此外，电影、电视剧剧场或者节（栏）目不得以治疗皮肤病、癫痫、痔疮、脚气、妇科、生殖泌尿系统等疾病的药品或者医疗机构做冠名。

转播、传输广播电视节目时，必须保证被转播、传输节目的完整性。不得替换、遮盖所转播、传输节目中的广告；不得以游动字幕、叠加字幕、挂角广告等任何形式插播自行组织的广告。经批准在境内落地的境外电视频道中播出的广告，其内容应当符合中国法律、法规和本办法的规定。

播出商业广告应当尊重公众生活习惯。在 6:30 至 7:30、11:30 至 12:30 以及 18:30 至 20:00 的公众用餐时间，不得播出治疗皮肤病、痔疮、脚气、妇科、生殖泌尿系统等疾病的药品、医疗器械、医疗和妇女卫生用品广告。播出机构应当严格控制酒类商业广告，不得在以未成年人为主要传播对象的频率、频道、节（栏）目中播出。广播电台每套节目每小时播出的烈性酒类商业广告，不得超过两条；电视台每套节目每日播出的烈性酒类商业广告不得超过 12 条，其中 19:00 至 21:00 之间不得超过两条。在中小学生假期和未成年人相对集中的收听、收视时段，或者以未成年人为主要传播对象的频率、频道、节（栏）目中，不得播出不适宜未成年人收听、收视的商业广告。播出电视商业广告时不得隐匿台标和频道标识。广告主、广告经营者不得通过广告投放等方式干预、影响广播电视节目的正常播出。

因公共利益需要等特殊情况，省、自治区、直辖市以上人民政府、广播影视行政部门可以要求播出机构在指定时段播出特定的公益广告，或者做出暂停播出商业广告的决定。播出机构从事广告经营活动应当取得合法资质，非广告经营部门不得从事广播电视广告经营活动，记者不得借采访名义承揽广告业务。

五、禁止发布广告的商品或服务

2015 年新版《中华人民共和国广告法》第三十七条规定："法律、行政法规规定禁止生产、销售的商品或者提供的服务，以及禁止发布广告的商品或者服务，任何单位或者个人不得设计、制作、代理发布广告。"本条对设计广告、制作广告、发布广告做了两项禁止性的规定。

（一）法律、行政法规禁止生产、销售的产品或者提供的服务不得设计、制作、发布广告

这类法律、行政法规主要有：《中华人民共和国药品管理法》、《中华人民共和国食品

卫生法》、《中华人民共和国产品质量法》等。

《中华人民共和国药品管理法》第二十六条规定：禁止进口疗效不确、不良反应大或者其他原因危害人民健康的药品。该法第三十三条规定：禁止生产和销售假药，有下列情形之一的为假药：药品所含成分的名称与国家药品标准或者省、自治区、直辖市药品标准规定不符的，以非药品冒称药品或者以他种药品冒称此种药品的。有下列情形之一的按假药处理：国务院卫生行政部门规定禁止使用的；未取得批准文号生产的；变质不能药用的；被污染不能药用的。该法第三十四条规定：禁止生产和销售劣药。有下列情形之一的为劣药：药品成分的含量与国家药品标准或者省、自治区、直辖市药品标准规定不符合的；超过有效期的；其他不符合药品标准规定的。

《中华人民共和国食品卫生法》第七条规定几种食品禁止生产、经营：腐败变质、油脂酸败、霉变、生虫、污秽不洁、混有异物或者其他感官性状异常，可能对人体健康有害的；含有毒、有害物质或者被有毒、有害物质污染，可能对人体健康有害的；含有致病性寄生虫、微生物的，或者微生物毒素含量超过国家限定标准的；未经兽医卫生检验或者检验不合格的肉类及其制品；病死、毒死或者死因不明的禽、畜、兽、水产动物等及其制品；容器包装污秽不洁、严重破损或者运输工具不洁造成污染的；掺假、掺杂、伪造、影响营养、卫生的；用非食品原料加工的；超过保存期限的；为防病等特殊需要，国务院卫生行政部门或者省、自治区、直辖市人民政府专门规定禁止出售的；有未经国务院卫生行政部门批准使用的添加剂、农药（残留）的。

《中华人民共和国产品质量法》第十七条规定："生产者不得生产国家明令淘汰的产品"。该法第二十三条规定："销售者不得销售失效、变质的产品。"《中华人民共和国银行管理暂行条例》第四条规定，禁止非金融机构经营金融业务等。

以上这些法律、行政法规禁止生产和销售的商品或者服务，当然也禁止发布广告。

（二）某些产品或者服务，国家法律或者行政法规允许其生产、销售或者提供，但不允许发布广告

涉及此类商品的法律、行政法规主要有：《中华人民共和国药品管理法》、《中华人民共和国兽药管理条例》、《中华人民共和国烟草专卖法》、《中华人民共和国广告法》。

如《中华人民共和国药品管理法》第三十九条规定："麻醉药品、精神药品、毒性药品、放射性药品，实行特殊的管理办法。"2015 年新版《中华人民共和国广告法》第十五条规定："麻醉药品、精神药品、医疗用毒性药品、放射性药品等特殊药品，药品类易制毒化学品，以及戒毒治疗的药品、医疗器械和治疗方法，不得做广告。"《中华人民共和国兽药管理条例》第三十八条第二款规定："兽用麻醉药品、精神药品，不得进行广告宣传。"《中华人民共和国烟草专卖法》第十九条规定："禁止在广播电台、电视台、报刊播放和刊登烟草制品广告。"2015 年新版《中华人民共和国广告法》第二十二条规定：禁止在大众传播媒介或者公共场所、公共交通工具、户外发布烟草广告。禁止向未成年人发送任何形式的烟草广告。禁止利用其他商品或者服务的广告、公益广告，宣传烟草制品名称、商标、包装、装潢以及类似内容。烟草制品生产者或者销售者发布的迁址、更名、招聘等启事中，不得含有烟草制品名称、商标、包装、装潢以及类似内容。

一些麻醉药品、精神药品、毒性药品、放射性药品使用得当，可以治病救人，在医疗、教学和科研单位也不可缺少，所以允许其生产、销售或提供，但由于这几类药品又具有特殊性，使用不当将危及人民的生命健康，所以不允许其做广告，只能在有限的范围内提供。如根据《麻醉药品管理办法》的规定，麻醉药品只限用于医疗、教学和科研需要；设有病床、具备进行手术或一定医疗技术条件的医疗单位，可向当地卫生行政部门办理申请手续，经上一级卫生行政部门批准，核定供应级别后，发给“麻醉药品购用印鉴卡”，该单位按照麻醉药品购用限量的规定，向指定的麻醉药品经营单位购用，供应数量按照卫生部规定的麻醉药品品种范围及每季购用限量的规定办理；使用麻醉药品的医务人员必须具有医师以上专业技术职务并经考核能正确使用麻醉药品。

第三节　广告代言人活动规范及未成年人保护

关于广告代言人活动规范及法条中涉及未成年人保护的是2015年版《中华人民共和国广告法》新增添的内容。

一、广告代言人活动规范

2015年新版《中华人民共和国广告法》第三十八条规定：广告代言人在广告中对商品、服务进行推荐或者证明，应当依据事实，并且符合本法和有关法律、行政法规的规定。广告主依法应当提供证明文件的，广告代言人应当查验证明文件，核对广告内容。广告代言人不得为其未使用过的商品或者未接受过的服务进行证明。

广告代言人违反上述规定的须负法律责任。2015年新版《中华人民共和国广告法》第六十二条规定，广告代言人明知或应知广告虚假仍在广告中对商品、服务作推荐、证明的，将由工商部门没收违法所得，并处违法所得一倍以上两倍以下的罚款；损害消费者合法权益的，还要依法承担连带责任。

另外，有下列情形之一的，广告经营者不得提供广告设计、制作、代理服务，广告发布者不得发布广告，广告代言人不得在其中进行推荐或者证明：

（1）广告推销法律、行政法规规定禁止生产、销售的产品或者提供的服务的。

（2）广告内容不符合广告准则要求的。

（3）广告主依法应当提供证明文件而未提供、证明文件不全的广告，或者广告依照法律、行政法规、国务院决定规定应当进行发布前审查，其内容与审查文件载明的内容不符的，以及广告证明文件存在其他明显瑕疵的。

（4）其他违反法律、行政法规规定的广告。

二、广告传播中的未成年人保护

2015年新版《中华人民共和国广告法》第三十九条规定，不得在中小学校、幼儿园内开展广告活动，不得利用中小学生和幼儿的教材、教辅材料、练习册、文具、教具、校服、校车等发布或者变相发布广告，但公益广告除外。

（一）禁止在少年儿童课本中植入广告的相关规定在2015年新版《广告法》中被明确

据《扬子晚报》报道，一则关于《小学四年级教科书居然是××医院的广告位你怎么看?》的网帖一出，引得不少网友议论纷纷。原来，在苏教版小学四年级《语文》（下）课本的封面插画上，一幢医院大楼上赫然显示四个字“博爱医院”。按照该教材出版社的解释：“背景中的‘博爱’医院，是取‘博爱’之义，赞颂的是广大医务工作者的无私之爱、赤忱之爱，并非是特指某一家‘博爱医院’，更谈不上为某一家医院做广告。”而且，按照插画者自述的情况，“这幅插画是2003年左右创作的，当时这本教材的核心就是在人类面临大灾难的时候，医护人员用博大的爱心，全身心地为拯救病人而不惜牺牲自己”①。

对于这种“课本种广告”的行为，在2015年广告未实施前曾有过争论。一种观点认为，不是说医院不可以做广告，但广告不是什么场合都可以做的——不可将企业的广告免费做到北京人民大会堂，不可将企业的广告免费做到百姓家中卧室内。同理，不可将民营医院广告免费做到小学生的课本封面上，这是明显的假公济私：“公”者是“学生课本”这块“纯洁的天空”；“私”者，是民营医院。明白人都知道，这是在借公家“纯洁的天空”为私立医院“扩大知名度”。或许有关方面仍会狡辩说“这不是假公济私”，那么，请问，很多小学生戴眼镜，能不能在课本封面上免费做个眼镜店的广告？

即便不是有意植入医院广告，不是拿教材开玩笑，为商业机构做广告，但问题是，时下，一看到这本语文教材，就容易让人联想到全国连锁的民营医院品牌——博爱医院。恰巧近年来该品牌有大量广告投放市场，广告内容中有男科、妇科，这更容易让人想入非非。这至少说明，即使当年不是有意植入医院广告，这本教材也不适应时代之需了。毕竟，语文教材应该十分严谨，而这本教材使用时间比较长了，且封面容易让人产生误解，理应进行修订。

另一种观点认为，完全让教育“一尘不染”，在现实生活中已经无法做到。教育和教育机构不是游离于世外的“桃源”，孩子们也不是不食人间烟火的“朝圣者”，我们或可以在“硬性的审核”和把关下，让孩子们在教材上看不到任何一则商业广告，但他们的饮食、服装、生活环境等，却无一不是商品和属于市场的，也无一不是与广告宣传结合的产物。孩子们要上街，必然会要看到店铺广告、开发商广告，看到商家“声嘶力竭”的促销。那么，在一个已经开放和市场化的今天，保留所谓的“教材书一尘不染”确实已经看不到任何“价值”。

尽管有争论，但现在2015年新版广告法规定既出，则须无条件遵守。

（二）少儿频道商业化对少年儿童的影响

2015年新版《中华人民共和国广告法》第四十条规定，在针对未成年人的大众传播媒介上不得发布医疗、药品、保健食品、医疗器械、化妆品、酒类、美容广告，以及不利于未成年人身心健康的网络游戏广告。针对不满十四周岁的未成年人的商品或者服务的广告不得含有下列内容：（1）劝诱其要求家长购买广告商品或者服务；（2）可能引发其模仿不安全行为。

上述这些规定实质上为了尽可能保护心智尚未成熟的少年儿童，避免他们过早和过度地受到高度商业化的社会影响。

近年来有个问题值得关注，即电视广告对未成年人的负面影响。少儿频道是以播出动画片、儿童节目等吸引儿童目光为内容的专业化电视频道。2003年12月28日，中央电视台少儿频道正式开播。2004年3月起，国家广电总局根据国家相关政策，要求省和副省级

① 《聚焦小学课本植入广告：质疑商业行为是吹毛求疵?》，载《北京晨报》，2012－03－19。

城市电视台创造条件开设少儿频道以来，全国各省台纷纷创办少儿频道。少儿频道在我国的运营主要依靠政府政策的推动，带有公益性质。但在实际运营中少儿频道被迫选择了公益性与商业性结合的运作方式。少儿频道建设属于国家公共文化建设范围，而公共财政提供的财政资源却是有限的，仅依靠政府政策发展显然是不够的，因此，广告成为支持频道运营的重要部分，隐性和显性广告充斥在少儿频道内。对于对经济利益的关注无可厚非，但过度强调经济利益而造成的商业化发展使得消费主义侵入少儿频道当中，对少年儿童造成的不良影响也值得我们反思。①

目前国际上少儿频道的经营模式有公益性模式和商业性模式。比较成熟的有英国 BBC 和美国维亚康姆公司的尼克罗地恩频道、迪士尼频道。英国 BBC 频道由政府全额投资，频道收取一定的收视订购费用，有专门的下属公司运作后期衍生产品。尼克罗地恩频道、迪士尼频道的主要收入为广告收入、收视费、节目销售和配套衍生产品，是市场化、商业化运作的代表。②

频道公益性和商业化之间的关系可以做如下理解：公益性是频道的根本属性，是频道的立意与内容，这是频道的宗旨、定位和功能所决定的。少儿频道围绕公益性的核心，以独特的商业模式展开运作。商业化指的是运作模式，是公益性的根本保证，没有商业化运作，频道的公益性就不可能得到有力和充分的保证。

2005 年 2 月 6 日，中央电视台广告部举行了首次少儿频道广告公开竞标会，吸引了众多国内外知名企业和代理商，获得 7 500 万元的广告代理价位。这次广告招标就标志着少儿频道商业化的开始。

少儿频道针对的受众数量少，是有着特定观看人群的分众频道。受分众特性影响，少儿频道的主要广告客户为儿童用品生产商。从少儿频道播出的广告来看，全部是针对少年儿童的消费类广告——食品、服装、玩具、学习用品等儿童用品。

少儿频道中播出的广告制作精美，充满活力，易于被孩子们接受。以动画形式呈现的广告插播在儿童节目中使孩子们在遇到广告之后就将广告视为节目的一部分。少儿频道虽然广告少，但因为收视率高、含金量也高，孩子们会要求家长一同观看。电视广告不断刺激着儿童的消费欲望，诱发其消费行为。

电视广告中渗透的过于浓重的商业气息，是对儿童产生消极影响的根源。非公益性质广告本身的目的就是盈利，一些广告为了推销商品，用词违背科学，不符合实际。如某一保健品广告就在广告中称只要服用该产品就能轻松考出好成绩。而学习文化知识是需要刻苦学习的。这样的广告会助长孩子投机取巧、不劳而获的心理，对于自身判断力缺乏的孩子来讲这样的广告无疑是有消极影响的。

（三）少儿节目中商业元素对少年儿童的影响

少儿节目，特别是卡通节目，对于孩子的诱导能力是很强的，卡通人物的说服能力甚至超过了老师和家长。这是对儿童收视情况进行研究后得出的一个非常重要的结论。少儿频道专门开辟了由当红少儿节目主持人主持介绍产品的时段，以吸引少年儿童和家长购

① 参见张敏、陈满儒：《少儿频道商业化对少年儿童的影响——以频道中的广告及节目内容影响为例》，载《大众文艺》，2013（3）。

② 参见殷俊、陈维璐：《尼克儿童频道运营机制分析》，载《中国记者》，2006（8）。

买。少儿频道中策划和主办的一些比赛也在影响着孩子们的消费习惯，例如，悠悠球大赛、轮滑大赛、四驱车大赛等。悠悠球、轮滑、四驱车这些产品的流行与电视节目密不可分，都是商家策划出来的。

孩子们购买动漫节目的衍生产品的动机也来自社交需求。目前动漫衍生产品的开发可以说涉及所有能涉及的儿童用品。以动画片《喜羊羊与灰太狼》为例，该动画片在全国热播后，其中的卡通形象受到了孩子们的热捧。由这部动画片产生的衍生产品就达到了200多种，涵盖了食品、玩具、文具、服装，并且销售火爆。孩子都有攀比心理，当他们特别喜欢一部动画片时，就会对有关这部动画片的一切商品特别感兴趣。当有人首先购买了一个这方面的新玩意时，其他同伴也想拥有。这正是动漫行业得以开发衍生产品的基础。① 儿童人格不完整，没有衡量自身价值的内在标准，只能借助外界，比如将同伴们的行为和看法作为标准。

商品冠名权在少儿频道的节目中使用很普遍，不仅在节目的开头和节目中可以看到所冠名的商品名称或是商品本身，而且在很多少儿节目的结尾都以冠名商品作为收看节目的奖励，以奖励那些观看过节目并能够准确回答所提问题，同时拥有好运气的孩子。这样的节目设置可以帮助节目拥有一定的收视率，帮助授权商品进行宣传，检测孩子对节目内容的理解程度。但利益的驱动容易对孩子们的价值观造成影响，使孩子成为物质主义信徒。

第四节　户外广告活动规范

户外广告是指张贴、设置、绘制在城镇繁华地段、商业闹市中心、交叉道口、旅行沿线、机场、车站、码头、高大建筑物等露天场地和交通工具上的广告。它主要包括：（1）利用公共或自有场地的建筑物、空间设置的路牌、霓虹灯、电子显示牌（屏）、灯箱橱窗等广告；（2）利用交通工具（包括各种水上漂浮物、空中飞行物）设置、绘制、张贴的广告，这里“交通工具”包括公共电（汽）车、轮船、飞机等；（3）以其他形式在户外设置、悬挂、张贴的广告，例如条幅、招贴画等。

户外广告的数量多少，质量如何，设置的地点、场所是否合理、恰当，在一定程度上反映了一个城市或地区的经济发达程度，整体精神面貌和文化、城市美化、环境保护的程度。一般说来，户外广告的设置不得妨碍交通，不得有损市容和风景地区的优美环境，不能破坏古物建筑等；户外广告要与社会人文环境、自然环境相适应。户外广告不仅是商业的组成部分，同时也是商业的经济发展、科技进步、文明状态的一种表现形式。优美的户外广告创意、设计及材料、工艺应表现出丰富的文化内涵。

与其他广告形式的管理相比，户外广告的管理较为复杂，它涉及工商行政管理、城建、环保、公安等部门，其规划管理也主要由这些部门负责。在当地县级以上人民政府的组织下，上述部门共同就城市或者地区户外广告设置的区域、地点、规格、质量和安全等问题做出统一规划，报当地人民政府批准后，由工商行政管理机关共同监督实施。户外广告的内容必须真实、合法，必须符合前述有关广告准则。

---

① 参见宋慧丽、李炯：《少儿频道活动策划与衍生品的开发——以上海市19个区（县）调查为例》，载《新闻爱好者》，2009（7）。

户外广告是报纸、期刊、广播、电视等大众传媒以外又一个重要媒介形式，在整个广告媒体序列以及广告业发展中显示出越来越重要的位置。对户外广告必须实行登记管理，即县级以上广告管理机关会同城建、环保、公安等有关部门，依照当地人民政府批准的户外广告设置规划和管理办法，对申请经营户外广告的单位或个人的经营资格、条件和设置户外广告的区域、地点等进行审查核准。对具备经营资格、条件的单位或个人，在核准其户外广告设置区域、地点符合当地户外广告规划和管理办法后，准予登记。未取得核准登记的单位或个人，不得经营户外广告，否则即为非法经营，将被依法取缔。2015 年新版《中华人民共和国广告法》第四十一条、第四十二条对户外广告进行了法律规定。

一、限制性规定

户外广告是广告的一种形式，这种形式有自身的特殊性，其特殊就在于它对于户外的周围环境有一定的影响，需要做出一些限制性的规定，以保证户外周围环境不因广告行为而带来不利影响。对于户外广告的限制性规定，2015 年新版《中华人民共和国广告法》第四十二条做了比较集中的规定，主要有下列五项。

（一）不得利用交通安全设施、交通标志设置户外广告

交通安全设施是保证交通正常运行的建筑物或者固定物，它是交通行业不可缺少的参照物。交通标志是交通行业特定的、行人和运输工具均必须执行的指示性符号，它同交通安全设施一样是为确保行人和交通运输工具的安全而设置的，是一种特定的语言。为了保证交通的安全，《中华人民共和国广告法》规定不得在交通安全设施或者交通标志上面进行广告活动，即不得以此为媒介发布广告，如在交通指挥亭、指挥伞上发布广告。

（二）不得影响市政公共设施、交通安全设施、交通标志、消防设施、消防安全标志的使用

这是指设置的户外广告不能影响市政公共设施、交通安全设施、交通标志正常使用。市政公共设施是为城市公共生产和生活而修建的建筑物或者设备，它是城市不可缺少的，有了它，整个城市才能有序而又高效地运行。交通安全设施和交通标志均是为了保证交通秩序而设置的。市政公共设施、交通安全设施和交通标志只有发挥其作用，才能达到人们设置它们的目的，所以从事户外广告活动，不能影响其使用。例如，户外霓虹灯广告如果距离交通灯过近，或车身广告张贴的位置不恰当，都会影响司机的视线。

据报道，从 2002 年 4 月 1 日开始，上海机动车车身广告受到严格限制，出租车后窗的全幅广告被禁止。公安部门和工商部门联合发布新闻，公布了对车身广告新的限制措施：车辆后窗广告不得超过 15 厘米；车身上标注的单位名称、电话等文字高度不得超过 20 厘米；除公交车外，车辆应保持 3/5 以上原色；车身广告必须注明有关发布者的信息。警方宣布，从 2002 年 4 月 11 日起对违反以上规定者处以暂扣车辆行驶证，并移交工商部门处理。出台此规定的目的是为了美化市容环境，保证车辆安全。

（三）不得妨碍生产或者人民生活，损害市容市貌

生产和生活是人们的基本需要，也是人们的基本权利。人们是否有一个好的心情来生产、生活也与市容市貌有一定的关系，比如环境优美，人们就能心情舒畅，就有利于生产和生活。而户外广告是城市的一道亮丽的风景和精神文明建设的窗口，如果户外广告牌破

旧残损，就会影响城市市容。如果户外广告粗制滥造，更会危及人们的生命安全。

1. 安全性要求

户外广告由于受气候、建筑、管理等条件的限制，对制作品本身的材料、工艺、结构应考虑诸多安全因素，如抗风力、防火、结构坚固，另外还应从环保角度考虑，防止造成光线、空气、噪音的污染。

如1995年2月25日上午11时40分，济南人民商场股份有限公司装饰广告公司在人民商场新楼开业一周年庆祝活动中，利用氢气球为河南春都集团冬夏食品饮料公司发布果茶广告。由于采取低空放飞，氢气球在碰到一辆面的时爆炸，将放学路过此地的五年级学生朱海涛烧伤。经医院鉴定，朱海涛面部及上肢烧伤面积为10%，并伴有轻度呼吸道烧伤。

2002年3月20日上午，焦作市区狂风肆虐，上午11时10分，位于河南省焦作市城区中心的百货大楼十字路口两个巨大的广告牌在狂风中被吹倒，其中位于百货大楼十字路口南边的一个广告牌倒下来砸中一辆轿车，该轿车的顶部被砸扁，所幸车内驾乘人员没有受伤。而一辆摩托车从此路过时也被砸中，两人受伤，其中一人被砸中腰部，另一人面部受伤。事故发生后，值勤交警立刻通知110和120到现场，受伤的两人被火速送往医院。被狂风吹倒的两个巨大的广告牌均用不锈钢管制作。不少路过的市民说，狂风将两个横跨道路的巨大广告牌吹翻的事在闹市区发生，确实令人心惊胆战，看来广告牌还得做得结实些才安全。①

户外广告的事故隐患还体现在漏电、撞伤行人方面。如据《重庆晚报》报道，有市民反映，沙区火车北站附近有几块灯箱广告漏电，幸未伤人；上清寺一带则两次出现灯箱广告漏电伤人事故，据交警反映，该处还有另一家广告公司的广告牌也因漏电伤及一成年人。还有的户外广告牌不按规定安装，距离地面不到1.5米，为此发生过行人不注意而碰头流血事件。

目前，户外广告不按有关质量技术标准设计、安装、设置，造成安全隐患的行为和由于保养不力致使户外广告褪色、脱离、残损的情形在各地都存在。而户外广告制作的规范化、规格的相对统一，不但有利于城市形象的整体美观，同时可方便更换画面，降低发布成本。另外，在制作上还应坚持严格的质量标准，应参照机械加工、建筑工程、电器安装、印刷美术等质量标准，逐步实现符合户外广告制品要求的质量规范。广告经营者应当负责户外广告的定期维修、保养，使广告牌做到整洁、美观、安全，不至于妨碍生产或者人民生活，影响市容市貌。如某公司竖起一块广告牌，惹来两栋楼近70户居民的集体诉讼。

2000年11月16日一大早，沈阳市和平区青年大街五里河小区八号楼的居民突然发现南面九号楼的楼顶上竖起了一块大广告牌子（长50米，高8米），大面积地挡住了八号楼一二层住户的阳光。与此同时，九号楼的住户们也被轰隆隆的噪音吵醒了，他们发现一群施工人员正在用吊车把大量的角钢吊上自家楼顶，并伴有震耳欲聋的打凿声。两栋楼的近70户居民于是将安装广告牌的公司告上法庭。其中一栋楼的居民认为这块广告牌严重挡光，另一栋楼的居民则认为该公司未经全体住户同意擅自设置广告牌，侵犯了他们的合法权益。对此沈阳市和平区人民法院做出判决，立广告牌的公司在两起官司中均败诉，作为

① 参见郭长秀：《不测风云广告牌忽落 旦夕祸福车毁两人伤》，载《大河报》，2002-03-21。

"罪魁祸首"的广告牌被判立即拆除。法院认为，这块户外广告牌长 50 米，高 8 米，九号楼楼体高 16.8 米，而九号楼和八号楼之间的距离是 18 米，楼体的高度加上广告牌的高度已经超出了《沈阳市生活居住建筑间距规定》中有关楼体间距的标准。因此被告被判立即拆除广告牌，并赔偿原告经济损失。①

2. 满足城市美化的需要

户外广告是现代城市的装饰，优美的户外广告还是城市的窗口。各种形式的公益广告、商业广告、企业形象广告争奇斗艳，给现代城市增加了风采，从一定程度上表现了城市风格、建筑特色，使人们在交流信息的同时受到美的熏陶。因此，户外广告在设计上应考虑颜色、比例、线条、造型的合理性，在材料和工艺上则应该考虑耐温差、抗老化、防腐蚀、易清洁等。

户外广告发布后，并不意味着发布活动的结束。户外广告在设置、安装过程中和完毕后的安全问题，以及平时的维修、整饰，即维护问题，仍是其发布活动的继续。广告管理机关应会同城建、环保和公安等有关部门，对户外广告设计、安装所用材质和抗风、抗震等级以及与原建筑物的连接等问题、环节，进行切实有效的管理，把户外广告的安全问题落到实处。同时，应加强对户外广告的维修装饰管理，对那些残缺不全、影响市容市貌的户外广告，该维修的应及时维修，该更换的应及时更换，该清理的应坚决清理，还城市以和谐、美丽。

（四）不得在国家机关、文物保护单位、名胜风景区等的建筑控制地带，或者县级以上地方人民政府禁止设置户外广告的区域设置户外广告

国家机关是指国家的权力机关、审判和检察机关、政府机关。这些机关的建筑物控制地带是保证国家机关的工作人员从事公务活动的场所。文物保护单位是国家的历史、艺术、科学价值的文化遗产，在文物保护单位的范围内所有的建设活动都要受到法定的限制。名胜风景区是具有观赏、文化或者科学价值，自然或者人文景物比较集中，环境比较优美，并具有一定的规模和范围，可以供人们游览、休息或者进行科学文化活动，因而需要加以特殊保护的地方。如果在这三类地方从事户外广告活动，与这些地方是不相称的，也影响这些地带的正常活动或者破坏其自然景观。所以，在上述三个地带不得设置户外广告。

例如，在天安门广场周围就不得设置户外广告。再如，1994 年 8 月，在"告别三峡"旅游热期间，长江航道局重庆分局与重庆新世纪广告公司投资 6 万元在位于三峡的 5 个导航信号台上竖起了 5 块巨型广告牌。这 5 块户外广告牌最大达 200 平方米。后此广告牌没有被用作商业广告，长江航道局重庆分局在上面书写了提示注意航行安全的口号。因为三峡航道中的信号台，是为航行在峡江中的船舶在航道弯窄、礁石林立处提供相互避让信号的，虽然信号台大都建在云遮雾绕的奇峰峻岭中，是三峡游客的视线"热点"，但它们只是为了提醒船只注意航行安全的交通标志，如果在此设立广告牌，就会影响船员的视线，以致造成事故，违反了《中华人民共和国广告法》。另外，长江三峡是世界闻名的旅游名胜地，在此名胜风景点上竖立广告牌，也违反了《中华人民共和国广告法》的规定。

不得在当地县级以上地方人民政府禁止设置户外广告的区域设置户外广告，这一项限

① 参见朱哲轩：《立一块广告牌 引发两起官司》，载《辽沈晚报》，2002-05-27。

制性规定是一个比较灵活的规定，何种地方需要限制只有当地政府才最了解其基本情况，因此，法律赋予县级以上地方人民政府根据自己的实际情况决定禁止设置户外广告的区域的权利。这种情况一般在当地的户外广告管理办法中也做出了规定。

二、户外广告的设置规划和管理办法

户外广告是城镇总体规划的重要组成部分。2015 年新版《中华人民共和国广告法》第四十一条对户外广告的设置规划和管理办法做出了明确规定：县级以上地方人民政府应当组织有关部门加强对利用户外场所、空间、设施等发布户外广告的监督管理，制定户外广告设置规划和安全要求。户外广告的管理办法，由地方性法规、地方政府规章规定。

设置规划是指对户外广告在一定的区域内统一安排，管理办法是指如何对户外广告进行管理，二者都由当地县级以上人民政府制定。当地县级以上地方人民政府是指县级人民政府、地市级人民政府和省级人民政府，三级地方人民政府可以根据自己的职权和本地情况进行制定。但是，在县级以上地方人民政府制定规划时，应当组织工商行政管理部门的广告监督管理机关、城市建设、环境保护、公安等部门进行。例如户外广告的设置规划，以上各个部门可以从自己的实际情况出发，为不使本地的户外广告出现随意设置、杂乱无章、影响城市美观的问题，并从促进本地经济发展出发，提出一些有益的、建设性的建议，制定统一的规划。

如根据 2002 年 2 月下旬起施行的《北京市治理整顿自设性户外广告（招牌）实施方案》，一批户外广告牌将被拆除。位于北京三环燕莎桥东北角十几米高的“艾德熊”招牌、引人注目的 30 多个麦当劳店外独立“M”店标等都在被拆除之列。据市政管委介绍，按照这次治理整顿的标准和要求的第四条和第七条规定，在人行便道内设置的招牌及违规设置的指路标志、在本单位自有或租赁的建筑控制地带以外的场地或空间设置的招牌全部拆除。挂在楼顶或路边高杆之上的黄色麦当劳“M”店标，也属于异地设的店标，所以也必须予以拆除。①

世界各国对户外广告都有类似的管理措施。据报道，2001 年 4 月，世界电脑巨擘 IBM 公司为宣传推广 Linux 操作系统，特邀专业广告公司为其精心设计了一则名为“和平、爱心与 Linux”的公益广告，并在美国芝加哥和旧金山的大街上将该广告“公之于众”。谁知，这一广告发布后，最先找上门的不是客户，而是芝加哥和旧金山两市的市政部门，它们指控 IBM 公司在公共场所乱涂乱画，并称要对其进行经济处罚。据芝加哥市市政官员统计，目前该市的街道上已有 100 处被画上了“和平、爱心与 Linux”的公益广告。4 月 18 日，20 岁的青年阿里·穆尔西在芝加哥的一处街道制作这则广告时，被警方拘捕。警方从穆尔西口中了解到了 IBM 公司的这项广告宣传计划。后来穆尔西面临损害公共财物和非法拥有喷漆两项指控。芝加哥市卫生部门的发言人法尔维表示，由于一般清理一处被涂鸦的墙面需要半小时，他们计划按每半小时 67 美元的标准对 IBM 公司进行收费。此外，对每一处被涂鸦的墙面，IBM 公司需交纳 10 美元至 200 美元的罚金。旧金山市的市政部门则警告说，如果 IBM 公司不能立即将市内五个街区被污染的墙面清理干净，

---

① 参见郑淑华：《北京整顿户外广告　麦当劳要拆除 30 多个大 M》，载《北京青年报》，2002-02-28。

它就将面临被处罚或指控。法尔维还指出，至于市政部门用于清理市内五个街区之外的费用，IBM公司必须照单予以经济补偿。此外，IBM公司可能还须缴纳500美元的罚款，并受到在市政建筑上涂鸦的指控。①

根据2015年新版《中华人民共和国广告法》第六条关于“国务院工商行政管理部门主管全国广告监督管理工作，国务院有关部门在各自的职责范围内负责广告管理相关工作。县级以上地方工商行政管理部门主管本行政区域内的广告监督管理工作，县级以上地方人民政府有关部门在各自的职责范围内负责广告管理相关工作”的规定，作为广告主管机关，户外广告由工商行政管理部门进行管理，所以，各地政府应委托工商行政管理部门制定户外广告管理办法。但由于户外广告牵涉的部门比较多，在不同的环节涉及不同的部门，所以《中华人民共和国广告法》规定户外广告的设置规划和管理办法，由当地政府组织广告监督、管理机关、城市建设、环保、公安等有关部门制定，也就是说由这些部门对户外广告的不同环节进行管理。那么，根据《中华人民共和国广告法》第六条的规定，工商行政管理机关是对包括户外广告在内的所有广告活动进行监督管理的政府行政职能部门，而根据《户外广告登记管理规定》，未经工商行政管理机关登记，任何单位均不得发布户外广告，因此广告主、广告经营者在办理户外广告手续时，经过有关部门审批后，必须到当地工商行政管理机关进行登记，经批准后才允许发布户外广告，否则该户外广告即不具合法性。

如上海青浦广告公司曾先后与青浦物资总公司机电设备公司等22家企业签订护栏广告发布合同。该公司为设置户外广告，向青浦县市政管理委员会办公室（简称县市管办）领取了《上海市户外广告实施申请表》一份，填写后经县市管办同意并加盖了县市管办的印章，获批在青浦汽车站十字路口即东自东站路口西至青浦桥头，南自俱乐部北至县中心医院路口地带的隔离护栏上设置广告牌40幅。该公司在县市管办批准的路段先行设置了22幅广告牌。

青浦广告公司申请设置户外广告，仅由县市管办加盖印章，未征得县工商局的同意，该审批手续违反了法定程序，不具备法律效力，应视为非法设置户外广告。而众所周知，路口地带的隔离护栏属于交通安全设施，而交通安全设施、交通标志如交通指挥亭、指挥伞、交通护栏、指路牌、禁行标志等，是为维护良好交通秩序、保证道路畅通以及保障广大人民群众生命财产安全而设立的专用设施和标志，不得改做他用。青浦广告公司在交通护栏上设置户外广告，也属违反《中华人民共和国广告法》规定的行为。②

为了贯彻《中华人民共和国广告法》对户外广告的管理规定，1995年12月8日，国家工商行政管理局公布了《户外广告登记管理规定》，比较全面、系统地对户外广告的活动做出了规范，为工商行政管理机关强化对户外广告的登记与监督管理提供了重要依据，将户外广告纳入法制化轨道迈出了重要一步。《户外广告登记管理规定》一是明确了户外广告的范围，户外广告从性质上可划分为两类，一类是经营性户外广告，另一类是广告主自行发布的户外广告；二是明确了设置户外广告应当办理的手续，如要设置户外广告的广告经营者应具备的条件、应提交的证明文件等；三是明确了设置户外广告的具体要求，比

① 参见王丽丽：《IBM公益广告惹上官司》，见新华网，2001-04-29。
② 参见国家工商行政管理局广告监督管理司编：《违法广告案例选编》。

如对户外广告的内容、表现形式及设置式样等做出了规定，对户外广告的占地费标准做出了规定，对户外广告的安全、整洁、美观等做出了规定；四是明确了对户外广告违法行为的处罚，如非法设置户外广告的处罚、未按登记事项发布广告的处罚、关于粗制滥造户外广告的处罚、关于户外广告经营活动中垄断和不正当竞争行为的处罚等。

随着户外广告的增多，有些广告商把目光投向了居民小区楼房的屋顶上。那么，楼房屋顶产权归谁？其广告牌收益该如何分配？小区住户作为产权人是否也有分成呢？与此相关的疑问颇多。一般来说，楼房的屋顶是楼房的公共建筑部分，应由楼房各个产权人所共有。根据建设部《商品房销售面积计算及公用建筑面积分摊规则》，商品房的销售面积即为购房者所购买的套内或单元内的建筑面积与应分摊的公用建筑面积之和，也就是说，公摊建筑是计入建筑成本与购房价格的。购房者按照商品房的价格支付了公摊建筑面积的价款，毫无疑问应享有这部分公摊建筑面积的产权。楼房的屋顶虽然是顶层住户的房间天花板，直接为顶层住户起到隔热、挡风、保温和承载雨雪等作用，但顶层并非顶层住户的专有财产，顶层实际上是在为整个楼房的住户服务。按建设部 5 号令《城市异产毗连房屋管理规定》第六条规定："所有人和使用人对共有、共用的门厅、阳台、屋面等，应共同合理使用并承担相应的义务；除另有约定外，任何一方不得多占、独占。"同时，购房者在购买了一套住宅后，也就随之购买了此楼一定面积的土地使用权。显然，这些面积的土地使用权既在楼房之下，也在楼房四周，更在楼房顶部，所有购房人对该块土地共同享有土地使用权。开发商在销售此楼房时，已相应地把此套房的土地使用权也同时转让给了每套房的购买人。由此不难看出，一栋楼房的屋顶是楼房的公共建筑部分，由大楼的各个产权人所共有。

购房人均为楼房公共建筑部分的按份共有人，对楼顶等公共建筑享有共有权。建设部第 33 号令《城市新建住宅小区管理办法》和建设部《全国优秀管理住宅小区标准》均规定，"要维护房地产产权人和使用人的合法权利"，"小区内公共配套服务设施完好，不得随意改变用途"。既然购房者按照商品房的价格支付了包括楼顶面积在内的公摊建筑面积的价款，理所当然应享有这部分房产的产权。而房屋产权是所有权，包括占有、使用、收益、处分等权能。这四项权能只能由所有权人行使或由所有权人授权他人行使。在共有情形下，应由共有人共同行使上述四项权能，其他任何人无权对楼顶等公共建筑行使占有、使用、收益、处分等权能。

因此，如果开发商或广告商或物业管理公司要在完全卖出的楼房顶层面上搭建广告牌，应由此楼房业主组成的业主委员会做出决定，并可委托物业公司具体操作；在楼房尚未成立业委会的状况下，开发商可征得所有共有人的同意。如达不成一致意见，可按照各自拥有的共有权份额进行表决，按照拥有共有权份额一半以上的共有人决定办理，但不得损害其他共有人的权益。

楼顶广告牌的收益属于共有物产生的收益，应属于全体共有人所有。在楼顶上搭建广告牌，或在楼房外墙的四周涂刷广告语，这样的行为都是对楼顶、毗连墙体等公共建筑的使用。而同意他人使用这些公共建筑并取得这些公共建筑产生的收益完全是合理合法的行为。但由于广告牌的使用收益属于此楼房共有人产生的收益，应当属于此楼房全体共有人所有，或是分配给全体共有人，可以用于为共有人服务的公益事业，也可以用于物业公司为共有人开展的公益服务，以及用于弥补经物业产权人委员会同意减免的物业管理服务，其他任何人、任何共有人不能单独占有。①

第五节 互联网广告活动规范

2000年9月25日，国务院颁布了《互联网信息服务管理办法》，标志着国家对网络信息传播管理的重视。此前，国家有关部门已开始进行对网络广告活动管理的探索，2000年5月29日全国20家知名度较高的网络公司在北京首次获得国家工商总局颁发的经营广告业务的通行证——《广告经营许可证》，这是国家工商总局探索网络广告有效监管方式的开始，为国家制订网络广告法规做了充分准备。国家工商总局要求试点企业要制订和完善广告监测措施，及时发现和纠正广告发布中存在的问题，探索互联网广告的监测手段，逐步形成企业自我监测、企业相互监测、管理机关监测、第三方中介机构监测的有效机制，以减少和消除互联网广告中的违法行为。试点企业必须严格遵守有关广告管理的法律、法规和规章，不得发布法律、法规禁止和限制发布的商品和服务的广告；不得发布虚假广告；发布特殊商品广告应当经过有关部门审查；不得在广告经营中有不正当竞争行为和其他违法行为。

各省市工商管理部门都相继出台了规定监管网络广告。2000年5月16日北京市工商局出台了《对网络广告经营资格进行规范的通告》，用以规范网络广告，保护消费者、经营者的合法权益。该通告对网络广告经营者的经营资格做出以下规定：

（1）本通告所调整的网络广告是指在我市辖区内依法领取营业执照的从事网络信息服务的经营主体（简称网络经济组织），利用互联网从事的以盈利为目的的广告活动。

（2）本市已经办理《广告经营许可证》的广告专营企业可从事网络广告的设计、制作、代理业务，也可在自办网站上开展广告发布业务。

（3）各类合法网络经济组织可以作为一种媒体在互联网上发布由广告专营企业代理的广告，但在发布广告前应向工商行政管理机关申请办理媒体发布广告的有关手续。

（4）网络经济组织在具备相应资质条件的情况下，也可直接承办各类广告。网络经济组织承接广告业务的，应向工商行政管理机关申请办理企业登记事项的变更，以增加广告经营范围，并办理《广告经营许可证》，取得网络广告经营资格。

（5）本通告发布之前已经从事广告经营业务的网络经济组织，应在本通告公布之日起180天内补办上述手续。

近年来，垃圾短信、垃圾邮件成为困扰社会公众的一大问题。据北京地区网站联合辟谣平台等发布的《2013年度垃圾短信报告》显示，2013年中国手机用户收到的垃圾短信总数超过2 000亿条，其中绝大多数是各类商家的促销广告及房地产广告。

2015年新版《中华人民共和国广告法》第四十三条规定，任何单位或者个人未经当事人同意或者请求，不得向其住宅、交通工具等发送广告，也不得以电子信息方式向其发送广告。以电子信息方式发送广告的，应当明示发送者的真实身份和联系方式，并向接收者提供拒绝继续接收的方式。该法第四十四条规定，利用互联网发布、发送广告，不得影响用户正常使用网络。在互联网页面以弹出等形式发布的广告，应当显著标明关闭标志，

① 参见贾广葆：《法律解读：屋顶广告与住户有关》，载《北京青年报》，2009-07-29。

确保一键关闭。该法第四十五条规定，公共场所的管理者或者电信业务经营者、互联网信息服务提供者对其明知或者应知的利用其场所或者信息传输、发布平台发送、发布违法广告的，应当予以制止。

如上海工商部门于2000年查获的首起网络虚假广告案，是一个无中生有的“上海智狐机械设备有限公司”的广告。上海市工商局广告监管部门负责人表示，工商局除抽样监测本市网站的网络广告外，还将在开创信息网（www.catcher.com.cn）上授权开设网络广告监管窗口，受理网民对网络虚假广告的举报，并对业经查实的网络虚假广告通过互联网予以公示。

随着网络技术的普及，网上的虚假广告也越来越多。2001年11月浙江省工商部门仅在宁波市鄞县就一连破获了五起利用互联网发布虚假广告案件。鄞县信凯塑料冲件厂的核准经营范围与滑板车毫无关联，却在网上吹嘘已具有五年以上各种型号滑板车的生产经历，虚构出“宁波信凯工艺品公司”的企业名称，又从网上下载了“浙江星月动力机械有限公司”的电动滑板车生产历史，不加处理直接放到网页上作为自己的产品进行宣传，同时在雅虎网上发布了销售广告。鄞县云龙耀发纺机配件厂只是一家个体工商户，却在网上自诩为“宁波攀登五金工具有限公司”，谎称有10年建厂历史，50名职工、600多平方米厂房。鄞县精铸五金厂在阿里巴巴网站的产品展示栏中，将该厂生产的挖掘机配件虚假宣传为“日本产”。鄞县兴明液压管件厂超载核准经营范围，擅自在网上宣称代理英国油管、芬兰扣压设备、台湾地区高压测试中心及进口密封件业务。更有一当事人朱某，在网上建立虚构的“海梦通信设备有限公司”企业网页，进行虚假宣传，经营额已达3 705美元。①

一段时间以来，由于执法部门对网络广告的监控无法像对待传统媒体那样方便，因此，网络广告处于无人管、无人问的“自由”局面。制定措施严格监管是管理部门共同的目标，如浙江省《浙江省网络广告管理办法》（征求意见稿）2001年7月出台，违反规定者，工商机关则将依照《中华人民共和国广告法》、《广告管理条例》和《浙江省广告管理若干规定》等法律、法规、规章的规定进行处罚。浙江省工商局的有关负责人认为，监管网络广告不是根本目的，当前更重要的是加强宣传和引导，促使网络广告这一新生事物朝着健康、有序的方向发展。

另外，2001年1月11日，国家药品监督管理局发布《互联网药品信息服务管理暂行规定》，对从事互联网药品信息服务所具备的条件、办理审核的程序等做出了明确的规定。该规定将互联网药品的信息服务分为经营性和非经营性两类，明确了从事互联网药品信息服务、拟提供网上药品交易服务的，应按照有关规定向国家药品监督管理局提出专项申请。根据这项规定，国家药品监督管理局对从事经营性互联网药品的信息服务进行审核，对从事非经营性互联网药品的信息服务实行备案管理；省、自治区、直辖市药品监督管理局对本行政区域内从事经营性互联网药品的信息服务进行初审，对从事非经营性互联网药品的信息服务进行审核。该规定中提出，从事互联网药品信息服务，除应当符合由国务院发布的《互联网信息服务管理办法》规定的要求外，还应当有两名以上了解药品管理法律、法规和药品知识，并经所在地的省、自治区、直辖市药品监督管理局考核认可的专业人员；有保证药品信息来源合法、真实、安全的管理措施等条件。

---

① 参见沈雁、翁东劲、潘剑凯：《网络广告雾里看花》，载《光明日报》，2001-10-31。

2016年6月25日国家互联网信息办公室发布《互联网信息搜索服务管理规定》(以下简称《规定》),将于8月1日起施行。其中有两条直接与广告活动相关,即第十一条:互联网信息搜索服务提供者提供付费搜索信息服务,应当依法查验客户有关资质,明确付费搜索信息页面比例上限,醒目区分自然搜索结果与付费搜索信息,对付费搜索信息逐条加注显著标识。互联网信息搜索服务提供者提供商业广告信息服务,应当遵守相关法律法规。第十二条:互联网信息搜索服务提供者应当建立健全公众投诉、举报和用户权益保护制度,在显著位置公布投诉、举报方式,主动接受公众监督,及时处理公众投诉、举报,依法承担对用户权益造成损害的赔偿责任。

互联网信息搜索服务提供者提供的自然搜索结果、付费搜索信息区分往往不够清晰,容易引起混淆。特别是,部分医疗类等付费搜索信息对应的客户资质不全甚至虚假,给公民的人身财产安全带来隐患。因此,《规定》对互联网信息搜索服务提供者提供的付费搜索信息服务、商业广告信息服务进行了区分,并提出了上述两条中搜索服务提供者应尽的义务,以及对于虚假内容应承担的责任。

【思考题】

1. 广告合同制度及其特点是什么?
2. 订立广告合同须遵循的原则有哪些?
3. 什么是广告代理制?
4. 广告活动中的不正当竞争指哪些行为?
5. 广告审核制度及其特点是什么?
6. 广告档案管理制度的重要性是什么?
7. 对户外广告活动的限制性规定有哪些?

第九章

广告监督管理

广告审查是指在广告发布前对广告的内容依照法律、行政法规的规定进行审核的活动。2015 年新版《中华人民共和国广告法》第三十四条规定："广告经营者、广告发布者应当按照国家有关规定，建立、健全广告业务的承接登记、审核、档案管理制度。广告经营者、广告发布者依据法律、行政法规查验有关证明文件，核对广告内容。"2015 年新版《中华人民共和国广告法》第四十六条还规定："发布医疗、药品、医疗器械、农药、兽药和保健食品广告，以及法律、行政法规规定应当进行审查的其他广告，应当在发布前由有关部门（以下称广告审查机关）对广告内容进行审查；未经审查，不得发布。"我国实行的广告审查分为行政性审查和广告经营者、发布者对自己所设计、制作、代理、发布的广告的自我审查两类。

第一节　行政性审查

如上所述，根据《中华人民共和国广告法》的规定，广告审查的范围分为两个层次。第一个层次是《中华人民共和国广告法》中直接规定的发布医疗、药品、医疗器械、农药、兽药和保健食品广告。由于这几种商品的特殊性，即与人民生命财产安全密切相关，所以称为特殊商品。为了防止几种特殊商品由于广告宣传误导消费者，造成人身或者财产的损害，就规定了必须进行广告发布前审查。第二个层次是"法律、行政法规规定应当进行审查的其他广告"。随着我国经济的发展，广告将被运用于更加广阔的领域，还可能出现一些事关人身安全、生产安全和市场经济秩序的商品，其广告需要通过法律、行政法规的规定列为特种广告的范围，进行发布前审查。

一、广告审查机关

广告审查机关指依照法律、行政法规对必须进行行政性审查的广告进行审查的有关行政主管部门。这种行政主管部门必须与特种商品或服务有关，因为它们熟悉特种商品或服务的专业技术，管理商品的生产、销售环节，由这些部门负责对特种广告的审查工作，更加有利于控制广告的发布质量。

我国目前实行的广告行政审查分为中央和省（自治区、直辖市，不含计划单列市）两级。根据国务院各部门职能划分，药品广告审查机关为国务院和省级卫生行政部门，即卫生部和各省级卫生厅（局）；医疗器械广告审查机关为国家医药管理局和各省级医疗器械行政监督管理部门（一般是省医药管理局或医药总公司）；农药广告审查机关为国务院和省级农业行政主管部门，即农业部和省级农业厅、局；兽药广告审查机关为国务院和省级农牧行政管理部门，即农业部和各省级农业厅局或畜牧厅。总之，《中华人民共和国广告法》所规定的广告审查机关是现在负责特殊商品行政管理工作的主管部门，而不是新设一个单独的广告审查机关。

二、广告审查的法律依据

广告审查机关在对特殊商品广告进行审查时，应当依据有关法律、行政法规中关于特殊商品广告管理的规定进行。这些法律、法规有 1995 年国家工商总局与国务院有关部门联合制定的《药品广告审查办法》、《医疗器械广告审查办法》、《农药广告审查办法》、《兽药广告审查办法》；经与上述部门协商，国家工商总局制定的《药品广告审查标准》、《兽药广告审查标准》、《医疗器械广告审查标准》、《农药广告审查标准》；1997 年 6 月，国家工商总局、卫生部联合发出《关于进一步加强药品广告审查和监督管理工作的通知》，作为对《药品广告审查办法》和《药品广告审查标准》的补充规定。上述行政规章和规范性文件，与《中华人民共和国广告法》、《药品管理法》等共同构成了对四种商品广告进行审查的法规体系。

三、发布特殊商品广告的要求

广告主发布特殊商品广告，无论是利用自有媒介自行发布，还是委托广告经营者、经由广告发布者发布都必须在广告发布前进行审查，未经审查，不得发布。如成都天兴贸易公司系广西柳州天成金芝制药厂“天成金芝”口服液药品在成都地区的经销商。为了推销“天成金芝”口服液，成都天兴贸易公司委托成都市金力艺术广告公司为其策划印制“天成金芝”双重健康保险大行动广告品 10 万份，在成都市内散发。经查明，“天成金芝”双重健康保险大行动广告，未经四川省卫生行政主管部门审查，违反了 1994 年《中华人民共和国广告法》第三十四条的规定：药品广告发布前要经过卫生行政管理部门审查，未经审查，不得发布。广告主发布药品广告，无论是自行发布，还是委托广告经营者代为发布，都必须在广告发布前，将广告成品交卫生行政管理部门进行审查，未经审查不得发布，而成都天兴贸易公司散发的“天成金芝”双重健康保险大行动广告宣传品未经卫生行政管理部门批准，属于违法行为。

对特殊商品的广告在发布前由行政主管部门进行审查是广告行政管理工作的一项重要内容，这是《中华人民共和国广告法》立法过程中对我国现行广告审查制度的一项重要变革。在《中华人民共和国广告法》制定之前，按照《广告管理条例》的规定，广告发布前的审查工作都是由广告经营单位负责，但是由于广告经营单位受利益机制的制约，一些广告经营单位不能正确处理其自身利益和社会利益、消费者的利益之间的关系，多年来虚假违法广告难以得到有效的治理。《中华人民共和国广告法》将特殊商品的广告在发布前由行政主管部门进行审查加以规定，是广告管理体制改革的一个重要步骤。2015 年新版《中华人民共和国广告法》第四十七条与第三十四条关于由广告经营者、广告发布者查验有关证明文件、核实广告内容的规定，共同构成了我国目前的广告审查制度。

第二节　行政性审查程序

特殊商品广告审查程序的规定，是根据 2015 年新版《中华人民共和国广告法》第四十七条规定：广告主申请广告审查，应当依照法律、行政法规向广告审查机关提交有关证明文件。广告审查机关应当依照法律、行政法规规定作出审查决定，并应当将审查批准文件抄送同级工商行政管理部门。广告审查机关应当及时向社会公布批准的广告。

一、申请广告审查

（一）由广告主向广告审查机关提出申请

广告主发布广告可以是自行发布，也可委托广告经营者代理发布，还可以是自行或者由广告经营者代理委托广告发布者发布。但是，不论采取何种发布形式，按照《中华人民共和国广告法》第四十七条的规定，应当由广告审查机关对广告内容进行审查的广告，都应当由广告主向广告审查机关提出审查申请。广告主提出申请，可以由广告主亲自提出，也可以由广告主授权代理其广告业务的广告经营者或者广告发布者代理提出申请。

（二）广告主提出申请时应当同时向广告审查机关提交与其申请审查的商品广告内容有关的证明文件

这是 2015 年新版《中华人民共和国广告法》第四十六条原则规定在几种特殊商品广告以及法律、行政法规、国务院决定规定应当进行审查的其他广告中的具体体现。证明文件包括：

（1）真实、合法、有效的营业执照以及其他生产、经营资格的证明文件。即广告主应有从事该广告活动的资格。这类证明的形式主要有有关政府行政主管部门颁发的营业执照及各类生产经营许可证。如企业法人应当提交《企业法人营业执照》，非法人组织和个体工商户应当提交《营业执照》，这是主体资格的证明；另外，还有药品的《药品生产企业许可证》、《药品经营企业许可证》，化妆品的《化妆品生产企业卫生许可证》，食品的《卫生许可证》，兽药的《兽药生产许可证》、《兽药经营许可证》，等等。

（2）推销的商品或者服务依法需要取得行政许可或者认证的，应当提供相关许可或者认证文件。如某种药品生产的批准文件、进口药品的《进口注册证》、医疗器械的产品鉴定证书、化妆品的检验合格证明书或者批准文号、农药的登记证明等。

（3）发布的广告需要经有关行政主管部门审查的，应当提供有关批准文件。这一类证明文件主要是申请审查的广告内容中涉及的有关内容的证明文件。如经过批准的药品的说明书、商标注册证、专利证书、科技成果鉴定证书等有关商品质量内容的证明文件。

（4）广告内容真实性依法需要有关材料证明的，应当提供相应的证明材料。用来表明广告内容是否真实、合法的文件、证件、资料等，是审核、判定广告内容的依据。

二、广告内容的审查

广告审查机关在接受广告主的申请之后，应当按照有关法律、行政法规对该项申请商品的广告内容进行审查，即对待发布的广告成品的审查。如对广告影视带、平面广告小样等进行审查，审查其广告成品中语言、画面、文字、形象等内容。

如1997年3月，广东省工商局在广告监测中发现，3月18日《粤港信息报》第五、第八版发布的“三九新兽药”广告中，出现了“使用安全可靠、无毒副作用”、“三九猪宝双双荣获第45届布鲁塞尔尤里卡世界发明奖”和“96'北京国际产品发明奖”以及以产品使用用户、兽医名义做证明的内容。这些内容是《兽药广告审查标准》中明令禁止的，工商局遂立案查处。经查，该广告中出现的上述违法内容，都是其《兽药广告审查表》未经批准、被删除和没有的内容——企业为片面追求广告的宣传效果，将未经批准的广告内容交予报社发布，而广告发布者由于未严格执行1994年《中华人民共和国广告法》第三十四条的规定进行广告审核，在没有认真查对《兽药广告审查表》的情况下，就将广告主拿来的广告稿原样照登，致使广告违法。[①] 根据规定，药品、医疗器械、农药、兽药四种特殊商品广告的共同标准为：不得含有不科学地表示功效的断言和保证，不得利用他人名义、形象做证明，不得含有无效退款、保险公司保险、获奖等内容。“三九新兽药”广告活动当事人应发布经审查批准的广告内容；另外，在本违法广告案中，广告主提供了违法的广告内容的方式是直接的，并未用涂改、伪造批准文件等方法欺骗发布者，而是提供了真实的批准文件，如果广告发布者依照1994年《中华人民共和国广告法》第三十四条规定和《广告审查员管理办法》履行审查义务，即可以把住关口，避免违法广告发布。所以在此案中，广告发布者是明知或应知广告主有违法行为而放任其发生，其违法情节就尤为严重。

三、广告审查机关做出审查决定

广告审查机关根据各自的权限对特殊商品广告进行审查。重点媒介广告，境外产品和新药、新兽药广告，由国家级审查机关审查，如利用中央电视台、《人民日报》等重点媒介发布药品、医疗器械、农药、兽药广告，分别由卫生部、国家医药局和农业部负责审查，其他广告由生产者所在省级卫生厅、医药局和农业厅负责审查；在异地（外省）发布药品、兽药广告需向当地审查机关申请换发批准文号，发布医疗器械、农药广告需向当地审查机关备案；同时，为避免广告制成后“通不过审查”可能造成的浪费，送审者对把握不准的广告可以先申请初审。所以，我国广告审查制度中制定了初审和终审两个程序。

广告审查机关对申请审查的广告必须在一定的期限内做出审查决定，审查决定一般有三种可能：即审查合格准予发布，审查不合格驳回申请，建议修改后再行审查。对于已经取得广告审查批准文号的特殊商品广告，为保证广告发布内容与广告审查决定文件一致，其审查批准文号应当列为广告内容同时发布。广告审查批准文号有效期一般为一年，超过期限需继续做广告，必须重新审查。同时，经省辖市以上广告监督管理机关同意，当地电台发布广播药品广告时可省略批准文号。

如1995年3月至6月，为切实履行《中华人民共和国广告法》赋予的广告监督管理职能，辽宁省组成专门检查组，在全省范围内开展了对电视、报纸广告的执法检查。两种媒介的广告抽查总量为1 436条，其中有178条违法违章广告，药品广告占49条，而这

---

① 参见国家工商行政管理局广告监督管理司编：《违法广告案例选编》。

49 条违法违章药品广告中全部未同时发布广告审查批准文号；医疗广告占 48 条，其中 46 条未同时发布广告审查批准文号；有的批准文号虽然按规定发布，但字体太小，用肉眼根本无法看清，有的电视广告中的审查批准文号出现时间太短，使人看不清楚，如此发布文号跟没发布一样，失去了其原有的意义。

另有两个问题需加以说明：一是广告审查机关和广告监督管理机关的关系。特殊商品广告审查办法由国家工商总局和国务院各有关部门联合制定，审查标准由国家工商总局同有关部门协商后统一制定；广告审查机关应在同级广告监督管理机关的指导下对广告进行审查，应将审查通过的《广告审查表》送同级广告监督管理机关备案，广告监督管理机关发现标有广告审查批准文号的特殊商品广告仍存在问题，除应及时纠正和依法查处外，还应及时通知审查机关，帮助其纠正广告审查工作中的问题。二是对广告审查机关审查过的商品广告，广告发布者仍需根据 1994 年《中华人民共和国广告法》第三十四条的规定，查验有关证明文件、核实广告内容，核实广告内容后，方可发布，对于个别取得广告审查严准文件但仍存在违法问题的广告，广告发布者仍然不得发布，否则，也须承担发布违法广告的相对责任。

第三节　不得伪造、变造或者转让广告审查决定文件

为维护广告审查决定文件的权威性，2015 年新版《中华人民共和国广告法》第四十八条规定：“任何单位或者个人不得伪造、变造或者转让广告审查批准文件。”

一、广告审查决定文件具有法律效力

如前所述，特殊商品关系人民的生命财产安全，这些商品广告必须依据《中华人民共和国广告法》的规定，在发布前申请审查，经法定的广告审查机关依照相关的法律、行政法规进行审查，发给批准其广告内容的广告审查决定文件后方可发布。广告审查决定文件是由国家行政机关出具的证明某一特殊商品广告内容依据法律、行政法规的规定经过审查，准许或者不准许广告主发布广告的文书，是认定被审查广告内容的凭证。而国家行政机关发出的所有公文都具有法律赋予的权威性，任何损害国家行政机关公文的权威性的行为，都是对国家行政管理秩序和社会秩序的破坏，所以持有广告审查决定文件的单位或个人都有义务对社会、对消费者负责，按照审查决定文件制作、发布广告，以保证广告的合法性、真实性。

二、任何伪造、变造或者转让广告审查批准文件的行为都是违法的

伪造广告审查批准文件，是指广告审查机关以外的单位和个人，非法制作广告审查批准文件的行为。伪造广告审查机关审查批准文件的主要表现形式：一是非法伪造特种广告审查机关审查批准文件；二是对审查机关审查批准文件的全部或大部分内容进行涂改。

变造广告审查批准文件，是将广告审查机关审查批准文件的形式、内容进行改制、涂改、修改、变动、弄虚作假，借以欺骗消费者，达到其进行违法活动的目的。

转让广告审查批准文件，是指取得广告审查批准文件的申请人将广告审查批准文件出

借、出租、转交给其他单位和个人使用，以达到牟取私利、欺骗消费者的目的。

伪造、变造广告审查批准文件，其目的都在于以假充真，而由于伪造、变造的广告审查批准文件根本上就是假的，所以是无效的；真实的广告审查批准文件转让后由于是由未经审查的广告主使用，对于其所用于的商品广告而言也应当认为是假的，失去了真实的文件所应有的效力，不足以作为发布特殊商品广告的依据。凡是应该经广告审查机关审查的广告而未经审查，或伪造、涂改、篡改、变造、转让广告审查批准文件的广告主体，其行为均构成非法活动。

如甲制药厂要求某报社为其产品某某胶囊发布广告。该报社按规定在对其所提供的证件进行审查时，发现所提供的《药品广告审查表》中药品名称有改动的痕迹。经查证，此证件是乙制药厂的某某药品的《药品广告审查表》，甲请求乙把它转让给自己，并交付转让费5 000元，甲把药品名称进行变造后，作为自己产品的广告审查批准文件交与广告发布者，试图蒙混过关。查清事实后，广告发布者拒绝为其发布广告。

药品涉及人民身体健康和生命安全，发布程序和发布标准应严格按规定执行。广告发布者发布药品广告，应当查验广告审查机关出具的《药品广告审查表》，且《药品广告审查表》应当为原件或者经审查机关签章的复印件，广告发布单位还应将这些文件保存一年，以备查核。而持有广告审查批准文件的单位和个人都不得转让自己药品的审查批准文件，以对社会、对消费者负责。

三、广告审查批准文件具有强制性、排他性

《中华人民共和国广告法》明确规定了对涉及人身健康和人身财产安全的商品广告内容，在发布前必须经广告审查机关审查，取得广告审查决定文件方可发布。这说明，一是特种广告必须经过审查；二是审查批准文件是具有强制性的。

同时，广告审查机关出具的审查批准文件还具有排他性。排他性也可以理解为专用权。专用权，即独有或独立使用。广告主申请审查的广告内容，经审查机关依照法律、行政法规审查，做出批准发布广告的决定，广告主体即取得该广告可以发布的专用权，其他任何单位和个人不能使用、借用，更不能假冒、伪造、变造或者盗用。一旦出现侵权行为，必须承担民事责任，情节严重的有关人员还应承担刑事责任。

第四节　广告经营者、发布者自审

2015年新版《中华人民共和国广告法》第三十四条规定：广告经营者、广告发布者应当按照国家有关规定，建立、健全广告业务的承接登记、审核、档案管理制度。广告经营者、广告发布者依据法律、行政法规查验有关证明文件，核对广告内容。对内容不符或者证明文件不全的广告，广告经营者不得提供设计、制作、代理服务，广告发布者不得发布。具体审查内容如下。

一、应查验、核实的内容

（1）工商企业（公司）的《企业法人营业执照》副本或《营业执照》副本；个体工商

户的《营业执照》；全国性公司、中外合资经营企业、外商独资企业的《中华人民共和国营业执照》；外国企业常驻代表机构的《外国企业在中国常驻代表机构登记证》；机关、团体、事业单位的单位证明；个人提交的由乡镇人民政府、街道办事处或所在单位出具的证明。

（2）质量检验机构对广告中有关商品质量内容出具的证明文件以及发布广告需要经有关行政主管部门审查的批准文件。

标明获奖的商品广告，应查验本届、本年度或数届、数年度连续获奖证书，并核对广告内容是否与证书上注明的颁奖级别、颁奖部门、颁奖时间相一致；标明“优质产品”称号的商品广告，应查验政府颁发的优质产品证书，并核对广告内容是否与证书上注明的发证机关、发证时间相一致；标明专利权的商品广告，应查验专利证书；注明注册商标的商品广告，应查验商标注册证；报刊出版发行广告，应查验新闻出版署批准成立出版社的证明；各类文艺演出广告，应查验所在县以上文化主管部门准许演出的证明；大专院校招生广告，应查验国家教委或省级教育厅（局）同意刊播广告的证明；中等专业院校的招生广告，应查验地（市）教育行政部门同意刊播广告的证明；外国来华的招生广告，应查验国家教委同意刊播广告的证明；各类文化补习班或职业技术培训班招生广告、招工招聘广告，应查验县以上（含县）教育行政部门或劳动人事部门同意刊播广告的证明；计量器具、锅炉、压力容器、消防器材、医疗器械的商品广告，应分别查验省、自治区、直辖市业务主管部门的证明；实行生产许可证的产品广告，应查验生产许可证；标明质量标准的商品广告，应查验省辖市以上标准化管理部门或机构的证明；个人行医广告，应查验县以上（含县）卫生行政主管部门批准行医的证明和审查批准广告内容的证明；药品、类药品广告，应查验所在省级卫生行政部门核发的《药品广告审批表》；兽药广告，应查验省级农牧渔业行政管理机关审查批准的证明；农药广告，应查验农业部或省级农业厅（局）药检或植保部门批准的《农药广告审批表》；食品广告，应查验所在地（市）级以上食品卫生监督机构批准的《食品广告审批表》；各类展销会、订货会、交易会广告，应查验主办单位主管部门批准的证明；有奖储蓄广告，应查验上一级银行的证明；卷烟广告，应查验省级工商行政管理局或其授权的省辖市工商行政管理局核发的证明或《卷烟广告审批表》；获国家级、部级、省级各类奖的优质烈性酒广告，应查验省级或其授权的省辖市工商行政管理局核发的《烈性酒广告审批表》；临时性广告，应查验省级工商行政管理局或其授权的省辖市工商行政管理局核发的《临时性广告经营许可证》。

二、特殊商品广告审查内容

法律、行政法规规定实行特殊管理的商品的广告，在广告发布前，应依照法律、行政法规规定对广告内容进行审查，防止由于广告宣传的局限性误导消费者，造成人身或者财产的损害。

（一）药品广告的审查

根据《药品广告管理办法》，药品广告内容的审查批准机关是国务院卫生行政部门和各省、自治区、直辖市的卫生行政部门。凡是申请发布药品广告的，必须向卫生行政部门办理《药品广告审批表》。广告主申请办理《药品广告审批表》，应向卫生行政部门提交下列证件和材料：(1)《药品生产企业许可证》或《药品经营企业许可证》(副本)；(2)《企业法人营业执照》或《营业执照》副本；(3) 该药品的生产批准文件，质量符合标准的证明、说明书、包装；(4) 商标注册证；(5) 卫生行政部门认为必要的其他有关材料。

提供上述证明和材料后，广告主填写《药品广告审批表》一式五份，送所在地（市、州、盟）卫生行政部门审批，经核准后发给药品宣传批准文号，卫生行政部门应在收到全部材料后15日内做出是否批准的决定。经审查内容合格批准发布广告的，向广告主签发《药品广告审批表》。广告主持《药品广告审批表》在其所在地区以外发布该药品广告，应在发布前15日将《药品广告审批表》报发布地省、自治区、直辖市卫生行政部门备案盖章，未经备案盖章不得发布。《药品广告审批表》从批准之日起，有效期为两年，到期后仍需继续进行广告宣传的，应重新申请。《药品生产企业许可证》或《药品经营企业许可证》的有效时间不足两年的，《药品广告审批表》的有效期以前述许可证的有效时间为准。

另外，经营进口药品的企业发布进口药品广告，应向其所在地的省、自治区、直辖市卫生行政部门办理审批手续；国外药品生产、经营企业及其委托人在我国境内申请发布药品广告，应向其广告代理单位所在地的省、自治区、直辖市卫生行政部门办理审批手续。在办理审批手续时，应提交下列证件和材料：(1) 生产该药品的国家（地区）批准的证明文件；(2) 该药品的《进口药品注册证》；(3) 该商品的商标注册证、说明书、包装（应附中文译本）；(4) 委托办理审批手续的，应有国外企业的授权委托书。

（二）农药、兽药广告审查

根据《广告审查标准（试行）》的有关规定，农药的审查机关是国务院农业部及省、自治区、直辖市的农业行政主管部门。在全国性报刊、广播、电视上发布农药广告，需交验由国务院农业部农药检定所出具的《农药广告审批表》；利用其他媒介刊播、设置广告，交验由省、自治区、直辖市农业厅（局）药检或植保部门出具的《农药广告审批表》；申请审查进口农药广告，应交验由农业行政主管部门农药检定所出具的《农药广告审批表》。

广告主发布兽药广告，必须经省、自治区、直辖市农业行政主管部门审查批准。申请审查兽药广告，应交验下列证明材料：(1) 省、自治区、直辖市农业行政主管部门出具的兽药广告证明；(2) 省、自治区、直辖市农业行政主管部门核发的兽药生产批准文号，兽药经营企业应交验县以上农业行政主管部门核发的《兽药许可证》；(3) 商品注册证书；(4) 产品质量检验合格证；(5) 省、自治区、直辖市农业行政主管部门批准的兽药说明书。

在申请审查进口兽药广告时，应交验下列材料：(1) 国务院农业行政主管部门核发的《进口兽药登记许可证》或《进口兽药许可证》；(2) 省、自治区、直辖市或国务院农业行政主管部门指定的兽药监察所出具检验合格证明；(3) 兽药说明书（附中文译本）。

（三）医疗器械广告审查

根据《医疗器械广告管理办法》的有关规定，医疗器械广告的管理机关是国家工商行政管理局和地方各级工商行政管理局，医疗器械广告证明的出具机关是国家医药管理局和省、自治区、直辖市医药管理局或同级医药行政管理部门。发布医疗器械广告，必须持有经过国家医药管理局或省、自治区、直辖市医药管理局或同级医药行政管理部门核发的

《医疗器械广告证明》，未有《医疗器械广告证明》的，不得发布广告；国内广告主申请办理《医疗器械广告证明》的，不得发布广告。国内广告主申请办理《医疗器械广告证明》，应当提供下列文件、证件。(1) 营业执照（副本）；(2) 生产或经营许可证，已实施生产许可证的产品，应同时提供生产许可证；(3) 产品鉴定证书；(4) 产品说明书；(5) 法律、法规规定应当提交的其他证明。

国外广告主申请《医疗器械广告证明》的，应当提交所属国（地区）政府医疗器械管理部门颁布的生产许可的证明文件和产品说明书。

进口医疗器械广告证明由国家医药管理局出具；其他医疗器械广告证明由广告主所在地的省、自治区、直辖市医药管理局或同级医药行政管理部门出具。医疗器械广告证明出具机关在办理广告证明手续时，应当查验有关证明、审查广告内容；对不符合本办法规定的，不得出具证明。医疗器械广告证明出具机关在向广告主核发《医疗器械广告证明》的同时，应将证明的副本抄送广告主和广告发布所在地的省、自治区、直辖市工商行政管理局。《医疗器械广告证明》有效期以医疗器械生产或经营准许的有效时间为准，医疗器械生产或经营准许证有效期满后，证明自动失效。

（四）化妆品广告审查

根据《化妆品广告管理办法》，化妆品广告的管理机关是国家工商行政管理局和地方各级工商行政管理机关，广告主申请发布化妆品广告，必须持有下列证明材料：(1) 营业执照；(2)《化妆品生产许可证》；(3)《化妆品生产企业卫生许可证》；(4) 美容类化妆品必须持有省级以上化妆品检测站（中心）或者卫生防疫站出具的检验合格的证明；(5) 特殊用途化妆品，必须持有国务院卫生行政部门核发的批准文号；(6) 化妆品如宣称为科技成果，必须持有省级以上轻工行业主管部门颁发的科技成果鉴定书；(7) 广告管理法规、规章所要求的其他证明。

广告主申请发布进口化妆品广告，必须持有下列证明材料：(1) 国务院卫生行政部门批准化妆品进口的有关批件；(2) 国务院商检部门检验化妆品合格的证明；(3) 出口国（地区）批准生产该化妆品的证明文件（应附中文译本）。

（五）食品广告审查

根据《食品广告管理办法》的规定，发布食品广告，必须持有地（市）级以上食品卫生监督机构出具的《食品广告证明》。广告主在申请《食品广告证明》时，应提交以下证明文件：(1) 营业执照；(2) 卫生许可证；(3) 食品卫生监督机构或者卫生行政部门认可的检验单位出具的产品检验合格证明；(4) 经营省级以上卫生行政部门批准的食品还应当附有批准证明。

经营进口食品的广告主在申请发布进口食品广告时，应当提交以下证明和材料：(1) 所属国家（地区）批准生产的证明文件；(2) 国境口岸卫生监督机构签发的卫生证书；(3) 说明书、包装（附中文译本）。

食品卫生监督机构在出具《食品广告证明》时，应当查验证明材料，审查广告内容，在 15 日内做出决定，符合规定的，出具《食品广告证明》。必须经省级以上卫生行政部门批准的食品的广告证明，由广告主所在地省级食品卫生监督机构出具；其他食品的广告证明，由广告主所在地的地（市）级食品卫生监督机构出具。

广告主在所在地以外发布广告时，应当在广告发布前 15 日内将《食品广告证明》及有关证明材料复印件送广告发布地省级以上食品卫生监督机构备案盖章，未经备案盖章的，不得发布。

《食品广告证明》的有效期为两年。在有效期内改变食品的配方、定型包将或者广告内容，以及期满后继续进行广告宣传的，必须重新办理《食品广告证明》。

第五节　广告监督管理职责

（一）以工商行政管理部门为主，消费者协会和其他消费者组织的监督职责

2015 年新版《中华人民共和国广告法》第四十九条规定，工商行政管理部门履行广告监督管理职责，可以行使下列职权：

（1）对涉嫌从事违法广告活动的场所实施现场检查。

（2）询问涉嫌违法当事人或者其法定代表人、主要负责人和其他有关人员，对有关单位或者个人进行调查。

（3）要求涉嫌违法当事人限期提供有关证明文件。

（4）查阅、复制与涉嫌违法广告有关的合同、票据、账簿、广告作品和其他有关资料。

（5）查封、扣押与涉嫌违法广告直接相关的广告物品、经营工具、设备等财物。

（6）责令暂停发布可能造成严重后果的涉嫌违法广告。

（7）法律、行政法规规定的其他职权。

工商行政管理部门应当建立健全广告监测制度，完善监测措施，及时发现和依法查处违法广告行为。

该法第五十一条、五十二条规定，工商行政管理部门依照本法规定行使职权，当事人应当协助、配合，不得拒绝、阻挠。但工商行政管理部门和有关部门及其工作人员对其在广告监督管理活动中知悉的商业秘密负有保密义务。

该法第五十四条规定，消费者协会和其他消费者组织对违反本法规定，发布虚假广告侵害消费者合法权益，以及其他损害社会公共利益的行为，依法进行社会监督。

该法第五十条规定，国务院工商行政管理部门会同国务院有关部门，制定大众传播媒介广告发布行为规范。

（二）对投诉、举报的处理责任

2015 年新版《中华人民共和国广告法》第五十三条规定，任何单位或者个人有权向工商行政管理部门和有关部门投诉、举报违反本法的行为。工商行政管理部门和有关部门应当向社会公开受理投诉、举报的电话、信箱或者电子邮件地址，接到投诉、举报的部门应当自收到投诉之日起七个工作日内，予以处理并告知投诉、举报人。工商行政管理部门和有关部门不依法履行职责的，任何单位或者个人有权向其上级机关或者监察机关举报。接到举报的机关应当依法做出处理，并将处理结果及时告知举报人。有关部门应当为投诉、举报人保密。

【思考题】

1. 我国广告审查机关有哪些部门?
2. 广告行政性审查的程序有哪些?
3. 广告审查批准文件的法律效力及特点分别是什么?
4. 药品广告应审查的内容有哪些?

第十章

法律责任与救济途径

法律责任是指行为人对其实施的违法行为及其所造成的危害而应承担的法律规定的后果。《中华人民共和国广告法》第五章所规定的法律责任是指各种广告违法行为及与广告违法行为有关的其他违法行为的法律责任。所谓广告违法行为是指实施了违反我国广告管理法规的规范要求和法定行为模式，并危害社会的行为。这里的广告管理法规不仅指专门约束广告活动的法律、法规和规章，还包括其他法律、法规中涉及广告内容的规定。

广告活动主体的行为具备一定条件就构成广告违法行为，应确定其相应的法律责任。广告违法行为的构成要件，即广告违法行为的成立需具备以下几点：

第一，有违反我国广告管理法规的一种或一种以上的行为。只有广告违法的动机，而没有广告违法行为，或者虽然有违法行为，但违反的不是广告管理法规，均不能以广告违法行为论处。

第二，有对广告管理法规所保护的客体的侵害。我国广告管理法规所保护的客体包括三个方面，即广告管理秩序、广告宣传秩序和广告经营秩序。如果广告活动主体在广告活动中侵害了广告客体，或者侵害的是其他法律、法规所保护的客体，不能以广告违法行为论处。

第三，广告违法行为必须是有责任能力的自然人和依法设置的法人所施行的。当违法者为公民个人时，其承担法律责任的前提条件是必须达到法定责任年龄并且具有承担法律责任的能力。

第四，实施了广告违法行为的人必须有过错。过错有两种形式：一种叫故意过错，指广告违法主体有意识地实施了广告违法行为，即主观上有过错；另一种叫过失过错，指广告违法主体不了解和没有意识到自己行为的违法性，或虽然意识到行为的违法性，但轻信可以避免其危害后果，这就是违法主体主观上无过错，但他同样违反了广告管理法规，并造成了危害后果，也应负相应的法律责任。

广告违法行为构成要件的四个条件必须同时具备，才能依法追究法律责任。

第一节　广告违法主体及法律责任种类

分析广告违法行为，我们可以对广告违法主体及法律责任做出以下归纳。

一、广告违法主体

广告违法主体是指实施广告违法行为的自然人和法人。这里主要指广告主、广告经营者、广告发布者公司、企业的法定代表人；社会团体或者其他组织的法定代表人；广告代言人；广告监督管理机关和广告审查机关的工作人员。

（一）广告主、广告经营者、广告发布者公司、企业的法定代表人

广告主在进行产品或服务的推广宣传时，应该将产品的质量、特征、性能等相关内容明确地告诉消费者，并如实地向广告经营者和发布者提供全面而真实合法的证明资料。所以，广告主在广告活动中起决定作用，在广告的责任归属中，他负有绝对责任。

广告经营者的作用不仅仅只是代广告主设计广告稿和订购广告版面与播放时间，他们在熟悉广告业务的同时，还要清楚有关的法律法规。就广告的责任归属来说，广告经营者也是主要责任主体之一。

广告发布者有权对发布的广告进行全面的审核，只有在肯定广告作品无问题的条件下方可发布广告。如果只要付费就来稿照登，当作品涉及违法时，也应承担相应的责任。

2015 年新版《中华人民共和国广告法》第七十条规定，因发布虚假广告，或者有其他本法规定的违法行为，被吊销营业执照的公司、企业的法定代表人，对违法行为负有个人责任的，自该公司、企业被吊销营业执照之日起三年内不得担任公司、企业的董事、监事、高级管理人员。

（二）社会团体或者其他组织的法定代表人

社会团体是指除企业、机关、事业单位法人以外的由若干成员为共同目的而自愿结合的社会组织，如消费者协会、戏曲协会等。目前许多社会团体和其他组织经常在广告中向消费者推荐商品或者服务，于是有一些假冒伪劣的商品、服务经营者便投其所好，骗取推荐，使消费者的合法权益受到损害。这种现象具有更大的欺骗性。广告法规定了社会团体或者其他组织在虚假广告中推荐商品或者服务使消费者的合法权益受到损害的，也应承担连带责任。

（三）广告代言人

广告代言人，并不单指演艺明星等公众人物，也包括专业人士（机构）、一般消费者。代言人在广告中以言词或其他方式，反映对商品或服务的意见、信赖、发现或亲身体验结果。广告代言人不得为其未使用过的商品或未接受过的服务进行证明。

2015 年新版《中华人民共和国广告法》第五十六条规定，广告代言人明知或者应知广告虚假仍设计、制作、代理、发布或者作推荐、证明的，应当与广告主承担连带责任。

（四）广告监督管理机关和广告审查机关工作人员

广告审查机关依法负有审查特殊商品广告内容的责任，其工作人员在执行审查的工作时应当本着对人民的生命财产安全负责的精神，秉公执法、严格把关。如果广告审查机关的工作人员不能恪尽职守，在对违法广告内容的查处中未能做到“防患于未然”，无疑会给社会和百姓生活制造麻烦，因此这种行为必须受到惩罚。广告监督管理机关，是代表国家对广告活动进行监督管理的行政部门：一方面，广告监督机关及其工作人员依据《中华人民共和国广告法》可以行使职权，同时也必须行使职权，任何听任或者放纵违法广告的

行为都意味着失职；另一方面，其不得享有任何广告法律规定之外的特权，广告监督管理机关及其工作人员的行政违法行为必须受到追究。

二、法律责任的种类

根据《中华人民共和国广告法》的规定，对广告违法行为责任的追究主要可分为行政责任、民事责任和刑事责任等三种法律责任。

(一) 行政责任

广告违法行为的行政法律责任是指按照广告管理法规的规定，行为人不履行广告管理法规规定的义务或实施了广告管理法规所禁止的行为时，应承担的责任。根据《中华人民共和国广告法》的规定，对违反广告管理法规的主体，由工商行政管理机关追究其行政上的法律责任，并视情节轻重，分别给予不同的行政处罚。广告行政处罚的目的在于给予违反广告管理法规的单位和个人以教育，从而防止新的广告违法行为或更严重的行为——犯罪——的发生。广告行政责任承担的方式又可分为经济处罚和行政处罚两大类。

1. 广告行政责任处罚的种类

(1) 经济处罚。广告经营者在广告活动中，违反《中华人民共和国广告法》及其他法规，其行为不构成犯罪的，广告管理机关将对其进行经济处罚，包括没收广告费用、没收违法所得和罚款。

没收违法所得，是指工商行政管理机关将广告客户通过违法广告宣传所骗取的收入予以没收。

没收广告费用，其中也包括没收违法所得，是指工商行政管理机关将广告经营者通过违法经营所获得的收入予以没收。广告经营者、广告发布者承担该行政责任的前提是“负有责任”：一是主观上有故意，即明知广告主利用广告对商品或者服务做虚假宣传，仍设计、制作、代理、发布该广告；二是主观上有过失，即客观上应当知道广告主利用广告对商品或服务做违法宣传，由于疏忽大意而没有预见到，或者已经预见到，但主观上不认为是违法广告而设计、制作、代理、发布该广告；三是没有查验有关证明文件，没有核实广告内容，从而造成虚假广告发布等。对负有责任的广告经营者、广告发布者，广告监督管理机关应当没收其广告费用，即没收其违法所得。对广告经营者是没收其广告设计、制作、代理费，对广告发布者则是没收广告发布费。

2. 罚款

罚款指工商行政管理机关依法强制违反广告管理法规的单位或个人向国家缴纳一定数量的货币。这种处罚方式是大多数国家的通常做法。《中华人民共和国广告法》规定的对违法主体罚款的标准有多种：处违法所得一倍以上三倍以下的罚款；处广告费用五倍以上十倍以下的罚款；处一万元以上五万元以下的罚款；处五万元以上十万元以下的罚款；处二十万元以上一百万元以下的罚款；处一百万元以上二百万元以下的罚款。

从罚款的几种标准中可以看到有很大的裁定空间，如“……以上……以下”、“可以并处”等，这就赋予了广告管理机关以一定的自由裁量权。这是由于广告活动复杂多变，广告法律规范不可能对广告监督管理机关所有的行政活动都做出具体而细致的规定，必须让其能根据具体情况，做出相应的行为：

第一，必须符合行政合理性原则。允许广告监督管理机关自由裁量，这并不是允许广告监督管理机关可以任意作为，而是必须根据行政合理性原则行使自由裁量权。行政合理性原则具体内容如下：首先，行政行为应符合立法目的或立法动机。其次，行政行为应建立在正当考虑的基础上，不得考虑不相关因素。如罚款，应考虑其违法行为产生的后果，而不应考虑人情。再次，平等适用法律规范。不得对相同事实因不同违法主体而给予不同对待。如同样是在广告中使用最高级用语，广告监督管理机关在处罚中如果对甲施以广告费一倍的罚款，而对乙却是广告费五倍的罚款，这就违反了行政合理性原则。最后符合国家和人民的利益。

第二，在符合行政合理性原则的前提下，对违法行为仍要根据情节的轻重，行使自由裁量权。情节，主要是指违法行为的动机和目的、主观上的过错（即故意或者过失）、违法行为的手段及违法行为造成的危害后果等。广告监督管理机关应对上述情节综合考虑，并具体案件具体分析，以决定罚款的幅度。

3. 行政处罚

对违法的广告经营活动，工商行政管理部门除了经济处罚以外，也将对其进行行政上的处罚。

（1）对责任人给予处分。2015 年新版《中华人民共和国广告法》第七十三条规定，工商行政管理部门对在履行广告监测职责中发现的违法广告行为或者对经投诉、举报的违法广告行为，不依法予以查处的，对负有责任的主管人员和直接责任人员，依法给予处分。工商行政管理部门和负责广告管理相关工作的有关部门的工作人员玩忽职守、滥用职权、徇私舞弊的，依法给予处分。

（2）停止发布广告。停止发布广告是指工商行政管理机关责令发布违法广告的广告客户和广告经营者停止发布有违法内容的广告，检查和纠正错误。这是大多数国家的通常做法，也是保护消费者利益和竞争者权益的首要手段。责令停止发布广告作为一种行政处罚，应当采取书面形式决定，以示法律的严肃性，但该措施又具有应急的性质，在紧急情况下，为保证及时、有效地制止违法行为，也可以先采取口头形式责令停止发布，再补办有关手续。

2015 年新版《中华人民共和国广告法》第六十八条规定，广播电台、电视台、报刊音像出版单位发布违法广告，或者以新闻报道形式变相发布广告，或者以介绍健康、养生知识等形式变相发布医疗、药品、医疗器械、保健食品广告，工商行政管理部门依照本法给予处罚的，应当通报新闻出版广电部门以及其他有关部门。新闻出版广电部门以及其他有关部门应当依法对负有责任的主管人员和直接责任人员给予处分；情节严重的，并可以暂停媒体的广告发布业务。

（3）消除影响。消除影响的方法是责令改正，而责令改正一般又是通过公开更正达成的，公开更正是指工商行政管理机关责令广告客户和广告经营者对其已发布的违法广告在相应的范围内公开予以纠正或改正。广告通常是通过大众传播媒介进行发布的，社会影响面极大。如果发布一条虚假广告，即使责令广告主停止发布广告，该广告的错误信息也已经传递给消费者，已经造成了极坏的影响。因此，必须在责令广告主停止发布广告的同时，责令其公开更正，以改变因虚假广告而留在消费者心中的错误印象，消除该广告造成的不良影响。

“责令公开更正”需要注意几点：

第一，公开更正必须以“等额广告费用”来进行。即广告主已发布的违法广告费用是多少，其公开更正发布广告的费用也应是多少，两者的费用应是相等的，这样规定是避免广告主在发布更正广告时“偷工减料”。

第二，公开更正应“在相应范围内”进行。即该违法广告是在什么范围内发布的，还应在相应的范围内发布更正广告。比如是在某省的某报纸发布的虚假广告，那么也应在该省的该报纸上发布更正广告，这样才能在违法广告发布的范围内有效地消除其影响。

第三，“更正”与“改正”的区别。广告发布者违反2015年新版《中华人民共和国广告法》第十四条规定的，广告监督管理机关要责令其予以改正，使广告具有“可识别性”；违反特殊准则的广告也要令其改正，而且主要是对广告内容的改正。如在药品广告中使用了治愈率或者有效率，广告监督管理机关应当责令广告主进行改正，将治愈率或有效率的内容从广告中删去；又如应当在医生指导下使用的治疗性药品广告语中，如果没有注明“按医生处方购买和使用”字样，则应当责令广告主予以改正，将其加进广告中。所以，“改正”和“公开更正”的含义是不同的。改正是把错误的改为正确的；公开更正是对已发表的谈话或发表的文章中的有关内容或字句上的错误公开声明，还其原貌。

第四，违法烟草广告不能“公开更正”。对违法烟草广告的行政处罚没有“公开更正”，主要是考虑到如果责令广告主公开更正，实质上是又给了广告主一次发布烟草广告的机会，这是与禁止发布烟草广告的规定相违背的。

（4）吊销营业执照。吊销营业执照或广告经营许可证，指工商行政管理机关收回并注销严重违反广告管理法规的广告经营者的营业执照或广告经营许可证，取消其经营广告的资格。

（二）须追究行政责任的广告行为

（1）根据2015年新版《中华人民共和国广告法》第五十七条规定，有下列行为之一的，由工商行政管理部门责令停止发布广告，对广告主处二十万元以上一百万元以下的罚款，情节严重的，并可以吊销营业执照，由广告审查机关撤销广告审查批准文件、一年内不受理其广告审查申请；对广告经营者、广告发布者，由工商行政管理部门没收广告费用，处二十万元以上一百万元以下的罚款，情节严重的，并可以吊销营业执照、吊销广告发布登记证件：

1）发布以下禁止情形的广告的：使用或者变相使用中华人民共和国的国旗、国歌、国徽，军旗、军歌、军徽；使用或者变相使用国家机关、国家机关工作人员的名义或者形象；使用“国家级”、“最高级”、“最佳”等用语；损害国家的尊严或者利益，泄露国家秘密；妨碍社会安定，损害社会公共利益；危害人身、财产安全，泄露个人隐私；妨碍社会公共秩序或者违背社会良好风尚；含有淫秽、色情、赌博、迷信、恐怖、暴力的内容；含有民族、种族、宗教、性别歧视的内容；妨碍环境、自然资源或者文化遗产保护；法律、行政法规规定禁止的其他情形，以及损害未成年人和残疾人的身心健康的广告。

2）发布处方药广告、药品类易制毒化学品广告、戒毒治疗的医疗器械和治疗方法广告的。

3）发布声称全部或者部分替代母乳的婴儿乳制品、饮料和其他食品广告的。

4）发布烟草广告的。

5）利用广告推销禁止生产、销售的产品或者提供的服务，或者禁止发布广告的商品或者服务的。

6）在针对未成年人的大众传播媒介上发布医疗、药品、保健食品、医疗器械、化妆品、酒类、美容广告，以及不利于未成年人身心健康的网络游戏广告的。

如南京市鼓楼区中医院曾分别在南京市一些新闻媒体上发布题为《自体脂肪隆胸溶脂减肥新突破》和《注射式隆胸自体脂肪隆胸溶脂减肥新突破》的广告，称："我院特聘上海、广州具有多年整形美容经验的专家常年主持"，"克服了脂肪的获取、移植、活化等技术难关"，"国际公认技术"等。而实际上该院美容科常年主持的医师根本不是什么具有多年整形经验的专家；所谓"技术国际公认"也根本没有出处，是虚构的；所谓克服了脂肪的获取、移植、活化等技术难关，根本无科学依据。而在此期间，已有上百位患者在该院美容科就诊。江苏省市工商局和南京建邺区工商分局组成联合专案组进行调查，经过近两个月的取证，弄清了事实真相并做出处罚：责令鼓楼区中医院停止发布；以等额广告费用在相应范围内公开更正，消除影响；罚款人民币 30.03 万元。[①]

（2）2015 年新版《中华人民共和国广告法》第五十八条规定，有下列行为之一的，由工商行政管理部门责令停止发布广告，责令广告主在相应范围内消除影响，处广告费用一倍以上三倍以下的罚款，广告费用无法计算或者明显偏低的，处十万元以上二十万元以下的罚款；情节严重的，处广告费用三倍以上五倍以下的罚款，广告费用无法计算或者明显偏低的，处二十万元以上一百万元以下的罚款，可以吊销营业执照，并由广告审查机关撤销广告审查批准文件、一年内不受理其广告审查申请：

1）违反第十六条规定发布医疗、药品、医疗器械广告的。

2）违反第十七条规定，在广告中涉及疾病治疗功能，以及使用医疗用语或者易使推销的商品与药品、医疗器械相混淆的用语的。

3）违反第十八条规定发布保健食品广告的。

4）违反第二十一条规定发布农药、兽药、饲料和饲料添加剂广告的。

5）违反第二十三条规定发布酒类广告的。

6）违反第二十四条规定发布教育、培训广告的。

7）违反第二十五条规定发布招商等有投资回报预期的商品或者服务广告的。

8）违反第二十六条规定发布房地产广告的。

9）违反第二十七条规定发布农作物种子、林木种子、草种子、种畜禽、水产苗种和种养殖广告的。

10）违反第三十八条第二款规定，利用不满十周岁的未成年人作为广告代言人的。

11）违反第三十八条第三款规定，利用自然人、法人或者其他组织作为广告代言人的。

12）在中小学校、幼儿园内或者利用与中小学生、幼儿有关的物品发布广告的。

13）违反第四十条第二款规定，发布针对不满十四周岁的未成年人的商品或者服务的广告的。

14）违反第四十六条规定，未经审查发布广告的。

---

① 参见许震宁、陆道爱：《吹嘘隆胸有新突破　南京一医院因虚假广告被罚》，见中国新闻网，2001-02-25。

医疗机构有前款规定违法行为，情节严重的，除由工商行政管理部门依照本法处罚外，卫生行政部门可以吊销诊疗科目或者吊销医疗机构执业许可证。

广告经营者、广告发布者明知或者应知有本条第一款规定违法行为仍设计、制作、代理、发布的，由工商行政管理部门没收广告费用，并处广告费用一倍以上三倍以下的罚款，广告费用无法计算或者明显偏低的，处十万元以上二十万元以下的罚款；情节严重的，处广告费用三倍以上五倍以下的罚款，广告费用无法计算或者明显偏低的，处二十万元以上一百万元以下的罚款，并可以由有关部门暂停广告发布业务、吊销营业执照、吊销广告发布登记证件。

（3）2015 年新版《中华人民共和国广告法》第五十九条规定，有下列行为之一的，由工商行政管理部门责令停止发布广告，对广告主处十万元以下的罚款：

1）广告内容违反第八条规定：广告中对商品的性能、功能、产地、用途、质量、成分、价格、生产者、有效期限、允诺等或者对服务的内容、提供者、形式、质量、价格、允诺等有表示的，应当准确、清楚、明白。广告中表明推销的商品或者服务附带赠送的，应当明示所附带赠送商品或者服务的品种、规格、数量、期限和方式。法律、行政法规规定广告中应当明示的内容，应当显著、清晰表示。

2）广告引证内容违反第十一条规定：广告内容涉及的事项需要取得行政许可的，应当与许可的内容相符合。广告使用数据、统计资料、调查结果、文摘、引用语等引证内容的，应当真实、准确，并表明出处。引证内容有适用范围和有效期限的，应当明确表示。

3）涉及专利的广告违反第十二条规定：广告中涉及专利产品或者专利方法的，应当标明专利号和专利种类。未取得专利权的，不得在广告中谎称取得专利权。禁止使用未授予专利权的专利申请和已经终止、撤销、无效的专利作广告。

4）广告贬低其他生产经营者的商品或者服务的。

广告经营者、广告发布者明知或者应知有前款规定违法行为仍设计、制作、代理、发布的，由工商行政管理部门处十万元以下的罚款。

广告违反本法第十四条规定，不具有可识别性的，或者违反本法第十九条规定，变相发布医疗、药品、医疗器械、保健食品广告的，由工商行政管理部门责令改正，对广告发布者处十万元以下的罚款。

（4）广播电台、电视台、报刊出版单位未办理广告发布登记，擅自从事广告发布业务的，由工商行政管理部门责令改正，没收违法所得，违法所得一万元以上的，并处违法所得一倍以上三倍以下的罚款；违法所得不足一万元的，并处五千元以上三万元以下的罚款。

（5）广告经营者、广告发布者未按照国家有关规定建立、健全广告业务管理制度的，或者未对广告内容进行核对的，由工商行政管理部门责令改正，可以处五万元以下的罚款。违反 2015 年新版《广告法》第三十五条规定，广告经营者、广告发布者未公布其收费标准和收费办法的，由价格主管部门责令改正，可以处五万元以下的罚款。

（6）广告代言人有下列情形之一的，由工商行政管理部门没收违法所得，并处违法所得一倍以上两倍以下的罚款：

1）在医疗、药品、医疗器械广告中作推荐、证明的。

2）在保健食品广告中作推荐、证明的。

3）为其未使用过的商品或者未接受过的服务作推荐、证明的。

4）明知或者应知广告虚假仍在广告中对商品、服务作推荐、证明的。

（7）违反2015年新版广告法第四十三条规定（任何单位或者个人未经当事人同意或者请求，不得向其住宅、交通工具等发送广告，也不得以电子信息方式向其发送广告。以电子信息方式发送广告的，应当明示发送者的真实身份和联系方式，并向接收者提供拒绝继续接收的方式。）发送广告的，由有关部门责令停止违法行为，对广告主处五千元以上三万元以下的罚款。

违反2015年新版广告法第四十四条第一款（利用互联网发布、发送广告，不得影响用户正常使用网络。在互联网页面以弹出等形式发布的广告，应当显著标明关闭标志，确保一键关闭）规定，利用互联网发布广告，未显著标明关闭标志、确保一键关闭的，由工商行政管理部门责令改正，对广告主处五千元以上三万元以下的罚款。

（8）公共场所的管理者和电信业务经营者、互联网信息服务提供者，明知或者应知广告活动违法不予制止的，由工商行政管理部门没收违法所得，违法所得五万元以上的，并处违法所得一倍以上三倍以下的罚款，违法所得不足五万元的，并处一万元以上五万元以下的罚款；情节严重的，由有关部门依法停止相关业务。

（9）隐瞒真实情况或者提供虚假材料申请广告审查的，广告审查机关不予受理或者不予批准，予以警告，一年内不受理该申请人的广告审查申请；以欺骗、贿赂等不正当手段取得广告审查批准的，广告审查机关予以撤销，处十万元以上二十万元以下的罚款，三年内不受理该申请人的广告审查申请。

（10）伪造、变造或者转让广告审查批准文件的，由工商行政管理部门没收违法所得，并处一万元以上十万元以下的罚款。

（11）有违法行为的，由工商行政管理部门记入信用档案，并依照有关法律、行政法规规定予以公示。

如王某伪造“某某市兴业技术开发部”的集体法人营业执照和国营单位法人营业执照，化名李良、王春为法人代表，在全国各地报纸杂志上刊登虚假信息广告，包括所谓“赠送实用技术”、“长期赠送实用技术”、“百业速富指南”等六种内容，均以“赠送”为名，实为欺骗用户来购买其所谓“技术资料”。王某用12万多元刊登广告，共骗得用户的资料费60万元。王某用虚假的证明文件骗得广告的发布，按照《中华人民共和国广告法》的规定应承担法律责任，给予其罚款10万元的处理。另外，由于王某用假证明作虚假广告，还必须按照《中华人民共和国广告法》予以处罚。按两种处罚合并执行的原则，给予王某的处罚是停止广告发布，以13万元在相应范围里刊登更正广告消除影响，处以30万元罚款上缴国库，并赔偿用户损失。

（三）民事法律责任

民事责任是指违反合同或其他民事义务而应负的法律上的责任。广告违法行为的民事法律责任，则是指广告行为人由于实施广告违法行为，使广告受众的合法权益受到损害的，依照我国民法规范而应承担的法律后果。

1. 承担民事责任的前提

我国《民法通则》根据责任发生的原则，将民事责任分为违反合同的民事责任和侵权的民事责任两类，2015 年新版《中华人民共和国广告法》第六十九条规定的广告违法行为的民事责任则是侵权的民事责任。广告主、广告经营者、广告发布者承担民事责任有两个前提条件：一是必须有侵权损害这一事实；二是侵权行为人主观上必须有过错，即有故意或者过失。

广告违法行为造成的损害称为侵权损害。侵权根据侵害对象的不同，可以分为侵害财产权、侵害人身权、侵害知识产权等。损害则包括财产权利的损害和非财产权利的损害两种：凡能以货币来表现的损害，属于财产权利方面的损害；凡不能以货币来表现的损害，则属于非财产权利的损害。非财产权利包括公民享有的生命健康权、姓名权、肖像权、名誉权、荣誉权、婚姻自主权以及法人享有的名称权、名誉权、荣誉权等人身权利。

2. 承担民事责任的方式

针对违法广告造成侵权损害的情况，通常采用的民事责任处罚方式有停止侵害、赔偿损失、消除影响、恢复名誉、赔礼道歉等方式。其中赔偿损失的赔偿额应当相当于购买商品或者接受服务的消费者所遭受的实际损失额。

（1）2015 年新版《中华人民共和国广告法》第六十九条规定，广告主、广告经营者、广告发布者有下列侵权行为之一的，依法承担民事责任：

1）在广告中损害未成年人或者残疾人的身心健康的。

2）假冒他人专利的。

3）贬低其他生产经营者的商品、服务的。

4）在广告中未经同意使用他人名义或者形象的。

5）其他侵犯他人合法民事权益的。

广告主、广告经营者、广告发布者和广告代言人违反其他法律、行政法规规定，损害消费者合法权益的，消费者有权依照产品质量法、消费者权益保护法、合同法、侵权责任法、食品安全法等法律、行政法规规定，要求其承担相应法律责任。

（2）广告经营者、发布者、社会团体或者其他组织与广告主之间的连带责任。连带责任是指数个侵权行为人造成的损害赔偿中，受害人可以向数个侵权行为人中的任何一方要求全部赔偿，该行为人必须进行全部赔偿的一种责任类型。该行为人进行全部赔偿后，有权要求其他侵权人偿付其应当承担的份额。广告经营者、广告发布者承担连带责任的前提是明知或者应知广告虚假仍设计、制作、发布的，与广告主承担连带责任。《中华人民共和国广告法》在民事责任中规定连带责任，一是方便消费者，保护消费者的合法权益；二是增加广告主、广告经营者和广告发布者的责任感，增强社会团体和其他组织保证推荐的严肃性。

（3）发布虚假广告，欺骗、误导消费者，使购买商品或者接受服务的消费者的合法权益受到损害的，由广告主依法承担民事责任。广告经营者、广告发布者不能提供广告主的真实名称、地址和有效联系方式的，消费者可以要求广告经营者、广告发布者先行赔偿。

关系消费者生命健康的商品或者服务的虚假广告，造成消费者损害的，其广告经营者、广告发布者、广告代言人应当与广告主承担连带责任。

前款规定以外的商品或者服务的虚假广告，造成消费者损害的，其广告经营者、广告发布者、广告代言人，明知或者应知广告虚假仍设计、制作、代理、发布或者作推荐、证明的，应当与广告主承担连带责任。

3. 取得民事赔偿的途径

受害人因广告主、广告经营者、广告发布者的上述侵权行为造成人身权利或者财产权利损害的，应当向人民法院起诉，请求赔偿。起诉是最终的也是最具强制力的途径。虽然对于广告违法行为的民事责任，《中华人民共和国广告法》只规定了承担民事责任的类型，即单方责任和连带责任，没有规定承担民事责任的方式，但人民法院可以依据《民法通则》、《民事诉讼法》的有关规定进行审理，使受害人得到相应的赔偿。

如东方明珠电视塔内一幅被人交口称赞的宣传画——《东方明珠邮电所与您携手迎接2000年》，引来一场侵权官司。1999年7月前，原告上海红绿蓝图片有限公司完成了摄影作品《浦江两岸日景》。2000年3月原告在东方明珠广播电视塔内，发现了由邮政局制作的大型广告牌，其背景正是原告的摄影作品《浦江两岸日景》。原告认为，邮政局此行为已构成侵权，故请求浦东新区法院判令被告邮政局拆除这幅广告牌，在新闻媒体上向原告赔礼道歉，赔偿原告损失10万元和承担该案的诉讼费用。在该案的审理中，上海宏教彩色数码图片有限公司因受被告邮政局的委托制作了该幅宣传画而成为第二被告。

2001年8月12日，法院判决被告败诉。法院审理后认为，《浦江两岸日景》是摄影作品，原告为著作权人，其著作权受法律保护。邮政局使用该摄影作品，实际起到了宣传自身、期望为自身带来经济利益的作用，故该宣传画被认定为广告。宏教公司未审查广告背景照片的来源而设置含有原告作品的广告，两被告均侵害了原告的著作权。判决两被告须在《上海摄影》杂志上向原告赔礼道歉；分别赔偿原告1 000元和9 000元，两被告相互承担连带清偿责任。①

根据《中华人民共和国广告法》的规定，工商行政管理机关有权根据受害人的请求，责令广告客户赔偿下列损失：(1) 利用广告推销质量不合格商品而给他人造成的财产上的损失；(2) 利用广告骗取的用户或消费者的购物款；(3) 利用广告侵害他人商标权、企业名称权而给他人造成的财产损失。利用广告造成他人其他方面损害的，当受害人请求工商行政管理机关处理时，应告知受害人向人民法院起诉。

广告经营者承担赔偿责任的条件有下列四点：(1) 有造成损害的事实。广告经营者因发布无合法证明，证明不全或内容不实的广告，致使用户和消费者上当受骗，造成财产损害的。(2) 用户和消费者所遭受的损害，是因为广告经营者发布违法广告的行为所造成的。(3) 因为广告经营者发布违法广告，致使用户和消费者在使用按照广告购买来的商品后，遭受损害的。(4) 广告经营者发布违法广告的原因，是因为其没有依法审查广告内容、查验广告证明所造成的，主观上有过错。

以上四个条件同时具备，广告经营者要承担赔偿责任。

由于虚假广告的误导和欺骗，使购买商品或服务的消费者的合法权益受到损害的，是一种侵权行为，广告违法主体应当承担民事责任。我国《民法通则》规定了10种承担民事责任的方式，但对虚假广告来说，最主要的承担民事责任的方式是赔偿损失。

如某经济电台为一家出售种子的公司播放了一年的“香酥梨”种子邮购广告，收取广告费13万多元。但这种“梨树”却是一种草本植物，结出的果实并不是梨而是一种凉果，为此，受骗的140户农户将电台及这家企业讼至当地工商行政管理局。不久，工商局做出

① 参见马越、东亮：《一幅大型广告侵权　浦东法院判决两被告赔偿万元》，载《新闻晚报》，2001-08-13。

行政处罚决定，责令这家企业停止发布该邮购广告，花费约为13.2万元的费用在该邮购广告涉及的范围内消除影响，并处以20万元的罚款；没收电台13.2万元的广告费，罚款14.7万元。同时建议140户农户向人民法院起诉，要求售种企业与电台赔偿损失。

人民法院经查证后确认，“香酥梨”种子邮购广告是一则虚假广告。《中华人民共和国广告法》规定：广告不得含有虚假的内容，不得欺骗和误导消费者。该案中，企业故意制造虚假邮购“香酥梨”广告的行为，违背了该规定。而经济电台则是违背了1994年《中华人民共和国广告法》第二十七、二十八条关于“广告经营者、广告发布者依据法律、行政法规查验有关文件，核实广告内容”、“广告经营者、广告发布者按照国家有关规定，建立、健全广告业务的承接登记、审核、档案管理制度”的规定：企业的“香酥梨”种子并无齐全的证明文件，广告内容具有不实之处，对此，电台应该是知道的，但却发布了广告。判决电台和售种企业赔偿受骗140户农户的直接和间接经济损失27.55万元。

在广告活动中，由于广告主、广告经营者、广告发布者三者的共同过错发布虚假广告，给购买商品或者接受服务的消费者造成损害的，应当按照他们各自的过错共同承担侵权的民事责任。受到损害的消费者在请求损害赔偿时，则可以向其中的任何一个侵权人请求全额赔偿。当广告经营者、广告发布者不能提供广告主的真实名称、地址，广告主无从查找时，则由广告经营者、广告发布者承担全部的民事赔偿责任。

如某报社收取武汉日丰实业发展公司广告费人民币1 500多元，并于同年10月3日在第六版刊登一则“出租车招商”广告。邱某、黄某、夏某、高某见广告后，分别于10月4日、5日找到广告主，经向该公司工作人员询问有关情况后预付了车款共计人民币44.45万元。10月5日，夏某前去交付剩余车款时发现“广告主”的“经理”已携款不知去向，遂向公安机关报案。经核查，“武汉日丰实业发展公司”的营业执照和税务登记证均系伪造，某报社在审查办理广告业务所保存的档案中只有“企业法人营业执照”的复印件和盖有该“公司”印章的广告词。由于这起刑事案件还未侦破，邱某等四人向武汉市中级人民法院提起诉讼，要求报社承担在办理广告业务中审查不严的责任，并赔偿经济损失。

武汉市中级人民法院一审认定，该报社刊登的“出租车招商”广告是虚假广告。报社作为广告发布者，在承接广告时审查不严是给邱某等四人造成损害的主要原因，根据《中华人民共和国广告法》规定，遂判决该报社赔偿邱某等四人的经济损失44.45万元及利息。一审宣判后，报社不服提起上诉，湖北省高级人民法院二审认定原判事实清楚，适用法律正确，遂做出驳回上诉、维持原判的终审判决。

再如有些社会团体、组织热衷于推荐商品取利，于是一些假冒伪劣商品、服务的经营者便投其所好、骗取推荐，蒙骗、坑害消费者。这种现象的社会危害性比起单纯的虚假广告来，更为严重。如有的“名优产品”、“名牌产品”、“金奖产品”、“银奖产品”等冠名是用钱买来的。即使有些被权威机构承认的“名誉”，其认证标准也不尽相同。如以国内某著名品牌为例，中国统计学会评其冰箱、冰柜、空调销量均为第一，而按中国家电协会的产量排序，该品牌的这三种产品分别列排行榜的第二、第四、第五位。

为了防止某些公证处的个别人和法律事务所收受“好处费”为欺诈性广告作“公证”和“见证”，更好地保护消费者的利益，1994年《中华人民共和国广告法》第三十八条第三款规定，社会团体或者其他组织在虚假广告中向消费者推荐商品或服务，使消费者的合法权益受到损害的，承担连带责任。

(四) 刑事法律责任

刑事责任是指依照我国刑事法律规定，行为人因实施刑事法律禁止的行为而必须承担的法律后果。广告违法行为的刑事责任指广告主、广告经营者和广告发布者的广告违法行为情节严重，不但违反了我国的广告管理法规，而且构成了犯罪，依照《刑法》的规定，所应承担的法律责任。2015 年新版《中华人民共和国广告法》第七十一条规定：拒绝、阻挠工商行政管理部门监督检查，或者有其他构成违反治安管理行为的，依法给予治安管理处罚；构成犯罪的，依法追究刑事责任。第七十二条规定，广告审查机关对违法的广告内容做出审查批准决定的，对负有责任的主管人员和直接责任人员，由任免机关或者监察机关依法给予处分；构成犯罪的，依法追究刑事责任。

2015 年新版《中华人民共和国广告法》第七十三条规定，工商行政管理部门对在履行广告监测职责中发现的违法广告行为或者对经投诉、举报的违法广告行为，不依法予以查处的，对负有责任的主管人员和直接责任人员，依法给予处分。工商行政管理部门和负责广告管理相关工作的有关部门的工作人员玩忽职守、滥用职权、徇私舞弊的，依法给予处分。有前两款行为、构成犯罪的，依法追究刑事责任。

1. 构成犯罪的四个条件

(1) 犯罪主体。即《中华人民共和国广告法》规定的违法主体，它们既可以是法人，也可以是独立承担民事责任的其他组织，还可以是自然人。

(2) 犯罪主观要件。即违法主体对实行违法广告行为所持的心理态度，主要包括犯罪的故意和过失。

(3) 犯罪客体。即犯罪行为所侵害的社会关系，如国家的广告管理秩序。

(4) 犯罪客观要件。即具有利用广告对商品和服务做违法宣传的行为。

只有同时具备上述四个要件，情节严重的行为，才构成犯罪。

2. 刑事处罚

广告行为人违反广告管理法规规定，情节严重，构成犯罪的，由司法机关依法追究刑事责任，并依照法律给予刑事处罚；或广告行为人违反《刑法》的也要受到处罚。

如曾有市民举报，有人在昆明市区散发“复方锁阳补肾胶囊”导读报，宣传内容淫秽不堪。散发者无孔不入，不但在北京路、黄土坡、鱼翅路、丰宁小区等地的多家药店门前向过往行人散发，而且把淫秽色情的导读广告从居民门缝中塞进家里。为此，昆明市公安局和工商局成立专案组，根据群众举报的线索，在该市黄土坡一药店抓获了正在散发导读报的曾某，捣毁了制作窝点，并抓获蒲守永、刘昌春。

经审理查明，2001 年 8 月，蒲守永、刘昌春分别利用自己非法开办的印刷厂、打字店，由刘昌春负责打字排版，蒲守永负责印刷，为曾某非法制版后印刷了“复方锁阳补肾胶囊”导读报 4 万份，蒲守永得款 1 400 元，分给刘昌春 175 元。经鉴定，该导读报属淫秽物品。昆明市官渡区人民法院以制作淫秽物品牟利罪分别判处蒲守永和刘昌春两被告有期徒刑各 1 年，并各处罚金人民币 1 000 元。

对于广告违法行为的刑事责任，《中华人民共和国广告法》只做了原则规定，即确定具体的刑事责任，要适用《中华人民共和国刑法》的有关规定，刑法中没有规定的，立法机关将制定专门规定，对刑法进行补充。任何广告违法行为都具有社会危害性，但是否触犯我国刑法，则要根据我国刑法中关于犯罪的标准来衡量。对一般广告违法行为，分别给予相应的行政制裁和民事制裁。只有当广告违法行为的社会危害达到一定的程度，才构成犯罪，依照法律应当受到《刑法》处罚。所以，在广告管理工作中，必须正确区分广告违法行为与广告犯罪行为的界限，避免出现用行政制裁处罚涉及广告的犯罪行为，即重罪轻罚的现象。

再如，鞍山市铁西区环钢路共和交通岗一个巨型广告牌突然倒塌，路过此地的两名妇女崔某和周某当场被砸死，另有几人受伤，同时造成电信线路中断，直接经济损失 4 万余元。经查，铁东区解放福利总厂宏光铝合金装潢部负责人李显喜在去年 9 月超经营范围承揽了大硕房地产开发有限公司巨型广告牌的设计、制作、安装，并收费 5 万元。后来，李显喜又私自将重达 78 吨的大广告牌，于 10 月中旬安装在事发现场。李显喜超范围承揽大型户外广告牌的设计、制作、安装，设计不合理，并使用劣质钢材，导致广告牌倾倒，造成重大人身伤亡事故。2002 年 5 月 19 日，该事故的责任人李显喜被判刑三年，缓刑三年，并处以 5 万元经济处罚。这也是鞍山市审结的首例工程重大安全事故罪。①

有些广告主、广告经营者、广告发布者利用广告对商品或服务做虚假宣传构成犯罪的，应依法追究刑事责任。根据广告市场的情况，构成犯罪的一般有以下几种情况：(1) 利用虚假广告进行诈骗活动，情节严重的，构成诈骗罪；(2) 在虚假广告中，假冒他人商标，侵犯他人注册商标专用权，情节严重的，构成假冒商标罪；(3) 在虚假广告中，假冒他人专利，侵犯他人专利权，情节严重的，构成假冒专利罪；(4) 其他犯罪情况。

1990 年 11 月，由广西柳州市人民检察院公诉到市中级人民法院审判了新中国成立以来柳州市审理的一起最大的诈骗案。一批犯罪分子被提请依法惩处，随案移送的公安预审卷宗、检察卷宗及其他有关证据达 82 册。案情是这样的：

柳州市无业游民岑巨庆发财心切，结识了以广告诈骗为业的曾广强，两人一拍即合，与岑巨庆、岑巨任、王忠义等自 1988 年开始，先后在全国各地一些报纸上刊登虚假广告，频繁地、大规模地进行诈骗活动。这个犯罪团伙抓住人们渴求致富的心理，用“致富广告”行骗。广告中最吸引人的是“保价回收”，使人感到无后顾之忧。他们甚至把回收价提高数倍、数十倍，以引诱人们汇款购买。如防风、北沙参、人参种子，国家收购价每公斤分别为 21 元、8 元、130 元，他们定的“回收价”则提到 180 元、350 元、500 元。苦于致富无门的人们看到了刊登在省级科技报上的这些广告，怎能不动心？广告刊出后，汇款单像雪片似的向他们飞来。

1988 年 6 月，曾广强、岑巨庆在福建、广东、河南等省的有关报纸上刊登提供桔梗药材种子的虚假广告后，骗得赃款 100 729 元；岑巨庆、吴志刚在福建、广东、广西、云南的有关报纸上刊登出售益智仁、刺五加药材种子的虚假广告后，骗得赃款 11 万多元；同年 8 月，岑巨庆、岑巨任在广西、广东、山西、陕西、安徽的有关报纸上刊登青天葵药材种子的虚假广告后，骗得赃款 18 万多元；1989 年 2 月岑巨庆、匡志光伙同金本涛，在安徽、陕西、四川、江苏的有关报刊上登出售防风、桔梗药材种子的虚假广告，骗得赃款 12 万多元……据统计，截至 1990 年 11 月，这伙骗子的诈骗总额达 172 万多元。深受其害的群众除了被骗现金外，有的还因等种子种植而耽误了农时，使田地荒芜；有的将稻田改种

① 参见王世海：《广告牌砸死人　责任人判了刑》，载《辽沈晚报》，2002-05-17。

“药材”后，收到的药种不发芽，也误了种粮；有的卖口粮购药材种子，造成全家忍饥挨饿；有的受骗后，互相埋怨，造成夫妻反目，父子斗殴；有的甚至倾家荡产，走了绝路……这次广告诈骗扰乱了整个市场秩序，进而扰乱了社会经济秩序，深刻地影响到人们的生产、生活，给消费者造成了极大的损失。

利用广告进行犯罪活动，主要从虚假广告推销的商品或者服务的犯罪目的和危害后果两个方面来判断。如果推销的是假冒伪劣商品，应当依照《关于惩治生产、销售伪劣商品犯罪的决定》追究刑事责任；如果是以骗取他人钱财为目的，诱使他人购买其所宣传的虚假的商品或者服务，如果非法所得数额较大构成了诈骗案，则应当依照《中华人民共和国刑法》第一百五十一条或者第一百五十二条的规定和有关的补充规定，追究刑事责任。

修改后的《中华人民共和国刑法》第二百二十二条专设“虚假广告罪”：广告主、广告经营者、广告发布者违反国家规定，利用广告对商品或者服务作虚假宣传，情节严重的，处二年以下有期徒刑或拘役，并处或者单处罚金。另据该法第一百五十一、一百五十二条规定，单位犯本罪的，对单位判处罚金，并对直接负责的主管人员和其他直接责任人员，依照上述处罚自然人之规定定罪处罚。

第二节 救济途径

根据《中华人民共和国行政诉讼法》，公民、法人或者其他组织认为行政机关和行政机关工作人员的具体行政行为侵犯其合法权益，有权向人民法院提起诉讼。广告违法主体受到行政处罚后，应当认真执行行政处罚决定，纠正违法行为。但是，当被处罚的当事人认为该行政处罚认定事实不清，或者适应法律错误，或者有其他枉法裁判的情况，对行政处罚决定不服时，有权申请行政复议或者提起行政诉讼，请求做出处罚决定的行政机关的上级行政机关对原处理决定进行审查并重新处理。上级行政机关收到当事人的申请后，按照法律、法规规定的程序对该具体行政行为是否违法或者不当进行审查，在规定的时限内，重新裁决维持、变更或者撤销原行政处罚。

一、行政复议

广告违法行为行政处罚复议是指不服工商行政管理机关行政处罚的单位和个人，依法向做出处罚决定的工商行政管理机关的上一级工商行政管理机关提出申请，请求重新处理，上一级工商行政管理机关据此对处罚决定重新审议，依不同情况做出维持、变更或撤销原处罚决定的一种法律制度。

（一）申请复议

公民、法人或者其他组织向行政机关申请复议的，行政复议机关应当自受理申请之日起 60 日内做出行政复议决定；但是法律规定的行政复议期限少于 60 日的除外。情况复杂，不能在规定期限内做出行政复议决定的，经行政复议机关的负责人批准，可以适当延长，并告知申请人和被申请人，但是延长期限最多不超过 30 日。法律、法规另有规定的除外。

申请人不服复议决定的，可以在收到复议决定书之日起 15 日内向人民法院提起诉讼。

复议机关逾期不作决定的，申请人可以在复议期满之日起 15 日内向人民法院提起诉讼。法律另有规定的除外。

1. 行政复议受理范围

有下列情形之一的，公民、法人或者其他组织可以依照本法申请行政复议：

（1）对行政机关做出的警告、罚款、没收违法所得、没收非法财物、责令停产停业、暂扣或者吊销许可证、暂扣或者吊销执照、行政拘留等行政处罚决定不服的。

（2）对行政机关做出的有关许可证、执照、资质证、资格证等证书变更、中止、撤销的决定不服的。

（3）认为行政机关侵犯合法的经营自主权的。

（4）认为符合法定条件，申请行政机关颁发许可证、执照、资质证、资格证等证书，或者申请行政机关审批、登记有关事项，行政机关没有依法办理的。

（5）认为行政机关的其他具体行政行为侵犯其合法权益的。

2. 申请复议的条件

申请复议必须具备法定的条件，否则申请复议无效，复议工商行政管理机关不予受理。申请复议的条件主要有以下几点：

（1）有权提出申请复议的人是对工商行政管理机关广告行政处罚不服的单位和个人，并以自己的名义提起。

（2）申请复议人申请复议时，应当提出不服处罚的理由和请求事项，并提供相应的证据证明材料。申请复议理由及要求一般包括以下几个方面：1）认为处罚决定在认定事实上有错误；2）认为处罚决定在适用法律上有错误；3）认为查处机关违反了法律规定的查处程序；4）认为处罚决定违法，请求复议机关予以撤销；5）认为处罚决定不当，请求复议机关予以改变。

（3）申请复议应当采用自下而上的方式，向处罚自己的工商行政管理机关的上一级管理机关提出申请，同时将申请副本送交原处罚机关。

根据规定，不服处罚决定的申请复议期限为 15 日，从收到处罚通知之日算起，申请复议书在期满前已经交邮的，不算过期。如果超过法定期限又无正当理由，申请复议失效。当事人仍坚持复议的，只能按申诉处理。

（二）复议受理、裁决

复议工商行政管理机关接到申请复议书后，经审查，凡符合申请条件的，复议工商行政管理机关予以受理，并书面通知申请复议人。不符合申请复议条件的，不予受理，并书面通知申请复议人。

复议申请受理后，复议机关应当就原处罚机关认定的事实和适用的法律进行全面审查，查清原处罚决定认定的事实是否正确，适用法律是否适当，以及是否还存在其他问题。规定复议期限主要是为了复议机关及时、准确地复议案件，提高工作效率。根据审查案件的不同情况，复议可以采取不同的审理方式，一般分为书面审理和直接审理两种。

申请复议的裁决是指复议机关通过对复议的案件的审理，最终对原处罚决定做出维持、变更或撤销的决定。（1）原处罚决定认定事实正确，证据充分，适用法律适当的，应当驳回复议申请，维持原处罚决定；（2）原处罚决定部分正确、部分错误的，维持处罚决定的正确部分，撤销处罚决定错误的部分；(3) 原处罚决定认定事实不清、证据不足或重要证据未经调查核实，不能作为认定案件事实的根据等，复议机关可自行查清事实，核实证据后改变处查处理。

如北京市康得工贸公司为在上海推销“康得清脑助学器”产品，于 1994 年八九月份在北京与呼和浩特市钢铁厂第一轧钢分厂停薪留职人员李某、张某等签订代理销售“康得清脑助学器”的合同，该公司同时出具了聘书和总代理授权委托书。1994 年 10 月，该公司为李某等人提供了一份介绍信、一盘 15 分钟的广告带和一枚销售部公章，为使李某等人在上海顺利开展销售工作，北京康得工贸公司的吴志平交给李某 20 万元现金作为其在上海建立销售点的前期费用，并口头约定，全体销售人员的工资福利由公司承担，如果能按计划销售 10 万台，将给其提成 15 万元。

李某等人作为北京康得工贸公司的代理人，以北京康得工贸公司驻外销售部的名义开始在上海医学书店等商店借用场地设立销售点，向消费者推销“康得清脑助学器”产品，同时在上海各电视台发布广告 91 次，合计广告费 100 多万元。其广告有许多不科学、不真实之处，明显误导、欺骗消费者。上海市长宁区工商行政管理局认为此广告违反了《广告管理条例》第三条，《医疗器械广告管理办法》第四条，第十二条第一、第四款，第十三条，第十五条的规定，责令违法当事人北京康得工贸公司在相应范围内发布更正广告，并处罚款 250 万元。

北京康得工贸公司在收到长宁区工商行政管理局的处罚决定书后，于 1995 年 1 月 23 日向上海市工商行政管理局申请行政复议。北京康得工贸公司认为李某等人的销售行为系个人行为，不能代表北京康得工贸公司，请求撤销长宁区工商行政管理局的行政处罚决定书。上海市工商行政管理局经查证，认为李某等人持北京康得工贸公司的介绍信、聘书、总代理授权委托书和北京康得工贸公司销售部公章，以其名义对外开展业务，应视同于代表北京康得工贸公司，且北京康得工贸公司出具的总代理授权委托书并未对李某等人的代理权限、范围做出界定。因此，李某等人因销售宣传行为引起的法律后果，理应由北京康得工贸公司承担。为此，上海市工商行政管理局做出维持原处罚决定的复议决定。

复议机关做出的复议决定是工商行政管理机关系统内的终局处罚。复议决定一经做出，即发生法律效力。当事人不服的，可以向人民法院起诉。

二、行政诉讼

公民、法人或者其他组织直接向人民法院提起诉讼的，应当在知道做出具体行政行为之日起三个月内提出。法律另有规定的除外。公民、法人或者其他组织因不可抗力或者其他特殊情况耽误法定期限的，在障碍消除后的十日内，可以申请延长期限，由人民法院决定。

提起诉讼应当符合下列条件：

(1) 原告是认为具体行政行为侵犯其合法权益的公民、法人或者其他组织；

(2) 有明确的被告；

(3) 有具体的诉讼请求和事实根据；

(4) 属于人民法院受案范围和受诉人民法院管辖。

人民法院接到起诉状，经审查，应当在七日内立案或者做出裁定不予受理。原告对裁定不服的，可以提起上诉。

人民法院应当在立案之日起三个月内做出第一审判决。有特殊情况需要延长的，由高级人民法院批准，高级人民法院审理第一审案件需要延长的，由最高人民法院批准。

当事人不服人民法院第一审判决的，有权在判决书送达之日起 15 日内向上一级人民法院提起上诉。当事人不服人民法院第一审裁定的，有权在裁定书送达之日起 10 日内向上一级人民法院提起上诉。逾期不提起上诉的，人民法院的第一审判决或者裁定发生法律效力。

行政诉讼是指人民法院在行政争议双方当事人、诉讼参与人的参加下，按照法定程序审理解决行政争议的活动。广告行政诉讼分为三种情况：一是当事人对行政复议决定不服，在接到复议决定之日起 15 日内可以向人民法院起诉；二是当事人对行政处罚决定不服的，可以在接到处罚通知之日起 15 日内直接向人民法院起诉；三是当事人申请行政复议，但复议机关在法定的 60 日期限内没有做出复议决定，当事人可以在复议期满之日起 15 日内向人民法院起诉。

提出广告行政复议、处罚诉讼应具备下列条件：

（1）必须是被工商行政管理机关处罚，并认为工商行政管理机关的处罚侵犯了其合法权益的公民、法人或者其他组织。

（2）已经做出处罚决定的工商行政管理机关的上一级工商行政管理机关复议，对复议决定仍不服的。

（3）有明确的被告。原告必须清楚地表示侵犯其合法权益、与其发生广告行政处罚诉讼的被告是谁，是哪一个工商行政管理机关。根据《行政诉讼法》规定，经复议的案件，复议工商行政管理机关决定维持原处罚决定的，做出原处罚决定的工商行政管理机关是被告；复议工商行政管理机关改变原处罚决定的，复议工商行政管理机关是被告。

（4）有具体的诉讼请求和事实根据。原告想通过人民法院向被告具体请求什么，要求人民法院保护自己合法权益的内容如何，合法权益受到侵害、发生争议的事实怎样，证明事实的客观依据是什么，都必须清楚明白。

（5）属于人民法院受案范围和受诉人民法院管辖。根据《行政诉讼法》规定，广告行政处罚案件，属于人民法院受案范围。基层人民法院管辖第一审行政案件，中级人民法院管辖国务院各部门或省、自治区、直辖市人民政府所做的具体行政行为提起诉讼的案件。

对广告行政处罚复议决定不服的，凡复议工商行政管理机关维持原处罚决定的，原告向复议工商行政管理机关所在地人民法院或做出原处罚决定的工商行政管理机关所在地的基层人民法院起诉。国家工商行政管理局直接做出广告行政处罚决定的，原告向中级人民法院起诉。

符合上述提起诉讼条件的，人民法院予以受理。缺少其中之一的，人民法院不予受理。

按照我国《行政诉讼法》的规定，当事人应当向做出行政处罚或行政复议机关所在地的人民法院提起行政诉讼。行政诉讼案件在审理过程中，人民法院不受行政处罚决定的约束，以事实为依据，以法律为准绳，做出公正的裁判。

如 1995 年 7 月，深圳中华自行车（集团）股份有限公司上海分公司委托上海爱建广告公司设计、制作了中华“阿米尼”自行车橱窗广告，在九州商厦橱窗发布。该广告图案以中华人民共和国版图为背景，但在版图中缺少台湾省和海南省。经广告监督管理机关指出后，当事人予以修正，但修正后的两岛颜色与大陆领土颜色存在明显色差。广告监督管理机关认为该广告造成严重政治性错误，有损国家的尊严和利益，违反了《中华人民共和国广告法》，根据《中华人民共和国广告法》，对违法主体做出行政处罚：（1）对广告主深圳中华自行车（集团）股份有限公司上海分公司罚款人民币 10 万元，并责令拆除该广告；（2）对广告经营者上海爱建广告公司没收广告设计、制作费 1 万 9 千多元，并处罚款 7 万 6 千多元，并责令拆除该广告；（3）九州商厦未经工商行政管理机关依法审批登记，擅自受理该项广告业务，收取费用 5 万元，违反了《中华人民共和国广告法》相关规定，没收非法所得 5 万元。

当事人深圳中华自行车股份有限公司上海分公司不服该行政处罚决定，向人民法院提起行政诉讼，认为自己已全权委托广告公司从事设计、制作、代理广告业务，广告公司制作违法广告，事先并不知情，不应受到行政处罚。法院审理后，认为此广告从根本上违反了《宪法》关于国家主权和领土完整的基本规定，广告监督管理机关对此案的认定是准确的，同时，广告主不论是自我设计、制作、发布广告还是委托广告经营者、广告发布者设计、制作、发布广告，都有验收广告是否合法的义务，不能以所谓“全权委托”而转移义务，逃脱责任。法院做出判决，维持原行政处罚决定。

三、处罚执行

工商行政管理机关做出的广告行政处罚决定在下列情况下发生法律效力：（1）工商行政管理机关做出处罚决定后，被处罚单位和个人在法定期限内申请复议的，处罚决定自申请复议期满后发生法律效力；（2）复议工商行政管理机关做出复议决定，在复议决定书送达申请复议人后，即发生法律效力，诉讼期间，复议决定不停止执行。

对于已发生法律效力的广告行政处罚决定，被处罚单位和个人应当自觉履行，否则，工商行政管理机关可以申请人民法院强制执行。人民法院受理工商行政管理机关申请后，可以采取查封、扣押、变卖财产、冻结、划拨、提取银行存款或劳动收入等强制执行措施。

人民法院就广告行政处罚案件做出变更或撤销工商行政管理机关处罚的判决或裁定，在判决或裁定发生法律效力后，工商行政管理机关不自觉履行法院的判决或裁定，作为原告的广告经营者或广告客户，可以向第一审人民法院申请强制执行。人民法院对拒绝履行判决或裁定的工商行政管理机关，可以采取以下强制措施强制或促使其履行判决、裁定：（1）对应当归还的罚款或者应当给付的赔偿金，通知银行从拒绝履行判决或裁定的工商行政管理机关的账户内划拨；（2）在规定期限内不履行的，对该工商行政管理机关按日处 50 元至 100 元的罚款；（3）向该工商行政管理机关的上一级工商行政管理机关或者监察、人事机关提出司法建议，接受司法建议的机关，根据有关规定进行处理，并将处理情况告知人民法院；（4）拒不履行判决、裁定，情节严重构成犯罪的，依法追究主管人员和直接责任人员的刑事责任。

采用强制执行措施，是为了保障行政机关能够依法履行职责，及时追究违法者的法律责任，体现了行政机关行政处罚决定的严肃性和权威性，行政机关申请人民法院强制执行行政处罚决定，以及人民法院根据行政机关的申请对行政处罚决定采取强制执行措施，都应当依照《行政诉讼法》的规定进行。

如天津某报连续两天刊出“丰功伟液鹏程酒”广告，在广告中不仅宣传该酒“对各类肝病、肾病、糖尿病、心脑血管疾病、供血不足、血液血效果明显”，还耸人听闻地称“当天见效，一瓶好转，五瓶恢复”，违反了《中华人民共和国广告法》的规定。天津市工商局通过监测发现这一违法广告，立即通知该报停止发布该广告，听候处理。但该报社置若罔闻，在7月初又连续刊登该广告，继续误导消费者，造成严重的不良社会影响，违法情节严重。天津市工商局依据《中华人民共和国广告法》，对该报社广告违法行为予以从重处罚：没收广告费4.7万多元，并处广告费4倍罚款约19万元，合计金额23.8万元。但该报社在收到天津市工商局处罚决定书后，在法定期限内既不申请复议也不提起诉讼，拒不接受执法机关依法做出的处罚。为维护法律的严肃性，天津市工商局依据《中华人民共和国广告法》，向当地人民法院申请强制执行。在法院支持下，天津市工商局将该报社的罚没款全部追缴入库。

对工商行政管理机关做出的违法广告行政处罚，被处罚的广告经营者或广告客户认为给自己造成损害的，有权请求赔偿。损害赔偿请求，可以在提起诉讼时，一并向人民法院提出。单独就损害赔偿提出请求的，应当先向做出违法广告处罚的工商行政管理机关的上一级工商行政管理机关提出；对负责处理赔偿请求的工商行政管理机关做出的处理不服的，可以向人民法院提起诉讼。广告经营者或广告客户不服工商行政管理机关处罚决定，向做出处罚决定的工商行政管理机关的上一级工商行政管理机关申请复议并同时提出赔偿请求，复议工商行政管理机关就处罚做出复议决定并同时就赔偿请求做出处理决定后，广告客户或广告经营者均表示不服的，可以就上述两个事项，一并向人民法院提起诉讼，通过人民法院解决。

【思考题】

1. 广告违法行为的构成要素是什么？
2. 广告法律责任的种类有哪些？
3. 发布虚假广告应承担的法律责任种类有哪些？
4. 违反《中华人民共和国广告法》基本准则应承担的法律责任有哪些？
5. 广告监督管理机关和广告审查机关工作人员的法律责任有哪些？
6. 申请行政复议的条件是什么？

附　录

主要广告伦理规范、法律法规

一、《广告活动道德规范》（国家工商行政管理局 1997 年 12 月 16 日颁布）

（一）总则

第一条　为维护广告市场秩序，促进广告业社会主义精神文明建设，增强广告主、广告经营者、广告发布者及其他参与广告活动的单位和个人的社会公德意识和职业道德观念，依据《中华人民共和国广告法》，制定本规范。

第二条　广告活动道德规范是广告活动的基本道德准则。凡在中华人民共和国境内从事广告活动的广告主、广告经营者、广告发布者以及其他参与广告活动的单位和个人，均应自觉遵守本规范。

第三条　各级工商行政管理机关在维护广告市场秩序，查处违法广告案件的同时，应当注重广告业职业道德建设，引导广告业树立良好风尚。

第四条　广告行业组织应当在工商行政管理机关指导下，积极开展行业自律，教育其成员单位自觉遵守和维护广告市场公平竞争、公平交易秩序，促进广告业职业道德建设。

（二）广告主广告活动道德规范

第五条　广告主应当自觉维护消费者的合法权益，本着诚实信用的原则，真实科学地介绍自己的产品和服务。

第六条　广告主应当自觉遵守国家广告管理法律法规和其他有关规定，与其他广告主进行公平、正当的竞争，不得以不正当的方式和途径干扰、损害他人合法的广告活动。

第七条　广告主发布商业广告，应当自觉遵守和维护社会公共秩序和社会良好风尚，不应以哗众取宠、故弄玄虚、低级趣味等方式，片面追求广告的感官刺激和轰动效应，对社会造成不良影响。

第八条　广告主应当按照国家有关规定，积极参加各类公益事业，响应政府主管部门的号召，参与公益广告活动，树立良好的企业形象。

第九条　广告主应当在国家法律、法规的规范内，按照市场经济规律，根据服务质量，选择广告经营者的服务，自觉抵制各种损害企业利益的人情、关系广告业务。

第十条　广告主实行广告服务招标，应当尊重投标者的劳动成果，自觉履行招标承诺，自觉抵制和纠正以虚假招标形式引诱投标者投标，以及窃用投标者的广告策划和创意的不公平交易行为。

第十一条 广告主应当自觉抵制和纠正下列不正当的广告宣传：

（1）依据科学上没有定论的结论来否定他人的产品和服务，借以突出自己的产品和服务；

（2）片面宣传或夸大同类产品或服务的某种缺陷，以对比、联想等方式影射他人；

（3）未经有关部门认定假冒商标的情况下，在各种声明、启事中涉及他人的商标；

（4）擅自使用他人知名商品和服务标志作为陪衬宣传自己的产品和服务，不正当地利用和享用他人的商品声誉和商业信誉；

（5）使用不规范的行业用语或消费者无法熟知的专业术语表示商品的质量、制作成分、性能、用途、产地以及采用的技术、设备等；

（6）使用含糊不明，易使消费者产生歧义的承诺；

（7）使用不合法、不科学、不公正的评比结果和奖项；

（8）采用隐去主要事实、断章取义、偷换概念的手法使用有关数据、统计资料、调查结果、文摘和引用语，误导消费者。

（三）广告经营者广告活动道德规范

第十二条 广告经营者在广告创意、设计、制作中应当依照有关广告管理法律、法规的要求，运用恰当的艺术表现形式表达广告内容，避免怪诞、离奇等不符合社会主义精神文明要求的广告创意。

第十三条 广告经营者在广告创意中使用妇女和儿童形象应当正确恰当，有利于树立健康文明的女性形象，有利于维护未成年人的身心健康和培养儿童良好的思想品德。

第十四条 广告经营者在广告创作中应当坚持创新与借鉴相结合，继承中华民族优秀传统文化，汲取其他国家和地区广告创作经验，自觉抵制和反对抄袭他人作品的行为。

第十五条 广告经营者为同类产品广告主同时或先后提供广告代理服务，应当保守各广告主的商业秘密，不得为自身业务发展的需要泄漏广告主的商业秘密。

第十六条 广告经营者应当注重广告在社会主义精神文明建设中的作用，坚持商业广告创意设计中的社会主义思想文化导向，积极参与公益广告活动，倡导正确的道德观念和社会风尚。

第十七条 广告经营者应当注重提高经营管理水平和服务质量，依靠不断提高服务质量和商业信誉与广告主建立稳定的业务关系，自觉抵制和纠正下列不正当竞争行为：

（1）利用物质引诱或胁迫等不正当手段获取其他广告经营者的商业秘密；

（2）采用给予广告主经办人好处或竞相压价等手段争夺广告客户；

（3）采用暗中给予媒介经办人财物等不正当手段争取有利或紧俏的时间和版面。

（四）广告发布者广告活动道德规范

第十八条 广告发布者发布商业广告应当考虑民族传统、群众消费习惯以及广告受众的区别等社会因素，合理安排发布时段、版面，依照各类广告的发布的标准和社会主义精神文明建设的要求，认真履行广告审查义务。

第十九条 广告发布者应当严格遵守国家关于禁止有偿新闻的有关规定，坚持正确的经营观念，杜绝新闻形式的广告。

第二十条　广告发布者应当严格执行国家有关广告服务价格的管理规定，根据媒介的发行量、收视率等科学依据制订合理的收费方法和收费标准。广告经营者采用招标等特殊方式确定广告价格的，招标方案和办法应当合法、公正、不得利用不正当手段哄抬广告服务价格。

第二十一条　广告发布者应当自觉执行国家关于公益广告宣传的有关规定，发挥公益广告宣传社会主义精神文明的积极作用，促进社会主义精神文明建设，树立良好的社会道德风尚。

第二十二条　广告发布者在经营活动中应当自觉抵制和纠正下列行为：

（1）以不正当理由拒绝广告经营者正常客户代理业务，并强制该广告经营者必须通过与其有特殊利益关系的代理公司进行代理；

（2）违背广告主、广告经营者的意愿搭售时间、版面或附加其他不合理的交易条件；

（3）对不同客户实行不同的收费标准，强制要求客户预付广告费，不按规定的标准返还代理费。

（五）各类市场中介机构参与广告活动的道德规范

第二十三条　从事各类广告出证活动的社会团体和商业调查、技术检测、标志认证等市场中介机构，必须具备合法资格，其广告出证行为必须遵循诚实信用原则，出证内容必须真实、合法，不得助长不正当竞争和不公平交易行为。

第二十四条　各类市场中介机构以广告形式公布其推荐、介绍、调查、检测、认证结果的，应将其从事该项活动的依据，采用的方法、方式等向社会公布，自觉接受社会监督。

第二十五条　各类市场中介机构应当保证广告出证行为的客观、公正性、自觉抵制和纠正以牟利为主要目的的广告出证活动，杜绝以收费多少排名、排序，并用于广告误导消费者的现象。

（六）附则

第二十六条　违反本道德规范，情节严重、构成违法的，工商行政机关依照广告管理法律、法规和国家有关规定予以行政处罚；情节轻微的，工商行政管理机关应对其进行批评、教育、监督改正。

第二十七条　广告行业组织对违反本规范的成员，依照行业自律规则予以批评教育，直至取消其行业组织成员资格。

第二十八条　本规范自发布之日起施行。

二、《中华人民共和国广告法》全文，1994 年版与 2015 年版之对比

1994 年版《中华人民共和国广告法》	2015 年版《中华人民共和国广告法》
第一章　总　则	**第一章　总　则**
第一条　为了规范广告活动，促进广告业的健康发展，保护消费者的合法权益，维护社会经济秩序，发挥广告在社会主义市场经济中的积极作用，制定本法。	**第一条**　为了规范广告活动，保护消费者的合法权益，促进广告业的健康发展，维护社会经济秩序，制定本法。

续前表

1994年版《中华人民共和国广告法》	2015年版《中华人民共和国广告法》
第二条 广告主、广告经营者、广告发布者在中华人民共和国境内从事广告活动，应当遵守本法。 本法所称广告，是指商品经营者或者服务提供者承担费用，通过一定媒介和形式直接或者间接地介绍自己所推销的商品或者所提供的服务的商业广告。 本法所称广告主，是指为推销商品或者提供服务，自行或者委托他人设计、制作、发布广告的法人、其他经济组织或者个人。 本法所称广告经营者，是指受委托提供广告设计、制作、代理服务的法人、其他经济组织或者个人。 本法所称广告发布者，是指为广告主或者广告主委托的广告经营者发布广告的法人或者其他经济组织。	**第二条** 在中华人民共和国境内，商品经营者或者服务提供者通过一定媒介和形式直接或者间接地介绍自己所推销的商品或者服务的商业广告活动，适用本法。 本法所称广告主，是指为推销商品或者服务，自行或者委托他人设计、制作、发布广告的自然人、法人或者其他组织。 本法所称广告经营者，是指接受委托提供广告设计、制作、代理服务的自然人、法人或者其他组织。 本法所称广告发布者，是指为广告主或者广告主委托的广告经营者发布广告的自然人、法人或者其他组织。 本法所称广告代言人，是指广告主以外的，在广告中以自己的名义或者形象对商品、服务作推荐、证明的自然人、法人或者其他组织。
第三条 广告应当真实、合法，符合社会主义精神文明建设的要求。	**第三条** 广告应当真实、合法，以健康的表现形式表达广告内容，符合社会主义精神文明建设和弘扬中华民族优秀传统文化的要求。
第四条 广告不得含有虚假的内容，不得欺骗和误导消费者。	**第四条** 广告不得含有虚假或者引人误解的内容，不得欺骗、误导消费者。广告主应当对广告内容的真实性负责。
第五条 广告主、广告经营者、广告发布者从事广告活动，应当遵守法律、行政法规，遵循公平、诚实信用的原则。	**第五条** 广告主、广告经营者、广告发布者从事广告活动，应当遵守法律、法规，诚实信用，公平竞争。
第六条 县级以上人民政府工商行政管理部门是广告监督管理机关。	**第六条** 国务院工商行政管理部门主管全国的广告监督管理工作，国务院有关部门在各自的职责范围内负责广告管理相关工作。 县级以上地方工商行政管理部门主管本行政区域的广告监督管理工作，县级以上地方人民政府有关部门在各自的职责范围内负责广告管理相关工作。
	第七条 广告行业组织依照法律、法规和章程的规定，制定行业规范，加强行业自律，促进行业发展，引导会员依法从事广告活动，推动广告行业诚信建设。
第二章　广告准则	**第二章　广告准则**
第九条 广告中对商品的性能、产地、用途、质量、价格、生产者、有效期限、允诺或者对服务的内容、形式、质量、价格、允诺有表示的，应当清楚、明白。 广告中表明推销商品、提供服务附带赠送礼品的，应当标明赠送的品种和数量。	**第八条** 广告中对商品的性能、功能、产地、用途、质量、成分、价格、生产者、有效期限、允诺等或者对服务的内容、提供者、形式、质量、价格、允诺等有表示的，应当准确、清楚、明白。 广告中表明推销的商品或者服务附带赠送的，应当明示所附带赠送商品或者服务的品种、规格、数量、期限和方式。 法律、行政法规规定广告中应当明示的内容，应当显著、清晰表示。

续前表

1994年版《中华人民共和国广告法》	2015年版《中华人民共和国广告法》
第七条 广告内容应当有利于人民的身心健康，促进商品和服务质量的提高，保护消费者的合法权益，遵守社会公德和职业道德，维护国家的尊严和利益。 广告不得有下列情形： （一）使用中华人民共和国国旗、国徽、国歌； （二）使用国家机关和国家机关工作人员的名义； （三）使用国家级、最高级、最佳等用语； （四）妨碍社会安定和危害人身、财产安全，损害社会公共利益； （五）妨碍社会公共秩序和违背社会良好风尚； （六）含有淫秽、迷信、恐怖、暴力、丑恶的内容； （七）含有民族、种族、宗教、性别歧视的内容； （八）妨碍环境和自然资源保护； （九）法律、行政法规规定禁止的其他情形。	**第九条** 广告不得有下列情形： （一）使用或者变相使用中华人民共和国的国旗、国歌、国徽，军旗、军歌、军徽； （二）使用或者变相使用国家机关、国家机关工作人员的名义或者形象； （三）使用"国家级"、"最高级"、"最佳"等用语； （四）损害国家的尊严或者利益，泄露国家秘密； （五）妨碍社会安定，损害社会公共利益； （六）危害人身、财产安全，泄露个人隐私； （七）妨碍社会公共秩序或者违背社会良好风尚； （八）含有淫秽、色情、赌博、迷信、恐怖、暴力的内容； （九）含有民族、种族、宗教、性别歧视的内容； （十）妨碍环境、自然资源或者文化遗产保护； （十一）法律、行政法规规定禁止的其他情形。
第八条 广告不得损害未成年人和残疾人的身心健康。	**第十条** 广告不得损害未成年人和残疾人的身心健康。
第十条 广告使用数据、统计资料、调查结果、文摘、引用语，应当真实、准确，并表明出处。	**第十一条** 广告内容涉及的事项需要取得行政许可的，应当与许可的内容相符合。 广告使用数据、统计资料、调查结果、文摘、引用语等引证内容的，应当真实、准确，并表明出处。引证内容有适用范围和有效期限的，应当明确表示。
第十一条 广告中涉及专利产品或者专利方法的，应当标明专利号和专利种类。 未取得专利权的，不得在广告中谎称取得专利权。 禁止使用未授予专利权的专利申请和已经终止、撤销、无效的专利做广告。	**第十二条** 广告中涉及专利产品或者专利方法的，应当标明专利号和专利种类。 未取得专利权的，不得在广告中谎称取得专利权。 禁止使用未授予专利权的专利申请和已经终止、撤销、无效的专利作广告。
第十二条 广告不得贬低其他生产经营者的商品或者服务。	**第十三条** 广告不得贬低其他生产经营者的商品或者服务。
第十三条 广告应当具有可识别性，能够使消费者辨明其为广告。 大众传播媒介不得以新闻报道形式发布广告。通过大众传播媒介发布的广告应当有广告标记，与其他非广告信息相区别，不得使消费者产生误解。	**第十四条** 广告应当具有可识别性，能够使消费者辨明其为广告。 大众传播媒介不得以新闻报道形式变相发布广告。通过大众传播媒介发布的广告应当显著标明"广告"，与其他非广告信息相区别，不得使消费者产生误解。 广播电台、电视台发布广告，应当遵守国务院有关部门关于时长、方式的规定，并应当对广告时长作出明显提示。

续前表

1994年版《中华人民共和国广告法》	2015年版《中华人民共和国广告法》
第十五条 药品广告的内容必须以国务院卫生行政部门或者省、自治区、直辖市卫生行政部门批准的说明书为准。 国家规定的应当在医生指导下使用的治疗性药品广告中，必须注明“按医生处方购买和使用”。 **第十六条** 麻醉药品、精神药品、毒性药品、放射性药品等特殊药品，不得做广告。	**第十五条** 麻醉药品、精神药品、医疗用毒性药品、放射性药品等特殊药品，药品类易制毒化学品，以及戒毒治疗的药品、医疗器械和治疗方法，不得作广告。 前款规定以外的处方药，只能在国务院卫生行政部门和国务院药品监督管理部门共同指定的医学、药学专业刊物上作广告。
第十四条 药品、医疗器械广告不得有下列内容： （一）含有不科学的表示功效的断言或者保证的； （二）说明治愈率或者有效率的； （三）与其他药品、医疗器械的功效和安全性比较的； （四）利用医药科研单位、学术机构、医疗机构或者专家、医生、患者的名义和形象作证明的； （五）法律、行政法规规定禁止的其他内容。	**第十六条** 医疗、药品、医疗器械广告不得含有下列内容： （一）表示功效、安全性的断言或者保证； （二）说明治愈率或者有效率； （三）与其他药品、医疗器械的功效和安全性或者其他医疗机构比较； （四）利用广告代言人作推荐、证明； （五）法律、行政法规规定禁止的其他内容。 药品广告的内容不得与国务院药品监督管理部门批准的说明书不一致，并应当显著标明禁忌、不良反应。处方药广告应当显著标明“本广告仅供医学药学专业人士阅读”，非处方药广告应当显著标明“请按药品说明书或者在药师指导下购买和使用”。 推荐给个人自用的医疗器械的广告，应当显著标明“请仔细阅读产品说明书或者在医务人员的指导下购买和使用”。医疗器械产品注册证明文件中有禁忌内容、注意事项的，广告中应当显著标明“禁忌内容或者注意事项详见说明书”。 **第十七条** 除医疗、药品、医疗器械广告外，禁止其他任何广告涉及疾病治疗功能，并不得使用医疗用语或者易使推销的商品与药品、医疗器械相混淆的用语。
	第十八条 保健食品广告不得含有下列内容： （一）表示功效、安全性的断言或者保证； （二）涉及疾病预防、治疗功能； （三）声称或者暗示广告商品为保障健康所必需； （四）与药品、其他保健食品进行比较； （五）利用广告代言人作推荐、证明； （六）法律、行政法规规定禁止的其他内容。 保健食品广告应当显著标明“本品不能代替药物”。
	第十九条 广播电台、电视台、报刊音像出版单位、互联网信息服务提供者不得以介绍健康、养生知识等形式变相发布医疗、药品、医疗器械、保健食品广告。 **第二十条** 禁止在大众传播媒介或者公共场所发布声称全部或者部分替代母乳的婴儿乳制品、饮料和其他食品广告。

续前表

1994 年版《中华人民共和国广告法》	2015 年版《中华人民共和国广告法》
第十七条　农药广告不得有下列内容： （一）使用无毒、无害等表明安全性的绝对化断言的； （二）含有不科学的表示功效的断言或者保证的； （三）含有违反农药安全使用规程的文字、语言或者画面的； （四）法律、行政法规规定禁止的其他内容。	**第二十一条**　农药、兽药、饲料和饲料添加剂广告不得含有下列内容： （一）表示功效、安全性的断言或者保证； （二）利用科研单位、学术机构、技术推广机构、行业协会或者专业人士、用户的名义或者形象作推荐、证明； （三）说明有效率； （四）违反安全使用规程的文字、语言或者画面； （五）法律、行政法规规定禁止的其他内容。
第十八条　禁止利用广播、电影、电视、报纸、期刊发布烟草广告。 禁止在各类等候室、影剧院、会议厅堂、体育比赛场馆等公共场所设置烟草广告。 烟草广告中必须标明“吸烟有害健康”。 **第十九条**　食品、酒类、化妆品广告的内容必须符合卫生许可的事项，并不得使用医疗用语或者易与药品混淆的用语。	**第二十二条**　禁止在大众传播媒介或者公共场所、公共交通工具、户外发布烟草广告。禁止向未成年人发送任何形式的烟草广告。 禁止利用其他商品或者服务的广告、公益广告，宣传烟草制品名称、商标、包装、装潢以及类似内容。 烟草制品生产者或者销售者发布的迁址、更名、招聘等启事中，不得含有烟草制品名称、商标、包装、装潢以及类似内容。 **第二十三条**　酒类广告不得含有下列内容： （一）诱导、怂恿饮酒或者宣传无节制饮酒； （二）出现饮酒的动作； （三）表现驾驶车、船、飞机等活动； （四）明示或者暗示饮酒有消除紧张和焦虑、增加体力等功效。 **第二十四条**　教育、培训广告不得含有下列内容： （一）对升学、通过考试、获得学位学历或者合格证书，或者对教育、培训的效果做出明示或者暗示的保证性承诺； （二）明示或者暗示有相关考试机构或者其工作人员、考试命题人员参与教育、培训； （三）利用科研单位、学术机构、教育机构、行业协会、专业人士、受益者的名义或者形象作推荐、证明。
	第二十五条　招商等有投资回报预期的商品或者服务广告，应当对可能存在的风险以及风险责任承担有合理提示或者警示，并不得含有下列内容： （一）对未来效果、收益或者与其相关的情况做出保证性承诺，明示或者暗示保本、无风险或者保收益等，国家另有规定的除外； （二）利用学术机构、行业协会、专业人士、受益者的名义或者形象作推荐、证明。

续前表

1994年版《中华人民共和国广告法》	2015年版《中华人民共和国广告法》
	第二十六条 房地产广告，房源信息应当真实，面积应当表明为建筑面积或者套内建筑面积，并不得含有下列内容： （一）升值或者投资回报的承诺； （二）以项目到达某一具体参照物的所需时间表示项目位置； （三）违反国家有关价格管理的规定； （四）对规划或者建设中的交通、商业、文化教育设施以及其他市政条件作误导宣传。
	第二十七条 农作物种子、林木种子、草种子、种畜禽、水产苗种和种养殖广告关于品种名称、生产性能、生长量或者产量、品质、抗性、特殊使用价值、经济价值、适宜种植或者养殖的范围和条件等方面的表述应当真实、清楚、明白，并不得含有下列内容： （一）作科学上无法验证的断言； （二）表示功效的断言或者保证； （三）对经济效益进行分析、预测或者作保证性承诺； （四）利用科研单位、学术机构、技术推广机构、行业协会或者专业人士、用户的名义或者形象作推荐、证明。
	第二十八条 广告以虚假或者引人误解的内容欺骗、误导消费者的，构成虚假广告。 广告有下列情形之一的，为虚假广告： （一）商品或者服务不存在的； （二）商品的性能、功能、产地、用途、质量、规格、成分、价格、生产者、有效期限、销售状况、曾获荣誉等信息，或者服务的内容、提供者、形式、质量、价格、销售状况、曾获荣誉等信息，以及与商品或者服务有关的允诺等信息与实际情况不符，对购买行为有实质性影响的； （三）使用虚构、伪造或者无法验证的科研成果、统计资料、调查结果、文摘、引用语等信息作证明材料的； （四）虚构使用商品或者接受服务的效果的； （五）以虚假或者引人误解的内容欺骗、误导消费者的其他情形。
第三章　广告活动	**第三章　广告行为规范**
第二十六条 从事广告经营的，应当具有必要的专业技术人员、制作设备，并依法办理公司或者广告经营登记，方可从事广告活动。广播电台、电视台、报刊出版单位的广告业务，应当由其专门从事广告业务的机构办理，并依法办理兼营广告的登记。	**第二十九条** 广播电台、电视台、报刊出版单位从事广告发布业务的，应当设有专门从事广告业务的机构，配备必要的人员，具有与发布广告相适应的场所、设备，并向县级以上地方工商行政管理部门办理广告发布登记。

续前表

1994 年版《中华人民共和国广告法》	2015 年版《中华人民共和国广告法》
第二十条　广告主、广告经营者、广告发布者之间在广告活动中应当依法订立书面合同，明确各方的权利和义务。	**第三十条**　广告主、广告经营者、广告发布者之间在广告活动中应当依法订立书面合同。
第二十一条　广告主、广告经营者、广告发布者不得在广告活动中进行任何形式的不正当竞争。	**第三十一条**　广告主、广告经营者、广告发布者不得在广告活动中进行任何形式的不正当竞争。
第二十二条　广告主自行或者委托他人设计、制作、发布广告，所推销的商品或者所提供的服务应当符合广告主的经营范围。 **第二十三条**　广告主委托设计、制作、发布广告，应当委托具有合法经营资格的广告经营者、广告发布者。	**第三十二条**　广告主委托设计、制作、发布广告，应当委托具有合法经营资格的广告经营者、广告发布者。
第二十五条　广告主或者广告经营者在广告中使用他人名义、形象的，应当事先取得他人的书面同意；使用无民事行为能力人、限制民事行为能力人的名义、形象的，应当事先取得其监护人的书面同意。	**第三十三条**　广告主或者广告经营者在广告中使用他人名义或者形象的，应当事先取得其书面同意；使用无民事行为能力人、限制民事行为能力人的名义或者形象的，应当事先取得其监护人的书面同意。
第二十四条　广告主自行或者委托他人设计、制作、发布广告，应当具有或者提供真实、合法、有效的下列证明文件： （一）营业执照以及其他生产、经营资格的证明文件； （二）质量检验构对广告中有关商品质量内容出具的证明文件； （三）确认广告内容真实性的其他证明文件。依照本法第三十四条的规定，发布广告需要经有关行政主管部门审查的，还应当提供有关批准文件。 **第二十七条**　广告经营者、广告发布者依据法律、行政法规查验有关证明文件，核实广告内容。对内容不实或者证明文件不全的广告，广告经营者不得提供设计、制作、代理服务，广告发布者不得发布。 **第二十八条**　广告经营者、广告发布者按照国家有关规定，建立、健全广告业务的承接登记、审核、档案管理制度。	**第三十四条**　广告经营者、广告发布者应当按照国家有关规定，建立、健全广告业务的承接登记、审核、档案管理制度。 广告经营者、广告发布者依据法律、行政法规查验有关证明文件，核对广告内容。对内容不符或者证明文件不全的广告，广告经营者不得提供设计、制作、代理服务，广告发布者不得发布。
第二十九条　广告收费应当合理、公开，收费标准和收费办法应当向物价和工商行政管理部门备案。 广告经营者、广告发布者应当公布其收费标准和收费办法。	**第三十五条**　广告经营者、广告发布者应当公布其收费标准和收费办法。
第三十条　广告发布者向广告主、广告经营者提供的媒介覆盖率、收视率、发行量等资料应当真实。	**第三十六条**　广告发布者向广告主、广告经营者提供的覆盖率、收视率、点击率、发行量等资料应当真实。

续前表

1994年版《中华人民共和国广告法》	2015年版《中华人民共和国广告法》
第三十一条 法律、行政法规规定禁止生产、销售的商品或者提供的服务，以及禁止发布广告的商品或者服务，不得设计、制作、发布广告。	**第三十七条** 法律、行政法规规定禁止生产、销售的产品或者提供的服务，以及禁止发布广告的商品或者服务，任何单位或者个人不得设计、制作、代理、发布广告。
	第三十八条 广告代言人在广告中对商品、服务作推荐、证明，应当依据事实，符合本法和有关法律、行政法规规定，并不得为其未使用过的商品或者未接受过的服务作推荐、证明。 不得利用不满十周岁的未成年人作为广告代言人。 对在虚假广告中作推荐、证明受到行政处罚未满三年的自然人、法人或者其他组织，不得利用其作为广告代言人。
	第三十九条 不得在中小学校、幼儿园内开展广告活动，不得利用中小学生和幼儿的教材、教辅材料、练习册、文具、教具、校服、校车等发布或者变相发布广告，但公益广告除外。
	第四十条 在针对未成年人的大众传播媒介上不得发布医疗、药品、保健食品、医疗器械、化妆品、酒类、美容广告，以及不利于未成年人身心健康的网络游戏广告。 针对不满十四周岁的未成年人的商品或者服务的广告不得含有下列内容： （一）劝诱其要求家长购买广告商品或者服务； （二）可能引发其模仿不安全行为。
第三十三条 户外广告的设置规划和管理办法，由当地县级以上地方人民政府组织广告监督管理、城市建设、环境保护、公安等有关部门制定。	**第四十一条** 县级以上地方人民政府应当组织有关部门加强对利用户外场所、空间、设施等发布户外广告的监督管理，制定户外广告设置规划和安全要求。 户外广告的管理办法，由地方性法规、地方政府规章规定。
第三十二条 有下列情形之一的，不得设置户外广告： （一）利用交通安全设施、交通标志的； （二）影响市政公共设施、交通安全设施、交通标志使用的； （三）妨碍生产或者人民生活，损害市容市貌的； （四）国家机关、文物保护单位和名胜风景点的建筑控制地带； （五）当地县级以上地方人民政府禁止设置户外广告的区域。	**第四十二条** 有下列情形之一的，不得设置户外广告： （一）利用交通安全设施、交通标志的； （二）影响市政公共设施、交通安全设施、交通标志、消防设施、消防安全标志使用的； （三）妨碍生产或者人民生活，损害市容市貌的； （四）在国家机关、文物保护单位、风景名胜区等的建筑控制地带，或者县级以上地方人民政府禁止设置户外广告的区域设置的。

续前表

1994年版《中华人民共和国广告法》	2015年版《中华人民共和国广告法》
	第四十三条　任何单位或者个人未经当事人同意或者请求，不得向其住宅、交通工具等发送广告，也不得以电子信息方式向其发送广告。 以电子信息方式发送广告的，应当明示发送者的真实身份和联系方式，并向接收者提供拒绝继续接收的方式。
	第四十四条　利用互联网从事广告活动，适用本法的各项规定。 利用互联网发布、发送广告，不得影响用户正常使用网络。在互联网页面以弹出等形式发布的广告，应当显著标明关闭标志，确保一键关闭。
	第四十五条　公共场所的管理者或者电信业务经营者、互联网信息服务提供者对其明知或者应知的利用其场所或者信息传输、发布平台发送、发布违法广告的，应当予以制止。
第四章　广告的审查	**第四章　监督管理**
第三十四条　利用广播、电影、电视、报纸、期刊以及其他媒介发布药品、医疗器械、农药、兽药等商品的广告和法律、行政法规规定应当进行审查的其他广告，必须在发布前依照有关法律、行政法规由有关行政主管部门（以下简称广告审查机关）对广告内容进行审查；未经审查，不得发布。	**第四十六条**　发布医疗、药品、医疗器械、农药、兽药和保健食品广告，以及法律、行政法规规定应当进行审查的其他广告，应当在发布前由有关部门（以下称广告审查机关）对广告内容进行审查；未经审查，不得发布。
第三十五条　广告主申请广告审查，应当依照法律、行政法规向广告审查机关提交有关证明文件。广告审查机关应当依照法律、行政法规做出审查决定。	**第四十七条**　广告主申请广告审查，应当依照法律、行政法规向广告审查机关提交有关证明文件。 广告审查机关应当依照法律、行政法规规定做出审查决定，并应当将审查批准文件抄送同级工商行政管理部门。广告审查机关应当及时向社会公布批准的广告。
第三十六条　任何单位和个人不得伪造、变造或者转让广告审查决定文件。	**第四十八条**　任何单位或者个人不得伪造、变造或者转让广告审查批准文件。
	第四十九条　工商行政管理部门履行广告监督管理职责，可以行使下列职权： （一）对涉嫌从事违法广告活动的场所实施现场检查； （二）询问涉嫌违法当事人或者其法定代表人、主要负责人和其他有关人员，对有关单位或者个人进行调查； （三）要求涉嫌违法当事人限期提供有关证明文件； （四）查阅、复制与涉嫌违法广告有关的合同、票据、账簿、广告作品和其他有关资料；

续前表

1994年版《中华人民共和国广告法》	2015年版《中华人民共和国广告法》
	（五）查封、扣押与涉嫌违法广告直接相关的广告物品、经营工具、设备等财物； （六）责令暂停发布可能造成严重后果的涉嫌违法广告； （七）法律、行政法规规定的其他职权。 工商行政管理部门应当建立健全广告监测制度，完善监测措施，及时发现和依法查处违法广告行为。
	第五十条　国务院工商行政管理部门会同国务院有关部门，制定大众传播媒介广告发布行为规范。
	第五十一条　工商行政管理部门依照本法规定行使职权，当事人应当协助、配合，不得拒绝、阻挠。
	第五十二条　工商行政管理部门和有关部门及其工作人员对其在广告监督管理活动中知悉的商业秘密负有保密义务。
	第五十三条　任何单位或者个人有权向工商行政管理部门和有关部门投诉、举报违反本法的行为。工商行政管理部门和有关部门应当向社会公开受理投诉、举报的电话、信箱或者电子邮件地址，接到投诉、举报的部门应当自收到投诉之日起七个工作日内，予以处理并告知投诉、举报人。 工商行政管理部门和有关部门不依法履行职责的，任何单位或者个人有权向其上级机关或者监察机关举报。接到举报的机关应当依法做出处理，并将处理结果及时告知举报人。 有关部门应当为投诉、举报人保密。
	第五十四条　消费者协会和其他消费者组织对违反本法规定，发布虚假广告侵害消费者合法权益，以及其他损害社会公共利益的行为，依法进行社会监督。
第五章　法律责任	**第五章　法律责任**
第三十七条　违反本法规定，利用广告对商品或者服务作虚假宣传的，由广告监督管理机关责令广告主停止发布、并以等额广告费用在相应范围内公开更正消除影响，并处广告费用一倍以上五倍以下的罚款；对负有责任的广告经营者、广告发布者没收广告费用，并处广告费用一倍以上五倍以下的罚款；情节严重的，依法停止其广告业务。构成犯罪的，依法追究刑事责任。 **第三十八条第三款**　社会团体或者其他组织，在	**第五十五条**　违反本法规定，发布虚假广告的，由工商行政管理部门责令停止发布广告，责令广告主在相应范围内消除影响，处广告费用三倍以上五倍以下的罚款，广告费用无法计算或者明显偏低的，处二十万元以上一百万元以下的罚款；两年内有三次以上违法行为或者有其他严重情节的，处广告费用五倍以上十倍以下的罚款，广告费用无法计算或者明显偏低的，处一百万元以上二百万元以下的罚款，可以吊销营业执照，并由

续前表

1994年版《中华人民共和国广告法》	2015年版《中华人民共和国广告法》
虚假广告中向消费者推荐商品或者服务，使消费者的合法权益受到损害的，应当依法承担连带责任。 **第三十九条** 发布广告违反本法第七条第二款规定的，由广告监督管理机关责令负有责任的广告主、广告经营者、广告发布者停止发布、公开更正，没收广告费用，并处广告费用一倍以上五倍以下的罚款；情节严重的，依法停止其广告业务。构成犯罪的，依法追究刑事责任。 **第四十一条** 违反本法第十四条至第十七条、第十九条规定，发布药品、医疗器械、农药、食品、酒类、化妆品广告的，或者违反本法第三十一条规定发布广告的，由广告监督管理机关责令负有责任的广告主、广告经营者、广告发布者改正或者停止发布，没收广告费用，可以并处广告费用一倍以上五倍以下的罚款；情节严重的，依法停止其广告业务。	广告审查机关撤销广告审查批准文件、一年内不受理其广告审查申请。 医疗机构有前款规定违法行为，情节严重的，除由工商行政管理部门依照本法处罚外，卫生行政部门可以吊销诊疗科目或者吊销医疗机构执业许可证。 广告经营者、广告发布者明知或者应知广告虚假仍设计、制作、代理、发布的，由工商行政管理部门没收广告费用，并处广告费用三倍以上五倍以下的罚款，广告费用无法计算或者明显偏低的，处二十万元以上一百万元以下的罚款；两年内有三次以上违法行为或者有其他严重情节的，处广告费用五倍以上十倍以下的罚款，广告费用无法计算或者明显偏低的，处一百万元以上二百万元以下的罚款，并可以由有关部门暂停广告发布业务、吊销营业执照、吊销广告发布登记证件。 广告主、广告经营者、广告发布者有本条第一款、第三款规定行为，构成犯罪的，依法追究刑事责任。
第三十八条第一款 违反本法规定，发布虚假广告，欺骗和误导消费者，使购买商品或者接受服务的消费者的合法权益受到损害的，由广告主依法承担民事责任；广告经营者、广告发布者明知或者应知广告虚假仍设计、制作、发布的，应当依法承担连带责任。 **第三十八条第二款** 广告经营者、广告发布者不能提供广告主的真实名称、地址的，应当承担全部民事责任。 **第四十三条** 违反本法第三十四条的规定，未经广告审查机关审查批准，发布广告的，由广告监督管理机关责令负有责任的广告主、广告经营者、广告发布者停止发布，没收广告费用，并处广告费用一倍以上五倍以下的罚款。	**第五十六条** 违反本法规定，发布虚假广告，欺骗、误导消费者，使购买商品或者接受服务的消费者的合法权益受到损害的，由广告主依法承担民事责任。广告经营者、广告发布者不能提供广告主的真实名称、地址和有效联系方式的，消费者可以要求广告经营者、广告发布者先行赔偿。 关系消费者生命健康的商品或者服务的虚假广告，造成消费者损害的，其广告经营者、广告发布者、广告代言人应当与广告主承担连带责任。 前款规定以外的商品或者服务的虚假广告，造成消费者损害的，其广告经营者、广告发布者、广告代言人，明知或者应知广告虚假仍设计、制作、代理、发布或者作推荐、证明的，应当与广告主承担连带责任。
第四十条 发布广告违反本法第九条至第十二条规定的，由广告监督管理机关责令负有责任的广告主、广告经营者、广告发布者停止发布、公开更正，没收广告费用，可以并处广告费用一倍以上五倍以下的罚款。 发布广告违反本法第十三条规定的，由广告监督管理机关责令广告发布者改正，处以一千元以上一万元以下的罚款。 **第四十二条** 违反本法第十八条的规定，利用广播、电影、电视、报纸、期刊发布烟草广告，或	**第五十七条** 有下列行为之一的，由工商行政管理部门责令停止发布广告，对广告主处二十万元以上一百万元以下的罚款，情节严重的，并可以吊销营业执照，由广告审查机关撤销广告审查批准文件、一年内不受理其广告审查申请；对广告经营者、广告发布者，由工商行政管理部门没收广告费用，处二十万元以上一百万元以下的罚款，情节严重的，并可以吊销营业执照、吊销广告发布登记证件： （一）发布有本法第九条、第十条规定的禁止情

续前表

1994年版《中华人民共和国广告法》	2015年版《中华人民共和国广告法》
者在公共场所设置烟草广告的，由广告监督管理机关责令负有责任的广告主、广告经营者、广告发布者停止发布，没收广告费用，可以并处广告费用一倍以上五倍以下的罚款。	形的广告的； （二）违反本法第十五条规定发布处方药广告、药品类易制毒化学品广告、戒毒治疗的医疗器械和治疗方法广告的； （三）违反本法第二十条规定，发布声称全部或者部分替代母乳的婴儿乳制品、饮料和其他食品广告的； （四）违反本法第二十二条规定发布烟草广告的； （五）违反本法第三十七条规定，利用广告推销禁止生产、销售的产品或者提供的服务，或者禁止发布广告的商品或者服务的； （六）违反本法第四十条第一款规定，在针对未成年人的大众传播媒介上发布医疗、药品、保健食品、医疗器械、化妆品、酒类、美容广告，以及不利于未成年人身心健康的网络游戏广告的。
	第五十八条　有下列行为之一的，由工商行政管理部门责令停止发布广告，责令广告主在相应范围内消除影响，处广告费用一倍以上三倍以下的罚款，广告费用无法计算或者明显偏低的，处十万元以上二十万元以下的罚款；情节严重的，处广告费用三倍以上五倍以下的罚款，广告费用无法计算或者明显偏低的，处二十万元以上一百万元以下的罚款，可以吊销营业执照，并由广告审查机关撤销广告审查批准文件、一年内不受理其广告审查申请： （一）违反本法第十六条规定发布医疗、药品、医疗器械广告的； （二）违反本法第十七条规定，在广告中涉及疾病治疗功能，以及使用医疗用语或者易使推销的商品与药品、医疗器械相混淆的用语的； （三）违反本法第十八条规定发布保健食品广告的； （四）违反本法第二十一条规定发布农药、兽药、饲料和饲料添加剂广告的； （五）违反本法第二十三条规定发布酒类广告的； （六）违反本法第二十四条规定发布教育、培训广告的； （七）违反本法第二十五条规定发布招商等有投资回报预期的商品或者服务广告的； （八）违反本法第二十六条规定发布房地产广告的； （九）违反本法第二十七条规定发布农作物种子、林木种子、草种子、种畜禽、水产苗种和种养殖广告的； （十）违反本法第三十八条第二款规定，利用不

续前表

1994 年版《中华人民共和国广告法》	2015 年版《中华人民共和国广告法》
	满十周岁的未成年人作为广告代言人的； （十一）违反本法第三十八条第三款规定，利用自然人、法人或者其他组织作为广告代言人的； （十二）违反本法第三十九条规定，在中小学校、幼儿园内或者利用与中小学生、幼儿有关的物品发布广告的； （十三）违反本法第四十条第二款规定，发布针对不满十四周岁的未成年人的商品或者服务的广告的； （十四）违反本法第四十六条规定，未经审查发布广告的。 医疗机构有前款规定违法行为，情节严重的，除由工商行政管理部门依照本法处罚外，卫生行政部门可以吊销诊疗科目或者吊销医疗机构执业许可证。 广告经营者、广告发布者明知或者应知有本条第一款规定违法行为仍设计、制作、代理、发布的，由工商行政管理部门没收广告费用，并处广告费用一倍以上三倍以下的罚款，广告费用无法计算或者明显偏低的，处十万元以上二十万元以下的罚款；情节严重的，处广告费用三倍以上五倍以下的罚款，广告费用无法计算或者明显偏低的，处二十万元以上一百万元以下的罚款，并可以由有关部门暂停广告发布业务、吊销营业执照、吊销广告发布登记证件。
	第五十九条　有下列行为之一的，由工商行政管理部门责令停止发布广告，对广告主处十万元以下的罚款： （一）广告内容违反本法第八条规定的； （二）广告引证内容违反本法第十一条规定的； （三）涉及专利的广告违反本法第十二条规定的； （四）违反本法第十三条规定，广告贬低其他生产经营者的商品或者服务的。 广告经营者、广告发布者明知或者应知有前款规定违法行为仍设计、制作、代理、发布的，由工商行政管理部门处十万元以下的罚款。 广告违反本法第十四条规定，不具有可识别性的，或者违反本法第十九条规定，变相发布医疗、药品、医疗器械、保健食品广告的，由工商行政管理部门责令改正，对广告发布者处十万元以下的罚款。

续前表

1994年版《中华人民共和国广告法》	2015年版《中华人民共和国广告法》
	第六十条 违反本法第二十九条规定，广播电台、电视台、报刊出版单位未办理广告发布登记，擅自从事广告发布业务的，由工商行政管理部门责令改正，没收违法所得，违法所得一万元以上的，并处违法所得一倍以上三倍以下的罚款；违法所得不足一万元的，并处五千元以上三万元以下的罚款。
	第六十一条 违反本法第三十四条规定，广告经营者、广告发布者未按照国家有关规定建立、健全广告业务管理制度的，或者未对广告内容进行核对的，由工商行政管理部门责令改正，可以处五万元以下的罚款。 违反本法第三十五条规定，广告经营者、广告发布者未公布其收费标准和收费办法的，由价格主管部门责令改正，可以处五万元以下的罚款。
	第六十二条 广告代言人有下列情形之一的，由工商行政管理部门没收违法所得，并处违法所得一倍以上二倍以下的罚款： （一）违反本法第十六条第一款第四项规定，在医疗、药品、医疗器械广告中作推荐、证明的； （二）违反本法第十八条第一款第五项规定，在保健食品广告中作推荐、证明的； （三）违反本法第三十八条第一款规定，为其未使用过的商品或者未接受过的服务作推荐、证明的； （四）明知或者应知广告虚假仍在广告中对商品、服务作推荐、证明的。
	第六十三条 违反本法第四十三条规定发送广告的，由有关部门责令停止违法行为，对广告主处五千元以上三万元以下的罚款。 违反本法第四十四条第二款规定，利用互联网发布广告，未显著标明关闭标志，确保一键关闭的，由工商行政管理部门责令改正，对广告主处五千元以上三万元以下的罚款。
	第六十四条 违反本法第四十五条规定，公共场所的管理者和电信业务经营者、互联网信息服务提供者，明知或者应知广告活动违法不予制止的，由工商行政管理部门没收违法所得，违法所得五万元以上的，并处违法所得一倍以上三倍以下的罚款，违法所得不足五万元的，并处一万元以上五万元以下的罚款；情节严重的，由有关部门依法停止相关业务。

续前表

1994 年版《中华人民共和国广告法》	2015 年版《中华人民共和国广告法》
第四十四条　广告主提供虚假证明文件的，由广告监督管理机关处以一万元以上十万元以下的罚款。 伪造、变造或者转让广告审查决定文件的，由广告监督管理机关没收违法所得，并处一万元以上十万元以下的罚款。构成犯罪的，依法追究刑事责任。	**第六十五条**　违反本法规定，隐瞒真实情况或者提供虚假材料申请广告审查的，广告审查机关不予受理或者不予批准，予以警告，一年内不受理该申请人的广告审查申请；以欺骗、贿赂等不正当手段取得广告审查批准的，广告审查机关予以撤销，处十万元以上二十万元以下的罚款，三年内不受理该申请人的广告审查申请。 **第六十六条**　违反本法规定，伪造、变造或者转让广告审查批准文件的，由工商行政管理部门没收违法所得，并处一万元以上十万元以下的罚款。
	第六十七条　有本法规定的违法行为的，由工商行政管理部门记入信用档案，并依照有关法律、行政法规规定予以公示。
	第六十八条　广播电台、电视台、报刊音像出版单位发布违法广告，或者以新闻报道形式变相发布广告，或者以介绍健康、养生知识等形式变相发布医疗、药品、医疗器械、保健食品广告，工商行政管理部门依照本法给予处罚的，应当通报新闻出版广电部门以及其他有关部门。新闻出版广电部门以及其他有关部门应当依法对负有责任的主管人员和直接责任人员给予处分；情节严重的，并可以暂停媒体的广告发布业务。 新闻出版广电部门以及其他有关部门未依照前款规定对广播电台、电视台、报刊音像出版单位进行处理的，对负有责任的主管人员和直接责任人员，依法给予处分。
第四十七条　广告主、广告经营者、广告发布者违反本法规定，有下列侵权行为之一的，依法承担民事责任： （一）在广告中损害未成年人或者残疾人的身心健康的； （二）假冒他人专利的； （三）贬低其他生产经营者的商品或者服务的； （四）广告中未经同意使用他人名义、形象的； （五）其他侵犯他人合法民事权益的。	**第六十九条**　广告主、广告经营者、广告发布者违反本法规定，有下列侵权行为之一的，依法承担民事责任： （一）在广告中损害未成年人或者残疾人的身心健康的； （二）假冒他人专利的； （三）贬低其他生产经营者的商品、服务的； （四）在广告中未经同意使用他人名义或者形象的； （五）其他侵犯他人合法民事权益的。
	第七十条　因发布虚假广告，或者有其他本法规定的违法行为，被吊销营业执照的公司、企业的法定代表人，对违法行为负有个人责任的，自该公司、企业被吊销营业执照之日起三年内不得担任公司、企业的董事、监事、高级管理人员。

续前表

1994年版《中华人民共和国广告法》	2015年版《中华人民共和国广告法》
	第七十一条 违反本法规定，拒绝、阻挠工商行政管理部门监督检查，或者有其他构成违反治安管理行为的，依法给予治安管理处罚；构成犯罪的，依法追究刑事责任。
第四十五条 广告审查机关对违法的广告内容做出审查批准决定的，对直接负责的主管人员和其他直接责任人员，由其所在单位、上级机关、行政监察部门依法给予行政处分。	**第七十二条** 广告审查机关对违法的广告内容做出审查批准决定的，对负有责任的主管人员和直接责任人员，由任免机关或者监察机关依法给予处分；构成犯罪的，依法追究刑事责任。
第四十六条 广告监督管理机关和广告审查机关的工作人员玩忽职守、滥用职权、徇私舞弊的，给予行政处分。构成犯罪的，依法追究刑事责任。	**第七十三条** 工商行政管理部门对在履行广告监测职责中发现的违法广告行为或者对经投诉、举报的违法广告行为，不依法予以查处的，对负有责任的主管人员和直接责任人员，依法给予处分。 工商行政管理部门和负责广告管理相关工作的有关部门的工作人员玩忽职守、滥用职权、徇私舞弊的，依法给予处分。 有前两款行为，构成犯罪的，依法追究刑事责任。
第四十八条 当事人对行政处罚决定不服的，可以在接到处罚通知之日起十五日内向做出处罚决定的机关的上一级机关申请复议；当事人也可以在接到处罚通知之日起十五日内直接向人民法院起诉。 复议机关应当在接到复议申请之日起六十日内做出复议决定。当事人对复议决定不服的，可以在接到复议决定之日起十五日内向人民法院起诉。复议机关逾期不做出复议决定的，当事人可以在复议期满之日起十五日内向人民法院起诉。 当事人逾期不申请复议也不向人民法院起诉，又不履行处罚决定的，做出处罚决定的机关可以申请人民法院强制执行。	
第六章 附 则	**第六章 附 则**
	第七十四条 国家鼓励、支持开展公益广告宣传活动，传播社会主义核心价值观，倡导文明风尚。 大众传播媒介有义务发布公益广告。广播电台、电视台、报刊出版单位应当按照规定的版面、时段、时长发布公益广告。公益广告的管理办法，由国务院工商行政管理部门会同有关部门制定。
第四十九条 本法自1995年2月1日起施行。本法施行前制定的其他有关广告的法律、法规的内容与本法不符的，以本法为准。	**第七十五条** 本法自2015年9月1日起施行

图书在版编目（CIP）数据

广告伦理与法规/陈绚著. —北京：中国人民大学出版社，2015.6
新编21世纪新闻传播学系列教材·广告学与媒介经营管理系列
ISBN 978-7-300-21414-6

Ⅰ.①广… Ⅱ.①陈… Ⅲ.①广告业-职业道德-高等学校-教材②广告法-中国-高等学校-教材
Ⅳ.①F713.82②D922.294

中国版本图书馆CIP数据核字（2015）第120442号

"十二五"普通高等教育本科国家级规划教材
新编21世纪新闻传播学系列教材·广告学与媒介经营管理系列
广告伦理与法规
陈　绚　著
Guanggao Lunli yu Fagui

出版发行	中国人民大学出版社		
社　　址	北京中关村大街31号	**邮政编码**	100080
电　　话	010－62511242（总编室）		010－62511770（质管部）
	010－82501766（邮购部）		010－62514148（门市部）
	010－62515195（发行公司）		010－62515275（盗版举报）
网　　址	http://www.crup.com.cn		
经　　销	新华书店		
印　　刷	北京密兴印刷有限公司		
开　　本	787 mm×1092 mm　1/16	**版　　次**	2015年8月第1版
印　　张	17.5	**印　　次**	2024年8月第10次印刷
字　　数	414 000	**定　　价**	45.00元

关联课程教材推荐

书号	书名	第一作者	定价	出书时间
978-7-300-32870-6	中外广告史（第 3 版）	何玉杰	69.80 元	2024-08
978-7-300-20943-2	广告调查：理论与实务（第 2 版）	［美］乔尔 · J · 戴维斯	69.80 元	2016-01
978-7-300-27053-1	广告文案写作教程（第四版）	郭有献	65.00 元	2019-07
978-7-300-19360-1	广告学教程（第四版）	倪宁	39.80 元	2014-05
978-7-300-26146-1	广告创意概论（第二版）四色	刘建萍	78.00 元	2018-08
978-7-300-13768-1	广告策划与创意（第二版）	蒋旭峰	48.00 元	2011-06
978-7-300-28093-6	广告效果测评	杨雪睿	39.90 元	2020-05
978-7-300-11016-5	广告案例教程	王菲	29.80 元	2009-11
978-7-300-25598-9	克莱普纳广告学（第 18 版）四色精装	［美］W. 罗纳德 · 莱恩	498.00 元	2019-03
978-7-300-30671-1	新媒体广告（第 2 版）	黄河	68.00 元	2022-07
978-7-300-30839-5	广告学专业导论	何玉杰	39.90 元	2022-08

配套教学资源支持

尊敬的老师：

衷心感谢您选择使用人大版教材！

相关的配套教学资源，请到人大社网站（www. crup. com. cn）下载，或是随时与我们联系，我们将向您免费提供。

欢迎您随时反馈教材使用过程中的疑问、修订建议并提供您个人制作的课件。您的课件一经采用，我们将署名并付费。让我们与教材共成长！

联系人信息：

地址：北京海淀区中关村大街 31 号 206 室　　龚洪训 收　　邮编：100080

电子邮件：gonghx@crup. com. cn　　电话：010-62515637　　QQ：6130616

如有相关教材的选题计划，也欢迎您与我们联系，我们将竭诚为您服务！

选题联系人：	电子邮件：	电话：
周莹	383902102@qq. com. cn	010-62511612

俯仰天地　心系人文

人大社网站 ：www. crup. com. cn

专业教师 QQ 群：723715191（人大新闻）

欢迎您登录人大社网站浏览，了解图书信息，共享教学资源

期待您加入专业教师 QQ 群，开展学术讨论，交流教学心得

群名称:全国新闻教师2群

群　号:723715191